广东改革开放30年研究丛书

广东省哲学社会科学“十一五”规划2007年度规划特别委托项目

教育现代化的伟大实践

——广东教育发展30年

钟明华　冯增俊等　著

廣東省出版集團
广东人民出版社
·广州·

图书在版编目（CIP）数据

教育现代化的伟大实践：广东教育发展 30 年／钟明华，冯增俊等著. —广州：广东人民出版社，2008. 11
（广东改革开放 30 年研究丛书）
ISBN 978－7－218－05965－5

Ⅰ. 教…　Ⅱ. ①钟…②冯…　Ⅲ. 教育事业—成就—广东省—1978～2008　Ⅳ. G527. 65

中国版本图书馆 CIP 数据核字（2008）第 161809 号

出 版 人	金炳亮
责任编辑	王　宁
装帧设计	张力平　陈小丹
责任技编	周　杰
出版发行	广东人民出版社
印　　刷	佛山市浩文彩色印刷有限公司
开　　本	787 毫米×960 毫米　1/16
印　　张	26. 25
插　　页	1
字　　数	378 千
版　　次	2008 年 11 月第 1 版　2008 年 11 月第 1 次印刷
书　　号	ISBN 978－7－218－05965－5
定　　价	53. 00 元

如果发现印装质量问题，影响阅读，请与出版社（020－83795749）联系调换。

【出版社网址：http://www. gdpph. com　　电子邮箱：sales@ gdpph. com
图书营销中心：020－37579695　37579604】

总序

汪　洋

中国的改革开放走过了30年的伟大历程。广东是中国改革开放的先行地区，在改革开放和现代化建设中一直走在全国前列，充分发挥了“试验田”、“窗口”和“示范区”作用。在纪念中国改革开放30周年之际，认真研究总结广东改革开放的成就和经验，有助于深化人们对改革开放重要意义的认识，对于全省人民深入贯彻落实科学发展观，继续解放思想，坚持改革开放，促进经济社会又好又快发展，夺取全面建设小康社会的新胜利，加快推进社会主义现代化，具有深远的历史意义和重大的现实意义。

第一，研究广东改革开放，要系统总结广东改革开放30年的伟大成就，进一步坚定深化改革、扩大开放的信心和决心。

30年来，广东历届省委、省政府团结带领全省人民，高举中国特色社会主义伟大旗帜，发扬敢为天下先的精神和“杀出一条血路”的勇气，解放思想，实事求是，与时俱进，开拓创新，推动经济社会发展取得了举世瞩目的巨大成就。

实现了从一个经济比较落后的农业省份向全国第一经济大省的历史性跨越。1978—2007年，全省GDP总量增长41倍，人均生产总值翻了四番，经济总量先后超过了亚洲“四小龙”中的新加坡、香港和台湾地区，已处于世界中等收入国家水平。目前，全省经济总量约占全国的1/8，源于广东的财政总收入约占全国的1/7，进出口总额占全国的近30%。

实现了从计划经济体制向社会主义市场经济体制的历史性转变。30年来，广东人民以改革创新精神推动着改革开放的伟大实践，率先创办经济特区，率先引进“三来一补”、海外的先进技术设备和管理经验及创办“三资”企业，率先进行价格改革，率先改革投资体制，率先进行金融体制改革，率先实行土地有偿转让，率先实行产权制度改革，等等，在建立和完善社会主义市场经济体制方面走在全国前列。同时，政治、文化和社会等领域的改革也取得了重大进展。

实现了从封闭半封闭向全方位开放的历史性转变。积极加强对外往来和友好合作，努力推进与港澳地区和内地省市区的区域经济合作，大力实施“走出去”战略，形成了多层次、多形式、多功能的全方位对外开放新格局。对外贸易不断扩大，1978—2007年，广东进出口总额增长近400倍，约占全国的30%；到2007年底，累计实际利用外资达到1945亿美元，约占全国的1/5；全省经核准的非金融类境外企业已超过1800家，业务遍及90多个国家和地区。

实现了从温饱向宽裕型小康迈进的历史性跨越。改革开放30年是人民群众得到最多实惠的时期。1978—2007

年，全省城镇居民人均可支配收入、农民人均纯收入分别增加了43倍和29倍，居民消费结构优化，公共服务明显增加，人民生活水平总体达到小康，珠三角地区率先达到宽裕型小康。经济快速发展提供了越来越多的就业岗位，大量的外来务工人员在广东安居乐业。社会保障体系加快向城乡居民覆盖，保障能力不断增强。教育、文化、卫生、体育等各项事业迅速发展。

30年来，广东充分利用毗邻港澳的地理优势，大力推进粤港澳合作，对香港、澳门顺利回归祖国并保持繁荣稳定发挥了重要的促进作用，为彰显“一国两制”伟大构想的成功实践作出了积极贡献。作为中国先发展起来的区域之一，广东十分注重推动国家区域发展总体战略的实施，努力帮助和带动中西部地区发展，为促进全国共同发展、共同富裕发挥了重要作用。

广东的实践雄辩地证明，改革开放符合党心民心、顺应历史潮流，方向和道路是完全正确的。只要坚定不移地推进改革开放，广东就一定能继续书写科学发展的奇迹，中国特色社会主义道路就一定会越走越宽广。

第二，研究广东改革开放，要深入概括广东改革开放30年的宝贵经验，进一步开创改革开放和社会主义现代化建设新局面。

广东作为全国改革开放的试验区，每前进一步都离不开党中央的亲切关怀和正确领导，都是坚定不移学习实践中国特色社会主义理论、坚定不移贯彻党的路线方针政策的结果。1992年春，邓小平同志视察南方发表重要谈话，要求广东“力争用二十年的时间赶上亚洲‘四小龙’”。2000年春，江泽民同志视察广东，提出了“三个代表”重要思想，要求广东“增创新优势，更上一层楼，率先基本实现社会主义现代化”。2003年春，胡锦涛总书记视察广东，提出了科学发展观的思想，要求广东抓住机遇，加快发展、率先发展、协调发展，在全面建设小康社会、加快推进社会主义现代化进程中更好地发挥排头兵作用。广东时刻牢记中央的重托，始终坚持以邓小平理论、“三个代表”重要思想为指导，深入贯彻落实科学发展观，坚定不移地用党的创新理论武装头脑、指导实践、推动工作，结合广东实际创造性地贯彻落实中央的路线、方针、政策，努力为全国的改革开放探索道路、积累经验、做出贡献。

坚持以解放思想引领改革开放，不断冲破不合时宜的观念束缚。我们深刻认识到解放思想是正确行动的先导，是扫除思想障碍、引领发展的“法宝”，是推动改革开放的强大动力。我们坚持一切从实际出发，求真务实，求新思变，积极将解放思想形成的共识，转化为政策、措施、制度和法规，把解放思想贯穿于改革开放和社会主义现代化建设的全过程。

坚持以经济建设为中心，推动经济社会又好又快发展。我们深刻认识到发展对于全面建设小康社会、加快推进社会主义现代化，具有决定性意义。我们坚持把发展作为党执政兴国的第一要务，牢牢扭住经济建设这个中心，坚持聚精会神搞建设、一心一意谋发展，不断解放和发展社会生产力。着力把握发展规律、创新发展理念、转变发展方式、破解发展难题，不断提高发展质量和效益，推动经济社会又好又快发展，为率先基本实现社会主义现代化打下坚实基础。

坚持以人为本，激发和保护人民群众的积极性和创造

性。我们深刻认识到全心全意为人民服务是党的根本宗旨，党的一切奋斗和工作都是为了造福人民。我们始终把实现好、维护好、发展好最广大人民的根本利益作为党和国家一切工作的出发点和落脚点，尊重人民主体地位，发挥人民首创精神，保障人民各项权益，走共同富裕道路，促进人的全面发展，做到发展为了人民、发展依靠人民、发展成果由人民共享。

坚持全面协调可持续发展，积极构建社会主义和谐社会。我们深刻认识到社会和谐是中国特色社会主义的本质属性，科学发展与社会和谐是内在统一的，没有科学发展就没有社会和谐，没有社会和谐也难以实现科学发展。我们按照民主法治、公平正义、诚信友爱、充满活力、安定有序、人与自然和谐相处的总要求和共同建设、共同享有的原则，着力解决人民最关心、最直接、最现实的利益问题，努力形成全体人民各尽其能、各得其所而又和谐相处的局面，为发展提供良好社会环境。

坚持统筹兼顾，以世界眼光谋划广东的发展。我们深刻认识到统筹兼顾是在新的历史条件下保证中国特色社会主义事业顺利推进的根本方法。我们统筹城乡发展、区域发展、经济社会发展、人与自然和谐发展、国内发展和对外开放，统筹个人利益和集体利益、局部利益和整体利益、当前利益和长远利益，充分调动各方面积极性。着力把握国内国际两个大局，树立世界眼光，加强战略思维，善于从国际形势发展变化中把握发展机遇、应对风险挑战，营造良好国际环境。

坚持加强和改进党的自身建设，充分发挥党的领导核心作用。我们深刻认识到做好各项工作关键在党。我们坚持党要管党、从严治党，以提高执政能力和保持先进性为重点，贯彻为民、务实、清廉的要求，抓理想塑灵魂，抓班子带队伍，抓基层打基础，抓作风反腐败，全面加强党的自身建设，充分发挥领导核心作用，不断提高各级党组织的凝聚力、创造力和战斗力，为促进改革发展稳定提供坚强政治保证。

这些经验，既是广东历届省委、省政府带领全省干部群众锐意进取、开拓创新取得的宝贵精神财富，又是广东继续开创改革开放新局面必须坚持的重要原则。

第三，研究广东改革开放，要继续解放思想、坚持改革开放，努力争当实践科学发展观的排头兵。

改革开放是广东的魂。广东靠改革开放起步，也靠改革开放起飞；广东靠改革开放赢得今天，也必须靠改革开放开创未来。经过30年的快速发展，广东已经站在新的历史起点之上，改革开放面临着新机遇、新挑战和新任务。我们要继承和发扬改革开放初期敢为人先的精神和气魄，继续解放思想，坚持改革开放，努力争当实践科学发展观的排头兵，把广东建设成为提升我国国际竞争力的主力省，探索科学发展模式的试验区，发展中国特色社会主义的先行地。

一是继续解放思想，坚定不移地走在实践科学发展的前列。解放思想永无止境。要按照科学发展观的要求，打破阻碍科学发展的思维定势，加快转变发展方式，着力提高自主创新能力，积极建设现代产业体系，切实增强可持续发展能力，使速度、结构、效益相协调，人口、资源、环境相协调，消费、投资、出口相协调，城乡、区域发展相协调，促进经济社会又好又快发展。

二是不断深化改革，坚定不移地走在构建有利于科学发展体制机制的前列。以行政管理体制改革、财政和投融资改革、要素市场体系建设等为重点，统筹经济和社会事业改革，加快建立完善的市场经济体制机制，形成市场配置资源、企业自主发展、政府科学调控的良好格局。建立健全科学发展的综合考核体制，把贯彻落实科学发展观的目标要求转化为可考核的客观指标。

三是继续扩大开放，坚定不移地走在提高区域国际竞争力的前列。要树立全局和世界眼光，抢抓经济全球化和区域经济一体化的发展新机遇，加快构建粤港澳紧密合作区，加强与美国、日本、欧盟等发达国家和地区以及与东盟等新兴经济体的合作，加快完善内外联动、互利双赢、安全高效的开放型经济体系，不断扩大开放领域，优化开放结构，提高开放水平，增创广东国际竞争新优势。

四是着力改善民生，坚定不移地走在构建社会主义和谐社会的前列。要坚持民生为重，稳步实施城乡居民收入倍增计划，加快完善覆盖城乡惠及全民的社会保障网，切实解决住房、医疗、教育和食品安全等突出民生问题，使全体人民学有所教、劳有所得、病有所医、老有所养、住有所居，努力实现好、维护好、发展好最广大人民群众的根本利益，推进和谐广东建设。

五是以改革创新精神全面推进党的建设新的伟大工程，坚定不移地走在加强和改进党的建设的前列。要把党的执政能力建设和先进性建设作为主线，坚持党要管党、从严治党，以坚定理想信念为重点加强思想建设，以造就高素质党员、干部队伍为重点加强组织建设，以保持党同人民群众的血肉联系为重点加强作风建设，以健全民主集中制

为重点加强制度建设，以完善惩治和预防腐败体系为重点加强反腐倡廉建设，使党始终成为领导改革开放和社会主义现代化建设的坚强核心。

广东有辉煌的过去、美好的现在，一定会有灿烂的未来。这次出版的《广东改革开放30年研究丛书》，对广东改革开放30年巨大成就、实践经验和未来前进方向等问题进行了系统总结和深入研究，内容涵盖经济、政治、文化、法律、城市、农村、科技、教育、社会、党建等10个方面，为全面深入研究广东改革开放做了大量有益工作，迈出了重要一步。在隆重纪念改革开放30周年之际，希望全社会高度重视广东改革开放问题的研究，希望有更多的专家学者和实际工作者积极投身到广东改革开放问题研究中去，进一步把广东改革开放的伟大意义、巨大成就、成功经验和前进方向总结好、阐述好、宣传好，为推动广东现代化建设迈上新台阶，开辟广东更加美好的未来作出更大的贡献！

（作者系中共中央政治局委员、广东省委书记）

目　　录

第一章　世纪开篇：开拓中国教育新纪元 / 1
一、改革开放：广东的历史定位 / 1
（一）广东与中国现代化 / 1
（二）广东与经济改革 / 3
（三）广东与改革开放 / 4
（四）广东与港澳台 / 5
（五）广东与教育现代化 / 6
二、沉疴革新：广东教育经验的时代意义 / 7
（一）广东教育发展的实践轨迹 / 7
（二）广东教育发展的时代意义 / 9
（三）广东教育发展的现代启示 / 16
三、面向未来：广东教育的世纪发展及挑战 / 21

第二章　见证辉煌：广东教育改革开放的历程 / 24
一、规模扩张：扩张变革满足教育需求 / 24
（一）改革教育：在拨乱反正中奋起 / 24
（二）读书、再读书：普及教育运动初起 / 26
（三）勇闯新路：新教育发展风起云涌 / 27
二、体制求新：改制开拓探索教育新道路 / 28
（一）突破禁区：施行分级管理的体制创新 / 28
（二）二突禁区：走出国家包办教育的藩篱 / 29
（三）再闯新关：新大学运动 / 31
（四）新花绽放：职业技术教育运动初兴 / 32

三、制度重建：遵循规律创建中国特色新教育／33
（一）推进新高：全力率先实现“双基”目标／34
（二）南巡春雷：教育现代化运动骤起／36
（三）创新制度：按社会发展要求办学／38
四、冲向世界：科学发展初展中华教育世纪体系／42

第三章　现代风暴：广东教育现代化及其战略特征／50
一、谋略未来：改革开放中的广东教育发展战略／50
（一）力挽狂澜：启动教育发展战略研究／51
（二）重点突破：珠三角教育现代化及发展战略／54
（三）探求规律：珠三角教育模式创新显著／61
二、借鉴创新：广东教育现代化的战略思路及实施／65
（一）珠三角到大广东：广东教育发展战略思路／65
（二）创新发展模式：从重借鉴到重创新的现代化思路／67
（三）精心实施：全面启动与分阶段策略／71
三、特色彰显：广东教育改革开放与现代化特征／73
（一）功能转型：创建教育服务社会发展的新机制／73
（二）时代精华：广东推进教育现代化的基本经验／76
（三）探索新路：全球与中国互动下的广东教育发展模式／79

第四章　未来基业：广东改革开放中的基础教育／82
一、起飞奠基：拨乱反正时期的广东基础教育／83
（一）拨乱反正：教育步入常规发展轨道／83

（二）因地制宜：按实际全面普及小学教育 / 86
（三）狠抓"一无两有"，改善中小学办学条件 / 87
（四）编写沿海版教材，积极推动课程改革 / 89
二、全民教育：推进"普九"中的广东基础教育 / 92
（一）另辟新径，分阶段普及九年义务教育 / 92
（二）巩固"普九"硕果，强化"普九"教育质量 / 94
（三）深化全民教育思想，推行普及高中教育 / 94
三、世纪辉煌：广东基础教育发展特征与经验 / 96
（一）解放思想：确立教育优先发展的战略地位 / 97
（二）引进竞争：强化市场机制下的政府主导统筹作用 / 98
（三）遵循规律：创建服务型教育新体系 / 100
（四）科研兴教：创建可持续性发展教育体系 / 103
（五）探索课改：促进基础教育内涵提升 / 104
四、世纪展望：走向新世纪的广东基础教育 / 107
（一）创新模式：推进基础教育现代化 / 107
（二）强化督导：在评估中全面推进素质教育 / 108
（三）规范建校：促进基础教育均衡发展 / 108
（四）强化义务：创建免费义务教育下的全民教育体系 / 110

第五章　高教风雷：走向世界的广东高等教育 / 112
一、变革求兴：广东地方高校运动与高教发展战略 / 113
（一）力闯新径：南粤高教改革先声 / 113
（二）南粤风云：广东中心城市高教运动 / 114

（三）徘徊与突破：广东高教调整与革新 / 118
（四）再上高楼：新世纪大众化运动 / 120
二、重大突破：广东高等教育现代化的重大工程 / 125
（一）体制创新：重点大学到地方办高校 / 125
（二）大学城潮：大学城建设又现新辉煌 / 126
（三）新坛铸剑：高水平大学和重点学科建设 / 135
（四）勇攀高峰：高校科研发展与名师建设 / 137
（五）专才培养：学位与研究生教育 / 139
三、模式创新：广东区域性高教发展的经验和特点 / 141
（一）转变体制：坚持在服务社会服务广东中发展 / 141
（二）多元互动：坚持多元化办学体系创新 / 142
（三）多彩繁荣：坚持立足地方创办新型高等教育 / 143

第六章　人生奠基：广东学前教育在改革开放中发展 / 145
一、三大改革：广东学前教育发展历程 / 145
（一）多种体系：重建学前教育体系 / 145
（二）统一建制：规范发展学前教育 / 147
（三）创新体制：创立多元化学前教育体系 / 153
二、幼教经验：广东学前教育发展特色 / 157
（一）重视统筹：规划引导推进幼教发展 / 157
（二）规范治理：依法治教，积极推动制度创新 / 159
（三）创新课程：多层面提高学前教育教学水平 / 162

三、未来蓝图：广东学前教育发展展望 / 165
（一）政府统筹：高度重视并加强学前教育领导 / 166
（二）服务多元：推进全程式学前教育社区化 / 168
（三）保教多样：提供优质的学前服务 / 170

第七章　名师精英：广东教师教育发展 / 173
一、重建师范：广东教师教育发展 / 173
（一）整顿正名：确立教师教育优先发展的战略地位 / 174
（二）加速发展：全面扩张教师教育规模 / 175
（三）整饬待发：创新教师教育体系 / 177
二、培育名师：广东教师教育发展经验 / 179
（一）开放多元：创建高层次开放型教师教育体系 / 179
（二）名师之重：把提高质量作为教师教育发展的重点 / 181
（三）精英战略：持续推进名师发展工程 / 184
（四）优化结构：实现师范性与学术性的新整合 / 189
（五）创建基地：发展教师继续教育培训机构 / 190
（六）规范专业：推进能力本位的教师专业化发展 / 195
（七）面向世界：创建国内外互动培养教师机制 / 197
三、走向国际：广东教师教育未来展望 / 200
（一）改革教师培养模式，提高教师学历层次 / 200
（二）建立广东特色的教师教育体系 / 201

（三）建立有效的教师教育保障机制／202
（四）进一步推动教师专业化发展／203
（五）创建多样化的终身教师教育体系／203
（六）推进教师教育国际化／205

第八章　国魂塑造：与时俱进的广东学校德育／208
一、变革求新：广东学校德育的改革与发展／208
（一）拨乱反正：倡导开放、科学的学校德育（1978—1985年）／209
（二）推动改革：形成多元、发展的学校德育（1985—1992年）／210
（三）发展特色：建构理性、主体的学校德育（1992—2000年）／212
（四）创新体系：发展广东特色的学校德育（2000年至今）／214
二、重建价值：广东学校德育现代化经验／218
（一）培育公民：创新学校德育的时代性／218
（二）倡导实验：创建新时代广东德育模式／220
（三）中西合璧：借鉴国际经验创新德育体系／224
（四）天地人合一：创建立体式综合德育网络／225
（五）重视研究：强化学校德育科学性／227
三、铸塑国魂：新世纪广东学校德育挑战及展望／229
（一）时代呼唤：广东学校德育面临的挑战／229
（二）历史责任：广东学校德育的未来使命／232
（三）谋划发展：未来广东学校德育发展思考／235

第九章　职教新花：广东职业技术教育发展／239
一、变革转型：广东职业技术教育奋起大步／239

（一）初奠根基：职业教育从无到有 / 239
（二）优化整合：职业教育走向科学发展 / 242
（三）星火燎原：高等职教异军突起 / 246
（四）多元一体：职教转型与职业培训多元发展 / 250
二、经验与创新：广东职业技术教育发展探析 / 252
（一）理念转变：从轻职教到战略高度重视 / 252
（二）办学体制：政府主导的多元化发展格局 / 253
（三）发展机制：从供给主导到市场主导 / 255
（四）创新模式：从升学补习到技能为本的工学结合 / 256
（五）学用一体：职教与职业资格证书制度的衔接互动 / 258
三、规划与展望：广东职业技术教育发展战略 / 260
（一）战略谋划：建构新世纪广东职教新体系 / 260
（二）调整结构：发展第三产业职业技术教育 / 262
（三）重力高科技：积极发展高等职业技术教育 / 263
（四）大众普及：全力推进终身性职业技术教育 / 265

第十章　民众大义：广东民办教育与民众兴学 / 268
一、筚路蓝缕：广东教育改革开放中的民办教育 / 268
二、市场新义：广东民办教育与开拓教育市场 / 275
（一）竞争筹资：教育筹资呈多元化和市场化 / 275
（二）转制洗牌：民校在市场竞争中求生存 / 278
（三）优胜劣汰：民校实行市场化人才管理 / 280

（四）直面市场：学校的人才培养与市场对接 ／ 280
（五）自由择业：毕业生就业服务市场化／284
三、教育开放：开放广东教育与教育均衡公平发展 ／285
（一）教育市场：民办教育发展与民间资本开放 ／285
（二）教育自由：民办教育发展与教育向受教育群体开放／287
（三）办学自由：民办教育发展与向所有办学主体开放／289
（四）国际参与：民办教育发展与教育面向世界开放／292
四、华侨义举：华侨港澳同胞捐资办学助学与广东教育现代化／294
（一）资教兴学：华侨港澳同胞捐资改善广东教育硬环境／295
（二）义举教兴：捐资办学助学推动广东教育创新 ／298

第十一章 融合世界：改革开放与广东教育国际化／304
一、开放再开放：先行实验区中的教育改革开放／304
（一）开放拓新：发展现代教育新观念 ／305
（二）借鉴新知：创建教育服务经济发展模式 ／307
（三）实践求新：学习国际经验，创新广东办学体制／309
二、借鉴创新：从吸收移植到创立有广东特色的现代教育／311
（一）走出国门：研究学习国际教育经验／312

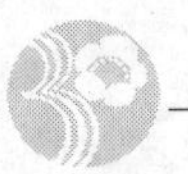

（二）借鉴创新：在学习中兴办职业技术教育 / 314
（三）优势互补：推动粤港澳区域教育合作 / 316
（四）信息教育：为广东教育国际化提速 / 319
三、走向国际：建立国际化的区域现代教育体系 / 321
（一）推动交流：建立多样外事机构，人员流动活跃 / 321
（二）中外合作：联合办学培养国际化人才 / 325
（三）国际开发：新课程立足本土培养国际人才 / 327
（四）彰显教育：多维度教育交流扩大国际影响 / 329

第十二章　重铸利剑：广东教育理论发展 / 333
一、启蒙重炮：改革开放窗口与教育思想大讨论 / 334
（一）正本清源：首开教育本质问题之论争 / 334
（二）借鉴创新：中国教育理论研究新定位 / 337
（三）理论新风：初获研究实践新成果 / 341
二、现代浪潮：先行实验区与教育现代化研究 / 342
（一）理论先导：倡导教育市场机制 / 343
（二）教育转型：首开广东教育现代化研究 / 350
三、理论先锋：社会主义道路与中国特色教育体系 / 354
（一）求是变革：广东现代区域教育发展理论形成 / 355
（二）求实重效：互进型教育发展论奠定社会主义教育新体系 / 357
（三）求精创新：实验研究转变教育理论发展范式 / 359

第十三章　开创新时代：走向新纪元的广东教育／369

一、迎接新挑战：广东教育走向新纪元的时代挑战／369

二、谋划新宏图：走向新纪元的广东教育新思维／377

三、再创新辉煌：广东教育未来发展的战略选择／384

主要参考文献／391

后记／396

第一章
世纪开篇：开拓中国教育新纪元

教育是现代社会发展的基础，在中国实行改革开放 30 年这一重大的历史发展时刻，探讨广东作为中国改革开放先行实验区的特殊区域的教育问题，具有极其重大的现实意义。

一、改革开放：广东的历史定位

改革开放是中国现代化新阶段的历史新里程，是广东展示历史新纪元的重要时刻，广东的改革开放标志着中国走向新世纪的开始，更是掀开中国教育新纪元的开始。

（一）广东与中国现代化

广东，这是一块令人神奇的土地，泛称岭南，简称“粤”。自 2000 多年前开埠以来，历经多次历史变迁，逐步发展，到唐宋以后广东迅速繁荣，其中广州和佛山都成为当时重要的商品集散地和通商口岸。特别在元明清以来，由于在西方工业化兴起而中国日渐衰败，为抵御外侵采取闭关锁国，由于广东远离京都，常常被钦定为当时中国唯一的一个对外通商口岸，促使广东迅速发展起来。明朝后澳门和香港先后开埠，葡萄牙人和英国人先后到来，对广东发展也影响巨大，赋予广东更加丰富多元的战略地位和发展机遇，不

仅在走向现代化进程中许多重大的事件都与广东连接一起，而且使广东成了中国走向现代化的大舞台。①

从历史上看，广东是中国走向现代化的前沿，始终走在中国现代化进程的前列。一是中国现代化始于广东。著名的中英鸦片战争是中国走向现代化的开始，而鸦片战争是从广东虎门销烟中揭开序幕的。广东以其独特的方式开启了中国走向现代化的大门，成为促使中国走出数千年封建社会的一次重大变革契机。这一时期，不仅出现了致力中国变革的康有为、梁启超等改良变革者，还产生了以孙中山为代表的致力于推翻封建帝制的革命伟人。二是广东是推动中国民主革命的主要基地。广东不仅涌现出以孙中山为代表的一批民主志士，多次发动反封建兴民主的革命起义，而且创建了著名的黄埔军校，发动著名的北伐战争，推进了中国民主革命进程，还有毛泽东创办的农民运动讲习所，中国共产党领导的广州起义等等。三是广东是新时期中国实行改革开放的先行实验区。1978 年广东最先成为推动中国历史上有第三次革命意义的第三轮现代化运动的试验区，由此掀起从根本上改变中国面貌的新社会变革，极大地促进了中国现代化发展。

考察自鸦片战争以来中国历史演变可见，中国现代化进程中所经历的每次重大历史转变，包括从虎门鸦片战争的硝烟到康有为和梁启超、孙中山改造中国的行动，从黄埔军校到改革开放新时期的发展等等，都与广东紧紧地联系在一起。在西方列强竞相瓜分中国的国难当头，却看不到一个饱读圣贤之书的朝廷重臣挺身而出，充当救国求存的改革领路人，而是都要靠“草民”中再生出新的革命力量。为什么每次改革都自广东而来？先是康有为的呐喊、梁启超的诛伐再到孙中山的反皇反封建制度的革命，以及以著名的黄埔军校为基地的北伐战争，乃至新时期改革开放之先声，都来自这块土地的变革火种。这些，都使得这块土地呈现出更加神奇的特有

① 冯增俊著：《走向新纪元的粤港澳台教育》，人民教育出版社 2003 年版，第 11 页。

魅力。

在中国推进具有重大历史意义的伟大改革开放以来的30年中，广东以改革开放为动力，积极借鉴国际发展经验，快速全面地实现社会的高速度发展，创立了独特的发展模式。一是全面引进市场经济发展体系，建立健康的科学发展模式。二是创立了产生重要影响力的三大经济特区，特别是深圳和珠海经济特区，凭借毗邻香港和澳门的地缘优势，发展迅速，以此带动珠江三角洲的全面跃进。三是建立珠江三角洲“改革开放先行实验区”，利用中央给予的“先开放一步”的特殊政策，大胆开放改革，拓新进取，积极吸收人类的先进文明成果，实现了广东社会的高速发展，形成以市场经济为导向的珠江三角洲发展模式。四是启动社会各项事业的全面改革，教育发展走在全国前列。

（二）广东与经济改革

30年广东对中国最重大的贡献是促进中国经济发展模式的转变和智力进步。广东率先倡导市场经济，运用市场的杠杆作用，促使中国走出计划经济的局限性，使经济获得突飞猛进的发展，缔造了广东经济发展的新神话。例如，2001年广东GDP突破1万亿元大关，达到10600多亿，约占全国的九分之一弱；城乡居民储蓄存款余额2002年1月突破1万亿元，达到10400多亿元，占全国的1/7；税收从1978年的24亿元增至2001年的2720亿元，占全国税收的1/7。

2006年广东GDP达到25968.55亿元，人均GDP 28077元，按现行汇率折算达3509美元，突破3000美元大关。统计表明，进入新世纪以来广东经济发展逐渐提速，经济总量在全国的比重也逐渐增加。2002年，广东经济总量占全国的比重为11.3%，即九分之一强。2006年则再次提升到12.3%。2007年经济总量达到30606亿元，占全国的1/8。经济总量连续18年居全国第一，单位GDP能耗全国最低，能效全国最高，专利申请量和发明专利、企业发明专利申请量三项指标均位居全国第一。获中国世界名牌产品、中国名牌产品和中国驰名商标总数雄居全国榜首。一般贸易出口重夺全国首位。如果把广东的GDP放到全世界200个国家和地区中去比较，广东排在第20位；按现在广东的增长速度看，2008年就能超过台湾，到2015年就能赶上韩国。人们经常论及发展速度时以经济倍增计划的日本模式、20世纪60年代的以色列模式、保持30年经济增长的“亚洲四小龙”模式做代表，但上述三个模式在高速增长时期的平均增长率分别为8.9%、9%、6%~8%，而广东改革开放30年来，GDP年均增长率保持在9.5%以上，从2002年到2007年的五年均增长14.5%。经济学家预言，广东的经济发展，也将结束这一区域发展历史上包括港台70年代发展浪潮及90年代转型的神话，也为经济学家提供一个极为难得的、颇具研究价值的新课题。统计显示，广东人均GDP在1978年才235美元，2006年为3509美元，这意味着广东经济发展水平达到了目前世界中等收入国家或地区的水平，也提前10多年达到了国家提出的2020年全国人均GDP为3000美元的奋斗目标。广东经济发展，也为教育的改革开放提出了新的课题。

（三）广东与改革开放

广东之所以受到广泛关注，也在于这是当代中国最具开放改革精神的区域，换句话说，是改革开放营造了这一特别区域。广东不仅兼备大陆和向洋的文化内涵，得开放风气之先，呈现更具变革和趋于发展的人文定势，而且广东面对港澳台多元文化的差异与冲突、论争与变革，构成了几个世纪来中国文化发展上最具色彩斑斓的历史篇章。

第一，广东是改革开放的产物。改革开放不仅成就了广东，更重要的是把港澳台与广东连接起来，实现了四地在重大时代转变时刻形成巨大的发展联盟的同时，也把广东推向了世界。在70年代，港澳台发展很快，但一般作为小区域的阶段性增长，而当中国推行改革开放之后，特别是广东两大经济特区成立，使四地实现内在的发展联系，开始形成以依托内地面向海外的特定发展格局，从而使

这一特定区域的发展获得质的飞跃。

第二，广东是中国最早推行市场经济的区域，是中国现代化的重要发祥地。每次中国现代化思想解放运动，几乎都源自于这一区域的民众大力推动和观念上的率先解放。改革开放以来，广东同时兼有三大著名的经济特区，是作为实施“一国两制”的前沿区域和缓冲地带，广东发展和变化就成为“一国两制”的晴雨表，也是世界热点之一。

第三，广东毗邻港澳台，具有全面向洋、走向世界的重要条件。广东改革开放，既承接了港台的发展，也从中把握澳门发展的先机，获得对外开放的主要条件和基本优势，更重要的是广东侨胞最多，具有整合千万海外华人华侨爱国爱乡的发展热力，不仅在经济上已逐步与世界一体化，而且在推进社会文明开化上具有开学习国外经验风气之先，具备接纳一切人类优秀文明成果的能力。

第四，广东自改革开放开始就具有允许实行市场经济体系的政策依据，具有向国际开放的先行推荐，因此率先形成以市场经济为主的发展模式，从而能感受到当代世界发展的敏锐感应力，时时真切地感受到世界发展的巨大压力，能倾听到知识经济时代到来的紧迫的脚步声，从而使广东具有认同多元文化、与世界共同合作发展的需求和基础。

（四）广东与港澳台

当下许多经济学家把“粤港澳台”这四地称为“南中国”，英语为“South China”，常被译为“华南”。但是，今天看来用“南中国”比华南会更确切。因为它现在的内在含义已不仅仅是华南之疆域的地理意义，而是被赋予了经济、文化和政治意义上的新概念。没有港澳台就不会有今天的广东，当然，没有广东也不可能有今日的港澳台。广东从穗深珠为内核，构成珠江三角洲大核心，再形成广东发展态势，从而联结港澳台并最终结为“粤港澳台”而被看成是南中国的核心；这一核心又被看成是亚太地区最活跃最有活力的区域——“南中国发展极”；而21世纪世界经济发展就是

“亚太世纪”。由此可见，广东与港澳台发展具有不可或缺之关系以及广东的重要的发展地位。

因此，广东相对于港澳台来说，是一个足以代表中国乃至亚太地区经济增长的基本模式和时代态势。港澳台凭借发达国家产业转移在70年代迅速崛起，80年代广东推行改革开放后，经济飞快增长，并以其独特的优势，促使四地联成一体，互动互补，营造了80年代震撼中外的经济发展奇迹。90年代以来，广东又以其独特的方式参与这一区域抗击亚洲金融风暴的冲击，赢得新的历史性的大发展，从而确立了广东独特的发展地位。

（五）广东与教育现代化

广东之所以成为举世瞩目之区域，还在于得改革开放之先风，锐意进取，更具有大胆改革教育，形成聚集精英和吸收人类文明的巨大能力，为经济和社会发展奠定良好的发展基础。广东不仅最早创办新式学校，在鸦片战争前就开设实用科目，尔后新学堂发展迅速。民国时期积极推进新学制，广东教育学会提出的“六、三、三、四制”被采用，依然延续到今日。改革开放后，广东率先实施教育改革，在全国率先普及小学教育，也是中国最早实现普及教育九年义务教育的省份之一。更重要的是，广东教育在30年的改革开放中，积极探索中国传统教育模式转变。80年代初，广东启动中小学体制改革的同时，在全国推出地方中心城市办大学运动，创办了14所为地方发展服务的高校，堪称中国式的“美国赠地学院运动”，引起国内外的极大关注。80年代中期，广东启动教育发展战略研究，这对全国教育发展问题研究有重要示范性作用。80年代后期，广东教育发展到了阶段转变的关头，广东教育界又在全国率先开展“珠江三角洲教育现代化研究”，出版了《珠江三角洲教育现代化研究丛书》，在全国引起了积极的反响。90年代前期，广东积极推进全省普及九年义务教育，1996年实现“双基”，是全国最早基本普及九年义务教育和扫除青壮年文盲的两个省之一。90年代，广东在建设教育强省上也有重大举措，取得了重要的成果。

2000 年前后，广东多个大学城拔地而起，震撼国内外，这些大学城如珠海教学园区、深圳大学城及广州大学城都以其独特的方式推进了广东教育的发展。30 年来，广东教育现代化的发展走在全国前列，对中国教育的改革与发展起了重大的推进作用。

二、沉疴革新：广东教育经验的时代意义

（一）广东教育发展的实践轨迹

改革开放 30 年，赋予广东以一个崭新的概念，也给广东教育改革以新的内涵。首先，广东作为中国这样的后发展型国家推进现代化进程中的一个先行省份，一个率先实行改革开放的先行试验区，这既取决于独特的地理条件，更得益于“开放优先”这一特殊政策带来的创新性发展，这种创新是中国开天辟地的第一次，因此，广东教育现代化带着革新除弊的示范意义。其次，广东教育 30 年所取得的巨大成就超过了历史上任何时期同时段的发展，具有重要的典型性意义。更重要的是，广东教育发展同中国大部分省份一样，是从落后的农村教育基础上发展起来的，与国际其他发达国家的教育发展方式主要是由城市不断扩张而来有重要区别，因此，广东教育发展为中国教育改革与发展提供更为新鲜的经验。在这个意义上，探讨改革开放 30 年来广东教育走过的风雨兼程、励志创新的历程，分析广东教育改革与发展的得与失，特别是广东教育在变革中与经济发展之间所不断形成的内在互动关系，对我们理解和把握广东教育的未来有重要意义。

广东教育最先启动的重要信号，是 1978 年初刊登于光远的讲话《要重视教育现象的研究》，开始了中国教育上解放思想运动的先声。这个思想解放运动先于十一届三中全会开始，不是一个偶然现象，而是广东教育界出于对即将到来的改革开放在思想上的不谋而合，是一种时代发展的必然性。它是广东这片改革开放热土对时代的渴望，也是广东教育工作者从实际出发，积极反映时代要求的

真实写照。

广东教育改革与发展的重要步伐，一直在奋蹄扬鞭，有只争朝夕的气概。从1978年开始，广东教育发展一直走在全国的前列，其发展速度快，规模大，为历年来之最。这种发展，既有来自对国际教育的了解后引发的巨大发展冲击，也有来自经济发展后获得的巨大的内在要求所致。无论是1983年珠江三角洲普及初等义务教育，1985年全省普及义务教育，还是1996年全省普及九年义务教育，在全国率先实现“两基”。1985年兴起中心城市办大学运动，1996年启动创建教育强省运动，使广东教育走在全国的前列。在其他方面，如广东教育信息化运动先于全国，广东是全国学校危房改造实现“一无两有”最早的省份。

广东教育改革开放30年，也是一个积极推动教育体制改革创新的30年，有力地发挥了敢为天下先的精神。广东最早实行教职工招聘制，实行教育绩效责任制，实行分配制度的最先实验。广东也是全国最早出现集资兴办教育的省份，佛山市教育局长黄汉和积极推动教育体制创新，辖下的南海市教育局局长招梓垣最先实行“分级办学、分级管理”，佛山市因此成为广东普及义务教育和学校建设最快的地区。佛山市还非常重视职业技术教育，不仅创办多所著名的职业技术学校，而且很重视职工培训，创建了一种轮训晋级发展模式，在实行全员培训下，每实现全员培训一次企业生产技术就提升一个级别，生产的发展就上一个台阶。

广东教育改革开放30年，也是一个不断开眼看世界，借鉴国际教育经验，不断加强国际教育视野和迈向教育国际化的30年。改革开放之初，广东在百千万华人华侨的推动下，在面向世界的发展压力下，广东教育一开始就瞄准国际发展目标，招梓垣从公安局长到教育局任职之初，就提出建设新校舍的目标是“20年不落后”，被认为是“说大话”。以当时的情况看，这简直是异想天开！但是，他做到了，以及后来的所有广东人都做到了。正是在这种精神鼓舞下，广东出台了一个又一个的措施，各地掀起一浪高似一浪的教育发展热潮，人们几乎是发出同一个声音：“国外能做到的，

我们的教育也要做到。”中华民族传统的办学热情再次在这里得到激发，从而谱写了最激越的历史大篇章。1985 年后，广东改革学制也走在全国前列，不仅大力推行分配制度改革，更重要的是积极推动职业技术教育发展，形成多元化的办学体制。许多县市在内地还在为文凭苦读时，就积极谋划职业教育的重大变革，如顺德梁球琚中学在何锐连校长的带动下，全面学习国际经验，创办为全国著名职业高中，对顺德产业的转型升级立下汗马功劳。江门荷塘中学改制后在陈金陵校长带领下，实施走出去发展新思路，结合当地经济发展实际，与国内外办学单位和产业集团合作，创办“六场一厂一公司”，带动了当地经济发展，转变了当地经济模式，形成富有特色的“荷塘职中教育模式”。今日广东教育，与国际教育密切联系，正在融入世界大发展当中。

（二）广东教育发展的时代意义

30 年广东教育改革发展的独特实践，回答了中国及世界教育发展中的许多重大难题。

第一，广东发展，是经济推动教育还是教育主导经济的作用？

广东改革开放 30 年，在经济迅速发展的同时，教育也取得了巨大的进步。回顾这一实践历程，我们会看到，在广东经济发展的背后，依存着一种重要的力量，即教育的作用。广东发展的数次挫折，以及广东经济的每次转型升级都受到教育问题的相应影响。广东经济开放之初，受到影响最大的是人才，不能引进高水平技术的产业，只能实行“三来一补”，用最廉价的劳力来实现就业。1985 年后，广东开始培训出第一批有现代技术的中等水平工人，开始引进中等水平的技术，经济出现了第一次有意义的转型升级。90 年代初，广东又一次深刻地感觉到人才的巨大作用，在 1985 年以来中心城市办大学的基础上，掀起第二次发展高等教育和普及中学教育的热潮，并凭借邓小平南方谈话的作用推动了珠江三角洲教育现代化运动。这次教育发展迎来了广东新的经济高速增长。随后 1996 年全省在全国率先实现“两基”，广东经济实现 90 年代的新高。1997年在亚洲金融风暴打击下，广东经济再次面临就业萎缩、通货紧缩等重大发展问题，广东由此展开更高层次教育改革创新行动，全力推进广东高教大众化的进程，四大大学园区启动，全面推行教育强省建设，加速东西教育均衡发展，新的教育改革进一步提升人的素质，也吸引了一批高水平科技型人才。由此启动了广东新一阶段的宏伟发展，开始了自2001年起经济在越过“万亿”大关后，2004年达到两个“万亿”，2007年又跨越三个“万亿”的发展。当第一个“万亿”到来时，时任省长卢瑞华在接受香港阳光卫视董事局主席杨澜专访时，一再表露教育心结，很希望任内能为教育多做点事，强调广东未来经济发展最关键的问题是教育。他指出，广东自1992年后一切政策优势都已不复存在，重视教育、发展教育是广东在这一发展和“二次创业”过程中获得的最大认识，也是广东未来发展中最具重要意义的发展策略。① 卢省长不是教育学家，并不精通教育，但是他从工作中切身体会到教育的重要性，没有教育，广东就不可能实现经济的起飞。当然，这里也不是说，仅仅有教育就可以了。经济的发展需要许多因素，但是教育无疑是最重要的基础条件之一。

其中珠江三角洲教育的兴起，不仅再次印证了港台经验，极大地丰富了东方式的后发外生型教育现代化的实践视阈，而且再次证明了后发性地区通过借鉴前后发性地区的经验，即使政体不同，也同样可以获得较快的发展的结论，更重要的是，广东以此为基础，探索出后发展中国家实现跨越性发展的新模式。广东珠江三角洲是中国改革开放的先行实验区，在全国率先推进改革，使经济迅速起飞，部分县市年平均增长率达20%以上，深圳更是高达40%。但由于原有基础差，起飞的时间较短，与港台仍有较大差距。邓小平南方谈话中提出把赶超亚洲“四小龙”作为目标，是一个富有远见的发展定位。珠江三角洲人在通过研究亚洲“四小龙”特别是港台的起飞奥秘中，寻找发展规律和进一步发展的示范性目标，重

① 参见《南方日报》2002年7月15日。

视研究它们二战后学西方办教兴邦的经验教训，走了一条学龙、追龙、成龙的过程，为广东以及全国提供了一个样板，成为中国教育现代化的窗口和不可多得的实验田。可以说，珠江三角洲以更真实的方式展示了波浪式的教育现代化进程，以更本原的方式展现了古老中国文化的嬗变和更新。如果说，亚洲"四小龙"是在二战后的50年中完成了发达国家200多年的发展进程的话，那么珠江三角洲则在它们经验的基础上，经过十多年时间就实现了经济的最初起飞，并建立了一个兼容了不同发展阶段、不同形式的教育实践形式，成为当代教育现代化的博物馆，它以更生动、更真实、更集中同时也是更典型的方式映照出后发外生型教育现代化的特征。

第二，广东教育的独特发展，是经济发展之必然还是教育改革推动?

广东30年教育取得巨大的发展，为广东发展奠定了重要基础，这一重大实践回答了许多重大的发展问题，揭示着一个符合中国发展实际的教育发展规律，即：广东的教育发展成就，既得之于经济发展的推动，更取决于广东人的现代教育意识的提升和对传统教育的改革。国际教育发展经验证明，像广东这样作为后发展型教育现代化中的一个区域，要在最终的发展中脱颖而出，最重要的是教育的现代意识。这里，没有经济发展形成的新的教育需要的推动，就难以产生新的教育改革，教育发展就缺乏动力。这点同早发内生型教育现代化是有重大差异的。但是，自工业革命以来形成的五大国家发展模式表明，这些传统教育浓厚的国家要推行教育现代化，仅仅发展教育是不够的，更重要的在于改革教育，促进教育的现代转型。英国最早推行现代化，是得益于英国在工厂中最早推行学徒制式的职业技术教育，培养了大批高级技工，私立学校也开设了多种实用学科，为工业革命进行重大的教育准备。法国的崛起，在于实行教育改革，关闭巴黎大学，创办许多理工学校、制图学校等，因而实现了社会经济迅猛发展而成为欧洲强国。1806年德国在第一次普法战争耶拿战役中大败于法国后，立志改革教育，创办了著名的柏林大学，培养了大量的科学家，并建立起完整的工业教育体系，普及义务教育，经济迅速发展，一跃成为世界强国。美国资本主义取得南北战争胜利后颁布了赠地学院法，首创工农学院，在高等教育水平上全面实现教育为地方经济服务，促进了美国的大发展，30年间工业产值增长4倍，成为世界首富。[①] 日本及韩国的快速发展在于实行教育优先发展战略，创造世界经济发展奇迹，亚洲"四小龙"之所以能在20多年间发展成龙，都是实行教育改革，其最关键的因素也是他们能在更大范围内更高水平上实现了教育与经济发展相结合的结果。无独有偶，珠江三角洲在巨大的发展压力下，也注重把教育与经济结合起来，从而实现了经济的较大发展。可见，任何国家教育发展的同时也要依据时代发展的要求，实行新的教育改革，广东的经验也是一个明证。

广东教育现代化实践还证明了另一个重要结论，作为发展中国家几乎所有推行的重大的教育改革都是主要得益于高层领导的教育意识，施行由上及下的发展方式进行的。国际发展实践表明，即使是爆发重大革命，在政权更易之后，人们就会清醒地看到教育对这个国家潜在的重大影响。中国革命解决了政权问题以后，人民找到了新发展方向，但是，不等于就能够发展了。中国的实践表明，革命胜利后的中国，发展受到极大困扰的主要问题，就是教育人才。但是，由于受到原来革命主体思想的影响，现代教育意识很难在这种境况下得以产生。广东人的现代教育意识就是在历经社会发展不同波折后而逐步加深，他们在推进社会发展中、在开眼看世界中不断地强化着对新教育的定位，逐步把教育看成是社会经济基础，因此积极推进教育改革，在改革中发展教育。在这其中，发展中国家最早也是最重要的是社会权威认识到教育在社会中的作用，因为，在这个阶段，一方面这些国家缺乏开放的条件，不可能每个人都有机会了解世界，另一方面由于教育资源相对匮乏，只是部分人有机会受到最好的教育，这些人组成了社会的精英阶层，因此他们意识

① 参见冯增俊：《教育创新与民族创新精神》，福建教育出版社2002年版，第五章。

到教育的现代意义，就意味着社会行动的形成，这也是表明这个社会群体意识走向成熟的关键指标。广东教育发展实践证明，仅仅有发展机遇，也不会带来新的发展，广东教育的每次改革，都给广东的发展予以巨大的推动力，假如单单发展教育，而不是按经济发展的要求对旧教育传统进行改革，那么再好的机遇也很难带来社会的好发展。所以，最重要的是必须改革传统教育。尽管广东改革开放之初产生了许多新思想，但直到 80 年代后期，许多领导人还没认识到教育与现代经济发展的关系，这使广东丧失了 80 年代改革开放先行实验区带来的最好机遇，未能使广东实现长远可持续发展的关键转变。① 实际上，80 年代后期许多广东学者建议实施教育兴省战略，用特殊政策建立起能带动广东未来产业发展的一批重点学科，实施教育与产业的结合，这正是教育主导经济发展的新模式。然而要达到这种模式，就需要这些领导人必须具有很高的现代教育思想的造诣，可惜这对那些与教育研究几乎无缘的领导来说是他们很难做到的。直到 90 年代后广东的教育才有较大的转变，其中最重要的特征是从筹建深圳职业技术学院上有所表现。1994 年在倡导建设珠江三角洲经济区中开始注意到教育的经济作用，这一时期，广东省委开始下决心把改革教育作为实现广东经济发展战略重大转变的基础。

第三，广东教育的成就，是依靠移植模仿还是借鉴创新？

广东教育发展成就，应验了先前研究认为发展中国家教育可以实现跨越性发展的断言。但是，并非是一个简单地模仿或移植来的教育模式。可以说，广东教育实践基本上走过一个曲折的摸索过程：第一阶段，广东通过华人华侨的作用和毗连港澳、面向东南亚及世界的便利，改革开放之初面临境外先进的教育发展压力和诱惑，一开始就把这些学校作为我们办学的示范楷模，以其作为标准，积极从国外引进各种不同的教育模式和教育经验，这是 1985

① 参考冯增俊：《走向新纪元的粤港澳台教育》，人民教育出版社 2003 年版，第 7 页。

年前的发展情况。第二阶段，是1985年开始教育制度改革，开始深入到教育的内部。这时广东人发现，仅仅依靠移植国际教育经验是不够的，还应当依据本国的实际，重新设计新的教育体系，开始参考国际经验设计广东教育发展模式。第三阶段，自90年代后，广东优惠政策的优势已全部丧失，广东学习境外教育也已到了相当熟悉的阶段，特别是许多在海外归来的学者或多次到海外考察过的学者，对国外教育慢慢地熟悉起来，他们一方面开始拒绝照搬国外的教育，同时也发现了中国教育体制中许多严重的问题，方始认识到改革传统教育的必要性，积极推进现代教育改革。第四阶段，是在走向新世纪的进程中，广东人在追赶先进教育，创立自己教育体系中逐步认识到西方教育的利弊优劣，方始认识到简单地移植西方教育的弊端，积极地推进教育从模仿为主转向通过模仿实现创新，把创新教育作为发展特色区域经济的灵魂。正由于这一点，广东教育的经验具有重要的时代意义。

广东教育成就再次证明，不仅要积极发展教育，积极移植先进的教育经验，更重要的是要结合本国实际，改革创新教育发展模式。因此，教育的发展不仅仅是量的增加，更重要的是发展本国需要的教育模式。改革是推进教育发展和促进本国发展的关键。广东教育实践成就表明，现代经济发展与教育有着内在的必然联系，现代经济的产生和发展，必然要有相应的教育支持。二战后学西方的国家很多，甚至一些国家直接套搬了西方整个体制，然而并未因此得到预期的发展，关键的原因就是教育不能配合经济的发展。即：在发展经济的同时不能同步发展教育，不能把教育从依附于政治和宗教而转变为相应独立的社会力量，也不能使教育从作为特权的象征转变为经济发展必不可少的基础。广东的教育成就的重要启示之一，就是告诉我们，发展教育不等于简单地增加教育规模，亚太新独立的国家中学西方办教兴邦的不少，但经济却未能获得相应的增长，关键就是所办的教育并非为现代教育。一句话，所办的教育是否为经济发展服务，是否实现了从传统教育向现代教育的转变。广东正是在逐步实现把教育作为经济发展的基础的进程中，有力地推

动了经济的可持续性发展的。

第四，广东教育发展成就，是理论先导还是实践先行？

广东30年教育发展取得的成就的另一突出特征是在观念解放下勇于实践新的教育改革的结果。这是一个理论发展和实践变革相互促进的重要过程，广东以其独特的方式推进教育理论发展来实现教育现代化，从而又以其新的实践为理论发展提供新的活力。

最先促进新时期广东教育改革开放实践的是广东人在全国最早发起的教育本质属性问题的大讨论，启导人们从以往的教育是意识形态，是上层建筑，因此就是阶级斗争的工具这种僵化的教育思维中解脱出来；人们开始从教育与人类发展，教育与经济建设，以及教育与上层建筑关系下的思想解放联系起来，重新赋予教育以新的内涵和职能，由此焕发出巨大的思想力量，开启了中国教育现代化的历史新进程。

广东获得第二个教育思想重大解放的是对国际教育的新认识。由于广东毗邻港澳、面向海外，但以往在政治斗争为纲的眼界下，广东人被带上“有色眼镜”，对所看到的国外教育发展多存疑虑，冠上“姓资”的衣帽而对之“大加鞑挞”，认为是资本主义剥削劳动人民的伎俩。在获得对教育本质属性的新认识后，广东人开阔眼界，积极引进国际先进教育经验，许多新的教育形式和办学模式被移植引进到广东教育改革实践中来，并结合广东实际得到很好的改造，从而使广东教育发展突飞猛进，实现了几次重大的跨越性发展。广东80年代中后期的教育体制改革，实施全员聘任制等等，都有力地配合了经济发展对教育的需要。

广东教育的第三次教育理论发展是兴起对教育现代化的研究。随着广东教育现代化实践的深入，如何更好地把握广东教育改革，在更深层次上推进广东的教育发展，广东教育研究者最先倡导教育现代化研究。这一研究最早由一批比较教育学者倡导，并多次举办“珠江三角洲教育现代化实践国际学术研讨会”，探讨广东教育改革与发展中的重大理论和实践问题，从更高、更深的角度研究广东教育发展。他们在研究发达国家教育现代化经验的基础上，结合珠江三角洲教育实际，提出创建新型现代教育体系问题。因此，在探讨发达国家的教育现代化不同模式的演变中，积极研究“广东”不同时期学习西方办教兴邦的发展模式和具体行为之下，积极推动广东教育变革实践，创建出有广东特色的教育创新成果。正是循着这些实践成果，我们看到广东的教育研究者在积极创立新的教育理论，如实用型教育模式或互进型教育发展模式，各种新的学校德育理论、新公民教育理论、教育人类学、教育市场以及教育产业等新的教育理论不断地提出并获得新的实践阐述；也正是循着这些实践成果，使我们找到一个从发达国家教育现代化实践，到发展中国家借鉴学习并由此创立新的教育实践模式的时代过程，由此获得一个有关世界教育现代化走向的非常完整且十分清晰的演进图景，从而找到教育理论与教育实践之间相互作用的完整方式和具体表现，并借此把握现代教育发展规律和未来走向。这对中国乃至全世界的教育现代化实践来说都是不可多得的。广东教育实践为新理论提供了新鲜的生命体，而新理论创立以及理论内涵更新也为广东教育实践开拓了更加迷人的空间。

（三）广东教育发展的现代启示

广东教育改革开放30年的实践，蕴涵着极其丰富的发展哲理。这里仅析解一二。

1. 预兆着东方文化的世纪创新。

文化是社会发展的集中反映，是一个时代的社会精神积淀。世界著名社会学家、德国的马克斯·韦伯在他著名的《新教伦理与资本主义精神》一书中阐述了宗教伦理是资本主义得以产生于欧洲的根本原因，文化的变革不仅影响社会进步，也能影响经济发展，引起巨大的轰动。他在书中论证了新教伦理与资本主义精神有很强的亲和关系，是世界资本主义产生的基础；更值得关注的是，他在书中认为中国封建社会延续时间很长，则与中国的儒家伦理有着直接的内在关系，因此，儒学与现代化两者之间是对立着的。西方许多学者也几乎都认为，东方文化是一种与现代化相悖的落后的

封建文化。这种观点影响巨大，是西方对儒家伦理为特征的东方文化的基本判断。广东教育现代化实践表明，自日本经济奇迹之后亚洲“四小龙”的再次成功，以及广东的快速发展又在中国儒家伦理本土上的崛起，这些实践表明，亚太经济在特定生产水平上具有发展力；而在特定时代下，儒家伦理部分内涵也可以获得某种时代更新，特别是形成与市场截然不同的文化特点，甚至被视为可以在一定程度上被改造为弥补西方文化不足的独有优势。但是，在以美国为首的新型知识经济推动下，不仅由此引发了猛烈的1997年的亚洲金融风暴的大冲击，从而使以儒学伦理为基础的东方文化传统国家经济迅速陷入了新的困境。90年代日本出现了二战后罕见的持续10年的经济下滑。这表明以往亚太后进国家经济赖以高速发展的传统产业已走到了历史的尽头，更重要的是，偏重于保守的儒家文化缺乏现代社会最重要的创新精神，从而使儒学文化国家整体生存模式面临着严峻的时代挑战。广东教育现代化实践表明，儒家文化中倡导的爱国、和谐、社会责任心以及坚韧不拔、自强不息、修身克己等人格价值通过时代更新，仍然具有相应的价值。但是，作为整体以维护有闲阶层为己任的儒学思想体系已经严重过时，那种主张君臣、父子、夫妇等等级观和崇尚官本位的道德理想以及与物质利益的绝对割裂的思想集中反映了儒学的空疏陈腐性，已成为阻碍东方文化传统国家实现创新的关键。这种阻碍作用仍然影响着教育并通过教育深刻地影响民族文化的历史走向。近年来，中国一直不断地强调推进创新，把创新作为一个民族进步的灵魂。广东实践证明，这必须从教育上开始改革。新加坡曾经在80年代大力倡导并开设儒家伦理课程，但在90年代初就郑重宣布儒学已经过时，认为是一个不合时代的思想体系。① 广东教育实践上表现出许多与现代激烈对抗的思想体系，尤其是经济发展上倡导培养创新型人才而教育却日益崇尚复古读经思潮，以及在应试教育模式下出现的种种怪异的教育行为，都向我们敲起创新东方传统文化的警钟，不能

---

① 参见《中国经济时报》2001年2月9日。

把大力推进现代教育改革促进了经济发展的成果简单地安到中国的儒学文化上，由此导致盲目复古儒学，忽视其变革求新。广东教育现代化实践有助于我们审视多元文化背景下西方文化与儒学伦理的对抗及融合的文化整合过程，这对更新传统文化模式，创新教育体系，培育新民族文化有着极为重要的意义。

2. 教育具有推进社会发展的主导性作用。

广东教育现代化实践有力地表明，在社会发展的现阶段，教育已成为影响中国社会发展的主导作用。在中国现代化进程中，如果说，以往的许多重大革命需要通过以战争的方式取得发展方向的话，那么，在中国人民取得革命政权后，人们发现民族教育水平已成为影响社会发展的关键要素，一句话，教育对现代社会经济发展具有内在的关键性作用。正是大战和变革教育，使法国追赶英国成为欧洲强国；也正是德国在1806年耶拿战役失败之后实施三大教育改革，使战败废墟上的德国能用了60多年赶上曾先进于其100多年的英法；也正是美国在南北战争后实行的五大教育创新，使美国30年间工业产值连增4倍，赶上先进的欧洲，成为世界首富。广东崛起证明，教育具有重要作用。江门新会的荷塘职业中学不仅提升了全镇人的素质，更重要的是用其技术创立新的产业发展链，使这个昔日最贫困的乡镇一跃成为最富的镇之一。这不仅要发展教育，更重要的是要改革教育，使之与当地社会发展相适应。这是由于现代经济发展特性所决定的，因为随着人类生产技术越高级，就越需要办更高水平的教育，越要求教育培养高水平技术人才，因此，广东教育发展的正反两个方面经验都证明，要发展现代经济，就必须优先发展教育，而发展教育首先就必须改革教育，使教育与本地的生产发展要求相结合，坚持按经济发展要求办教育，通过创办高水平的新教育来实现引导新经济的发展。这是后发型地区经济起飞的关键，也是实现马克思所指出的：后进国家走一条独立自主发展，跨越“卡夫丁峡谷”的必由之路。[①] 1960年，舒尔茨提出人

① 参见冯增俊：《教育创新与民族创新精神》，福建教育出版社2002年，第十章。

力资本理论，形成了现代经济发展必须依赖教育的新发展观。1983年，美国教授保曼·罗默发表论文，提出生产四要素理论：资本、非技术劳动、人力资本（按接受教育时间的长短衡量）和新思想新科技（可按专利权数量衡量），以此论证现代经济发展得益于新知识的观点。哈佛大学罗伯特·巴罗等研究证明，妨碍穷国赶上富国的关键是人力资本缺乏，即教育落后，人才和知识奇缺，而并非有形资本。1994年联合国教科文组织总干事费德里科·马约尔在《世界科学报告》中指出："科学永远是财富之源。今天，富国与穷国间的差距就在于掌握知识上的差距。如果没有科学的转让，就无法获得持久的发展。"据专家预测，未来工业增长的70%～80%、未来农业增长的5/6都将依靠科技进步来实现。信息产业的生产率近20年来提高了100倍，美国每年由计算机完成的工作量相当于4000亿人的劳动，相当于美国人口一年工作量的2000倍。由于科技进步的作用，目前全世界国民生产总值已达到20世纪初的19倍。广东教育经验再次证明了新经济增长理论，而也只有新经济增长论才是解释广东之所以能在不同时间段上均取得成功的关键。

3. 探索中国教育现代化的新模式。

广东教育现代化经验的另一时代意义是通过正反两方面的经验，为我们探索中国教育现代化的发展道路提供了不可多得的新启示。在广东实践中，我们看到广东教育现代化与发达国家早发内生型教育现代化有着根本不同的发展特征，在"被开除球籍"的巨大发展压力下，以政府力量强行启动教育的改革开放，解放思想，积极模仿先进国家教育模式，结合本国本地实际大胆创新，有力地配合了经济的发展。广东在推进教育现代化进程中，呈现出一些特征：第一，先期模仿性很强，凡是国外有的都很容易就可以推动发展。第二，规模扩张上发展很快，特别是能满足民众需求的教育形式，最容易发展。第三，政府教育行为为主，所有教育行为必须上升到政府行为，则备受重视，反之不以政府行为，即使有益也难以推动。一是受传统教育观念的影响，应试教育依然严重，读书就是做官，主要是为了博取功名，而不注重真才实学。二是在官本位体制下，教育受到行政的严重控制，使教育在很小的空间内运作，既推迟了教育现代化的进程，也使教育现代化出现了许多错位和失误。如中国废除科举的过程延续了半个多世纪，但时至今日仍然受到由科举制生发的应试教育模式的深刻影响，而应试教育模式之所以能存在，其内在根源仍然是出自诸如读书能做官这些传统教育意识的作祟。这些昔日读书能光宗耀祖的观念仍然是潜在地支配东方民族的一种强烈的求学动力。广东教育现代化实践指明，中国教育现代化具有与其他国家包括发达国家重大区别的发展特征。因此，中国教育发展必须关注到：第一，在积极遵循现代教育发展规律中创建中国需要的教育体系。要在努力推进教育服务现代生产中，勇于破除传统教育观念，按中国社会发展实际设计教育发展，不脱离社会和生产实际需要，按特定的人才模式，走中国特色的现代教育发展道路。第二，依据发展中国家政府对教育的作用方式，加强政府发展教育的力度。美国比较教育学家乌利希研究发展中国家教育时指出，这些国家通过革命夺取政权，都把教育作为反击反革命巩固政权的重要工具。因此，加强政府对现代教育发展的推动和统筹显然对中国教育成功发展是不可缺少的要素。这里，如何减少政府决策错误，其关键乃取决于政府负责人对现代教育规律的认识，不仅要懂得现代教育而且还要懂得如何办好现代教育。广东的教育经验为我们提供了非常重要的经验。第三，必须集全体民众的教育热情，全面提高民族的现代教育意识。这是保证教育现代化健康发展的必备基础。

可见，改革开放30年来，广东教育现代化取得了骄人的发展成果，积累了极其丰富的发展经验，这些经验凝集了重大时代意义的内涵。揭示这些教育现代化实践经验的时代意义，对中国未来教育现代化具有非常重要的作用。本书正是以此为出发点，积极推动这方面的研究，努力从中寻找对中国教育发展有益的新经验，以贡献于伟大的时代，为推动中华民族伟大复兴做些许贡献。

三、面向未来：广东教育的世纪发展及挑战

改革开放30年，广东以其骄人的业绩对历史做出响亮的回答。经济发展既为教育提供机遇，也使教育面临巨大的时代挑战。

首先，广东已成为经济大省，对教育提出前所未有的新要求。广东社会发展很快，全省生产总产值由2002年的13502亿元增加到2007年的30606亿元，五年年均增长率14.5%，这在世界各国的地方发展中是罕见的。占全国比重由2002年的1/9提高到1/8，其总量已超过新加坡、香港和台湾这“三小龙”。财政总收入由2002年的2800多亿元增长到7750亿元，地方一般预算由1201亿元增加到2785亿元。广东以一省的经济发展总量，在世界各国的经济发展中可列为20名上下，可见其重要地位。

其次，广东随着经济发展，已逐步从引进为主走向以自主创新为主的发展模式。广东区域创新能力综合指标连续多年居全国第三。各种创新环境指标也列入最佳位置。30年来科技进步对经济增长的贡献率越来越高，由2002年的45%提高到2007的65%以上。在社会创新力的支撑下，科技专利申请和授权量继续居全国首位，发明专利申请量从2005年起跃居全国第一，呈现出强大的增长势头。

广东30年来重视在技术引进中不断完善自主创新体系，其关键是不断探索适合原始创新、集成创新和引进消化吸收的新兴产业体制机制。如通过中央与地方合作共建国家级重点院校，从而在人才培养、资源分配和管理创新等方面能努力遵循科学发展规律，不断解放思想，打破各种陈规陋习，真正使广东人汇入到自主创业和创造的大潮中。① 这些都给新时期的广东教育提出更高更强的发展要求。

再次，新世纪世界格局的发展变化，也要求广东能顺应潮流，

① 《2008年广东“两会”》，《广州日报》2008年1月18日A2版。

在中华民族走向世纪复兴大业中发挥应有的历史作用。近年来，广东发展连续跃进使之不断扩大了世界经济发展重地的新地位，在经济结构调整中突出高科技地位，形成新的发展龙头。同时，转变吸纳世界高新科技成果的基本方式，率先建立起崭新的知识经济体系，创立新的发展优势。每年的国际顾问团，以及各种领域的专家咨询会，都为新世纪的广东发展把脉导航，以及周边发展环境的不断改善，都赋予广东新的发展机遇，也为广东的教育改革和发展，特别是教育的全球化、国际化、现代化提出了重大的课题。

广东社会经济的发展为教育改革和发展提出新的要求，也为创新教育提供了新的条件和基础。其中，突出表现在对教育质量要求越来越高，对专业设置也要求能紧跟社会和经济发展的步伐，要建立起统筹政府、社会、学校和市场作用的多元化体系，面向全国更加广阔的需求。广东的学者也积极研究世界教育发展的新趋势，创建新的教育理论，以推动广东教育新发展。特别是广东形成的“互进型教育发展模式”①，以致力于寻求教育与经济发展相适应协调互动发展的模式，是一种最注重社会功效的教育模式，能为广东发展提供最有效的智力支持。总之，广东能否创新原有的教育优势，形成新的教育发展模式，以策应广东社会的发展，培养出使广东走向21世纪的人才，就成了实现伟大目标的关键因素，对广东来说是一次世纪性的严峻挑战。

新世纪广东经济发展的巨大成就为广东提供了新的发展契机，同时也会在引发文化上、道德价值上、教育体制上乃至政体上愈益深刻的裂变、冲突及震荡，从而带来灾难性后果或者历史性的嬗变。因此，广东未来教育的变革将是一场意义深远的时代革命，不仅带来教育的重大转变，也将引发民族文化的时代重建，从而由工业社会走向知识社会，并由此带来新的社会革命、思想革命和文化

---

① 亦称“实践或实用型（Practice or pragmatic）教育发展模式”，参见冯增俊：《现代高等教育模式论》（广东高等教育出版社1993版）及《教育创新与民族创新精神》（福建教育出版社2002年版）第三章。

革命。

广东在新的发展中人才问题也将继续成为重点，不仅经济发展需要新的人才，而且教育的发展也需要新人才。一方面，孔雀东南飞盛景不再。改革开放初期，80年代后期和邓小平南方谈话后的90年代前期。那时广东是全国唯一的人才洼地，人才从四面八方积聚广东，支撑起广东高速发展。如今，许多问题，包括俗称“五大难题”（房子不能解决，优秀人才无法钻研学问，各尽其才局面难以形成，科技人才疲于攻城略地，吸引优秀人才缺乏大魄力），不仅制约着广东的教育改革，也必将制约改革开放30年后广东的后续发展。

改革开放无穷期。30年的改革开放，广东教育取得了骄人的成就，但是也应看到，广东教育中涌动的现代化洪流里，既有积极向前的发展动力，也保存着许多古代有闲阶级教育的名分，纯考据古训之学术性的发展阻力；还有着努力倡导一种过于实际的功用性技艺教育。这些教育思想上的交锋和纷争，也使得广东的时代发展增添了许多变数。因此，重建广东教育的新型运作机制，建立一种符合本地发展的、能起到互动互助作用的新教育，是广东走向伟大时代的重大任务。

第二章
见证辉煌：广东教育改革开放的历程

改革开放后广东教育发展迅速，从原来单一体制和低水平教育转变为高水平的多元化现代教育体系，尤其在全国最早倡导从战略的角度来统筹广东教育发展，探索了一条走向未来的教育发展的新道路。“发展战略”的概念为1984年联合国教科文组织提出，逐步被世界各国所实施，产生了重要的效益。“战略”倡导从长远、发展和整体的观点来统筹教育，全面更新了以往仅考虑当前教育发展规模或眼下教育基本设施建设的行为，为当代教育发展提供了有力的决策支持。广东积极倡导教育发展战略思维，从“战略”的高度把握对全省的整体区域教育的宏观决策研究。

一、规模扩张：扩张变革满足教育需求

广东这一神奇的土地与中国第三阶段现代化不期而遇，使数千年教育传统和百年现代化积淀在改革开放大潮下，演绎出一幅气壮山河的教育变革和社会进步互动的美好画卷，展示广东未来灿烂的新风貌。

（一）改革教育：在拨乱反正中奋起

广东的教育改革开放实际上也走了一条从感性激情，到迷茫、

思索和痛苦，再到领悟和感奋，在勇于借鉴中获得智慧，在学习先进经验中大胆创新，展示出广东人从洗脚上田的农民在变革教育的实践中不断改变自身，在发展教育中发展现代人的历程。

广东教育在改革开放之初就以大力进取、勇于开拓而著称，同样在于广东人秉承面向世界所获得放眼向洋的新风气，他们由于看到国外教育发展繁荣因而对中国教育落后痛心疾首，奋起大胆变革教育。1976 年在打倒“四人帮”之后，广东教育界就开始在拨乱反正中大力倡兴教育。

第一，大力倡导开放发展教育之新风。广东人以最早开放的大智慧，勇于否定的气概，狠批“四人帮”在教育上的流毒，特别是对政治挂帅的教育体制进行批判，清算了把教育作为阶级斗争的工具的各种危害，重新认识教育的作用和地位，突出把教学作为学校的中心工作。广东在率先开放改革的推动下，加大力度开展平反冤假错案的工作，全面落实知识分子政策，对“文化大革命”中批斗的教师和知识分子逐个进行清查和昭雪。到 1983 年底，全省有 3 万多名教师得到平反，这对激发广大知识分子的教育热忱，促进教育发展作用很大。特别是广东人的开放精神，对知识分子有正确的观念，较好地认识到知识分子的作用，因此落实知识分子政策这一工作做得早，抓得紧，从而使广东成功地成为早期第一批大规模地吸收各种教育教学骨干的省份。这些业务过硬的骨干教师的到来，极大地充实了各级各类学校的教学力量，使学校教育迅速得到恢复。

第二，全力整顿学校教育秩序。一方面全力贯彻大中小学新条例，恢复大学办学体制，各高校的劳动分校全部迁回原地办学；另一方面按当时经费和教育质量实际，为适应迅速培养高水平人才，实施重点中学制，以当时很有限的财力和师资力量集中建立 18 所省重点中学，以及每县一所县属重点中学和每学区一所区中心小学，并全面整顿低水平“全民教育”的虚肿现象，重点削减人为设置的各种小学戴帽办中学的假中学。到 1983 年附设初中的小学减为 3300 所，高中从 1977 年的 2700 多所减为 1051 所，中师从

120所减为53所。

第三，恢复统一考试升学制度，建立规范教育秩序。这一时期，广东恢复了统一考试升学制度，重视提升教育教学质量。在取消过去那些小学戴帽办的附设初中的同时，把二年制初中恢复为三年制初中，高校从1977年的22所也恢复为1978年的29所，在校生从28005人增加到33750人。全省开始建立起统一的教育秩序，教育面貌焕然一新。

第四，实行教育经费包干，并推行分级办学管理的教育体制改革，发挥各地办学的积极性。1978年中国实行改革开放政策，广东教育发展犹如顺水推舟，发展迅速，呈现出一片欣欣向荣的早春景象。

（二）读书、再读书：普及教育运动初起

改革开放之初，百业待兴。但民众求知之强烈超出一般人想象。读书，成了人们最大的问题。成人要读书，小孩要读书！你在哪里读书？考上重点中学！考大学去！读书去！就成了这时候广东教育发展中的口头禅。

这一时期，广东教育在蓬勃兴起的“三来一补”等新经济发展要求下，掀起第一轮发展运动。由于珠江三角洲当时教育比较落后，在外来技术和资本的冲击下，开始富裕起来的农民，最大的愿望就是要读书，自己要读书，孩子也要读书，要读书就得办学，读书热裹挟着办学热席卷南粤大地。第一个愿望就是自己要读书，要补回十年耽误的学习机会，在读书中寻求人生的新机会。第二个愿望是要把学校办起来，使孩子得到最好最新的教育。教育连着千家万户，由此掀起珠江三角洲第一轮办学热潮。第一次通过自己努力就可以获得钱的人们，毫不迟疑地把钱投到读书当中。就这样，在广东提了近30年的普及教育的口号很快变成了现实。许多教育工作者开始对新形势下如何办教育进行思考，并开展了教育发展规划工作。

1981年初，时任佛山市教育局局长的黄汉和就谋划着这一区

域教育的发展，较早提出普及义务教育的设想。誉称顺德第一教头的市委常委招汝基、东莞市副市长姚锦柏，以及广州市教委主任吴紫彦等就对广东教育普及义务教育提出相关建议，广州市城区成为全省最早普及小学义务教育的数个县区之列。由于经济逐步发展要求接受正规教育的人越来越多，同时也出现了人才素质和培养新型人才等新问题。教育如何发展便成了社会的大问题，因此迫使广东寻求新的变革。1980 年中共中央、国务院颁布了《关于普及小学教育若干问题决定》以及 1983 年教育部颁布了《关于普及初等教育基本要求的暂行规定》。两大文件对广东当时经济发展提出的教育问题做出了很好的诠释，广东抓住这个机遇，根据当时本省的教育实际，颁发《关于进一步贯彻中发〔1980〕84 号文件，实现普及小学教育的意见》，提出按全省 114 个县、市（区）情况分两步实施普及初等教育的战略设想：第一步 1983 年前在基础较好的县市高标准普及小学教育；第二步 1985 年前在部分基础较差县市普及初等教育，适龄儿童入学率均应达 95% 以上，小学升初中率达 90% 以上。在改革开放先行实验区的珠江三角洲各县市更是发展迅速，不仅于 1981 年先后实现普及小学教育，而且中学发展也非常快。1984 年，全省有小学 29778 所，在校生达 779 万多人，入学率达 97.78%，教育支出年递增率为 8%。[①] 为此，广东积极改善办学条件，全面推进“一无两有”（无危房、有课室有课桌）工作。从 1979 年至 1987 年，全省用于校舍建设投资达 31.44 亿元，加上住房及设备投资 40.33 亿元，新建设校舍 2546.4 万平方米，是新中国成立后的 26.47 倍。

（三）勇闯新路：新教育发展风起云涌

传统中国教育是典型的进校读书，考试应举，其他皆贬之异端。改革开放之初，在广东经济和社会发展推动下，新教育风起云

① 参见何辛编著：《广东教育 50 年——1949—1999 年》，广东高等教育出版社 2000 年版。

涌，渐成风气，许多新教育思潮开始从广东登陆中国。一是形成汹涌澎湃的全民读书热，大兴刊授教育这种遍布各方的民众教育体系。由于“文革”的原因，大部分民众都没有读书的机会，“文革”后对知识的渴求使民众读书热情高涨。恢复大学教学秩序的广东各高校，为满足民众创办了许多不同的教育方式。其中刊授就是一种颇受欢迎的方式，最为著名的是中山大学的中文系创办的刊授大学，其报读曾达200多万人之巨，堪称一绝。二是各种形式的培训也像雨后春笋般地涌现，从文化补习，到英文培训班，仅初步统计广州市在1979年就有各种培训班2000多家，还不计各个单位对职工的各种培训。民众的学习热潮主要是要用学习来补充对知识的渴求，弥补过去被荒废的时光，充实自己，许多人也为进一步成才而努力。三是各种技术性和职业类科目及校外培训开始兴起，并逐步同正规教育并驾齐驱。特别是过去的职工教育开始形成以技术培训为重点的有层次的技术教育类型。此外职业技术中学开始出现，并逐渐形成热流。新时期初出，广东教育发展基础初奠，然已如同那时的经济发展一样，箭在弦上，一触即发。

从现在看来，这一时期广东教育发展水平依然很低，但对于当时的政治环境和经济能力来说，已经是一个历史的重要起点。

二、体制求新：改制开拓探索教育新道路

广东教育上的拨乱反正顺利进行，特别是落实知识分子政策的工作走在全国前面，为广东积聚了一大批中坚人才，奠定了广东教育发展的重要基础。但是，原来的各种教育制度依然对新发展造成重大阻碍。为此，广东教育在全力推进改革开放的形势下，开始了改制创新，谋求广东教育的新发展。

（一）突破禁区：施行分级管理的体制创新

教育涉及的面很广，教育问题与社会问题盘根错节，社会发展越来越受到教育的影响。各种教育问题既是社会问题，也由民族发

展中各种文化等因素所决定的，因此几乎没有任何国家可以一夜间把教育问题解决了。特别是中国教育从数千年封建教育体制中发展现代教育，问题比其他国家更多，各种条条框框也更多，政策基础也更加脆弱。但是，广东在改革开放之推动下，特别是得国际教育启迪之先风，突破政策盲区，尤其是封闭的公有制框框，把市场机制引入教育领域，大胆推动了新一轮的教育改革。

80 年代初广东教育发展中最引人注目的创新是变革国家包办教育的传统体制，开始分级办学的体制改革实验。最早开始这项实验的是佛山南海市教育局长招梓垣，他经过多次调研，认为当时教育发展滞后，关键在于体制落后。传统教育只满足对书本知识应考的需求，不关心社会发展的迫切需要。他依据南海教育发展需要，在大胆提出较快发展规划的同时，率先设计了三级办学、三级管理的教育发展模式。在政府财政还较为困难的状况下，南海市通过办学体制改革，即把小学放到村办，初中放在区办，而高中则由市统筹办理。这样办学，一方面更好地理顺小学、初中和高中教育的管理体制，同时更重要的是通过下放办学权，施行办学责任制，充分调动村及区政府和广大民众特别是大批港澳台同胞的办学热潮。

（二）二突禁区：走出国家包办教育的藩篱

广东在改革开放中是最早突破中国社会主义教育投资体制的省。广东不仅首创地方政府投资办教育的新模式，也是最早打破禁区接受港澳及海外华人投资捐资办学的省份。自新中国成立以来，中国基本上已形成把教育国有化，全部由国家包办的体系，并以此为荣耀，称其为社会主义教育性质的根本标志。一切私人款项及各种捐助都统统被看成是资本主义性质而被拒，更何况从境外来的各种教育捐助。而且，从新中国成立以来，特别是经历了“文革”那种纯粹“社会主义体制”的教育发展模式后，人们把国家投资与发展教育简单地等同起来，教育成了一切由国家包揽的封闭系统。从“文革”结束后兴起的教育复兴开始，广东在民众办学热潮的巨大需求下与政府捉襟见肘的财政没办法拿出钱来办学之间形成巨大的落差，

经费问题就成了办学的巨大障碍。为此，广东各地在努力推进教育发展中积极改革教育体制，探索中国教育管理新体制。

最早推动教育投资体制改革的是南海市，该市教育局局长招梓垣经调研发现，不扩充办学规模，就不能满足广大群众的教育要求，他提出“创办人民教育事业”的命题，向市委、市政府提交发展教育的经费解决方案。南海市人民代表大会最后以高票通过相关决议，授权各级政府进行适当的教育发展集资办学行动。这是广东首次突破教育经费由国家独统拨款的禁区。这次有意义的人大决议，开启了中国多元教育投资体制发展的新模式。

新体制改革为南海教育带来巨大的发展力，原来破破烂烂的校园修建一新。1977年，大沥开始重建镇中学，提出“20年不落后”的口号。1994年“第二届珠江三角洲教育现代化国际学术研讨会”到会的100多名代表参观了南庄第三初中新建的校园，该校第一期投资达4300多万元，代表对各种一应俱全的设施深感惊讶！特别对广东人敢于打破旧的条条框框深表敬佩。

接受外资办教育，是广东教育一大突破。广东首开接受境外教育捐资办学之先例，也实为教育体制改革中最引人注目的创新之一。广东兴宁市旅港客商刘宇新首个向内地中小学捐资办学，为国内学校借助港澳同胞帮助兴建教育开拓一条新路，受到广泛关注。1978年11月18日刘宇新向他的母校兴宁县妮陂中学写了一封极为感人肺腑的信，表达了在“新长征道路上，我愿为母校的改建出片瓦之力，拟在母校兴建一座三层的科学楼，捐资港元100万元”的强烈意愿。三中全会还没召开的时候就提出这一建议，无异于一颗冲破旧观念的巨型炸弹，它意味着的是一种强烈的民族责任。这事经广东省革委会同意批准终于如愿实现，成为全国首项接受港澳外籍人士捐资办学的款项，引起国内外的广泛关注。“一花引来百花开”，刘宇新先生的义举带来了广东上千万港澳海外华人爱国办教的巨大热情，极大地推动了广东教育的迅速发展。到90年代后期，仅刘宇新先生一人就累计捐资上千万元发展教育。到2000年广东港澳及海外华人共捐资办学超过20亿元人民币。

（三）再闯新关：新大学运动

在历史上，任何国家的发展都是同如何创办大学紧密联系在一起的。从广东施行改革开放起，人才奇缺就成为困扰发展的重大瓶颈。如何突破原有的办学体制，满足广东改革开放对人才提出的新要求，就成为教育变革的焦点。因此，在推进教育体制改革中，广东80年代的一个重大教育创新是首开国内创办地方大学，推进新大学运动。广东启动全省中心城市办大学运动经历了从恢复师范专科学校到创办为地方服务人才新高校的历程。这既是一次思想解放运动，也是广东发展上的重要里程碑。1983年前后，佛山大学、西江大学、广州大学、惠州大学、五邑大学、深圳大学、嘉应大学、韶关大学、汕头大学、东莞理工学院等一批高校在地市中心城市拔地而起，引起国内外的广泛关注。特别是这批大学以服务地方发展为目的，主要开设地方发展需要的各类新专业，首开中国高等教育改革先河，具有重大的实践意义。

这批地方新型大学的创办，是广东教育改革推进教育体制创新上的一次重大尝试。教育学家秦国柱专门著书《中国新大学运动：广东中心城市新办院校研究》，对之热情歌颂。广东新大学运动不仅很好地回应了广东经济发展的要求，（据不完全统计，这些院校中多数以师范学校为基础，但是开设了大约60%以上的地方紧缺人才专业，其余为师范教育专业，培养的也是当时紧缺的合格教师，为广东社会发展起了重大作用），而且广东的地方大学创立也促使中国教育体制的变革。这些新型地方大学的创办，为广东发展拓展了新思路。《从师专到地方大学——西江大学办学模式研究》一书的“导论”中写道：①

① 罗钦贤等主编：《从师专到地方大学——西江大学办学模式研究》（冯增俊，朱仲南主编：《珠江三角洲教育现代化研究丛书》之一），广东教育出版社1995年版，第4页。

西江大学人在广东改革开放推动下，经历了艰辛砥砺的发展历程，用10年实践迈开了创办地方高等教育新模式的第一步。也许她走得蹒跚且有些迟疑，但毕竟已深深地扎入了肇庆这块土地，生根发芽，正在成长壮大。她用实践证明，像肇庆这样的地方如何办高等教育，如何为肇庆的经济发展服务，走出了一条在改革中发展、开放性办地方高等教育的新路。更有意义的是，西江大学探索出一条与地方经济发展需要相结合，积极为地方经济发展服务，从而推动地方经济发展的同时也使地方高等教育获得空前发展的新道路。

西江大学的办学实践充满着浓郁的地方特色，不是说美国19世纪颁布了赠地办大学法吗？肇庆人可能没看过这部法，但他们所创办的西江大学，其目标也正在追求着同一种地方高教模式，很有美国当年威斯康星州立大学的办学精神，尽管这两者之间仍有较大距离，但其探索精神是一致的，使人不得不对她肃然起敬。

是啊，广东人在自己的探索中，也实实在在地实践着现代教育发展的内在规律，也在用为改革开放服务的精神推动教育转型。他们从“一校两体”到“两校一体”，从“名不副实”到“名副其实”，借其“虚名”引鸡下蛋到获得“实名”而展示雄风；从因办学经费困难、队伍不稳定、功能单一等等面临发展上的重重危机，到服务社会带来的发展新生机，既经历了改革的强烈阵痛，也体验了冲破艰难险阻的成功喜悦。

（四）新花绽放：职业技术教育运动初兴

80年代广东教育变革的另一重大成就是全力推进教育结构改革，创办新职业技术教育。广东以珠江三角洲地区为牵头启动的经济发展运动，引发了广东人才结构和教育培养模式上的严重冲突，如何培养量多质高的应用性和技术性人才就成了产业结构调整和经济高速发展的关键。正是这一原因，广东教育体制改革起步早，措

施硬，职业技术教育发展较快，教育结构改革成果显著。一是职业技术中学从无到有，发展很快。二是广东职业技术教育在经济发展的强大需求下，积极探索普通中学办学思路，在普通中学中引进相关的技术性课程。三是大力发展各种技术培训机构，初期各种刊授大学[①]逐步转变成面对成人的技术培训学校和自学成才考试。技术培训在广东迅速发展起来较好地满足了广东新产业的兴起，适应了产业的转型升级。四是职业技术教育开始进入一般中小学的课堂，在学习文化课中也兼顾学习一些技术，技术技能开始改变中小学对人生的看法，新教育观由此开始萌生。

表 2－1　　1978—1995 年广东省教育发展概览

项目	1978 年		1980 年		1985 年		1988 年		1990 年	
	校数	学生数	校数	学生数	校数	学生数	校数	学生数	校数	学生数
普通高校	29	33750	30	44053	44	74285	45	97224	45	95928
高中阶段	2689	810600	1862	537055	1654	485373	1609	507430	1701	835901
中职教育			72	7000	331	10370	474	19640	513	211700
技工学校	268	33388	214	43842	242	59757	276	107485	306	142132
中等师范	116	14912	85	20913	53	27146	46	29505	45	30869
普通高中	2305	762300	1481	465300	1028	388100	823	350800	837	361200
初中	418	2709100	1693	2356700	3301	2280500	3246	2102300	3042	1979000
小学	29259	8318100	30380	8387200	29535	7584900	24611	6887200	24610	7473000
幼儿教育	9225	497600	8183	542500	6887	1002300	7449	1327900	7469	1500500

注：1. 1988 年后海南省成立，学校数和学生数有变化（下同）。
　　2. 技工学校包括技工学校和中专学校。

三、制度重建：遵循规律创建中国特色新教育

广东教育自改革开放以来，积极推进教育现代化，在全面扩张

① 1980 年中山大学的中文刊授人数达到近百万人，一个月不到报名就达 20 余万人。王力先生主讲的一堂课听者达 13000 多人。见彭祖康等主编：《走向世界的坎坷之路》，广东教育出版社 1995 年版，第 168 页。

教育规模的同时努力创建新的教育模式。广东从普及教育、推进中心城市办大学、实施教育体制改革，以及在不断的变革中积极探索现代教育发展规律，努力创建有中国特色的教育体系。

（一）推进新高：全力率先实现“双基”目标

继续扩张教育规模，满足不断膨胀的教育需求，是30年来广东教育的最强音。特别是由于广东经济持续发展，源源不断到来的各种务工人员及其子女，促使广东普及教育的任务非常艰巨。自1979年开始，广东在极为薄弱的教育基础上推进普及教育小学六年义务教育的工作，历经6年，至1985年，广东以较高标准在全国率先实现普及小学阶段义务教育。

如何实现广东教育的高速发展，其实早在实现小学义务教育之后，广东省委、省政府就开始部署进一步普及九年义务教育发展规划。1986年，即实现普及小学教育的第二年，广东就颁布《广东省普及九年义务教育实施办法》，提出分三个阶段推进“普九”：一是1988年前为起步阶段，即以珠三角的重点实验区为推动力，在巩固小学普及教育基础上逐步从珠三角的重点实验区推向全省；二是1992年前的大力推进阶段，在实现珠三角的重点实验区的普及九年义务教育和扫除青壮年文盲的基础上，在东西两翼实现普及任务；三是1996年全面实现阶段，并进一步巩固提高普及教育的任务。1996年广东和江苏都实现了基本扫除青壮年文盲和基本普及九年义务教育，是全国第一批实现“双基”目标的省份。10年间，广东全省为“普九”投入达443.2亿元，其中校舍建设投入193.7亿元，建校舍4354万平方米，实现90%校舍更新，80%楼房化。投入20亿元于教学设备，计算机教学走在全国前列。① 1996年广东全省专任师资方面，小学达标率94%，初中89.23%；全省小学生入学率达到99.75%，升学率达到97%，初中入学率达到

① 参见广东省教育厅：《广东省珠江三角洲教育现代化方案（初稿）》1999年及相关资料。

96.1%。1998 年，广东全省有小学 24724 所，初中 298 所，高中 900 所，小学在校生 918 万人，初中在校生 365 万，高中生 59.04 万。全省适龄儿童入学率达到 99.73%，15 岁人口初等教育完成率 98.07%，17 岁人口初中完成率 95.64%。此外，普及九年义务教育也推动了高中和高等教育的发展，使高中阶段教育发展很快，广东主要城区高中教育完成率都在 85% 以上。普及教育运动使广东九年一贯制教育得到迅猛发展，为广东推进新一轮的经济起飞计划奠定了良好的基础。但是与“普九”相比，广东高中阶段教育中城乡差别以及校际间差别都很大。广东教育发展面临新考验，在继续扩大办学规模的同时，如何转变单纯读书升学的观念、进一步变革普通高中和职业技术高中的格局，改变广东教育不平衡现状，转变教育模式就成为制约全省教育发展的重要因素。广东教育发展情况见表 2－2。①

表 2－2　　1995 年来广东省教育发展现况一览表

项目	1995 年		1998 年		2000 年		2005 年		2007/08 年度	
	校数	学生数	校数	学生数	校数	学生数	校数	学生数	校数	学生数
高校总计	164	292246	157	339424	134	513908	122	1270366	128	1667997
研究生	23	5405	24	8043	26	13023	29	43942	31	54436
博士		935		1539		2558		9049		10587
普通高校	42	151788	43	185047	52	299475	102	874686	109	1119655
本科	26	74084	26	104873	31	150316	37	428579	37	587426
成人高校	61	135053	57	146334	41	201410	20	295618	19	424232
本科		9276		14305		25491		96523		4147265
网络高校								43663		49527
高中阶段	2040	1166759	2091	1440165	2060	1525555	2089	2528077	1805	3089900
中职教育	1033		1001		960		612		595	907581
技工学校	171		190		186		191		191	45800
技工职中	1204	777728	1191	849761	1146	800299	827	1038214		
普通高中	836	389031	900	590404	947	725276	981	1489863	1019	1724319

① 参考广东省教育厅发展规划处有关资料制作。

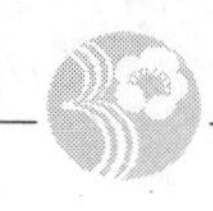

续上表

项目	1995年		1998年		2000年		2005年		2007/08年度	
	校数	学生数	校数	学生数	校数	学生数	校数	学生数	校数	学生数
初中	3014	3013470	2987	3655041	3023	3889782	3301	4527044	3297	4829437
小学	24628	8331914	24724	9180153	24202	9299314	21228	10670304	19891	10176170
幼儿教育	7923	2000082	10147	2036463	12027	2141789	10359	2139186	10594	2226431

2008年，全省学前三年入园率达到80%以上，小学适龄儿童入学率达到100%，适龄残疾儿童入学率达到95%，初中阶段毛入学率达到99%，高中阶段毛入学率达到75%；大中城市及珠江三角洲基本普及高中阶段教育，普及学前三年教育；全省建设100所示范性普通高中，中小学优质学校在校生达到50%；到2010年，全省普及学前三年教育，高标准普及九年义务教育，基本普及高中阶段教育。自2001年起城乡在小学三年级分批开设英语课和信息技术课，有条件的学校从一年级开设英语课。2008年，全省小学专任教师75%达到大专以上学历，初中教师50%达到本科以上，高中教师10%达到研究生学历。

（二）南巡春雷：教育现代化运动骤起

教育现代化，是多少年来中国人的伟大梦想。然而，中国特定的历史使中国现代化以及教育现代化经历了曲折反复的历程，在这漫漫求索路上，泼洒着中华民族志士仁人的满腔热诚和无尽的追求。中国教育现代化运动起源于著名的中英鸦片战争，但是在数千年封建教育的体制下艰难险阻，一百多年来其变革曲折反复，主要可分为三个主要阶段：第一阶段是洋务运动阶段，其中心任务是要不要改革教育的问题。直到60年后的1904年初才颁布第一个学制，但这个学制也全部是抄袭外国的各种条款拼凑起来的。第二阶段是民国共和阶段，其中心任务是解决如何进行教育改革，推进教育现代化问题。但事实证明，这一阶段经历了新文化运动、多次不同的国内革命战争以及抗日战争等等，但是主要也是抄袭国外的教

育模式，建立起以少数人受教育为主的精英教育模式。第三阶段是建国后，中国教育主体上依然先从抄袭国外教育体系为主，到自主创新发展的历程。但是真正有意识地推进教育现代化的工作主要是“文革”以后的改革开放。其中，广东教育发挥了重要的排头兵的作用。

中国教育现代化起于广东，不仅在于鸦片战争的主战场在广东的东莞，更重要的是广东最早引进西学。鸦片战争前各地社学中已开设算学等科，教人学习计算，为中国最早开眼看世界、吸收西学之地。在中国要不要改革教育的问题上，先发变革之声。既办有同文馆，还兼有康有为、梁启超等人创办的万木草堂，其力倡教育变革乃至革命立新，为中国发展谋划推动。在第二阶段中国教育现代化运动中，广东也屡涌新潮，不仅孙中山是广东这块开放热土上成长的一代立志推翻帝制、创立共和的旗手，广东也是中国民主革命的根据地，创建黄埔军校，办中国农民运动讲习所，革命北伐出发地。广东教育学会最先吸收美国新学制，其“六三三四制”被沿用至今。在第三阶段的改革开放以来，广东最先喊出教育思想解放之声，[①] 最早质疑“教育是上层建筑”的观念，掀起对教育本质属性的大讨论，推动了全国教育上的拨乱反正，批判教育是阶级斗争的工具，探讨现代教育真谛，继而开始重视教育的社会责任，强调教育服务社会的作用。广东由此掀开了中国新教育现代化运动的序幕。

1992 年邓小平视察南方，吹起了中国教育现代化的新号角，也是中国新一轮的思想解放运动。“春江水暖鸭先知”，广东作为先行试验区，在变革旧教育体制的历史关头最先感受到“南方谈话”的内在含义，顿时对教育的认识和相关研究得到新的升华，引发出巨大的教育现代化浪潮。一是第一次用教育现代化的理念来指导教育改革，即在探讨中国社会主义道路中研究广东教育实践，创建有中国特色的社会主义现代教育体系，特别是强调用更宏观、

① 于光远：《要重视培养人的研究》，《学术研究》1978 年第 3 期。

更长远、更整体的观点来谋划教育发展。在清理原来教育发展思路的基础上，以更有力的措施扩张教育规模，全面启动校园设施建设，整个广东都投入新一轮的现代学校建设中。二是全面启动普及九年义务教育，从珠江三角洲到东西两翼和粤北山区都掀起轰轰烈烈的办学热潮。这一时期广东学校急剧扩张，尤其是东西两翼和粤北山区的学校发展很快，而珠江三角洲的学校的现代化设施、学校的信息化程度都有了重大发展。在教育厅出台的等级学校评估体系下，各地纷纷加大学校建设和强化教学质量，建设了一批区一级、市一级和省一级学校，使普及教育中教育质量得到极大的提高。三是广东高校出现第二次扩张发展时期。不仅这时期广东创办多所新校，高校扩招近一倍，在校生人数翻了一番，更重要的是创办了深圳职业技术学院这所广东著名的职业技术教育类高校，这是中国高等教育办学模式从办普通高校到普通高校和职业技术高校并行的多元体系的重大转变。深圳职业技术学院开办以来，坚持为深圳发展服务，录取深圳最后一批考生，但却培养出深圳急需的各种高级技术人才，为深圳发展起了重要作用。该校目前在校生近2万人，是全国首所国家级示范性高等职业技术院校。

广东自90年代来加大教育现代化发展力度，1992年冯增俊等学者先后承担多项重要研究课题，探讨珠江三角洲教育现代化的理论和实践问题，还连续举办三次“珠江三角洲教育现代化实践国际学术研讨会”，影响巨大，推动了全国教育现代化运动。广东省教育厅江海燕厅长、刘达中副厅长牵头承担的全国教育科学“九五”规划教育部重点课题“新阶段珠江三角洲教育现代化战略研究”，启动了政府加强对该地区教育发展的调控，起到了积极的作用。

（三）创新制度：按社会发展要求办学

90年代以后，随着广东经济发展，民众对教育的需求也越来越高，是继续扩大教育发展规模满足民众的教育基本需求，还是注重教育的内涵发展，追求教育现有规模上的最高质量呢？而且同以

往相比，广东教育规模的不断扩大，这种教育的总体需求很可能会从总体缺乏转向优质教育的结构性匮乏，加之以知识经济为导向的新经济发展对创新人才提出了更多更高的要求，那种以背记知识为主的教育受到广泛的质疑。种种要素，促使广东教育的现代转型加速并发生了新的质变。

广东对现代教育模式的探讨，更多的出于市场推动下对教育的现实思考，其中最突出的是按社会发展的实际办学，这同中国改革开放是一条走前人没走过的路，与“摸着石头过河”不无相似之处。对于传统教育思想浓厚的中国而言，这些探索就显得更加弥足珍贵。90 年代以来广东这些探索主要表现为下列各个方面：

1．追求普及大众教育。

广东 90 年代后期起全力推动普及教育运动，不仅大大地加强了九年义务教育的巩固工作，而且全力加速普及高中教育，尽可能最大限度地满足广大民众的教育需求。80 年代，广东第一次在全国率先掀起地区办高校，90 年代初又发动第一次高校扩招运动。1998 年后广东按照中央部署加快发展高等教育，普通高校从 1998 年的 43 所，到 2002 年的 72 所，到 2007 年的 128 所，在校生从 1995 年的 151788 人发展到 2000 年的 299475 人，2005/2006 年度达 1270366 人，2007/2008 年度达 1667997 人。

普及教育转变以往那种囿于满足少数人读书需求的精英教育。当然，最早是出于民众的教育要求，更重要的是产业转型升级带来的压力。一是 80 年代初人才奇缺和新科技兴起的压力，促使普及教育和中心城市办大学运动的形成。广东在这一压力下开始意识到发展教育、培养人才是解决发展问题的重要性。这一运动为广东谋求新的发展开启了新思维。二是 90 年代初原来由紧缺物资构成的市场消失，广东优惠政策的优势基本全部丧失，在浦东开发和全国开放的形势下，广东面临巨大发展压力，广东推出新的普及教育运动。政策性优势的丧失启动了发展机制的转变，使广东从政策孵化器得到诞生，满足了新体系的需要，使发展更快了。广东每年新集资投入教育近 10 个亿，重点扶持中山大学及一批重点院校专业，

从而成了广东GDP从1992年的1500亿元增长到2001年逾10000亿元，又进而在2005年逾20000万亿元以至2007年达30606亿元的酵母。① 三是21世纪来临之际的90年代后期，广东在走出亚洲金融风暴中建立起以高科技为主导的知识经济新产业，使人才需求剧增，为启动大学城发展奠定了基础。大学城发展为广东高等教育的建设起了重大的作用。

2．建立多元化教育制度，建构终身教育体系。

90年代后，面对经济高速增长，广东先后启动多种教育制度性变革，满足日益增长的民众教育需求。一是全面完善普通教育体系，不断扩大教育规模。90年代后，广东普通教育学校增加，在校人数剧增为80年代的一倍以上，1995年达到14704471人，是全国普通教育体系中中等教育以上扩张最快的省份之一。二是加大成人教育发展规模，不仅规模有了新的增长，而且形式更加多样，在完成扫除青壮年文盲工作的基础上，各种成人学校发展发展迅速。东莞市90年代成立了相关成人学校100多所，其中以培训技术的成人学校最多，也备受欢迎。三是积极推动，建立起多元化共通互动的教育体系，主要表现为：自学考试与正规普通教育合轨互动，自学考试与非正规教育的方式达到正规普通教育的标准；职业技术教育与普通教育合轨互动，职业高中的学生一样可以参加高考进高等职业技术学院就读；中专与专科且与本科院校合轨互动，学生都可以不同方式考入高一级学校，实行选拔制吸收不同类型优才，也由此扩宽了学生发展道路；全日制学习与非全日制学习一体化，在职学习与脱产学习合轨，准许学生中途休学创业再继续学习，异地学分共享以及跨校公选相关课程，等等。特别是大力倡导中等学校实行学分制教学管理，有利于学生以不同方式获得最好的知识。

90年代初广东大力推进城市教育综合改革和农村教育燎原计划，有效地推进了广东教育制度发展和创新。城市教育综合改革主要是强化教育发展与城市发展的协调互动性，重视提升城市教育普

① 参见《南方日报》2002年7月15日。

及率和教育质量，为城市发展服务。

1987 年国家教委在湖北沙市召开部分城市座谈会，研讨城市中随着改革开放出现的系统失调等问题，开始考虑城市综合改革，倡导用综合的眼光来审视城市发展中的教育改革。随后确定了 15 个城市为实验市和 5 个联系市。1991 年在常州召开的全国城市教育综合改革经验交流会，1992 年又有 27 个城市参加实验，使该项实验很快在全国展开。先后颁布《关于进一步加强城市综合改革的意见》和《全国城市教育综合改革实验工作指导纲要》，实施《关于我国城市教育综合改革的理论与实践》的课题。江门市城市教育综合改革走在全国前列，1986 年列为全国综合改革城市之一，1988 年定为全国首批城市教育综合改革实验市，其目标是通过综合改革达到城市发展的整体提升，在 2010 年基本实现现代化。城市综合改革五年来，江门市成立了一个由主管教育副市长江海燕任组长、20 多个部委主要负责人参加的专门领导小组，促使教育实现了从局部调整到整体统筹改革的转变，取得重大的成就。在 1993 年 12 月举办的第三次全国城市教育综合改革经验交流会上，受到 300 多名到会代表的好评。

3. 重视薄弱学校的改造，创建均衡教育体系。

90 年代后广东依据群众对优质教育的需求，先后启动等级学校评估体系，促使各地加强对优质教育的投入。但是随着普及教育的推进，优质教育难以满足不断高涨的强烈教育需求而出现了日益严重的择校风。是走韩国那种“削峰填谷”的教育“平准化”运动，还是发起“拱谷造峰”的“优质化”办学新潮？广东采取了后者，采取强硬手段，拨出巨款强化对薄弱学校的改造。主要措施有：一是发起教育强省计划。该计划要求各市县区重视教育发展，把教育发展作为评估地方政府的工作业绩的主要指标，镇街道单位必须有达到规定的相关教育发展指标，才能被认定为教育强镇。一个县级单位，必须有 80% 以上的镇被认定为教育强镇，才可能申报教育强县（区市）的验收。一个如广州、深圳、珠海等这样的市必须有 85% 的区和县被评为教育强县（区），才可能有资格申报教育强市验收。在验收评审中，由省政府人民教育督导室组织不同人员构成的专家组，按制定的指标进行为期不同的评审验收，同时还提出整改建议限期整改。由于这些评估指标重视教育均衡发展，强调市县区的整体教育发展的优化组合，这样既把各市办教育的积极性调动起来，又有助于从根本上改变传统上那些薄弱学校。二是全力推进素质教育，建立新的学校办学标准和规范。在推进教育强省中的教育均衡发展体系的前提下，通过解决薄弱学校后续发展问题，达到巩固普及义务教育的成果的作用。素质教育从根本上为解决学校发展问题提出了一条新思路，广东先后启动多项重要课题，减少九年义务教育中的不良竞争和择校风，把素质教育作为转变传统精英教育，培养健全发展新一代的重要手段。三是广东启动"一减两免"，加大对贫困地区的教育扶持。

广东普及教育的水平不断提高，为广东全省经济的发展奠定了良好的基础。

四、冲向世界：科学发展初展中华教育世纪体系

走向新世纪，广东经济再次发新力，自2001年GDP实现1万亿元大关后，广东经济连续高攀，2005年又突破2万亿元，2007年达到30606亿元，表现出巨大的发展冲力。从广东经济发展的六个重大数字中，凸显出广东发展的整体趋势。①（1）三万亿元：2007年广东GDP达到"三万亿元"（30606亿元），近5年平均增长14.5%。（2）5000亿元：2007年，源于广东的财政总收入由2002年的2800亿元增加到7750亿元，占全国的1/8。（3）65.8%：2005年广东万元GDP能耗为0.79吨标准煤，全国最低，仅相当于全国平均水平的65.8%。经最新核实，自2006年来，广东单位GDP能耗与污染减排主要指标双双达标，为全国平均水平

---

① 引自2007年5月27日以及2008年1月《南方都市报》及《奥一网》等多个报刊网站资料综合。

的63.9%和41.1%，成为全国为数不多的几个达标省份之一。(4）一万亿元：服务业发展能充分反映一个地区的经济发展总水平。2006年，广东第三产业（服务业）增加值首次突破万亿元大关，达10966.57亿元，遥遥领先全国。(5）4000美元：2007年广东人均GDP达4000美元，比2002年增长80%，提前14年实现国家提出的2020年全国人均GDP达3000美元的奋斗目标，达到世界中等收入国家水平。(6）50%：广东全省专利申请量、授权量连续13年居全国第一，发明专利申请量从2005年起连续两年居全国第一。2006年以来科技进步对经济增长的贡献率提高到50%以上，2007年达60%。

经济连续高速发展带来教育发展新机遇和引发出新需求，也促使广东教育走向新阶段。面对新世纪，广东教育连续启动新的发展行动，为广东未来发展铺垫新征程。

1. 创建教育强省再涌高潮。

自1994年省委、省政府《关于教育改革与发展的决定》提出把广东建成教育强省来，广东重视把创建教育强省作为科教兴省的发展战略。新世纪伊始，广东开始强化教育强省的工作步伐，2000年省委、省政府提出珠三角城市率先实现教育强市，先后修订颁布《广东省教育强市督导验收方案》、《广东省教育强县（市、区）督导验收方案》、《广东省教育强镇（乡）督导验收方案》，分层次地积极推进教育强市、强县（区）、强镇建设。2004年，深圳率先成为广东省第一个“教育强市”，随后佛山（2005年8月）、中山和东莞（2005年12月）、珠海（2006年12月）、广州（2007年12月）等市通过验收。教育强市行动在全省产生了重大作用，推动了全省教育发展，涌现出一批教育水平高、发展均衡的市县。至2007年底，全省有6个市被授予“教育强市”称号，27个区被授予“教育强区”称号，185个镇被授予“教育强镇”称号。此外，江门和惠州及肇庆（属于珠江三角洲部分）等市也在紧锣密鼓的创建之中，预期近年也将完成创建的主要工作。届时，珠江三角洲地区将全面实现教育强市，以此也促进了东西两翼和粤北山区的教育强市进程，清远、河源、韶关等市也积极推进教育强镇强区步伐，这些都对推进广东全省教育现代化发挥重大作用。

2. 建设高水平大学。

90年代中期以来，广东策应地区经济发展，积极推进大学发展，除了实行常规性办学评估，强化提高高校发展水平外，重点采取下列重大措施：第一，省国共建优质大学，即利用广东发展优势，先后与国家各部委合作共建包括中山大学、华南理工大学、暨南大学、华南农业大学、广州中医药大学等重点院校，利用优质教育资源配合广东发展。第二，全力启动“211”项目，即国家在21世纪重点建设100所重点大学项目，广东先后有中山大学、华南理工大学、暨南大学和华南师范大学等4所大学纳入国家建设院校，另有汕头大学、广州中医药大学、华南农业大学列入省级重点建设院校。这些院校通过不同时期的重点项目建设，极大地提高了相关学科的学术水平，为培养高水平专门人才发挥了重要作用。第三，启动建设国际一流大学的“985”项目，主要是中山大学和华南理工大学。这两所学校作为国家级重点建设的国际一流大学建设对象，国家和省都先后投入重金予以支持，加快了重点学科的建设和发展。如中山大学由国家和省在五年建设期间共同投入12亿元用于学校发展，使中山大学在办学规模、设施设备、师资队伍建设等方面都有了空前的发展。第四，启动“国家级示范性”高等职业技术院校建设项目，先后把深圳职业技术学院、番禺理工学院、顺德职业技术学院、广东轻工职业技术学院等五所高职院校列为建设对象，给予较大的资金投入和发展空间。此外，广东省还积极推动大学名牌专业、精品课程的建设，对完善学科建设和推进大学发展起了重要作用。

3. 大力提升教育质量。

新世纪伊始，广东在加强教育扩张发展的同时，积极提升教育质量，主要采取三大措施：一是出台创建国家级示范性高中验收评审工作和优秀教学水平评估活动，规定凡是申报国家级示范性高中的学校必须通过优秀教学水平评估，每四年复评验收一次。这些评

审指标针对当前高中教学中存在的质量问题，对纠正高中出现的片面应试教育有重要作用。此外，近年来广东高校也积极参与国家对高校的教学水平评估，这对中国高校扩招之后出现的质量下降等问题有很好的促进作用。这些评估都带有全面性教学指导意义。二是重视等级学校和规范学校建设，这是广东最早启动的优质学校建设项目，对普及义务教育后如何提升教育质量做出了重要的探索。到2005年全省评出中小学等级学校6400多所，省、市、县优质学位达600多万个，约占全省中小学学位的1/3。由于等级评估使部分区县教育资源投入不均，从2005年开始九年义务教育阶段停止评估，广东各县市启动规范性学校建设中也基本上参照等级学校评估的要求，在保证办学条件的基础上来发展新学校，使之达到较高办学水平。

4．教育均衡发展。

广东社会发展迅速，但不均衡现象比较严重，一是不同县市之间由于发展条件不同而致使教育发展不均衡，二是区域内重点学校使不均衡教育更加突出。为此，自90年代来，广东积极推进教育均衡发展策略，通过教育均衡来实现受教育机会均等。80年代后期，广东在推进九年义务教育中重视对贫困地区的教育投入，90年代又多次实施珠江三角洲地区对口支持贫困地区教育行动。1998年开始启动对贫困地区教育的扶持计划，对山区贫困儿童实行“两免一补”，每年拨出3000多万元补助学生的学费。2005年开始全面实行全省农村家庭和城镇低保家庭义务教育阶段学生免收学杂费和课本费，惠及1000多万学生。[①] 2008年省“两会”再次确认，广东新增的财力将有60%用于改善民生，其中将优先发展教育事业，加快普及高中教育，扩大办学规模，2008年使高中毛入学率达到73%。在全省农村儿童免费读书的基础上，从2008年春季开始在全省城乡全部免收学杂费和课本费，使全省1500多万学生都能享受真正的免费教育。今后，广东将进一步加速发展东西两翼和

---

① 罗伟其：《免收学杂费课本费惠及千万学生》，《广州日报》2008年1月18日。

农村贫困山区的基础教育，推进规范学校体制，创建一个均衡和谐的教育体系。

5. 推进新世纪教育创新工程。

为了迎接新世纪教育发展的新要求，特别是广东作为改革开放的前沿在中国加入WTO的强大推动下，人才问题更加突出。为此，广东在强化自主创新发展的前提下，加大了人才培养力度，全面启动新世纪人才发展的新思路。在教育推行四大发展战略：一是全面提升高水平人才培养战略。在全力推进扩大高等教育规模的基础上，实施大学城发展策略，珠海大学园区、深圳大学城、广州大学城、佛山高科技大学园区及东莞高校园建设相继实施，不仅为扩大广东高等教育发展规模奠定基础，使广东近年来高等教育发展迅速，更重要的是致力于发展高等教育与高科技的联盟体，形成与经济和社会更具有合力的发展机制。二是高层次精英人才发展战略。针对广东名大学较少的情况，为此推行两大培养项目，即自1996年起开始实施高校“千百十优秀人才培养工程”，努力培养10名国家级、100名省级、1000名校级重点学术带头人。同时，于1997年开始在基础教育实施“百千万人才工程”，即为21世纪培养100名教育专家、1000名名校长、10000名名教师。三是实施优质教育发展战略，在建立精品课程、名牌专业的基础上，创建广东高等教育发展龙头体系，促使一批带头学科脱颖而出，同时加大培养高质量的高水平人才。以此为基础，致力于扩大基础教育名校发展和办学规模，为广东提供更多的优质教育资源，使广东中小学优质教育得到重大发展，优质教育面达到50%以上。四是实行品牌教育发展战略。以推进建设规范学校和示范性高中为龙头，全面提升中小学办学水平，在高水平上实行第二轮调整学校布局和办学规模，从根本上减少麻雀学校，从减少差校上提升学校教育质量。同时，采取对口支持和转移拨款等方式大力支持粤西等落后山区提高教育质量，减少地区之间的教育差距，从总体上提升广东基础教育办学水平。90年代中期以来，广东教育发展迅速，基本情况见表2－1。

分析表明，广东教育在90年代实现了重大飞跃，大大缩短了与全国先进省市的距离，但也存在一些差距。2001年广东小学教育达标率98.75%，为全国第3位，到2005年已达到99.45%，高于全国平均水平。其中小学教师专科以上学历达68.12%，高于全国水平，排于全国第7位；初中教师达标从2001年的89.48%到2005年的95.45%，为全国第18位；高中教师从2001年的69.88%到2005年的83.62%，为全国的16位；普通高校在校生从2001年381926人到2007年的874686人，为全国的第4位；成人高校在校生为全国的第1位；研究生在校生为全国第8位；每万人口中普通高校在校生为全国的第18位，而成人高校则为第12位；小学儿童入学率99.7%，为全国的第14位。更重要的是广东名大学较少，院士也少，从总体上与广东经济大省的发展要求仍有一定的差距。这是广东教育发展战略中要考虑的大问题。

6. 教育国际化进程加速。

30年来，广东教育的一个重大变革是全力推进教育国际化进程，努力使广东的教育融入国际教育的发展进程当中。广东教育有国际化的重要实践和经验，广东人通过放眼世界，获取了许多重要的教育智慧，变成改革发展的重要思想。正是这样，广东成了中国现代化也是教育现代化的热土，有了万木草堂中忧国忧民的拍案而起，走出康有为、梁启超等变革封建制度的志士，更是产生了像孙中山这样推翻封建制度的伟人，而且还创办了像黄埔军校、广州农民运动讲习所等一系列重要的革命学校。如果1922年全国颁布的新学制即“六三三四制”是由广东教育学会最早提交的提案的话，那这个提案基本上是从美国的多种学制中挑选引进过来的，是广东教育国际化的重要体现。

改革开放是与国际化紧密联系一起的，从容闳作为中国第一代赴洋留学生，广东就凭借面向世界的有利地理位置，积极沟通与国际教育的联系，引进各种新的教育理念和办学模式。从民众积极集资办学，到大量港澳同胞积极为家乡捐资兴学，再到引入新的国际学校教育理念，实验新的教育模式，都无不浸透着对国际教育的理

解和吸收。

广东30年的教育改革开放，也是教育国际化的30年。首先，开眼看世界，使广东教育改革开放得以很快起步，1985年就实现了普及初等教育，其速度快，使从1950年以来一直在追求的教育理想在5年中就实现了。其次，积极向国外先进国家学习办学经验，在全国率先推行多元化办学模式，实行教育体制改革，改革聘任和分配制度，激活办学积极性，发动全体民众积极参与兴学办教。广东80年代前期的学校发展基本是在发动民众的基础上实现的。再次，积极引进国际教育经验，推进教育的交流与合作，广东不仅派出大量学者到国外进行交流学习，而且也与国际上各种学校和学者积极推进教育合作，从大学的合作办学，到具体学者的各种合作项目，对提升办学水平，推进国家的改革开放起了非常积极的作用。这些都是走向新世纪广东教育发展的最重要的举措。

30年来，广东教育改革开放经历了一个从初期粗放型的单一教育体制向较为系统成熟的多元化教育体制转变，从与小农经济发展相适应的低水平教育向适应高科技社会发展的多层次、多样化的现代教育转变。30年广东教育发展也是一个从向先进国家学习教育到创立自己教育体系的过程，是一个从赶龙、超龙、成龙、争当亚洲新龙和中国发展龙头的进程中把握教育、发展教育的历程，立足于通过创新教育体系，推动广东在2010年时实现第四，甚至是第五次翻番，通过教育改革开放和特别措施推进东西部发展均衡，把赶龙与大西北两翼及北部山区脱贫、扶贫与发展相结合起来。广东积极解放思想，按几届广东省长的话来说，广东始终把发展龙首先看成是先要缔造教育龙，要把广东变成教育最发达的地区，甚至变成大学区，实现更高水平的全民教育，培养高水平的各种人才，包括高级技工。

广东30年也是破除传统教育思想，创立新教育观念，从而实现从引进性的发展推进向创新性的发展，从而创立现代教育新模式的历程。广东人在变革教育中坚持“发展是硬道理”的观念，破常规，除旧例，创新教育模式。广东普及义务教育是这样，南海招

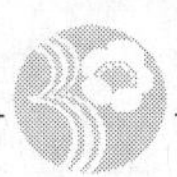

梓垣局长创立分级办学分级管理，小学、初中与高中分离的教育改革方案是这样，佛山教育局局长黄汉和推进全民教育的理念是这样，肇庆西江大学发展的设计思想也是这样，深圳南山教育创立科研兴教的战略也源之于此。这也是一个从被动地学习国外教育经验到主动地吸收借鉴国际教育思想，再到创立自己新教育体系的过程。在这个过程中，广东人不断更新教育观，以此来营造自主性有特色的创新型教育模式。广东人正是从广东实际出发，致力于营造一个有利于“现代经济增长”的“互进型教育发展模式”，即努力按广东发展可能及要求发展广东教育，建立服务广东经济和社会发展的教育体系，集中反映了教育走向与生产实践相结合的现代教育本性。其中最突出的是：第一，以最大限度地促进经济发展为办教育的最高原则和最终目的；第二，教育发展必须与本国本地经济发展水平相一致，从实际出发，走实际化方向，突破传统学究型学术模式，按广东实际办广东未来发展所需要的新教育；第三，坚持市场机制运作机制下的政府统筹发展策略，以竞争性运作机制为主的国家指导下的自主办学，在竞争中优化资源配置，使教育在服务经济中创立多类型、多层次、结构合理的有广东特色的现代教育体系。①

① 参阅冯增俊：《珠江三角洲教育发展的战略选择》，《教育研究》1995 年第 7 期。韦禾：《珠江三角洲教育现代化研究综述》，《教育研究》1996 年第 6 期。

第三章
现代风暴：广东教育现代化及其战略特征

广东改革开放30年来最重要的成果是在全民族的意义上有力地推动了中国教育现代化。因此，尽管本书是依据教育现代化的理论思路，按教育现代化来设计和撰写的，但还是决定另立专章来对这一问题加以阐述和归纳，否则难以证明和突出广东对中国教育现代化上所做出的重要贡献。

如果说，自鸦片战争来中国就开始启动教育现代化的历史进程的话，那我们可以说，在一百多年间风雨兼程的发展进程中，也有开眼看世界，借鉴学习国外先进教育经验，模仿引进新的教育体制和制度；或流于洋务运动，或失于简单照抄，或抑于政治干预过度，等等。唯有真正从教育发展战略的高度来谋划教育发展，才是真正使中国教育现代化从一种自生自灭的自然性状态转变为主动积极的有目的、有计划的历史进程。

一、谋略未来：改革开放中的广东教育发展战略

在中国教育现代化三大发展阶段中，广东都起了重要的历史作用。在第一阶段，即在要不要教育现代化，改革旧教育的问题上，广东最先抵御外侮引发著名的鸦片战争，正是因为开眼看世界，积

极倡导新教育的缘故。广东最早在全国办起开设新学科算学等内容的私塾，许多人到澳门求学。西方教会在广东也开设多处传教点，办学收徒，西学渐入广东。第一张世界地图就是进入中国的第一个传教士意大利神父利玛窦带进来的。在第二阶段，即在怎样推行教育现代化的问题上，广东在颁布新学制后，积极引进国际教育新模式，中山大学庄泽宣率先组织开展国际教育研究，1929 年就最早出版《各国教育比较》教材，影响巨大；广东借鉴美国教育改革成果，力倡推行“六三三四学制”，影响中国教育一个世纪；创办新学校，更重要的是创办了著名的黄埔军校和多种专业学校，如高等师范学堂等。在如何改革教育中力创新路，成功地回答了如何改革教育的问题。在第三阶段，即如何创建有本国本地现代教育新体系问题上，广东率先实行改革开放新政策，以珠江三角洲为先行改革试验区，积极吸收国际教育新理念，锐意进取，启动了新一阶段的教育现代化，在创立有中国特色现代教育体系上取得重要进展。[①] 其中，实施了三个重大发展策略：一是广东首先启动珠江三角洲教育发展战略研究，首次对教育现代化进行总体策划和战略干预；二是率先开展教育现代化研究，引发全国性的研究热潮，直接推动了教育现代化运动；三是以教育主管部门为主导推动教育现代化运动。因此，本章从教育发展战略研究的角度，全面探讨广东 30 年来在改革开放中推进教育现代化进程的成果，是很有必要且是具有重要意义的。

（一）力挽狂澜：启动教育发展战略研究

中国教育现代化一百多年来，始终处于朦胧混沌之中，目标模糊，整体走向及发展思路也不清晰，特别是在引进国际教育经验还是沿袭传统教育模式上经常陷于左右摇摆之中。改革开放之初，一方面是在数十年社会主义实践遭到巨大挫折的打击下，中国原来的教育发展模式是否还适用，不行的话如何解决？另一方面是外国教

① 冯增俊：《论教育现代化的基本概念》，《教育研究》1999 年第 1 期。

育发展兴旺发达，能否移植模仿学习？中国教育何去何从，到底是路在何方？中国教育这艘巨船，在狂风巨浪中搏击一个多世纪，大起大落，改革开放使广东人在这一历史狂澜之风口浪尖下，必须做出新的时代选择。

第一阶段：在政策控制下的变革异动。改革开放赋予广东人的第一直觉告诉他们，必须冲破传统的发展模式，走教育兴国之路！这一时期，广东教育面对三大争论：一是移植国外经济模式与移植国外教育制度的争论，二是推进市场经济与计划经济中社会主义教育体制的争论，三是统一国家办学与分权办学以及办学权与管理权的争论，等等。这些争论构成这一时期熙熙攘攘的多样化选择的教育变革景象。1983 年，邓小平为北京景山学校题词“教育要面向现代化、面向世界、面向未来”，为处于这一十字路口的广东教育指出了新的发展方向。特别是，广东在率先实现小学普及教育后，如何把握广东教育发展的未来前景，就成为当时主管教育的副省长王屏山一直思考的大问题。这一时期正是处于 1985 年前的政策性研究阶段，由于体制比较单一，国家宏观管理严格，以研究全省性的教育发展政策为主，广东区域发展不明显，因此，随着广东教育与经济的市场机制的发展，在市场与计划相对立的夹逼下，形成了民众巨大的教育需求与僵化的教育体制不相适应的问题非常突出，不解决这些问题，就无法用极为有限的政府拨款来扩大教育规模，满足民众的教育要求，达到迅速普及九年义务教育的目标。在这种情况下，广东各地出现了不同程度的变革尝试。其中，当时佛山市教育局局长黄汉和积极鼓励所属县市大胆创新，寻求办学体制上的突破。1983 年南海市教育局局长招梓垣在该市实现普及小学教育后最先策动战略发展规划，注重从宏观上把握未来教育的整体发展，首创分级办学的新思路，为南海集资办学，迅速推进普及九年义务教育，闯出一条新路。这些局部的教育规划为广东推进教育现代化提供了新鲜经验。南海市教育改革成功，其经验迅速在全佛山市铺开，佛山市成为推进九年义务教育较为突出的地区。

第二阶段：市场机制下的珠三角教育发展战略突破。即为

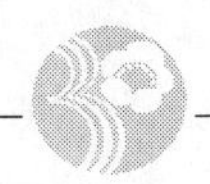

1985—1996年的以珠江三角洲为代表的教育发展战略研究阶段。由于1983年珠江三角洲普及初等教育后出现了各地发展上的不协调，进一步普及教育受到各方面的制约，不仅经费上难有着落，且各地对教育政出多门，标准混乱及发展的走向也不清晰。为此，统筹教育发展，已为教育现代化发展之大势所需。80年代中期起，广东省领导多次对这一问题进行调研，并由主管教育的副省长王屏山主持全国教育科学规划“八五”重点项目的“珠江三角洲教育发展战略研究”，有力地推进了广东教育宏观决策，促进了教育的改革和发展。这一研究很好地策应了这一时期广东区域性经济发展迅速，教育发展问题关系经济整体发展，牵一发而动全身，而珠江三角洲作为全省发展的龙头，迫切需要协调发展的需要。这一重大课题的实施遂引发以珠江三角洲为重点的教育发展战略研究，不仅使该区域各县市加强了对教育规划的重视，纷纷开展相关发展规划研究，而且也使珠江三角洲教育发展问题受到国内外的广泛关注。

1992年初邓小平南方谈话后，广东省委宣传部组织“社会主义道路与珠江三角洲实践”重大课题研究，其中把教育问题作为一个重要方面，组织教育课题组到珠江三角洲各县市进行教育调研，以此拉开了珠江三角洲教育现代化研究序幕，举办三次大型学术研讨会，出版一套研究丛书，珠江三角洲教育现代化问题由此受到广泛的关注。珠江三角洲教育现代化研究也引起全国的连锁反应，上海、北京及江苏、浙江等省市先后掀起教育现代化热潮。教育现代化研究为广东教育改革提供了明确的方向，有效地促进了广东教育发展。针对广东现代化中学校教育质量问题，广东先后出台县市及省的三个级别的“一级学校”评估，促使各地加速各级各类学校现代化建设步伐。这对广东教育现代化发展，配合宏观战略管理起了重要的作用。

第三阶段：总体规划下广东全省教育发展战略研究。1996年广东省与江苏省同年实现基本普及九年义务教育和基本扫除青壮年文盲的目标，广东教育进入一个新的发展阶段。当时，广东原来改革开放之初的所有政策优惠优势全部丧失，广东经济开始进入全面转型和跃进的态势，新旧经济管理体制冲突严重，教育转型和寻求新突破问题日益突出。这时又恰逢震荡世界的亚洲金融风暴爆发，严重的金融危机宣告以往亚太地区借以廉价的土地、人力来维持低价竞争力而获取低微利润的传统经济发展模式已经过时。这些都迫使广东深入探讨新的发展模式，极大地推动广东制定新的发展战略，以实现“双基”为依托，推进新的教育现代化发展阶段，建构起从珠江三角洲辐射向全省的梯级开发性整体教育发展战略思路。

这一阶段广东教育现代化的特点是在更高的发展水平上谋求与经济发展建立更加和谐的互动模式，这一阶段的教育发展战略既重视全省不同地区发展的均衡协调，也重视教育与经济社会发展之间的互动协调，重视教育内部的相互作用和结构合理。因此，广东教育“九五”发展规划更加重视宏观调控与具体教育改革和发展上的联系，这一时期连续推出高等学校“‘千百十’学科带头人重点培养工程”和基础教育的“‘百千万’优秀人才培养工程”，配合国家启动“211大学建设工程”、“985重点学校建设工程”以及加速发展研究生教育，实施普通高等学校优秀教学水平工作。

走向新世纪，广东配合教育部的要求，在实施教育强省的基础上加速实现教育现代化建设，落实党的十六大科学发展观，先后制定了《广东省教育“十一五”发展规划》、《广东省教育现代化建设纲要》以及建设国家级示范性普通高中和职业高中、加速实现广东教育均衡发展等重要政策，建设大学城，扩大高等教育规模和加快一流大学建设，把全省教育发展作为一个统一的整体加以统筹。广东对教育现代化的认识正转变为科学发展观指导下的新的自觉，全省教育现代化运动开始进入了新的建设高潮。

（二）重点突破：珠三角教育现代化及发展战略

1. 研究珠江三角洲教育现代化意义重大。

在探讨广东乃至中国教育现代化的时候，把珠江三角洲教育现代化作为一个重要点提出来，是有重要意义的。突出表现为下列

三点：

（1）珠江三角洲是中国现代化也是教育现代化的重要发祥地之一。她处于广东珠江水系出海口一带地域，是中国最重要的开放门户。其中明朝起佛山已与汉口、北京、苏州并列为中国四大商品集散地和最早通商口岸，这里是最早出现民族工业、民主革命的根据地，是80年代改革开放的先行试验区。珠江三角洲人以开放姿态参与中国现代化，创造了令人瞩目的发展业绩，为国内外所关注。

（2）珠江三角洲是广东乃至中国教育现代化推进最早、成效突出的地区。珠江三角洲面积41596平方公里，占广东全省面积的23.4%，2008年达3500万人，约占广东人口的39%。珠三角经济发展迅速，从1987年到1993年，国内生产总值增长率每年平均为18%，达2265亿元，占广东全省的70.2%，人均达11017元（当年价），不仅高于全省的年增长率14%，也高于全国，还高于70年代亚洲四小龙的增长水平。如同亚洲“四小龙”的韩国比，按1980年折合美元1∶1.5算法，珠江三角洲1993年人均国内总值为3160美元，而韩国为3960美元。1998年达5317.5亿元，占全省的67%，财政收入占全省的80%；城市化水平达到67%。珠江三角洲教育现代化起步在全国最早，目前建设成效显著，取得了许多重要的经验和成果，广东教育强省建设先从这里起步，现已经评审验收的6个市，集中了全省大多数高水平大学和高质量学校，是最重要的人才培养基地和教育重镇。因此，珠江三角洲是广东发展的龙头，是教育现代化的先行者。更为重要的是，该区域是由落后的农村发展起来的，走的是中国国情特点教育现代化之路，其发展模式在国内外有重大影响。

（3）珠江三角洲最早启动教育现代化研究，取得重大的研究成果。该项研究不仅持续时间长，从1985年王屏山主持的珠江三角洲教育发展战略，到1990年冯增俊主持的“中国特色现代教育体系与珠江三角洲教育现代化研究”，到1997年江海燕、刘达中主持的“珠江三角洲教育现代化实践”等课题，到2006年冯增俊主持的“珠江三角洲教育现代化研究”，等等，使这一区域的教育发展问题始终成为教育现代化研究的重点；而且研究成效显著，据不完全统计，在较重要刊物发表的相关论文500余篇，出版相关著作30余部，其中冯增俊等主编的《珠江三角洲教育现代化研究丛书》（9本）有重要影响。其次是举办多次系列学术专题研讨会，在推动珠江三角洲及全省和全国教育现代化运动中都起着极为重要的作用。

2. 珠江三角洲教育发展战略走向。

珠江三角洲教育现代化中最重要的一个转折点是实施发展战略研究，从而改变了传统的计划经济下对教育实施简单政策干预的弊端。发展战略思维以其宏观、整体、长远的视野，为教育现代化提供全方位视角，有利于政府对教育的全局考虑，加强宏观调控，从而从根本上转变教育现代化由单一行政命令的方式。

珠江三角洲的教育发展战略实施，最初起于80年代初，重点在于普及教育中对未来规模发展和教育结构性的局部调整。改革初期大量外资涌入珠江三角洲，“三来一补”企业遍地开花，贫困的农民手里有了钱，开始有了读书的要求，涌起办学热潮，1984年前后爆发的刊授中心就是一例。在这一时期，教育行政部门迫于这种日益加剧的教育发展需求，在制定某些发展规划中也开始涉及一些较为长远的内容，但这基本上是一种被动行为。随着珠江三角洲实现普及小学教育后，许多教育工作者目睹这一自新中国成立以来就提出的梦想成真，大受鼓舞，于是开始思考新形势下教育的未来发展问题，教育的发展规划工作就提到议事日程上来。这期间在许多政府的会议日程表中多了教育发展的议题，各种大型的教育研讨会接踵而至，经济增长与教育发展就变成了各级领导日益熟悉的新概念，进入各级政府的重大决策之中。正是这些思考，演化出中国最重要的教育实践。佛山市是最早启动改造学校设施的市之一，也是普及九年义务教育的排头兵。也正是这些思考，江门市的陈金陵校长对普通中学改制创办职业中学充满希望，十年后这所一夜改制、一无所有的职业中学成了从根本上转变这个在珠江三角洲穷得出了名的

孤岛上的“人民公社”，使它成为拥有一千多家工厂企业的“富星”。尽管这时期的规划中的战略思维还很零散，仍以关注具体乡镇教育事务为主，但已显现出战略研究的迫切性和重要性。①

进入90年代后，由于经济结构发展的要求，珠江三角洲教育发展战略进入自主发动时期，重点是对不同县市教育发展进行整体的宏观规划，并更加重视经济与教育发展的互动性。1990年后，由于中国经济结构的转变，珠江三角洲原有的政策优惠优势荡然无存，经济结构必须实行重大转型，但是旧的观念如市场经济体制还未能确立，如何从注重数量向注重效益转变，从满足紧缺为生产导向转向以技术创新争夺市场，从依赖外商的被动型外向型经济向建立自主经营的主动型外向型经济转变等都面临重大考验。而要实现这些转变，更严重的还在于能否培养出所需要的大量高级专门人才，全面提高全体生产者的整体水平，从根本上转变教育的发展模式，就成为这一区域经济实现转型升级的瓶颈。

1992年邓小平南方谈话犹如拨云见日，挽狂澜于危难。南方谈话的意义在于：一是开启了新一轮的思想大解放，进一步奠定了改革开放的大方向。二是倡导了“发展是硬道理”这一改革创新的重要思想，制定了加快发展步伐，促进区域经济转型，20年赶超亚洲“四小龙”，力争2010年基本实现现代化的重大目标。三是大力倡导科技教育兴国，珠江三角洲由此掀起新一轮的教育热，尤其是私立学校热和办大学热，审报办大学者众，且动辄要投资上十亿元。1993年的南海市南庄镇第三初级中学第一期工程投资4500万元，顺德碧桂园学校投资上亿元。这些纷纷上马的办学热中也潜伏着新的危机，特别是各县市自行政令，重复建设，盲目攀比，出现了投资浪费甚至相互倾轧的现象。实践证明，必须建立起新的教育发展秩序，用战略的思想来统摄更高的新发展。广东省委、省政府高瞻远瞩地推出了建立珠江三角洲经济区的战略决策，

---

① 陈金陵主编：《创办现代化农村职中——新会市荷塘职中办学模式研究》（《珠江三角洲教育现代化研究丛书》之一），广东教育出版社1996年版，第3页。

决心以新的思维来协调整个区域的发展，以创建不愧于伟大时代的新教育。珠江三角洲教育发展进入了新时代！

21世纪之际，珠江三角洲面临第三次经济转型升级，教育现代化面临新的转型，这一阶段的教育发展战略重点是在积极推动区域教育现代化转型中，突出把握教育优先发展、主动配合和推进经济发展的宏观指导性发展的战略设计。这时期，广东教育优先发展的导向更加明显，各级政府教育投资意向更加主动，都把教育作为配合和引导经济发展的重要力量。深圳南山区教育局自1990年设区以来，重视现代教育规律，主动把教育与当地社会经济发展相结合，建构了一个以教育发展配合和引导南山发展的新机制，使南山成为新时代教育实验区、高新科技发展孵化区和现代文化产业的重要基地。这时期珠江三角洲教育日益引领全省发展，出台的多项重要的教育规划和教育政策都是依据珠三角的发展优势为基础的，如广东教育均衡发展策略、帮扶北部山区教育发展以及实施全省教育现代化，城乡二元教育互动共同发展策略，等等。这些都体现了广东教育发展以成熟战略思维来思考全局性的教育问题，重视从全球、从中国、从广东的角度来考察珠江三角洲的教育发展，积极推进教育的现代转型，推进教育与社会发展各个方面的互动协调发展。正因为这样，使珠江三角洲由此真正地充当了广东教育发展的排头兵的作用，起到带动全省教育发展，成为新教育发展的试验区。

3. 珠江三角洲教育现代化成果卓著。

珠江三角洲教育现代化30年来取得了许多重大的成果，对推动广东乃至中国教育现代化也发挥了重要作用。这些成果集中表现在五大方面：

（1）普及教育成绩卓著。1983年率先普及了小学教育，1990年普及九年义务教育，1998年基本上普及高中教育，高中入学率达85%以上。幼儿教育从1980年的5%，到1993年达65%以上，2008年全区域幼儿入园率已逾96%。为此，珠三角教育投资增长率年平均达15%以上，有些市部分年份增长率高达60%以上。如

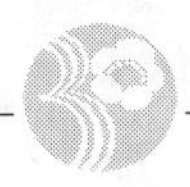

佛山市1990年比上年增长18.3%，1991年又增长20.5%，1992年再增长36.7%，1993年增长率达66.44%，达9.92亿元；东莞市1994年教育经费比上年增长近一倍。为创建教育强市，广州市萝岗区2006/2007年度为新设的九龙镇投入9亿多元来改善办学条件。[①]

珠江三角洲地区幼儿园建设水平高，教育质量好，形成许多重要的教育特色。江门市教育第二幼儿园坚持现代教育理念，科学办园，使该幼儿园特色彰显，幼儿发展显著，得到家长和社会的广泛认可，成为江门幼儿教育的第一品牌。

（2）高等教育突破性发展。广东原来高等教育发展较落后，1978年全省普通高校29所，在校生33750人，成人高校42所，在校生3.42万人；到2008年5月普通高校109所，在校生1667997人，成人高校19所，在校生424232人。民办高校发展也呈强劲势头，2008年5月全省民办高校45所，其中独立学院17所，民办普通高校27所，联办高校1所。目前珠三角高等教育已基本达到大众化阶段，适龄青年受高等教育比率达到40%以上。

（3）推进教育结构全面变革。1980年以来，珠江三角洲依据产业的变化，不断变革教育结构，逐步缓解学术教育与职业教育相对立造成的教育问题。建立起一个多层次、多类型、专业合理、学术性与应用性相结合且面向生产实践的教育体系，各类教育相互动相衔接，不仅专科与本科教育接轨，而且职中毕业生也可进高校继续深造。广州大学、佛山科技学院、肇庆学院、五邑大学、惠州学院、韶关学院、嘉应学院等自90年代起开始部分招收职业中学毕业生。

（4）职业技术教育异军突起。珠江三角洲职业技术教育发展较早，在产业发展推进下，逐渐发展成为地区重要的教育特色。一是发展迅速，30年来中等职业学校已与普通高中平分天下。二是

① 冯增俊：《走向新纪元的粤港澳台教育》，人民教育出版社2003年版，第21页。

在配合经济转型，促进劳力转移方面发挥重要作用。如佛山市至1992年转向第二、三产业的农村劳力达47.7万人，其中顺德市达63%，南海市达58%，都是由成教和职教来实现的。东莞市有1000多万外来工，由于狠抓职业技术培训，平均每个劳力受培训达4次以上，有效地配合了从农业转向以信息科技为主的新制造业市。三是建立起完整的职业技术教育体系，随着90年代后如深圳职业技术学院、广东轻工职业技术学院、顺德职业技术学院等一批高等职业技术院校的成立，珠三角逐步形成了一个密切配合本地产业结构，上下衔接、门类齐全、层次合理、职前职教和职后培训互动的职业技术教育体系。

（5）珠江三角洲地区各市已建成一支高水平师资队伍。目前广东小学教师合格率达100%，中学教师的合格率达98%以上。1999年东莞市小学教师合格率为99.1%，初中为95.7%，高中为92.3%。[①] 深圳南山区教师合格率均已达到100%，研究生毕业比例达15%以上。

（6）创建新型教育管理体制。珠三角重视教育管理体制的创新，一是转变计划性的集权制管理，建立起面向市场经济的教育管理体系，实行分级办学、分级管理。如南海市实行市、镇、区、村、个人五个轮子一起转的策略，80年代珠三角中心城市办大学也实行多级管理体制，成效显著。二是转变“大锅饭”的平均主义管理，创建竞争性聘任制人事管理制度。1986年东莞市最早实行“两聘两制一包一奖”竞争上岗，按劳取酬，论优奖励的管理，调动了教师和领导的办学积极性。

（7）创新新时代学校德育。珠三角重视学校德育改革，在转变政治化德育，探索德育科学化，创新新时代德育模式上取得重大进展。从原来的齐抓共管转变到落实科学观的全社会互动共振，重视全面的社会文化及整体学校文化的作用。深圳南山区20年来几乎学校没发生刑事案件。他们在学校德育现代化中积极探索如何吸

---

① 据广东省教育厅：《珠江三角洲教育现代化规划（试行）》1999年。

收中国传统文化中的精华的基础上，把当代社会发展的精华和未来人类发展需要相融会，在探讨中国社会新道德伦理中创建新时代的学校德育。

（三）探求规律：珠三角教育模式创新显著

在珠三角教育现代化推动下，广东坚持在借鉴中求创新，在积极吸收国际教育经验的过程中，结合本地教育实际创新自己的教育特色，形成鲜明的时代教育模式。

1．质量评估体系新出。

展开30年来广东各地教育改革和发展的宏伟实践，直面而来的是各种目不暇接的教育实验和办学创新，这些重大的教育尝试，都记载着广东迈向教育现代化的坚实步伐和历史足迹。例如，80年代初，随着普及义务教育的推进，如何办好有质量的学校，南海市局长招梓垣亲自进行调研，首先出台一套“四合格学校评估制”，对提高教育质量起了重要作用，被各地普遍采用。又如，江门市依据改革开放后五邑民众对教育发展的迫切要求和著名侨乡的有利条件，江门市实施了“教育领先发展战略”，在全社会特别是爱国侨胞和港澳同胞的支持下，兴起全市办学热潮，五邑大地处处盛开教育花，各类学校呈现出一片崭新面貌，并举巨资兴建了一所规模大起点高的五邑大学，对该市发展起了重大的作用。再如，广东省教育厅在吸收各地规范办学的经验上，90年代初大力推出“分等级学校评估制度”，分县区及市、省三级对不同学校办学水平进行评审，对达到不同水平的学校分别评为县区一级、市一级、省一级学校，由此规范和建设高质量的学校。这项评估开展10多年来对广东学校现代化建设起了重大的作用。

2．教育产业论出台。

在全国引起重大影响的，莫过于珠三角最早形成的教育与经济互动观，以及由此建立起新型的教育产业理论。珠江三角洲人最先从发展现代生产、推进市场经济中得到启示，发现了教育与经济相互动这一最简朴而多年来一直不被国人接受的真理，教育必须为经

济发展服务，真正的教育具有促进生产发展和社会进步的作用。著名第三产业经济学家、中山大学李江帆教授最先发论，倡导教育是一种新型服务产业的观点。据此，他们由此生发开来，建构了崭新的教育产业体系：一是教育是一种产业，而不是消费，这种产业可以通过消费来达到更大能量和更高质量水平的生产增长和人的价值的提升，受教育是一本万利的生产过程，所以，谁受教育谁就要付钱谁就会受益，读书付钱是天经地义的事，受好的教育就必须多交钱，这就打破了受教育不交钱的所谓社会主义与资本主义区别的旧标准；二是教育是一种特殊产业，一种通过知识生产和使用形成人力投资来实现生产率提高的重要产业，是产业就要讲投入产出，要投入就要讲效益，讲少投入多产出，讲投入的全面性和效益性；三是教育是一种影响全局的优先发展的重要产业，是影响全局，就必须放在首位，落实教育发展的重要战略地位，是优先发展，就必须早投入多投入。正是出于倡导教育产业观，珠江三角洲最先自觉地落实了教育优先发展的地位，自觉地对教育进行较大规模的投入，并打破教育由政府包干的所谓社会主义“一大二公”的定义，形成多渠道办学的机制，最早倡导华侨港澳同胞捐资办学，最早举办“教育资金百万行”，出现了一次社会资助逾亿元的重大教育投入行为。最早开始普通高中实行多样性办学，华南师大附中在90年代初就参与经营性民办教育，至今已形成广东基础教育多元体系发展的龙头学校。教育产业观还使这一区域的职业技术教育得到较快的发展，形成与普通重点中学比翼齐飞的局面，报读佛山华材职中与佛山一中以及报读顺德梁球琚职中与顺德一中的学生都是一流的。正是在教育产业观的作用下，产生了著名的“华附教育模式”、“荷塘教育模式”等。“华附教育模式”是指华南师大附中由一般的普通高中创办成为注重高素质人才培养具有多元化发展体系的国内外著名重点中学的改革发展过程。新会市荷塘镇中学改制为“职业高级中学”后，大胆创新，走了一条“以教促富，以富促教”，“教产结合，校企合一”的道路，学校由穷变富，年产值达1.5亿元，该镇也由落后变为先进，十年间产值连增近20倍，毕

业生成为该镇生产技术骨干。[①]

3．创新大学模式闪亮南粤。

同样，珠三角在这一时期形成的“借壳生蛋”的办学模式，是走出旧体制的一大创新。该地区新建起来的地方大学，在改革单一师专的地方高教模式，摸索依托师专，面向全社会，走由有名无实到名副其实的特殊的发展高教道路，在实践现代化教育发展规律上进行了富有意义的探索。那时，高教体制改革是我国教改的敏感区，珠江三角洲在十多年教改中的重要成果之一就是，在改革原大学的办学体制，如部委院校与地方共建，省属院校与市县共建的同时，大力创办和改革地方大学，先后改制肇庆师专为西江大学，佛山师专为佛山大学，惠阳师专为惠州大学，韶关师专为韶关大学，嘉应师专为嘉应大学，并创办深圳大学、五邑大学、广州大学及东莞理工学院以及番禺广东工业大学隆辉分院等。这些地方大学的创建，一是创新教育体制。即改革了以往单一的国家包办高等教育的体制，打破了原先只是中央及省办学的格局，形成三级办高校的新体制，这是体制上的一大突破。二是创新办学模式。即转变了原先地方高校单一化的办学模式，如地方原来只办师范专科学校，专业设置单一，在商品经济冲击下，办学路子越走越窄，许多学校面临经费困难，办学条件恶劣的重重困境，个别还面临关门的危险。该地区各市根据实际发展的需要，大胆对师专进行改制，实行从“多校一体”到“一校多体”的改制模式，使中心城市建立起具有多类型、多规格、多层次的面对多样化需要的新型高校，为地方培养出各种扎根基层，为农村尤其落后地区服务的新型人才。三是创新办学机制。即创立一条办新型地方大学的新道路，即走从名不副实到名副其实的办学道路。广东人深知办大学不易，不可能一蹴而就，然而新办学校虽不具大学实力，但可借大学之名，广聚财源，

① 冯增俊主编：《中国教育现代化之路—亚洲“四小龙”及珠江三角洲教育经验的时代启示》（系《珠江三角洲教育现代化研究丛书》之一），广东教育出版社 1997 年版，第 310 页。

聘请名师，最终达到办好大学的目的。以大学之“名”行大学之“责”达大学之“实”，用较少的钱办更多更大的事，这是一个重大创新，突破了所谓“规范”模式。这种观念上的解放，解开了束缚手脚的缰绳，获得巨大发展。如西江大学、惠州大学、佛山大学都是这种思想解放的发展典型。地方中心城市办大学有力地促进了该区域的发展，为经济的连续起飞起了重大作用。值得关注的是顺德职业技术学院，该院以工业发达的顺德为背景，创办10年来，发展飞速，特别在高科技和发展本地产业特色专业上获得重大成果，受到各方面的关注，成为顺德产业转型升级的重大支撑，为国内外所瞩目。

在珠三角中，最引人注目的一个重大现象是深圳南山创立的“科研兴教”新路子。珠江三角洲与其他发展中国家和地区一样，舍得花钱办教育，但如何提高教育质量，即软件如何与校舍等硬件相配套是一大关键问题。深圳市南山区是1991年新建区，以养蚝的蚝民为主，在办教育中积极探索，走出了一条通过开展教育科研，探索现代教育发展规律，提高教师教育理论思想水平，达到转变教育模式，促进教育质量提高，服务当地社会发展的新路子。对解决新办学校如何大面积提高教育质量，普及教育后不至于招不到合格学生，培养不出优秀人才做出了较好的回答。

还值得一提的是，1993年首先在珠三角出现的研究生课程进修班这一教师培训模式。为应对高水平师资培养的要求，自1993年起华南师范大学教育科学研究所在全国首次推出硕士研究生课程进修班的在职教师培训，顺应了当时各地提高师资水平的迫切要求，受到各地的热烈欢迎，深圳、广州市等纷纷制定在职师资研究生课程培训计划。研究生课程进修班有效地创新了传统的培训模式，推动了这一时期广东教师教育发展，对加深教师专业发展和普及教育科研有重要作用。

随着珠江三角洲教育现代化的不断深入，在积极借鉴中不断实现教育创新，形成了许多重要的教育模式，犹如串串玲珑般的珍珠，灿烂夺目。除了“华附模式”、“荷塘模式”、“南山科研兴教

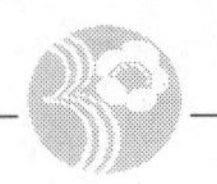

模式”外，还有令人面熟耳详的“西江大学模式”、“五邑大学模式”、“东莞高教模式”、“江门城市教育综合改革模式”、“广州市小学素质教育模式”、“东莞农村教育综合改革模式”、“佛山教育整体改革模式”、“广州市城郊型教育综合改革模式”以及“深圳市德育一体化方案实施”等，展现了珠江三角洲教育现代化新容。①

二、借鉴创新：广东教育现代化的战略思路及实施

（一）珠三角到大广东：广东教育发展战略思路

90 年代以后，广东在开放之初的所有优惠政策基本消失，紧缺型经济模式过时，广东发展形势发生了重大变化。在严峻形势面前，广东全面启动创新发展新思路，对教育提出了新的要求。第一，创新型发展对教育的依赖性日显突出，中小学课程设置、大学专业学科改造迫在眉睫；第二，从需要少数科技人才，转向需要大批科技人才和全员性科技工人，要求从业人员普遍素质的提高；第三，不仅仅读书入学成为民众的迫切行动，更重要的是对高层次教育和优质教育要求更大；第四，除珠江三角洲外，全省教育发展都呈现出发展的新要求。因此，广东教育现代化开始呈现出新的发展趋势：以全省为整体的教育发展战略研究逐步突出，广东教育现代化重心开始从政策性个别重点向全省性重点转变，即从重在推进珠江三角洲教育发展转向以珠三角教育发展为重点带动东西两翼及山区的全省性发展的新战略思路，强调把珠江三角洲教育发展与全省教育现代化联系起来。新阶段广东教育现代化相继推进了以下战略重点，并以此体现出广东教育现代化战略思路的新走向。

1. 转变教育现代化战略思维。

首先是 1992 年邓小平南方谈话发表后，全国进一步全面开放，

① 颜泽贤、冯增俊：《珠江三角洲的教育现代化》，《学术研究》1998 年第 3 期。

广东原来作为改革开放先行一步的政策性优势全部丧失。其次是国家全面开发上海浦东新区，大量商家进军上海，优惠政策加上上海雄厚的高水平智力群体，造成了中国发展的新热点。再次是中国经济经过10年改革开放之后，已开始从紧缺经济向市场经济转变，广东原来利用国内对日用品的紧缺建立起来的经济结构模式日显过时，以家用电器为主的珠江三角洲经济发展出现了前所未有的滑坡，产业结构面临重大调整。最后是东西两翼发展问题突出，成为新发展的瓶颈，对人才提出新要求，使广东出现了从局部人才需求走向全省性人才需求的新态势；如何实现珠江三角洲与东西两翼和北部山区的互动，是广东发展中的重要问题。这是广东发展的第一次重大转变。在历史发展的重大关头，广东战胜了自己，得到新的发展。卢瑞华省长在接受杨澜采访时反复强调，1992年广东政策性优势丧失促进了广东发展的机制性转变，这种机制性转变使发展更快了，是广东GDP从1992年的1500亿元增长到2001年逾万亿元的酵母。[①] 这是广东发展上的第一次转变，由政策为导向的紧缺经济转向以竞争为主要手段的市场经济，这种向以市场调节为重点的发展机制的历史转变对广东教育提出了两大要求：一是全民教育水平要迅速提高，二是教育发展要引导社会和经济发展。广东省委、省政府敏锐地感受到新发展对教育提出的新要求，以此为契机，推出面向全省的新的教育发展战略，即启动实现“双基”教育发展战略目标的重大决策，提高全省教育发展水平和经济竞争力。配合这一战略意图，广东省政府在全国率先出台了一项重大政策，从1993年开始，每年集资9亿多元投入教育，这是一个重大的教育发展转变。广东省政府出于未来发展目的自觉集资投资教育由此开始，而广东教育也由此迈开发展的新步伐。这是广东教育发展上的重点转折点，也是广东人现代教育意识提升的一个佐证。广东教育现代化战略走向开始以珠江三角洲为重点转向全省整体发展战略，形成珠江三角洲与东西两翼及粤北山区多重梯级开发性教育

---

① 参见《南方日报》2002年7月15日。

现代化战略思路，这与经济发展是互动的。

2．推进全省教育实现“双基”的现代化战略。

广东教育现代化的新定位再次推动了广东思想解放，使珠江三角洲教育现代化的内在能量得到新的释放，其经验获得新的伸张和发展。同时，进一步调动了广东全省发展教育的积极性，从更大的角度上解放生产力，为广东新的发展注入了新的能量。这一战略转移，顺应了广东发展，促使广东城乡掀起发展教育，普及教育，创新经济运动，很好地配合了广东新一轮的经济转型升级。1996 年底，广东省和江苏省先后通过“双基”国家教委验收，两省同时率先在全国实现“双基”目标。这一发展战略目标的实现，使广东教育同广东整体经济一样，跨越“温饱”阶段，在推动赶超先进国家上大大地迈进了一大步，为广东向新发展阶段推进，提升全省经济发展水平奠定了重要的人力资源条件。

（二）创新发展模式：从重借鉴到重创新的现代化思路

1．在借鉴中求创新。

90 年代后，广东教育现代化水平得到新的提高，广东人突然发现，一是原来向国外搬来的各种教育模式逐渐不起作用了；二是国外能直接转用的东西也越来越少了，而广东碰到的许多问题在国外却未能找到答案。例如，广东全省普及九年义务教育后，面临的重大问题是如何巩固普及教育成果，抑制教育质量下滑并提高办学水平的问题。这实际上也是国际教育发展中的一个重大难题。许多国家都陷入“普及义务教育后”的困境之中。广东人意识到，这个难题如不解决，普及义务教育后的成果将会付之东流。又如，随着广东教育现代化进程，教育公平、教育民主问题日益摆到面前。然而国外许多国家的公办学校却面临日益繁重的问题，特别是普及义务教育，实施公平教育政策下，学校管理平庸，简单地从国外照搬相关做法，显然有违教育现代化的要求。再者，美国等西方各国相继建立起信息高速公路，信息技术产业发展迅速，对办学模式也提出了重大挑战。

依据这种情况，广东教育现代化在90年代后相继推进三大战略性转变：第一，1990年前后开展珠江三角洲教育现代化实践系列研究，举办三次重大的学术研讨会，这一教育现代化运动与60年代简单移植西方教育模式有本质不同，致力于追求以人为本的整体协调科学发展的新教育，这其中既有借鉴国外教育经验，更重要的是要从本地教育实际出发推进教育创新发展。第二，全面推进有广东特色的教育现代化建设，从1992年的第一次研讨会到1994年提出建设教育强省，从1996年广东省教育厅实施“珠江三角洲教育现代化研究”的全国教育科学规划重点课题，到1999年1月广东教育厅在中山市召开“珠江三角洲教育现代化暨全省信息化工作会议”，推进全省性建设教育强镇、强区、强市运动，制定三级现代化标准评估体系。2001年省政府已批准深圳市南山区为省级“教育强区”，直到2007年已相继有深圳市、东莞市、佛山市、中山市、珠海市及广州市六个市以及其中的大部分区镇都通过教育强市建设验收。这就充分预示着广东教育现代化开始朝着创立有广东特色的现代教育体系方向发展。第三，1992年开始，广东开始依据广东教育发展要求，逐步实施优质学校建设，强化优质学校等级评估制度，建设区、市、省三阶梯式一级规范化学校，依据造峰填谷的策略，全力发展有广东特点的优质教育。2005年后又实施国家级示范性高中评估和普通高中教学评估工作。这是广东教育现代化的第二次重大变革，推进广东从以引进为主转向以创新为主的新型教育现代化，被称为广东的“第二次创业”，对新一阶段广东教育现代化发展起了极大的推动作用。

2. 在改革中促创新。

如果说80年代广东教育理论界多是在积极引进各种教育理论中结合本地教育实际，努力推动广东教育发展的话，那么随着90年代广东教育的发展，迫切需要创新教育现代化思路，在理论上实现新的突破，其中最核心的是在理论上依据广东实际创新素质教育，倡导以人为本的新的素质教育体系。第一，改革教育目的。强调新教育的本质在于培养健全的人，强化转变学校教育模式，把推

行素质教育作为转变应试教育的关键突破口，坚持重视培养学生能力，以发展人的基本素养为主导目标。第二，改革课程。课程是学校教育的核心，自90年代来，广东重视改革学校课程，并承担编写《沿海地带九年义务教育教材》（即沿海版），强调把素质教育渗透到各门课程之中，按培养健全的人的要求来编制新课程和选定教学内容，使教育以人的素质为基本，促进学生全面发展，培养成社会需要的人才。第三，改革教育体制。强调教育的均衡化发展，创立全民教育理念，用科学发展观来推进素质教育，走出精英教育的传统模式，一方面强化学校办学标准和规范，为全人的素质教育奠定基础，另一方面积极创立教育均衡发展体制，解决薄弱学校发展中的关键问题，建立科学发展新机制。90年代来，广东先后分层次投入发展资金，拨专款解决普及教育后地方政府欠资问题，教师工资发放问题，薄弱学校改造问题，贫困地区儿童上学问题。经过数年努力，广东在实践中创新教育理论，同时又反过来提升了教育实践的水平：不仅使普及教育水平得到显著提高，也为广东全省经济发展奠定了良好基础。广东教育现代化开始转向第二发展阶段。

3．在挑战中谋创新。

走向新世纪，广东教育现代化面临严重挑战：不仅亚洲金融风暴巨大冲击使广东经济增长锐减，改革开放以来形成的高外贸依赖体系随之分崩离析，市场严重萎缩，劳务成本攀升，竞争力严重下降，产业结构急剧性转型，使教育体制严重不适应。而且西方兴起的信息化社会及知识经济对广东形成重大冲击波，人才结构重新洗牌也造成教育结构失调，产业裁员，毕业生就业困难，而新的行业则应者寥寥。此外，中国加入WTO及港澳回归所形成的重大挑战，也需要广东教育做出积极的策应。

广东在新的挑战下，率先提出创新型发展战略思路，以教育创新推动改革应对挑战。其中最突出的是推行三大教育创新发展战略：一是高层次创新人才发展战略，实施了高校“千百十优秀人才培养工程”。每四年一届，培养10名国家级、100名省级、1000

名校级重点学术带头人。基础教育实施“百千万人才工程”，培养100名教育专家、1000名名校长、10000名名教师。二是实施创新高教发展“大学城”战略。广东大地崛起深圳大学城、珠海大学园区、东莞大学园以及广州大学城等，广东高等教育与高科技形成新的作用联盟体，落后的广东高等教育呈现出新生机。三是实施优质教育发展战略。广东实施优质教育发展战略，符合新阶段教育现代化发展趋势和广大民众对优质教育的需求，发展一批地方和省优质学校、国家级示范性中学和高标准规范性学校，参与全国“211”重点建设高校工程以及“985”计划，创建广东高等教育发展龙头体系，促使一批带头学科脱颖而出，同时也使基础教育发展上了新台阶。值得一提的是，华南师范大学附属中学作为广东基础教育龙头学校，在体制改革下，率先走多元化发展道路。在先后扶持多所民办学校发展的基础上，与企业和地方政府合作，成功创办多所优质中学。著名教育家吴颖民校长还依托师范大学创办系列中小学，成为广东基础教育改革的示范性学校。中山大学也积极为基础教育服务，成立中山大学附属学校教育集团，先后与十余所中小学合作办学，逐渐形成有特色的基础教育服务机制，发挥了综合大学服务地方基础教育的重要作用。当然，由于广东数千万民工来粤务工，子女就学给广东教育带来巨大压力，以及广东历史上教育发展尚显薄弱，这些努力虽使广东教育有了初步改观，但同其他各省教育相比，显得比较滞后。例如，2001年广东小学教育达标率98.75%，为全国第3位；高中教师是69.88%，为全国的第17位；普通高校在校生381926人，为全国的第4位；成人高校在校生为全国的第7位；研究生在校生为全国第7位；每万人口中普通高校在校生为全国的第13位，而成人高校则为第14位；小学儿童入学率99.7%，为全国的第14位。更重要的是广东名大学较少，院士也少，卓越学科也少。这些都是广东教育现代化中要考虑的大问题。

（三）精心实施：全面启动与分阶段策略[①]

广东教育现代化面对国内外强势发展，从一开始就处在强烈的压力下，因此，广东教育现代化自改革开放以来，一直坚持全面推进的发展策略，无论是高教还是基础教育，都采取了多种强有力的措施，但在具体发展进程中，注重按阶段实施，使各项措施都得到有效的推进。

1. 强化“发展”为准则的战略实施设计。

广东推行创新为目标的教育现代化战略，坚持从引进性发展转向创新性发展。但这种创新不是盲目的，而是以推进发展为准则，所有措施必须有利发展，一切改革和方法方式都必须结合本地教育实际，在本地发展的前提下创建新教育模式，启动全面的现代化；依据广东发展的需要来确定教育现代化的战略重点，编制具体的教育发展目标和推进的阶段性。广东80年代初以推进初等教育为重点，全面扩充教育规模；分阶段实施体制改革的同时，全力推进普及九年义务教育；1996年后普及九年义务教育后，又按广东对“质量的发展”需要，从学校的等级评估再到教育强镇（区市）的分阶段发展。走向新世纪，广东发展迅猛，人均产值逾3000美元，逐步跨入宽裕小康阶段，广东如何从考虑现在的发展转向着眼于未来的发展出发，来谋划广东的教育现代化，改革重点学校设置，消除应试竞争，关系到广东未来发展的大计。

2. 实施从赶超到创新的战略目标定位。

广东教育现代化在坚持全面推进的前提下，非常重视从广东实际出发来确定发展的战略目标，经历了一个从模仿到创新，从赶龙，到超龙、成龙的过程，使广东在移植中求发展，在发展前提下借鉴学习国际教育经验，在创新中吸收世界教育发展的成果，依据发展实际来创建有中国实际特色的龙头。广东从改革开放以来就推

① 本节参阅冯增俊著：《走向新纪元的粤港澳台教育》，人民教育出版社2003年版，第32页。

动创建教育现代化先行试验区，几度得到教育部的认可。2004年“两会”期间，教育成为“两会”代表争议的热点问题。教育部周济部长在会见广东代表时强调，广东改革开放以来特别是近几年教育得到迅速协调的发展，省委、省政府高度重视教育，不断加大省财政对教育投入力度，以实际行动落实教育发展的战略地位，使经济社会发展取得巨大成就，具备进一步加快发展教育的良好条件，教育部坚决支持广东加快教育现代化步伐，将进一步下放权力，按照新的更高的标准促进广东教育的发展。对此，广东省领导非常重视，中央政治局委员、时任省委书记张德江指出，教育现代化是全面建设小康社会，率先基本实现现代化的基础性工程，广东有能力率先实现教育现代化，广东必须率先实现教育现代化，广东要抓住这个机遇，下定决心把教育搞上去，但是有难度的，要全力解决薄弱环节，继续推进学习型社会，创建教育现代化先行试验区。① 这其中，就是强调从以往引进为主转向以创新为主，创建新的发展龙，在把广东变成教育最发达地区的基础上，使广东真正成为经济最发达的地区。这是广东教育现代化中最具特色的战略实施策略。

3. 分级跃进、梯级开发的基本战略选择。

80年代的良好基础，为90年代后广东教育现代化采取全面出击、分阶段推进、梯级开发的战略实施提供了重要基础，避免了许多后发国家现代化中采取全面出击、一步到位战略出现的各种严重问题。这种战略实施主要指向：第一，在宏观上使珠江三角洲为重点，向两翼推进，并进而作用山区，使之形成三级互动按阶段开发、共同逐步提高的整体发展态势。② 第二，在学级上对学前、小学、初中、高中、高等教育的梯级推进。广东经过20年改革，逐步通过不同的重点推动，发展起互动互进的包括学前一年的10年普及教育体系，建构起多元高中及高中后教育体系，每一个重点阶

① 《教育现代化，广东先试验》，《宝安教育》2004年4月21日。

② 冯增俊：《论广东东西两翼教育发展战略的基本原则》，《华南师范大学学报》1997年第5期；《广东省东西两翼区域规划研究》，广东经济出版社1997年版。

段教育水平的提高都成为整个教育体系提高的基础。第三，高教现代化也采取梯级推进战略思路，从专科、成人高教向本科、研究生教育层次推进。广东2000年前后已先后把80年代中期中心城市大学运动中创办的9所院校都变为本科院校，在多所新办的职业技术院校的参与下，最终形成镇、县（区）办二年制社区学院或三年制专科大学，地级市办四年制本科为主的综合大学，省及国家办研究型大学的梯级开发体系。第四，职业培训上形成梯级推进态势。广东当时经济起步低，工厂和企业还不需要大量高水平人才，如果一步到位，把所有人都培养成高级人才，既无这种经济实力，也无这个必要，因此各企业都推行分批循序渐进的方式培训。佛山市80年代后期一些行业实行引进人才和轮训升级制，很有启发，即每轮训一回，就胜任高一级工作，全体职工轮训一回，生产就上一台阶，这种教育形式还与相应的学位和证书相配套。①

三、特色彰显：广东教育改革开放与现代化特征

（一）功能转型：创建教育服务社会发展的新机制

广东改革开放以来，积极推动教育现代化，其核心是推动教育努力为广东发展服务，这是广东在改革开放中对教育改革的最大行动，也是广东探索现代教育体系的重大成果。中国自古以来重视文凭，但广东发展提出的教育问题却与重文凭的教育传统格格不入，从而促使广东走了一条从追求文凭的数十万大军读刊授到村民人人秉灯夜读学技术，从千篇一律的普通高中到创建起职业技术教育与普通高中平分天下的多元化教育体系。广东职业技术教育从无到有，从原来作为高考高分录取后的“差生收容站”到现在的生产技能人才培育中心，不仅各地都建立起各种形式的职业中学和培训

① 梅彼得、黄汉和主编：《跨世纪的基础工程——佛山市教育改革与发展实践探索》（《珠江三角洲教育现代化研究丛书》之一），广东教育出版社1994年版。

机构，且专业性也非常强，更重要的是创立起一种新的教育模式。江门市新会区的荷塘职业中学从农村普通中学改制而来，在校长陈金陵的带领下，走出一条新路，把专业、产业和行业结合起来，10年间从一所一夜间挂牌的“六无”（无资金、无专业教师、无专业教材、无实习基地、无设备、无办学经验）的职业中学发展成为有现代化教学设备，办有“七厂六场一公司”，1994年产值1.5亿元，在校生逾千人的国家级示范性重点职业高中，毕业生2243人及培训毕业1900多人。更重要的是，荷塘职业中学的创办模式从根本上改变了该镇的产业和劳力素质，使该镇从原来只有一个修农具的农机修造厂变成有1700多家工厂企业的经济大镇，投资逾亿元的企业都有4家。

> “教富互动，产教结合，校企合一”这三个层次，构成了荷塘职中新型办学模式的独特实践体系，是荷塘职中人在特定的发展条件下创造的成果。这一符合现代教育发展规律的模式建构，较好地把教育发展规律与中国农村现代化的内在要求结合起来，使荷塘职中获得了奇妙的办学功能，形成多种层次相因互动、相得益彰的新教育体。在这一模式中，学生的学、教师的教以及全部的学校工作都始终贯穿着该模式的主导思想，执行着该模式的内在指令和体现着模式的特有精神：一是学校办学与镇的发展结为一体，形成很强的互动作用，使该镇的生产得到教育的支持的同时也使职中的办学建立在发展生产的基础上。二是学校自身的办学与生产、经营及服务结为一体，使职中获得全新的教育内涵，在促富为目标的产教结合之中教书育人，创办新型学校。三是教育目标中充分体现了新的办学宗旨，学生必须是有知识、有觉悟、有技术、会经营、懂服务的新人，他们毕业后参与各自专业的生产，对当地的发展起了直接的作用。总之，荷塘职中在发展的压力下，结合实际，使产教结合的原理获得生动的具体再现，是一个重大的实践创新，

“荷塘模式”将以它特有的时代意义载入史册。[①]

深圳职业技术学院创办于1992年，是全国首家重点国家级示范性职业技术学院，录取的是深圳最后一批无法到外地求学的本地学生，但毕业时却成了当地最受企业欢迎的人才，近2/3专业毕业生还没毕业已被企业定下“终身”。最初办学时也备受争议，时任广东省高等教育局副局长的周鹤鸣力排众议，积极推动；首任校长俞仲文教授呕心沥血，艰苦创业，吸收国际相关办学经验，在探索现代教育体系上迈出了重要一步。这所培养了近3万名毕业生，在校生近2万人的职业技术高校，建立起与市场、社会、产业最直接的联系。它是一所窗口学校，不仅展示的是一所新型高校，更重要的是展示了一个广东人对现代教育追求的新教育理念、新教育思维和对中国教育发展未来的图景，一个广东教育现代化的梦想。广东职业技术教育起步早，具有很强的探索性，在配合广东经济发展中起了重要的作用，通过这一所所重要的新学校，昭示着广东教育的现代转型，对全国现代教育改革也产生了不可估量的促进作用。

30年的教育改革开放的奋斗创新，30年教育现代化的不懈追求，积淀了深厚的实践基础和理论思想成果，形成了广东对创办新教育的独特思维。即使是学术型大学也在积极推进服务社会，中山大学黄达仁校长反复强调中山大学办学宗旨就是要致力于推进大学为社会发展服务，与全省乃至全国许多地区实施战略性合作，各种重要学科都为地方发展服务。例如，组建新的教育学院，全面推动为广东教育服务，并发展中山大学附属学校教育集团。而且，许多新成立的高校非常重视高水平技术人才培养，如改制的广东轻工职业技术学院由于办学理念新颖，在短短7年中业绩突出，在校生近2万人，成为广东一所办学效益佳、备受考生追捧的新校之一。新建的顺德职业技术学院更是致力于推进地方发展，建校时间不长但

① 陈金陵主编：《创办现代化农村职中——新会市荷塘职中办学模式研究》（《珠江三角洲教育现代化研究丛书》之一），广东教育出版社1996年版，第85页。

已成为当地著名新校。目前在校生已近万人，毕业生深受当地各大企业和用人单位的欢迎，很快就成为生产上的技术骨干。

广东教育现代化中深化了教育服务社会发展的理念，第一次使这个理念与社会发展实际发生如此重要的联系，并从中获得对教育的崭新理解。这种教育概念的深化主要表现在对中国教育有了深刻理解，并把教育与社会发展紧密结合起来。例如广东人在教育现代化中进一步理解了创建有中国特色的社会主义教育体系的内在含义，深刻地认识到社会主义教育体制不是政治斗争的工具，因而更全面地促进生产力发展和社会进步的本质特征，把握了教育的内在本质是服务社会，促进中华民族的进步，“中国特色”的特色是在于从中国，从珠江三角洲实际出发，推进教育更深入地服务这些区域的发展，创建符合地区特色的教育体系，在服务中蕴涵着强烈的创新和开拓，阐明必须把域外的先进经验吸收进来，结合本地实际进行新的更新创造。在此基础上推行农、科、教统筹，创建新教育模式，也是在此基础上催生务实勇于进取的“广派”教育特色。

（二）时代精华：广东推进教育现代化的基本经验

广东教育现代化运动起于外力推动，实属中国一百多年来不断探索，在得失成败感悟中获得的真知，正如《中国教育报》记者刘微在第一届“珠江三角洲教育现代化实践研讨会”的报道中用了这次调研总报告中的一句话做标题《建设一个教育繁荣经济发达的珠江三角洲》，真实地反映出广东教育现代化的独有魅力。考察缔造这一文化多元、经济超前、先行开放的区域的教育现代化战略思路，探讨其中的实践经验，对我们是极有重要意义的。

1. 探索现代教育发展规律，倡导可持续性科学发展。

30年广东教育现代化实践表明，作为后发展型教育现代化，必然要经历一个从早期沿袭传统模式，以读经应考试举为目的，到二战后获得重大发展的历史进程。这个过程的启动之差异及结果，反映了不同地区教育现代化的特性及战略选择。广东教育现代化实践指明，第一阶段，教育现代化启动，多数是由于经济发展而引发

的，但是作为现代经济，必然要求教育要实现现代转型，转向为经济服务，否则经济就不能发展，这就为改革传统教育注入了有力的推动。这里最重要的是能否顺应形势，积极探索现代教育发展规律，按发展改革规律推动教育改革，致力于服务经济。广东最重要的经验就是充分认识到这种新教育的内在意义，启动这种改革，配合和推动了经济的发展。第二阶段，广东通过教育改革和发展，积极地参与经济建设，服务经济的各种要求，依据广东经济发展的速度与结构来谋划广东教育现代化的时间表和具体步骤，以教育改革为经济发展鸣锣开道。广东经济发展特征赋予教育发展以鲜明的特点，而广东教育改革也给予广东经济以新的活力。第三阶段，广东30年改革开放经历了由经济发展推动教育变革转向自觉变革教育来推进经济发展，实现经济发展模式从农业经济—工业经济—知识经济逐渐转变的历史转型过程。改革开放之初，由于以往的封闭保守使广东对国际教育缺乏应有的了解，以引进移植为主，这同早期广东主要是借鉴先进国家技术不需要自主创新有重要关系。这种教育改革是一种传播性的创新，只有达到追赶目的后，才可能为发展原创性的创新提供条件。广东的经验证明，原创性创新是不会自然产生的，不可能靠原来经济体自然成长，必须借助新技术力量。而新科技从引进到成长关键是人才群体的形成，这就需要变革教育，靠教育创新的引导和推动。因此，广东教育现代化证明，哪个地方重视教育变革与发展，促进了教育引导经济转型升级的时代转变，这个地方就会呈现出无限生机。这种以教育的变革和创新达到促进经济增长的发展模式转变，将从根本上改变社会发展观，政府能否提升现代教育意识，有目的有意识地推动这一转变，实现新经济的增长，是极为重要的。

广东教育现代化经验证明，这一教育发展模式的转变，深刻地反映了现代教育发展的内在规律，即要实现教育从贵族的学术堡垒中走出来，走向与生产劳动的结合，为经济发展服务，现代教育的每一次成功的改革，就是要使教育与经济结合得更紧一些，水平更高一些。当科技发展达到知识经济阶段这种以科技进步为推动力的

不可逆转的水平之后，教育的发展方向以及作用经济的方式就成为决定经济增长的关键。只有符合发展规律的教育才可能赋予经济和教育以广阔的未来。经济要可持续发展，那教育就首先必须是可持续发展的，这就需要积极推动教育现代化运动，按教育发展规律推动教育的科学发展。

2. 走出思想误区，转变教育发展模式。

广东教育现代化的经验还在于，教育现代化不在于仅仅是兴建多少学校，或者在于指标的高低，而在于是否实现教育发展模式的转变，即能否从传统教育向现代教育转型，这是当代教育现代化的关键，也是解释为什么一些地方教育发展了而经济未能发展的根本原因。广东30年的教育现代化表明，有必要走出五大思想误区：第一，走出把传统学术型教育模式等同于研究型大学的误区，关键在于是否为社会发展服务；第二，走出把为经济发展服务等同于开设某种实用科目或学生到工厂去劳动的误区，其根本点在于办学的方向而不是简单设几节课；第三，走出把教育发展等同于数量与规模扩张或投资的多少等简单的数字上的评价误区，关键在于这些教育行为的目的性；第四，走出把发达国家数百年来达到的发展目标简单地作为目前我们的发展指标的误区；第五，走出把教育归结于某种社会现象，用市场化或商业化等方式来简单地套用到教育实践上。教育改革中非常需要引入市场机制，建立起富有竞争性的教育市场，但却远非是用做买卖那样来理解市场所能解决。广东教育现代化的重要启迪在于，只有真正实现教育模式转变，才能建立起教育市场。教育市场已经存在，关键在于对市场和教育市场的正确认识，如何建立起教育与经济发展良好互动的发展机制。以推进经济和社会发展作为教育引进市场机制的最重要的指标，并以此来建立新的教育产业观，树立起把教育看成是一种影响全局的新的基础产业，实行优先投入，注重产出效益的观念，争取最大的投入效益。

3. 强化教育现代化的战略导向。

广东教育现代化中最具有价值的一个证明是，广东教育发展从早期自发或自由放任发展走向有目的地规划并逐步走向自觉，是需

要强有力的正确引导的。在后发展型教育现代化中，早期可通过模仿来实现这种引导。但是，任何模仿都是有限的，不可能代替本地发展实际所提出来的独特要求，即使是开始也不可能是盲目模仿，何况随着实践深入还将提出创新教育模式的新要求。广东教育现代化实践指明，后发型教育现代化的发展模式不是固定不变的，而是随着发展也需要时代创新，因此，把现代教育发展规律与具体教育实践结合起来，重视从国际视野下把握本国教育发展的基本走向和发展思路，使全局性战略要求与地区性教育实践达到协调共进，才能为政府提出深刻而又富有远见的战略思路。广东的实践也证明，政府正是通过战略研究，才可能从中注入对教育的宏观调控，引导社会各种力量达致对教育发展的共识，卓有成效地推进教育现代化。当然，研究者具有较高的理论视野，才能使所制定的战略把握最长久的发展未来，产生最大的推动力。

（三）探索新路：全球与中国互动下的广东教育发展模式

1. 后发型教育现代化崛起。

广东教育现代化 30 年的实践是非常丰富的，从发展的过程中可以看到，后发型教育现代化与早发型教育现代化是会在这个过程中发生变化的。广东教育在 30 年的现代化进程中，经历了三个重要的发展阶段：第一阶段，典型的后发型教育现代化。改革开放之初，广东教育落后，教育体制单一，更重要的是脱离社会发展实际，教育改革主要是在政府的推动下和对国际教育的强烈感受下，通过模仿和移植各种教育经验开始的，这个阶段主要是普及了小学阶段的教育。1985 年的教育体制改革，主要的改革依然以国际上的教育管理体制为示范来进行。第二阶段，广东教育经过十多年的发展，进入 90 年代后，特别是邓小平南方谈话发表以后，广东经济发展很快，对教育提出了新的问题。这些问题同原来早发内生型教育现代化在原来发展阶段出现的问题相类似，但是在本质上有重大区别，因此，盲目照搬发达国家教育现代化发展经验遇到严峻挑战。例如，教育规模扩张中高等教育扩大规模和采取的方式问题，美国主要是通过大力发展社区学院来实现，大批希望受教育的民众涌入各地的社区学院中，这些生源通过社区学院的甄别选拔送入高一级的研究型本科院校，达到了既满足了教育要求，又提高了教育质量的效果。但是，中国民众只对重点大学感兴趣，扩大招生都是这些大学在扩招，结果是，这些本该属于选拔招生的却在极限扩招，致使这些大学不堪重负，导致教育质量下降。因此，研究广东教育现代化发展，就成了新时代面临的重大问题。第三阶段，走向新世纪，广东教育迎来创新发展新模式的时代，作为后发外生型教育现代化的各种特征都先后发生了根本的变化。广东教育不仅需要政府推动，更重要的是要民众在实践中的全力参与和创造。

2. 走向与国际共融的广东教育。

广东教育现代化的重要成就还在于，在改革开放中，广东教育能在改革中不断走向国际，走向致力于创建与国际共融的新体制。在这里，广东的可贵之处在于，作为后发外生型的教育现代化，必然要经历过模仿移植先进国家教育模式的历程，但是广东把这种模仿和移植变成了广东走向开放的第一步，变成了广东教育现代化中推进创新发展的基础和开端，而不能把模仿和移植作为教育现代化的终极目的，作为一种廉价的商标到处炫耀而不思进取。广东坚持从本省实际出发来推进教育现代化，建立起与经济的良性互动，从而使后发外生型教育现代化迅速地变化发展着。在融合世界经验中不断推进创新发展，在创建广东现代教育体系上融合世界教育，推进教育国际化，从而使广东的教育现代化逐步从封闭走向开放，从过去走向未来，从低水平运作走向新时代发展。广东在推进教育现代化进程中积极寻求现代教育发展规律，致力于为广东发展服务，由此建构起全方位开放的教育新体系。广东教育逐步融入世界教育格局之下，吸收各种有益的教育思想和理论成果，形成真正面向现代化、面向世界、面向未来的现代教育体系。

3. 营造自主创新型教育模式。

如上所述，广东教育坚持为地方发展服务，促使广东教育能积极把创新作为中心点，走出作为后发外生型的教育现代化以外力推

动、依赖模仿移植先进国家教育和仅仅靠政府强力推动的方式，促使广东在推进教育现代化中积极从借鉴为主逐步转向以创新发展为主。经过三个阶段的教育现代化实践推动，使广东教育现代化致力于推动一个促进“现代经济增长”的“互进型教育发展模式”，即按广东发展要求发展广东教育，建立服务广东经济和社会发展的教育体系，集中反映了教育走向与生产实践相结合的本性。其中包含三大特性：一是以最大限度地促进经济发展为办教育的最高原则和最终目的，现代化不等于经济指标，但却是现代化的核心和基础。二是教育发展必须与本国本地经济发展水平相一致，走实际化方向，也不盲目追攀外国指标。三是建立以竞争运作机制为主的多类型、多层次、结构合理的教育体系，使广东教育现代化的战略思路正逐步指向创建一个推进广东未来发展，发挥引导、促进、协调、沟通、增进合作的作用机制，一个和谐发展的目标体系，一个推行政府主导统筹与市场竞争运作机制相结合的教育体制，一个引导社会参与教育，形成以政府为主的多渠道的教育投资体系。[①]

广东教育现代化推进的自主创新型教育模式，也包含积极推进卓越学科发展的科技创新战略，创建一批国家及省的“重点学科”，孵化高新技术，培育跨世纪的顶尖级人才，以应对广东面临第三次产业转型。六座大学城在广东拔地而起，广州大学城投入上千亿资金，并制定了创建以中山大学为龙头的重点大学发展新体系。

① 参阅冯增俊：《珠江三角洲教育发展的战略选择》，《教育研究》1995 年第 7 期。

第四章
未来基业：广东改革开放中的基础教育

30 年广东教育发展的重要成就之一，就是牢牢地把基础教育作为现代国民教育体系的重要组成部分，作为提升人的整体素质、助推社会经济发展的坚强基石，在教育现代化中具有重中之重的基础性、全局性和先导性的作用。正是对基础教育的重视，使广东 30 年来连续出台重大的改革措施，使基础教育发生了翻天覆地的变化，成为广东教育现代化的重大亮点，为广东提升人口素质、建设经济强省立下汗马功劳，使广东从一个经济比较落后的边陲省份一跃成为全国经济发展最快的地区之一，并实现了从以劳动密集型为主转向以科技、信息为主导的经济体系，大多数经济发展指标居全国首位，以全省 GDP 占全国 GDP 比重为例，1978 年全省国民生产总值约为 185 亿元，占全国的 5.1%，经过 20 年发展，至 1998 年广东国民生产总值为 7973 多亿元，占全国的 10%，2007 年达到 30600 亿元，占全国的 1/8 强，超过新加坡及中国的香港和台湾，可见其经济发展势头之强劲，工业化进程之迅猛。

改革开放 30 年来，广东基础教育从拨乱反正起步，迅速洗涤广东作为“文革”重灾区带来的各种混乱，积极配合广东发展。当广东社会从传统农业社会向现代工业社会，再向知识信息社会转变的过程中，广东的基础教育也呈现出从率先实现普及小学教育，而后又普及九年义务教育，再转向普及高中阶段教育和实施大众化

高等教育的发展历程。在这短暂而富有生机、挑战与机遇并重的30年中，广东基础教育不仅实现了低水平的假普及向高水平强迫义务教育的时代跨越式发展，而且还开辟出一条独具粤式特色的道路，取得了众多具有革命意义的成果；更重要的是，广东在基础教育上首开改革开放之先风，在探索基础教育现代化方面，跨出了具有时代意义的第一步，在普及义务教育、改革中高等教育和创建多元化现代教育体系等方面都为全国做出了独具创新意蕴的推动，形成了许多先进的教育理念，是改革开放时代发展的先锋。

一、起飞奠基：拨乱反正时期的广东基础教育

1976年“文革”结束后，广东教育界大力开展拨乱反正，使基础教育迅速腾飞并走上正轨。“文革”前广东基础教育规模有一定扩大，但整体上发展较为迟缓，特别是经历了“文革”的挫折后，广东基础教育陷入困境，在经济迅速开放的强力推动下广东基础教育迫切寻求机会以求绝处逢生。

（一）拨乱反正：教育步入常规发展轨道

1966年至1976年十年“文革”使广东基础教育严重受挫，陷于发展低谷。那时，表面上看小学教育普及率很高，但实际上都是“有量无质”的革命化产物，在规定每个人都必须上学的要求下，不管有无条件都要设一个学校把人招进去，以求达到“普及”；中学教育盲目发展，在初中由生产大队办学、高中由人民公社办学的要求下，中学遍地开花，由于教学条件不具备，学生学习很少而劳动很多，实属有名无实或名存实亡；教师队伍因各种“罪名”被流放而损失惨重，教学秩序极其混乱，政治说教充斥课堂而科学教育极为匮乏，更重要的是，极左教育观严重毒害一代青少年，教育体系严重脱离教育发展规律，脱离为广东社会发展需要服务之轨，为办教育而办教育。“文化大革命”结束后，特别是1978年中共十一届三中全会召开以后，广东教育界大力响应，拨乱反正、解放

思想，努力清除“文革”给教育带来的恶果和流毒。在1978—1984年间广东教育界掀起第一波基础教育运动，其核心就是大力推进改革开放、转变观念，整顿教育秩序，扩大基础教育规模，改善办学条件，提高教育水平，增加教育经费，实现了小学义务教育的普及，取得了非常显著的效果。

1. 解放思想，重视教育。

广东拨乱反正第一件大事就是掀起全省解放教育思想运动，达到从思想认识到政策方针上都重新认识教育的科学性，高度重视发展基础教育。这一时期，作为解放思想开山炮，广东率先发起教育本质问题的大辩论，对“文革”时期教育是阶级斗争工具的流毒进行清算，重新认识教育为社会发展服务的本质。讨论澄清了事实，提高了认识，统一了发展教育共识。1979年广东省委、省政府抓住这一时机，召开全省教育工作会议，颁布《关于当前中小学教育工作几个问题的决定》等重要文件，强调各级党委对基础教育工作的领导。1983年3月省委、省政府做出了《关于努力开创我省教育事业新局面的决定》，把加强和发展教育事业作为战略重点之一，对广东教育提出发展方针和做出了具体规划。

2. 按新条例重建教育体制。

广东在拨乱反正中，非常重视贯彻执行“文革”后重新颁布的中小学新条例，严格整顿学校教育秩序。从1979年开始，广东省贯彻执行中央政府提出的“调整、改革、整顿、提高”的方针，整顿取消小学附设的初中班，调整臃肿庞大且名不副实的基础教育体系，使在校中学生比1977年减少了130万人，同时调整全省高中、中师规模。到1983年附设初中的小学降为3300所，高中从1977年的2700多所减为1051所，部分改为职业高中，高中生从96.27万人降为1982年的34.46万人，中师从120所减至53所。1978年恢复重点中小学制度，收回被占的大部分校园校舍，建立18所省重点中学，以及每县一所重点中学和每学区一所中心小学。全省教育秩序得到重建，重新形成比较有秩序的能保证教学质量的学校教育制度。

3. 建立正常教学秩序。

广东在拨乱反正中，非常重视建立正常的教学秩序，认真提高教学质量。首先，转变教育观念，大中小学学校都认真贯彻教育部重新颁布的学校《暂行工作条例（草案）》，恢复和建立正常的教学秩序，把教育工作的重点迅速转移到提高教育教学质量上来，立足于人才的培养。其次，统一学制，整顿以往的各种学制实验学校，取消如“四四三制”、“五四三制”等，全省逐步恢复初高中各为3年的六年中学制。再次，严格执行教学计划，使课程设置基本统一，恢复正常考试制度等。

4. 创新教育管理体系。

实行教育经费包干，推行分级办学管理的教育体制改革。1954—1979年实行的是“‘条’‘块’结合，以‘块’为主”的教育经费分担政策，遵循“统一领导，分级管理”的原则。由于社会动荡不安，教育经费的支出比例与教育事业的发展严重失调，1976年全省基础教育在校生比1965年增加了2倍多，但教育经费支出占财政支出的比例却从16.41%下降到11.9%。为了改变这种混乱状况，1981年后实行“划分收支，分级包干”的教育经费管理体制，通过了若干规定、实施办法等推行这一体制，如《关于实行“划分收支，分级包干”的管理体制的实施办法》（1981年2月）、《关于普通教育经费包干基数的函》（1981年5月）、《中小学校预算外资金管理意见》（1984年）等，对各级政府的教育经费职责做出了规定，同时大多数地区还广开财路，拓展了教育经费渠道，增加了教育经费，使全省普通教育事业费从1980年的4.4亿多元增加到1987年的11.9亿元，人均教育经费支出从1980年的7.71元增加到1987年的18.79元，呈现良好的发展趋势，为基础教育的发展提供了坚实的物质基础，保证了普及小学义务教育任务的顺利完成。在教育管理上，逐步恢复统一领导、分级管理的体制。1980年省教育局改名为省教育厅，1983年下半年起，广州、深圳、珠海、汕头、韶关、佛山、江门、湛江、茂名等9市实行市管县的领导体制，成立市教育局，负责管理下属各县的教育工作，梅县、惠阳、肇庆等地区，则设立教育处，负责管理本地区内所属各县（市）的教育工作。1985年以后，广东农村的区改为镇或乡，设教育办公室（也有设中心小学的），统一管理初中和小学的教育工作。至此，基础教育逐步实行分级办学、分级管理的体制。

5. 全面落实知识分子政策。

"文革"后广东基础教育界最重视的一项工作是尽早落实知识分子政策，大胆地为许多带有各种罪名的知识分子平反冤假错案，大力支持和帮助这些蒙受不白之冤的老教师回到教学岗位上来。仅1979年前后几年，广东就几乎平反了新中国成立以来历次政治运动中的冤假错案，获得昭雪的教师达4万多名。同时，为了激励教师的教育热情，广东全省广泛开展尊师重教活动，吸收优秀人才到教学第一线工作，并通过评选特级教师，召开全省教师先进代表会等，在扩大了教师队伍规模以满足教育发展需要的同时，又有效地提高了教师队伍水平，保证了基础教育教学有序进行。广东教师队伍随着教育发展在不断增长：1981年，广东小学教工人数达37.7万人，为历史上人数最多的一年，1982年以后就基本稳定在35万人至36万人之间；1977年至1987年中学教育稳步发展，1978年中学教工20.02万人，其中初中教师约13.2万人，高中教师3.7万人，是历史上人数最多的一年，1979年后保持在17万至18万人之间。

（二）因地制宜：按实际全面普及小学教育

"文革"刚结束时，全省有2.91万所小学，859.96万小学生。根据实际发展需要，1978年6月下旬，广东省委、省政府提出了迅速在全省普及小学教育的战略任务，随后省教育厅组织各地、县教育部门对小学普及情况进行统一调研分析，并召开普及小学教育调查汇报会，交流各地的情况，分析其中的问题，提出普及小学教育的具体规划和推行措施。1980年12月，省教育厅组织人员对已基本普及小学教育的佛山、江门、琼海等16市、县进行检查验收，其标准是学龄儿童入学率达95%以上，5年巩固率达90%以上。随后，对首批普及小学教育的先进市、县进行了表彰，如佛山、江

门、肇庆、开平、从化、琼海等。

1980年，中共中央、国务院颁布《关于普及小学教育若干问题的决定》，1983年教育部颁布《关于普及初等教育基本要求的暂行规定》，要求该阶段学龄儿童入学率达到95%以上，12～15周岁儿童的初等教育普及率应达到95%以上。为了响应中央政府的号召，以及策应全省教育发展需要，1982年9月广东省委、省政府颁发了《关于进一步贯彻中发〔1980〕84号文件，实现普及小学教育的意见》（简称省委、省政府〔1982〕55号文件），把全省114个市、县（区）分为两类：第一类是大中城市和经济条件、教育基础较好的66个市、县（区），应在1983年前基本普及小学教育；第二类为经济条件、教育基础较差的48个县应在1985年前普及小学教育。根据1983年9月教育部《关于普及初等教育基本要求规定》之文件精神，省教育厅对全省普及小学教育的两类地区提出了标准，即学龄儿童入学率应达到95%以上，在校生年巩固率在98%以上（二类地区在97%以上），毕业班学生毕业率达90%以上（二类地区达85%左右），12～15周岁少年儿童的初等教育普及率达95%以上（二类地区达95%左右）。这一措施有力地推动了全省基础教育的发展，1983年珠江三角洲地区全面实现小学教育的普及，起到了率先垂范、冲锋队与领航员的引导作用。1985年，广东省在全省范围内实现普及小学阶段义务教育，发挥了全国教育发展与改革的先锋作用，引数据为证：1984—1985年度，广东全省共有小学2.94万所，在校生766.4万人，学龄儿童入学率达98.11%，在校生年巩固率达98.1%，小学毕业班学生毕业率达95.3%，12～15周岁少年儿童普及率达95%以上，达到了教育部和省委、省政府关于普及小学阶段义务教育的要求。

（三）狠抓“一无两有”，改善中小学办学条件

“普小”是广东教育现代化成功迈出的第一步，也是广东基础教育运动的第一波，在这一过程中，广东基础教育在校舍、设备和师资三项基本建设上成绩斐然。1978年、1980年中共中央先后两

次颁布法令，要求各地要抓紧解决中小学学校中校舍不足等问题，必须做到“校校无危房，班班有课室，学生人人有课桌凳”（简称“一无两有”），以保证教育教学工作的正常开展。广东积极执行中央部署，通过多种途径，如利用原有校舍、省基建投资、集资建校和华侨、港澳同胞捐资等方式改善了基础教育的校舍建设。从1981年起，省每年拨出3200万元补助款，用于解决经济落后地区“一无两有”问题，同时依靠县、市、乡镇拨款，大力发动群众集资办学，特别是广大爱国爱乡华人华侨、港澳同胞积极捐资办学。这时期是广东民众及华侨港澳同胞积极捐资办学的高峰期，他们的无私奉献，为广东改变办学条件，推进教育现代化进程做出了巨大的贡献。从1979—1987年底，全省用于中小学校舍建设和改造的投资总共为31.44亿元，加上教工住房建设和教学设备建设为40.32亿元。新建校舍2549.73万平方米，修建校舍1107.87万平方米，新建修建校舍为校舍总面积的84.83%。经过验收，全省106个县（市、区）中有97个县（市、区）实现了“一无两有”。

广东自80年代来一直重视对教学设施的投入和建设，配套教学仪器设备走在全国前列。按照教育部颁布的《全日制十年制学校中学理科教学仪器设备目录》和《小学自然常识教学仪器配备目录》规定的品种，广东全省实现了基本配套，至1986年6月，全省教学仪器总值达7286.29万元，生均教学仪器值6.2元（其中完全中学生127.29元，初级中学生4.7元，小学生1.23元）。1978—1987年在实现“一无两有”的过程中，建有实验室5342间，46.75万平方米；仪器室5074间，27.8万平方米；电化教室965间，8.3万平方米；阅览室、书库5697间，3.6万平方米；体育室2795间，22.8万平方米；音乐室2154间，12.7万平方米；添置了仪器柜1.65万个，仪器架4041个，实验台1.38万张，课桌、凳332.7多万套。① 1978年至1986年，省每年安排电化教育

① 广东省地方史志编纂委员会：《广东省志·教育志》，广东人民出版社1995年版。

专款130万元，1987年增至180万元，为全省中、小学配备各种型号的幻灯机、投影机、录音机等。每县都有3~5所小学配备了常规的电化教学设备。与此同时，通过师范院校培养和进修（教育），提高了基础教育师资队伍水平，到1987年，教师学历合格率小学达到73.15%（含高中毕业），初中达到41.53%，高中为37.86%，均比1980年有较大提高。这些对广东后来基础教育的发展起了重要的基础作用。

（四）编写沿海版教材，积极推动课程改革

广东在教育改革开放之初，就深感教育问题很多，这不仅仅是学校校舍、教学仪器设备等硬件环境的建设与改善，其问题的关键莫过于课程、教材等的落后。只有设计和编写出体现时代发展要求并能积极推动社会进步的新课程、新教材，广东的教育改革才能得到保证，教育质量才能提高，学校才可能有条件促进学生的全面发展。广东在改革开放不久，就开始关注教材建设，积极参与现行课程改革工作，特别是普及小学以后，广东在率先启动普及九年义务教育中，深刻地感觉到课程和教材问题非常突出。

1986年，随着中国全面启动“普九”，引发了教育政策、教育结构、教学内容与方法、教材、课程等一系列改革。传统教材因过于注重基础知识和基本技能的训练，脱离学生生活实际而备受责难。1988年，国家教委颁发了《九年制义务教育教材编写规划方案》，提出“一纲多本”的教材改革思路。这次中国教材改革是一次打破由国家统编统发教材的一次重要举措，改革方案规划了八套重点建设的九年义务教育教材，由广东申报并被批准的是沿海地区九年义务教育教材（称“沿海版教材”）。该版本教材由国家教委规划、广东省承担编写的面向南方沿海经济文化比较发达地区的教材，从1988年开始经过10多年时间，广东组织300多位不同学科的专家、学者，结合广大教育战线工作者为编写沿海版教材做出了艰苦探索和努力，取得了显著成绩。

沿海版教材曾是东南沿海各省风靡十年的新编教材，该教材编

写由时任广东省副省长，著名教育家王屏山担任编委会主任，为广东基础教育做出了巨大的贡献。这位曾任华南师大附中校长的著名教育家，在这套教材中倾注了他多年对基础教育的独到思考。首先，该教材“以一纲多本”的方式，力图在统一教学大纲基础上变形适合不同地区的新教材，广东的“沿海版”以其新鲜的面貌，特选的内容，特别是充分反映中国改革开放成果的内容，受到广泛的赞誉，为中国编写新教材做出有益的探索。其次，新教材编写探索了在新时期普及义务教育下教材编写的方式，既打破传统教材的弊端和问题，从社会发展需要出发，立足于学生全面发展，又符合义务教育作为全民性、普及性的教育特点，课程教材的改革具有强烈的适应性，符合当地的政治、经济、文化发展水平的目标特点。据此，沿海版教材实现了三大创新与突破。

第一，改变传统编写模式，立足于学生的发展。沿海版教材在编排上力图克服传统教材体系的弊端，从社会发展、学生发展的需要及其认知特点出发，实现了以知识为重心向以学生发展为重心的转移。如沿海版生物教材采用了小综合的编排体系，在充分体现初中生物教学大纲规定的教学目标基础上，以生命特征为主线，把生物教学大纲规定的有关植物、动物和生理卫生等基础知识结合起来，在内容上适当增加一些反映现代生物科学新成就和与广东社会经济发展及人民生活相关的知识。如在讲授苔藓植物的代表时选择了沿海地区常见的墙藓植物，以到处可见的芒萁植物代替蕨作为蕨类植物的代表①。沿海版小学英语教材十分重视英语的应用性和交际性功能，一改以往过于强调语法结构的编写模式，从生活实际出发，按照“情景—结构—交际”的方式编写，注重口语的生活化及学生英语交际能力的培养。在这方面，最具特色的当属国际合作综合英语教学实验，由冯增俊教授发起，该实验历经数年发展，取得了较好的理论和实践成果，引起了社会的广泛关注。

① 陈业好：《九年义务教育（沿海版）初中生物教材的编排体系与特色》，《生物学通报》1993年第7期。

第二，教材服务于学生，设计了大量的教学活动。沿海版教材在编写中强调根据不同的学科特点设计各种各样的教学活动，将学科知识教学与思想道德教育结合起来，让学生在主体性活动中学习知识，发展兴趣和能力。如英语设计了大量富有情境性的内容，培养学生的交际能力和英语运用能力，而音乐、美术等则注重发挥学生眼、口、耳、手、脚的作用，在动手实践中培养发现美、欣赏美、创造美的能力。沿海版教材还一改传统教材单一、呆板的版面设计，采用了双色甚至多色印刷和大量丰富多彩的插图，使版面灵活多样，增加了教材的直观性、趣味性。

第三，突出沿海地区的特色。一方面加强了沿海地区的历史文化传统、自然环境、生活习惯等内容。如初中历史增加了对我国历史上国际交往的介绍，适当补充粤、桂、闽、浙等地史实，增加了港澳台和华侨的有关史实，语文教材增加了反映岭南文化的范文，美术教材增加了岭南画派的介绍等。初中地理和生物教材在对热带、亚热带地区的生物介绍时，列举了南方常见的鱼类、岭南佳果等素材。另一方面结合实际增添了许多具有时代特色和沿海地区特色的材料，注意联系广东经济、科技发展及社会现状。初中物理教材增加了沿海地区家庭普遍使用的高科技产品，如移动电话、燃气热水器、空调、电冰箱等。初中历史增加了改革开放的实行、改革开放的全面展开、沿海改革开放地区的崛起等。① 广东作为南方沿海地区改革开放较早的省份，经济发达、思想活跃，与国际交往频繁，同时拥有毗邻港澳、华侨众多的地缘人缘优势，因此其沿海版教材的编写可以吸收各种国际事物，具有内地其他省份所没有的新风貌，可谓“海味十足”。

沿海版教材是广东一次重大教育科研活动，是一次全省教育研究总动员，一次广东课程改革的大进军。沿海版教材培养了一大批教育科研骨干人员，也很好地提升了广东教育科研的水平。八套教

---

① 高凌飚，庄兆声，余进利：《关于义务教育教材的创新与特色问题的思考》，《教育研究》2000 年第 4 期。

材中，沿海版教材是除了人民教育出版社出版之外真正产生重要影响的少数一两套教材之一。

二、全民教育：推进“普九”中的广东基础教育

广东基础教育最重大的一次行动是普及九年义务教育，这是广东教育发展从初等教育水平转向中等教育水平，实现全民教育素质提升的一个重大转变，也是关系广东未来发展的一件大事。

（一）另辟新径，分阶段普及九年义务教育

广东普及小学教育后，在进一步巩固其成果的同时，又依据广东发展的需要，在全国率先提出“普九”，于1986年制定《广东普及九年义务教育实施办法》，拉开“普九”的新一轮发展大潮，掀起广东第二波基础教育发展运动，大致分为三个阶段。

第一阶段，1988年前巩固“普小”和在此基础上发展“普九”，突出发挥珠江三角洲的重点试验区作用。1985年全省基本完成普及小学教育的任务后，省委、省政府提出要继续巩固和发展普及小学教育的成果，为普及九年义务教育打下坚实基础，1986年5月省教育厅颁布《关于进一步做好普及初等教育巩固提高工作的意见》、1987年6月发表《关于切实办好中心小学的意见》等，通过各种措施巩固“普小”提高教育质量。珠三角地区早在1983年普及了小学教育，在加强巩固“普小”之时，大力向“普九”的方向努力，继续发挥教育先行试验区的作用。深圳、珠海、汕头特区经济的发展促使其教育事业也不断发展壮大，如深圳市在成为特区前，只有高中1所、初中1所、小学7所，但是到了1987年年底，有完全中学18所、职业中学5所、初中1所、小学62所，职业高中与普通高中在校生的比例已经达到4：6，为其他地区树立了良好的榜样。

第二阶段为大力推进阶段。按照部署，1992年前是广东省大力推进“普九”的攻坚阶段，其中，突出以珠三角为典型示范区

来全面推进全省“普九”。每个县市都制定了具体的普及目标，在统一规划下按步骤分阶段来完成。人数比小学阶段少，但是以往各地发展不平衡，初中阶段发展缺口大，要求的师资及教学设备都以倍数增加，因此，对广东来说，“普九”的任务非常艰巨。这一阶段，广东数度出台相关政策，对薄弱地区给予各种积极的扶持，其中加大资金的投入，使普及九年义务教育得到较好的发展。1986—1996 年的 10 年间全省为“普九”投入达 443.2 亿元，其中校舍建设投入 193.7 亿元，建校舍 4354 万平方米，实现 90% 校舍更新，80% 楼房化。此外，投入 20 亿元于教学设备，计算机教学占全国中小学拥有量的 1/7，走在全国前列。

第三阶段为全面实现普及九年义务教育目标阶段。广东把 1992 年到 1996 年作为大力发展普及九年义务教育，实现初级目标并达到巩固提高的重要阶段。1992 年恰逢邓小平南方谈话这一具有历史转折意义的关键一年。当年 1 月 28 日至 2 月 21 日，邓小平巡视了武昌、深圳、珠海等地，发表了重要讲话，他强调改革开放要胆子大一些，敢于试验，大胆地试，大胆地闯，而经济的发展要扎扎实实，讲求效益，稳步协调地发展，广东经济要依靠科技，迅速腾飞，提出“发展是硬道理”这一时代名言，并赶上亚洲“四小龙”的战略目标。邓小平讲话如一夜春风吹遍大江南北，掀起了解放思想、深化改革开放的新高潮。在邓小平同志南方谈话的推动下，广东出台了自 1993 年起征收第二、三产业产值的 1% 用于教育，1993 年筹集 6.2 亿元，1994 年为 8 亿元，同时强化多渠道教育投入，满足普及教育的资金需要。至 1996 年广东省完成了“普九”任务，与江苏省一并成为全国第一批实现基本普及九年制义务教育和基本扫除青壮年文盲的省份，树起了南中国教育发展的一道亮丽风景线和一个里程纪念碑，其意义极其深远。1996 年全省专任师资中，小学教师达标率 94%，初中教师 89.23%；小学生

入学率达到99.75%，升学率达到97%，初中入学率达到96.1%。①

（二）巩固“普九”硕果，强化“普九”教育质量

如果说，普及九年义务教育是广东基础教育上的亮点，那么巩固和提升普及义务教育的成果是广东基础教育上的一曲凯歌。广东在“普九”中投入巨大，但广东人认识到，继续推进教育现代化的路依然很长，必须采取强有力的手段来巩固其成果以提升普及教育质量，这一任务将更为艰巨。为此，广东采取了三大措施：一是积极加大教育投入，解决“普九”中的各种欠账问题，完善各种教育设施。省政府专门为此发出专文，加强其专项管理。二是在建设教育强市中强化提出巩固普及九年义务教育成果的要求，要求各级政府继续加强中小学设施及解决遗留问题。例如，在教育强镇、强区以及强市中都明确规定这类中小学要达到的各项发展具体指标，这为提升普及教育质量起了重要作用。深圳市南山区在“普九”后加强科研兴校，以特色学校建设来推进普及九年义务教育，从而使南山很快成为全国基础教育的一面旗帜。三是采取措施推行教育均衡发展，例如创建规范性学校、2003年起对贫困地区中小学采取免交学杂费书本费等，特拨一亿元支持薄弱山区“普九”，加强山区教师工资待遇及培训力度。

正是这些措施，使广东基础教育在“普九”后不会出现大的起伏，而且还逐年得到发展。1998年，全省有小学24730所，初中3007所，高中900所，小学在校生911万人，初中在校生349万，高中生59.04万。全省适龄儿童入学率达到99.73%，15岁人口初等教育完成率98.07%，17岁人口初中完成率95.64%。

（三）深化全民教育思想，推行普及高中教育

为了更好地适应广东走向新世纪发展的需要，广东进一步强化

① 何辛编著：《广东教育50年——1949—1999年》，广东高等教育出版社2000年版，第441页。

全民教育理念，省委、省政府制定了新的基础教育发展规划，在全面推动基本劳力技能培训的同时，加快实现全省普及高中阶段教育的要求。其实，在90年代珠江三角洲各县市普及九年义务教育之后，都着手开始普及高中。至2004年广东有小学21944所，在校生1046.2万人，每万人口小学在校生为1319.6人，小学毕业生升学率97.4%，小学教师学历达标率为99.3%，居全国第四；初中3243所，在校生数为449.6万人，每万人口普通初中在校生565.2人，普通初中教师学历达标率为93.9%，初中毕业生升学率为65%；高中998所，在校生人数为131.1万人，每万人口普通高中在校生为165.1人，高中毛入学率达到51.9%，普通高中教师学历达标率为79.4%。其中，广州、深圳、东莞、中山、顺德、南海、新会等市已经率先普及高中阶段教育。根据中共中央精神，推进广东省全面建设小康社会及率先基本实现社会主义现代化的目标，2004年8月广东省委、省政府印发了《广东省教育现代化建设纲要（2004—2020年）》（粤发〔2004〕13号），提出基础教育现代化建设的总体目标是：2010年珠江三角洲地区和大中城市率先基本实现现代化，全省基本普及从小学到高中阶段的12年教育，其中高中阶段毛入学率达到80%；2015年，全省基本实现教育现代化，在普及12年教育基础上，高中阶段教育毛入学率达到85%左右；2020年全省实现教育现代化，高标准普及义务教育，高中阶段教育毛入学率达到90%左右，全面实现义务教育的均衡化、高中教育的普及化，丰富与完善现代国民教育体系，满足人民群众不断增长的教育需求。“十五”以后，广东工业化进程的加快迫切要求普及高中阶段教育，但是2006年高中阶段教育毛入学率仅为61%，排名全国第13位，与浙江、江苏等省相差甚远，更与广东省强大的经济实力不相称，因此省委、省政府明确提出了今后五年实现普及高中阶段教育的奋斗目标。2007年10月，广东省委、省政府召开全省普及高中教育工作会议，颁布《广东省普及高中阶段教育的决定》，认为普及高中事关广东教育发展，普及高中阶段教育是广东发展迫在眉睫的大事，决定到2011年广东基本普及高中阶段教育，达到适龄人口的85%以上。为此，要求各级政府要明确责任、突出重点、分类指导发展高中阶段教育。广东省教育厅组织中山大学和华南师大等有关研究机构，研究探讨普及广东高中阶段教育的问题，并举办相关研讨会，有力地推进了全省普及高中教育工作。

表4－1　1978—2006年基础教育发展概览表

项目	小学		中等学校					
			普通中学		中等职业教育学校		技工学校	
年份	校数（万所）	在校生（万人）	校数（所）	在校生（万人）	校数（所）	在校生（万人）	校数（所）	在校生（万人）
1978	2.93	831.81	2723	347.14	——	3.64	——	——
1980	3.04	748.86	3174	252.11	——	6.28	——	1.61
1985	2.95	671.25	4329	236.45	——	18.01	——	1.45
1990	2.46	747.29	3879	234.03	——	45.27	——	5.22
1995	2.46	883.19	3845	339.46	744	66.67	717	11.10
2000	2.42	929.93	3964	460.69	658	65.57	186	15.46
2001	2.36	952.98	——	489.70	——	62.00	——	16.67
2002	——	979.61	——	513.40	——	61.20	——	17.82
2003	2.28	1025.37	4176	545.91	717	63.08	156	23.90
2004	2.19	1049.62	4241	580.86	684	65.54	186	28.11
2005	2.12	1067.03	4282	611.69	641	71.02	191	32.81
2006	2.05	1056.99	4332	639.29	612	80.84	202	38.16
2007	1.99	1017.62	4316	655.38	595	90.76	191	45.80

数据来源：《广东统计年鉴2005》和《广东统计年鉴2007》，部分数据来源于何辛：《广东教育50年——1949—1999年》，广东高等教育出版社1999年版。

三、世纪辉煌：广东基础教育发展特征与经验

改革开放30年来，是广东人在邓小平改革开放战略决策指导下开创新纪元的30年，也是广东基础教育的改革和发展取得辉煌

成果的30年。30年中，广东基础教育从适应小农经济下的低水平发展到适应高科技时代社会发展需要的高水平普及，30年间广东实现了从普及小学，到普及初中，再到普及高中阶段教育，并基本扫除青壮年文盲，这是一个划时代的伟大壮举！这个普及教育的目标，始自中华民国创始之初，孙中山先生就响亮地宣誓过要兑现造福人民的一个最宏大愿景，中国人为之奋斗了一个世纪，今日在30年改革开放推动之下方才得以实现，30年成就百年夙愿，实可堪称世纪辉煌。总结和探讨这30年广东教育飞跃进步，对推进广东基础教育的未来发展具有重要的时代意义。

30年广东基础教育的改革与发展也是一个广东人教育思想大解放，教育大创新的30年，是一个不断建构类型多样、结构层次合理、功能显著、特色鲜明的新教育体系以积极推进经济蓬勃发展的30年。30年广东基础教育改革开放主要特征和基本经验可归结为以下方面。

（一）解放思想：确立教育优先发展的战略地位

30年改革开放，使广东基础教育从低水平的单一识字型办学模式，发展成为体系成熟、注重人的全面发展的新型基础教育体系，这本身就是一个广东人教育思想大解放，教育大创新的30年。

第一，坚持实践是检验真理的唯一标准，开解放思想之新风。广东人从改革初期，就遵循邓小平倡导的“实践是检验真理的唯一标准”的精神，积极开展有关教育本质问题大讨论，率先揭开教育界解放思想的序幕，[①] 为教育的深入改革奠定了良好的思想基础。

第二，认识教育的基础性，推进教育为社会发展服务。30年来，广东人在经济持续迅猛发展下，正视社会发展的根本问题是教育的事实，深刻地认识到基础教育深远的重要基础性作用，这是拂去经济产值和政治光环下最具远见的民族洞察力；30年中，广东不仅大力发展教育，规模不断增长，更重要的是先后推行多项重大

① 于光远：《要重视培养人的研究》，《学术研究》1978年第3期。

的教育改革，变革传统教育结构、教育体制和学校内部管理体制等等，促进了基础教育的蓬勃发展。从普及小学，到普及九年义务教育，再到普及高中教育的历程，也是广东人基础教育观念不断发展的30年；他们在实践中认识到教育的基础性作用，把它作为一个影响全局的工作积极推动，他们投入重金，补回百年来对教育的历史欠账。30年的实践，不仅转变了以往的“读书无用论”，也转变了把教育看作是政府所办的福利事业观念，在经济发展推动下，广东人越来越领会到邓小平“科学技术是第一生产力”的深刻内涵，把教育当作是对未来的一种长期、长远投资，逐步把福利性、消费性事业的教育观转变为全局性、基础性产业的教育观，形成优先发展教育的战略思想。

第三，坚持思想解放，推进广东教育持续健康发展。30年中，广东一直坚持不断解放思想，教育学会举办了许多重大的教育思想大讨论，广东省委、省政府先后10多次颁布教育改革决定，不断深化教育改革，提出建设教育强省的目标，确立率先实现教育现代化的宏伟战略从而使广东成为全国首批通过“两基”国家验收的大省和全国教育现代化著名实验区，等等，都体现了广东政府对教育的重视，也注入了政府宏观控制教育的基本策略。

第四，树立大教育观，形成教育优先发展体系。30年来，广东在教育思想大解放中，逐步建构起教育是经济发展基础，实施科教兴粤战略思路，优先发展教育的新体系。在全国率先启动教育强市计划，率先开展全省教育现代化实验，率先征收投入教育的产值税，率先创办培养高级技工为主的职业技术院校，创建满足高教大众化发展的六座大学城，等等，有力地推动了广东社会发展。

（二）引进竞争：强化市场机制下的政府主导统筹作用

广东作为一个后发外生型教育现代化区域，政府行为是关乎教育发展成败得失的关键力量，邓小平就非常强调各级政府对发展教育的作用。30年来，广东省委、省政府一方面继续将教育摆在优先发展的战略地位，不断加强各级政府对教育的领导，另一方面重

视市场机制的竞争和协调作用，增强现代教育意识，改革教育体制，整合教育资源，调整教育结构，致力推进广东基础教育现代化。

30年的改革开放，广东不断强化政府的教育行为，从被动型转为积极引导型。从1978年9月全省教育工作会议否定“屯昌”经验，开始拨乱反正；到1983年3月省委、省政府做出的《关于努力开创我省教育事业新局面的决定》，提高认识，“真正把教育工作摆在战略重点的地位”，开创教育事业新局面；到1985年省委、省政府提出的《贯彻〈中共中央关于教育体制改革的决定〉的意见》强调“各级党委和政府要切实加强对教育工作的领导，像抓经济工作那样抓好教育工作”；到1992年邓小平南方谈话后，中共广东省委、省政府提出的“教育是基础产业”、“办教育是政府大行为”；再到1994年11月中共广东省委召开的全省教育工作会议提出“建设教育强省”的宏伟目标，颁布《关于教育改革和发展的决定》和1998年广东省第八次党代会提出的“科教兴粤”、“可持续发展”和“外向带动”三大战略；2000年10月10日颁布关于推进素质教育的决定中提出的“全面实施‘科教兴粤’战略，加快建设教育强省步伐”、“各级党委和政府要切实把教育作为先导性、全局性、基础性知识产业，纳入现代化建设的整体规划和战略发展重点，摆在优先发展的位置”等；[①] 以及2004年颁布实施教育现代化的决定等。

在政府推动下，广东借助市场机制的特有竞争、调节的力量，进一步深化教育改革开放的力度。一是80年代初广东就最早把南海市产生的基础教育由地方负责、分级管理的原则，即强调适当下放办学权和管理权，改变了过去国家大一统的状况的新实验加以总结，再经湛江市和罗定县试行后，在全省范围内加以推广，使基础教育管理体制改革得以全面铺开，强化各级政府的绩效评估，调动

① 《中共广东省委、广东省人民政府贯彻〈中共中央、国务院关于深化教育改革全面推进素质教育的决定〉的意见》。

各地办学积极性。二是强化教育的产业功能，走出把教育作为消费的认识局限，既重视教育服务经济的作用，重视教育促进经济发展，也倡导发展各种服务教育的产业，推进基础教育走出简单的读书功能，倡导读广东发展需要的书，读发展智慧的书。三是重视调动社会力量办学，发展民办教育，通过竞争的方式不断优化教育资源，提供更多更好更优良的教育。广东90年代初出现了多种不同形式的民办教育，到2008年5月全省的122所高校中，民办院校就达到45所，占1/3强。此外，竞争引发对教育的投入越来越多，非政府财政经费投入的比重不断增加，1985年广东教育总投入为9.94亿元，政府财政投入占95%以上，而1994年总投入为127亿元，政府预算经费只占68亿元，占54%，预算外经费达59亿元，占46%。① 与此同时，广东的社会集资、港澳同胞、华侨捐资、教育基金筹措等均有了很大程度的增长。华南师大附属中学通过与投资商的合作，吸纳社会近4亿元的民间资金，创办了“品牌系列学校”，以满足人民群众对优质教育的多元化需要。六年来，该校已经开办了华南师大附中番禺学校、华南师大附中新世界学校、华南师大附中南海实验高中等三所学校，为社会提供了近万个初高中优质学位。目前，这三所学校健康发展，形势良好，在社会上获得很高的评价。四是由统包统管向多元化办学转变，推行分级办学、分级管理的教育体制，实行聘任校长、聘任教师、校长负责制、教师岗位责任制，建立以政府办学为主体、社会各界共同参与的多元办学体制。五是推行经常经费包干和浮动工资奖励的“两聘两制一包一奖”制，最早由东莞一所乡镇小学试行，被总结推广后产生了巨大效果。

（三）遵循规律：创建服务型教育新体系

30年教育改革开放，是广东不断探索现代教育发展规律，创

---

① 梁琼芳：《邓小平教育思想与广东教育改革》，广东人民出版社1998年版，第120页。

建服务地方社会发展新体系的过程。正是这种探讨，对广东推进教育改革，推动经济发展起着重大的作用。广东人从改革开放初普及小学教育中就体会到，创办更多为生产服务的教育，让更多人获得技术是促进经济发展的重要因素。1985 年的教育体制改革再次向广东人展现教育为经济发展服务的重要作用，特别是早期体制改革中创办的职业技术中学开始初露锋芒，例如江门荷塘职业中学更是以服务地方使该镇经济迅速繁荣，使广东人从中得到新的启发，由此开始了探讨现代教育发展规律，主动推进教育服务广东发展的历程。

第一，重视依据产业发展调整教育结构，促使普高与职高分流并保持合理的发展比例，开办社区成人学校，提出实用型教育模式等理论。

第二，倡导教育产业论，通过各种措施将教育引向市场，使教育和经济发展建立起良好的互动机制。其重点主要表现在“科学技术是第一生产力”的指导思想，全面实施“科教兴粤”的战略方针，以科技教育为突破点，推进科学技术发展，从而改造传统产业体系，最终创建一种以推动科技发展为导向的科技驱动型教育体系。

正是对现代教育发展规律的探索，促使广东重视发展服务型教育，积极推进城市教育综合改革、农村燎原计划，科教工农统筹发展等项目。从改造“三农”入手和培训一线劳动者素质着手，推行全员培训计划，以多样化方式培养一大批有较高专业技能、特长和职业素养的应用型人才。[①] 正是由于遵循现代教育发展规律，推进基础教育脱胎换骨的改造，从而催生了多种新型办学模式。如荷塘职中的“以教促富，以富促教”模式，宝安职业技术学校以“经营学校”为治校理念的“校企合作，联合办学”模式，惠州市

① 江海燕、赵广元主编：《迈向教育现代化——江门市教育综合改革实践探索》（系《珠江三角洲教育现代化研究丛书》之一），广东教育出版社 1993 年版，第 152 页；姚锦柏主编，叶沛涛、张学玲副主编：《创建有特色的现代教育——东莞市教育改革与发展综合研究》，广东教育出版社 1996 年版，第 137 页。

商业学校倡导以“蓝海文化”为主基调的“职业人格”教育模式，顺德的科工教统筹发展的职教模式，广州华孚教育机构以“国际综合英语”特色教育创建服务型社会培训教育模式，以及广州永博明教育研究院以“促进中国教育走向世界”的使命服务基础教育，深圳职业技术学院“以市场需求为导向，以能力培养为中心”模式等。这些改革和创新反映了广东教育致力于寻求教育规律、经济规律和社会规律三者的最佳结合点，使教育更好地为社会服务，既重视教育与经济、科技的结合，又注重推行基础教育与职业教育和成人教育的统筹，着力建构起普通教育与专业教育的互动辅助机制，及公立与私立教育的互补体系，乃至各种学科专业设置的改革等，每一步改革都体现着对现代教育发展规律的遵循，体现着教育与经济的不断互动。

广东服务型教育的突出特点是，始终坚持邓小平的“发展是硬道理”的基本准则，以发展为准则建立广东经济发展与教育发展相互动的服务机制。一是按广东发展需要改革教育，推进教育的改革开放及创新发展，广东教育要为广东发展服务，凡有利于经济发展和社会进步的国际教育经验都会主动借鉴，并结合实际加以改造、创新。二是坚持从广东发展的实际出发，按实际的要求设计教育。例如，由于发展的实际要求，广东教育改革经历了从适应性改革到体制性改革再向制度创新迈进的历程，并在不同实际下产生了各种不同的办学模式：有包括荷塘农工型职中模式、顺德工业型职教模式和深圳科技型职教模式等多样化职教创新。建立起有广东特色的包括政府拨款、企业出资、港澳同胞及华侨捐赠、教育基金百万行等形式在内的多样化、多渠道教育集资体制，形成按不同经济条件分四类地区制订补助标准，即一类地区补30%，二类地区补40%，三类地区补60%，四类地区补70%。按实际出发，广东还建立起珠江三角洲为全省教育现代化先导，带动东西两翼和山区及贫困地区有计划、分步骤实施教育现代化工程。既有21世纪的重点教师培养计划，又有扶贫改薄的教育项目；既有雄心勃勃的珠江三角洲教育现代化，又有按分区要求，分类指导、梯级推进、优势

互补的发展策略。

（四）科研兴教：创建可持续性发展教育体系

广东教育改革开放30年来一个最重要的经验是，重视教育科研，倡导科研兴教，用科学发展观来办教育，在探索现代教育发展规律下寻求广东教育的可持续发展。广东科研兴教主要体现为三个特点。

一是重视宏观战略性把握。从改革初期开始广东教育界就很重视对广东教育发展的整体把握，1982年的广东省教育工作会议，出席会议的教育部副部长张文松及广东省的主要领导都重视从宏观上探讨广东教育的未来走向；1985年后广东副省长王屏山就牵头开展“珠江三角洲教育发展战略研究”，以及90年代后的“教育现代化研究”等等，宏观战略性把握使广东基础教育走出事务管理和发展的狭小空间，展示出发展的自主性和可持续性。

二是重视中观上倡导区域性科研兴教策略。90年代后，随着广东教育规模发展，质量问题就显得日益迫切，各地开始重视起来。其中，深圳南山区教育局最先亮出科研兴教的旗帜，刘焯铿局长在广东率先成立区一级教育科学研究所，实施六大特色教育发展方略，取得重大的发展效果，使南山教育从原来的蚝民小学变成有特色的新学校，在南山到处都荡漾着新时代教育的思想，闪亮着现代教育的火花，南山很快就成为中国基础教育改革的重要实验区。中国原来千校一面的局面开始被打破，南山几任教育局局长，包括后来的刘迅，李忠俊、刘晓明以及现任的曾令格局长，都非常重视科研兴教，作为重要方针积极推进，南山已成为中国基础教育的重要基地。广州市天河区从初期重视信息技术教育到重视科研兴教，实施全区校本科研，全面提高了全区教育质量，该区教育局黄启林局长谈起办教模式的转型，犹如数家珍，已实现教育水平的全面提升，形成重要的区域教育发展品牌特色，受到广泛关注。

三是微观上重视特色教育兴校方略。广东80年代后各地学校都面临新的发展困境，如何走出旧的办学模式，许多学校开始从国际上不同名校中得到启示，创办特色学校。深圳南山的滨海小学创办的艺术特色学校成为艺术人才成长的摇篮，不仅输送了数千名有特色的人才，而且学校艺术团成为代表国家参加国际大赛的代表队，多次为国争光，代表国家出访世界各国。校长李陶20年如一日，还把妻子从国家歌舞团请过来当教练，以校为家，每天下午课后，整个学校都沉浸在音乐的海洋中，每个到此驻足的人都不由地深受感染，心情激荡而流连忘返。① 惠州博罗实验学校原是一所普通小学，条件比较差，但是在推进“国际综合英语”特色教育之后，办学效果显著，现在该校已成为当地名校，与加拿大汉密尔顿市多所学校结为姐妹学校。江门市教育第二幼儿园在国际综合英语特色教学上重视开发儿童的语言潜能，极大地促进了幼儿的发展，得到家长和社会的广泛认可。其余如江门江华小学、惠阳实验小学、东莞莞城英文学校、华南师大附小美的学校、南海桂城叠滘二小及惠州小金口中心幼儿园等新办学校及幼儿园，参与国际综合英语实验后都成为当地外语特色名校。教育实验使广东教育呈现生机勃勃的新景象。

总之，科研兴教是广东推进基础教育现代化发展的重要战略思路，对广东基础教育走出旧的办学模式起了极为重要的意义，这是不仅仅靠投资就能达到的教育效果。在《珠江三角洲教育现代化丛书》之一的《南山教育与南山人》一书中，主编在写其审读意见中对“科研兴教”做了充分的肯定，直到最后一句依然提起，“我钟情于南山人的奋斗，南山人创造了许多经验，但是我敢说，科研兴教是一件划时代意义的杰作，是珠江三角洲改革开放以来教育上获得的最重大的创新之一”②。

（五）探索课改：促进基础教育内涵提升

改革开放30年来，广东在推进基础教育改革中，始终关注和

---

① 曾令格等主编：《南山教育特色概论》，海天出版社2008年版，第九章。

② 刘迅、刘根平、张效民、刘晓明：《南山教育与南山人》（系《珠江三角洲教育现代化研究丛书》之一），南海出版公司1996年版，第264页。

参与中小学课程改革和教材建设，把它作为实施素质教育的核心工程和教育改革的制高点，开展了多项重要改革，成为全中国新课改和考试改革最活跃、最有创新力的省份，其取得的显著成果在全国产生了广泛影响，得到有效的借鉴和推广。

第一，较早开始教学改革实验，提高对教改的意识。改革初期，广东就开始感觉到现行课程不适应新的时代要求，遂开始部分学科教学改革试验。如1981年开始，省教育厅在乐昌县金鸡小学等5所学校开展普通话说话课实验。年底，针对部分地区小学生课业负担过重，省教育厅发出《关于减轻小学生负担的通知》，提出要严格控制考试次数，严格控制课外作业分量等。1982年7月，省教育厅颁发《广东省全日制小学管理暂行办法》、《广东省小学生考勤暂行办法》、《广东省小学生成绩考核暂行办法》、《广东省小学奖惩暂行办法》等4个文件，从考勤、考核、奖惩等方面加强管理。1983年秋季起，省教育厅在广州市同福中路一小开展"注音识字，提前读写"实验，得到全省范围许多学校的推广。

第二，编写中小学教材，参与教学研究前沿。广东是全国最早参与教材编写的少数省份之一，1988年就开始配合广东普及九年义务教育对新课程与教材的需要而积极编写九年义务教育沿海版教材，不仅广泛动员全省教育科研力量，在编写中还提升了广东对课程和教材编写的水平，10多年的沿海版教材编写取得了显著成果，得到了中央教育部门的高度评价，也受到一线教师的欣赏。此外广东也组织编写了丁有宽小学语文教材、湛江市小学语文教材、中小学信息技术教材、劳动技术课教材、高中选修课教材、乡土教材等，使课程改革与广东社会发展紧密相联系。

第三，开展课程改革实验，深化基础教育改革。广东出于教育改革的需要，较快开始改革课程的工作，2001年和2004年以深圳南山区为试点分别参加国家义务教育阶段课程改革及普通高中课程改革。同时，2001年9月启动深圳市南山区国家课程改革试验区，为次年省级课改实验区提供经验和示范，于2002年确定每个地级市选择一个县（市、区）建立30个省级基础教育课改实验区，区

内的所有小学、初中起始年级都参与课改实验，并逐步推广，[①] 并于2004年比全国提前两年在全省义务教育阶段各起始年级全面实施新课改。通过这一系列课程改革工作，使广东在基础教育阶段课程发展、学生评价体系、教育教学质量、信息技术教育、英语教育改革、农村义务教育、课程配置及资源开发、各学科课程标准等方面取得了重大进步。不仅增强了对课程改革意识，能主动从现代教育发展课程改革上审视课程发展，从课程作为教育模式的核心上把握课程发展方向，提高课程改革发展的自觉性，也由此深化了基础教育改革。2003年12月，教育部正式确认广东省为首批普通高中新课程实验省份后，广东结合九年义务教育课程改革的经验，强化课程相互衔接，把高中课程改革与提高普通高中办学水平，培养大批高素质劳动者和专门人才综合起来，相继颁发了《关于开展普通高中新课程实验工作的通知》、《广东省普通高中实验学校教学管理意见》、《广东省普通高中新课程实验实施意见》等一系列文件，体现了成熟有效的课程改革意识。

第四，进行考试改革，提升现代教育意识。广东积极推进考试改革，80年代就积极推行多元化考试，90年代初取消了小学升初中招生考试，实行免试就近入学的制度。从1996年开始，统一初中毕业水平考试和高中阶段招生考试，对高中毕业升学考试进行了多样尝试，在组织高校专家、教育管理和教研专家及一线教师进行高考改革研究的基础上，在全国率先推行标准化考试实验，并确立了"3+X"高考改革实验，实验成果在全国推广，并依据新的要求实施新高考方案，如2007年高考实行"3+文科基础/理科基础+X"方案等。[②] 近年广东成立教育考试院，建立试题库，并积极组织研究，尝试开发更能体现发展学生智能的新的考试形式。

---

① 广东省教育厅:《广东省开展基础教育新课程实验推广工作的指导意见》。

② 教育厅印发的《广东省实施普通高中新课程实验的高考改革方案》。

四、世纪展望：走向新世纪的广东基础教育

30 年教育的改革开放，广东基础教育发生了翻天覆地的变化，基础教育普及水平不断提高。到 2005 年，全省小学五年保留率保持在 100%，初中三年保留率从 2000 年的 88.4% 提高到 93.14%，初中毛入学率连续 3 年保持在 100%；高中阶段教育发展迅速，全省高中阶段在校生从 152.6 万人增加到 253 万人，高中阶段教育毛入学率从 38.7% 提高到 57.5%；各级各类学校专任教师的数量逐年递增，学历水平明显提高，小学专任教师具有大专以上学历的比例从 26% 提高到 68.11%，初中教师学历达标率从 17.2% 提高到 36.32%，普通高中从 67.5% 提高到 83.62%，中等职业技术学校从 63.7% 提高到 76.81%。但是同广东经济社会发展的要求相比，仍有很大的距离，在走向新世纪中，广东基础教育将致力于新的历史发展。

（一）创新模式：推进基础教育现代化

30 年改革开放使广东基础教育发生了翻天覆地的变化，不仅教育规模基本上能满足民众的受教育需求，实现了全省城乡免费义务教育，全民教育已形成主导趋势，而且基础教育质量得到很大提高，为广东学生提供越来越多优质教育。2005 年统计，全省不同层次的等级学校已达到 1/4 强，广东基础教育发展达到了空前的水平。为了配合广东未来发展，广东将进一步解放思想，促使基础教育更上一层楼。其中转变基础教育发展模式，推进基础教育现代化，就成为基础教育改革中的重点。

广东基础教育要实现世纪性发展，最关键就是要实现从应试教育向发展人的教育的转变，应试教育束缚了学生的创新性发展，泯灭了人的创造力和想象力，在以往中国特定的教育条件下的统一高考制度下的派生物，是对人性的摧残。广东在推进自主创新性发展体制中，不能不把这种教育体制的改革作为最关键的突破口。因此，改革高考制度，转变为考试而读书的办学模式，以及各种滋生腐败的加分政策，就成了广东基础教育全面推进素质教育，实现基础教育现代化的关键要素。

（二）强化督导：在评估中全面推进素质教育

30年广东教育改革开放使基础教育得到重大发展，为了进一步扩大基础教育改革的成果，广东将继续加强教育督导和教学水平评估。一是继续推进教育强市、强县（区）、强镇建设，特别强调“政府责任、教育管理、发展水平”等三大一级指标以及由此派生的各种相关指标，督促地方政府承担起教育职责，并全面实施《广东省教育督导规定》，坚持督政与督学结合。二是为强化基础教育的内涵发展，推进中小学教学水平评估工作，把规范学校管理、深化教育教学改革、提高教育教学质量作为学校办学水平督导评估的主要内容，省教育厅制订了《广东省普通高中教学水平评估方案（试行）》，提出了具体的评估指标体系。三是实施广东省国家级示范性普通高中和职业高中学校评估，强化优质教育发展，同时辅助以九年一贯制的规范化学校的建设，将有力地促进广东基础教育的发展。在教学管理、教学保障、教学实施、教学效果等方面不断深化改革，激发了学校的活力，提高了教师队伍的整体水平，以便全面实施素质教育。

（三）规范建校：促进基础教育均衡发展

30年改革开放使广东基础教育得到重大发展，但是广东由于区域发展严重不平衡，致使教育上区域差别也非常大，因此，推进学校的规范化建设，促使基础教育均衡化发展是迫在眉睫的大事。1993年，广东省在普及九年义务教育的市县试行中小学等级评估制度，等级评估制度实施十年，对改善普及教育后强化优质学校建设起到非常好的作用，不仅保证普及教育后办学标准不降低，也对中小学如何在优质教育标准下强化办学标准化、规范化起了重要的作用，同时也推进改造薄弱学校、发挥学校和社会办学的积极性、

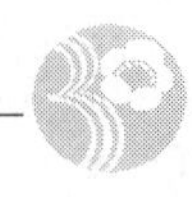

提高学校管理水平、增强政府的责任感、调动社会资金、提高教育质量等方面发挥了重大作用。如 2005 年全省评出中小学等级学校 6400 多所，省、市、县优质学位达 600 多万个，约占全省中小学学位的 1/3。由于各地把重点学校等同于等级评估制度，也带来了一定负面性，有激发“择校热”等问题以及间接把学生分为不同等级等不良现象。随着广东经济的迅速发展，基础教育的办学水平也获得了极大的提高。至 2006 年广东省已基本消灭校园危房，中小学计算机拥有量占全国的 1/8 强，教学手段现代化程度、新课程改革、农村免费义务教育等都走在全国前列，从而为在高水平上实施更公平基础教育奠定了前提。对此，广东决定全省实施优质规范化学校建设方案，省教育厅颁布了《广东省义务教育规范化学校标准化（试行)》，提出“学校有独立的校园。学校生均占地面积，小学不低于 $18m^2$，初中不低于 $23m^2$。市中心城区小学不低于 $9.4m^2$，初中不低于 $10.1\ m^2$；小学规模一般不少于 6 个班，班额一般不超过 46 人，初级中学规模一般不少于 12 个班，班额一般不超过 50 人；小学教师学历达标率 99% 以上，其中大专学历以上占 50% 以上，初中教师学历达标率 90% 以上，其中本科学历的占一定比例；实行常态编班，不得分设重点班和非重点班；600 人以上的学校，须配备具有执业医师或执业护士资格的专职卫生技术人员，配备获 C 级以上培训证书专职或兼职心理健康教育教师”等。随着义务教育规范化学校标准的实施，将有力地缩小义务教育学校之间的差距，推进广东基础教育走向均衡发展。当然，规范化学校不是千篇一律，广东近年的经验是，在提出规范化要求的基础上，鼓励学校结合实际，大胆创新，办出自己的特色，超出“规范”。广东依据不同地区的实际制定了义务教育规范化学校不同阶段的达标率目标，其中 2007 年珠江三角洲地区和其他大中城市达到 80%，东西两翼和粤北山区力争达到 50%；2010 年，珠江三角洲地区和其他大中城市达到 100%，东西两翼和粤北山区力争达到 80%。

（四）强化义务：创建免费义务教育下的全民教育体系

未来广东将进一步落实2005年教育部发布《中国全民教育国家报告》中提出全民教育的重要发展目标：争取到2007年全国农村义务教育阶段家庭经济困难学生都能享受到免费教科书和住宿生活补助，力争到2010年在全国农村地区全部实行免费义务教育，2015年在全国普遍实行免费义务教育。免课本费、免杂费、补助寄宿生生活费的“两免一补”政策已经惠及千万农村学生。广东2001年安排3.85亿元补助低收入家庭子女，并率先顺利实行“两免”政策，2002年率先实行中小学收费“一费制”并取消了农村教育附加费，惠及学生960多万人。2007年为农村子女、2008年为全省实施义务教育免费教育，同时将逐步对困难家庭实行相关补贴。根据省委、省政府决定，省教育厅、省财政厅、省监察厅、省审计厅制定了《广东省16个扶贫开发重点县农村免费义务教育试点实施办法》，广东16个扶贫开发重点县将有133万农村少年儿童接受免费义务教育，免费金额达4.4亿元，全省实施免费义务教育后每年经费缺口需财政弥补31亿元，其中省财政将补助21亿元。

为了进一步强化全民教育，提高广东居民素质，应答产业发展带来的巨大挑战，要继续重视普及教育。包括普及幼儿教育、普及九年义务教育、普及高中阶段教育、普及职业技术教育与培训以至普及高等教育。广东的普及教育水平与经济发展要求相比还比较低，普及教育的科学原则是：第一，实行低年龄段的以国家统筹的免费教育为主，高年龄段的以市场调节下的收费为主的体制。第二，要重视普及幼儿教育，幼儿教育不列到义务教育中，但对一个人的成长影响巨大，对本地区民众的素质提高也影响巨大，免费高中前应免费幼儿教育。第三，要按人发展的规律来办教育，低年龄阶段实行综合课程，高年龄阶段实行综合与分科结合的方式，转变为了考试实行分科教学的传统。第四，加大普及职业技术教育力度，以大力发展民办职业技术教育为主，职业技术学校以开放性招生为主，放开按市场需求来招生；职业高中实行免费教育，特别是

农村的职业高中；实行免费农民技术培训制度，这些费用从企业的产值中扣除，澳大利亚是扣除2%～5%产值作为劳工培训费用；实行退伍军人可以免费上职业技术院校读书，这是符合国际惯例的，既可倡导为国当兵光荣，也可使中国军人有亮亮堂堂地做人的基础；在中小学普及相应水平的职业技术教育。

第五章
高教风雷：走向世界的广东高等教育

从清末到建国之初，广东高等教育的发展一直居于全国水平之“中上”，曾是一个相对意义上的“教育强省”。正如王运来所指出的：“从清末到民国，广东的高等教育无论是在学校数量、专科门类，还是学术影响，在国内都是屈指可数，这固然与近代广东的政治经济条件有着密不可分的关系，而广东争取高等教育地方优势的成功做法确也值得称道。其最突出的做法就是多方办学，形成‘规模优势’”。①

但新中国成立后17年，广东高等教育在全国高等教育中的地位却在下降，这主要是其高等教育发展落后于全国发展水平所致。建国初期的两次院校（系）调整使广东高等教育大伤元气，不仅高校数量急剧减少至5所，而且原来广东颇具优势的一些专业也被合并而消失。尔后随着广东经济社会发展的需要，广东高等教育相继有了一些新的发展，如创办广州中医学院、广州外国语学院等，但依然元气未复，十年“文革”期间摧残更甚。1970年广东高等学校恢复招生时仅剩下10所，1976年高校才恢复到20所，且体制混乱。如“七二一”工科大学到1976年时达1853所，农科“五

① 王运来：《试谈我国高教史研究的现状和走势》，《高教研究与探索》1994年第4期。

七”大学有586所，医科“六二六”大学有9所，但实施的主要是中专水平的成人业余教育。可见，建国后至改革开放之初，广东高等教育发展落在全国后面，成为“教育弱省”。

改革开放以后，广东经济凭借天时、地利、人和的优越条件，创造了持续高速发展的业绩，广东也成为名副其实的经济大省。与广东经济发展相互动，广东高等教育积极推进跨越式发展，不仅再度后来居上，重创辉煌，成为中国的高教大省，而且广东高校通过对外交流合作，以更具有开阔的国际视野，进行了许多有益的重大尝试，在推进高等教育现代化方面迈出重要的步伐，直接或间接都对中国当代高等教育的改革与发展产生了积极影响。

一、变革求兴：广东地方高校运动与高教发展战略

（一）力闯新径：南粤高教改革先声

1978年底，中共中央十一届三中全会确定以经济建设为中心以后，中国在拨乱反正、百废待兴形势下，面临着中国社会开始进入一个发展模式重大转型的崭新阶段。广东以其独特的国际化背景，最早开始高校的改革和调整工作，以满足社会发展对高层次人才的需要。1977年召开了广州地区高等学校座谈会，探讨高教发展大计。1979年召开了全省高等教育会议，通过拨乱反正，推翻了强加在教育的“两个估计”，纠正了打击、歧视知识分子的错误，广东高等教育重新获得生机，逐步走上健康发展的轨道。1977年复办了广州师范学院，1978年恢复暨南大学，1978年部分地市复办或新办6所师专。1979年全省高等学校有29所，在校学生42160人，与1965年相比，学校数增长31.8%，学生数增长45.2%。[1] 进入20世纪80年代后，广东高等教育又有所发展，先

① 李修宏、周鹤鸣主编：《广东高等教育》，广东高等教育出版社1988年版，第6页。

后复办、合办、新办了许多高等院校。1981年、1983年分别创办了广州对外贸易学院和广东财经学院（后易名广东商学院）。

这一时期广东省高等教育得到一些发展和恢复，但尚未建立与当时广东经济社会发展相适应的机制。随着经济体制改革的全面开展，迫使我国的经济从统得过多、统得过死的僵化体制，转向在公有制基础上有计划地发展商品经济的新体制。为了适应经济体制的深刻变革，及落实1983年全国高教工作会议精神。广东省委和省政府做出《关于努力开创我省教育事业新局面的决定》，召开全省教育工作会议，提出高等教育要积极进行改革，加快高等教育发展的步伐。确定全省高等教育事业经费每年递增8%以上，省属普通高等学校基建投资占全省基建投资4%以上，从而启动了广东高等教育的发展及改革的新热潮。主要表现在高等教育迅速发展，建立了三级办学体制；多形式、多层次办学；高校内部管理体制的改革等方面。

（二）南粤风云：广东中心城市高教运动

20世纪80年代初，广东社会经济在迅速发展，对人才的需求也愈来愈急切。而广东高等教育满足不了社会经济迅速发展对人才的需求。主要表现在专门人才供不应求，高级人才比例过低，高等教育办学体制、学校布局与广东经济社会发展不适应等方面。为此，20世纪80年代的初、中期，广东省许多地方相继建立起了一批以中心城市（或其历史名称，或地缘象征）命名的综合性高等学校。这类高校的创办，对我国高等教育的改革与发展，起到了“先行一步”的示范作用。中心城市举办高等学校，与悄然兴起的民办（私立）高等教育机构，是这一时期我国高等教育在办学体制上的两大重大突破。相对民办高等教育机构的出现而言，中心城市举办高等学校，不仅影响深远，而且规模更大、作用更为突出。中心城市举办的高等教育，冲破了原有的中央和省的二级办学体制，实际形成了中央、省、中心城市三级办学。这类学校的大量出现，不仅改变了我国高等教育的原有格局，而且对形成和建立具有

中国特色的高等教育体制具有重要意义。

19 世纪 30 年代起，英国也曾兴起一场“新大学运动”，伦敦大学及曼彻斯特学院等一批城市大学纷纷建立。新大学的出现及发展符合了当时新兴资产阶级对人才培养的需要，它们面向地方培养实用性人才的特点也渐渐为社会的中、下层人士所接受。中国中心城市举办高等学校，可以说掀起了中国“新大学运动”。就中心城市举办高等学校而言，广东既非最早，也非规模最大，但其在制度创新与观念创新上进行了许多开拓性的探索，在全国产生了较大影响。广东地方经济在80 年代的“腾飞”促成了其80 年代的一场新大学运动。改革开放之初，中央就给予广东“先行一步”的改革开放政策。这一政策的实施，给广东经济带来了资金的投入和产值增长的高速度，特别是珠江三角洲的经济发展速度尤其惊人。经济的发展促进了教育的发展，因为教育，特别是培养专门人才的高等教育的发展，也必须要建立在一定的经济实力之上。广东中心城市举办大学之所以成功，与地区经济迅速发展关系密切。

广东最先举办这类高校的是深圳、汕头和江门市，分别创办了深圳大学、汕头大学和五邑大学。其办学目的主要是为适应经济特区建设和中心城市经济社会发展的需要。

1979 年 12 月，广东省五届人大二次会议做出决议，在深圳、汕头、珠海设置经济特区。1980 年 8 月，第五届全国人大常委会第五次会议批准《广东省经济特区条例》，1981 年 11 月正式设立深圳、珠海、汕头三个经济特区。经济特区以改革开放为突破口，以市场经济为改革的方向，提供优良的投资环境，优惠的经济政策，吸引了大批外资，经济发展迅速。

在深圳特区成立之初，为满足经济建设对人才的需要，深圳市就有了创办大学的设想。1983 年 1 月，深圳市委、市政府向广东省委、省政府提交了关于创办深圳大学的报告。报告指出：“特区的发展对特区建设人才的需要越来越多，越来越紧迫。当前，我市专业人才的数量和质量与特区建设发展严重不适应，多数干部和职工的文化知识、专业知识都比较低。特区主要面向国际市场，各种工作、活动涉外性强，许多工作部门需要专门人才。既需要懂得社会主义，又要了解资本主义；既要熟悉国内建设的经验，又要掌握特区建设的特殊规律；既要有处理国内问题的本领，又要有处理涉外问题的能力。这样的人才，除由中央和各地陆续给予一定量的支持外，我们深感需由深圳市自己办大学来培养。深圳大学可以根据特区建设的实际需要，特别是涉外性强的特点设置课程，编写教材，还可以在特区或利用香港建设涉外教育的教学实习基地，向香港和海外聘请讲授涉外课程的教师，以补内地一般高校之不足。"①广东省政府一面向国务院发出《关于增设深圳大学的请示报告》，一面向深圳市政府发出《关于同意筹建深圳大学的复函》，函中明确指出建校的投资经费由深圳市负担。可以说，这是广东省真正意义上的三级办学（本科）之始。1983 年 5 月 10 日，教育部发出文件，传达了国务院同意成立深圳大学的意见，并批准于当年秋季部分专业即行招生。深圳大学从提出申办报告到成立开学，只用了 8 个月的时间，实现了当年创办、当年招生、当年开课。

汕头大学是由香港长江实业（集团）有限公司董事局主席李嘉诚捐资兴办的，是继厦门大学之后由境外华人实业家斥巨资在国内建立的第二所综合性大学。1979 年，李嘉诚在听说汕头政府有兴办大学动议后便下定决心，促成此事。"我认为以今日祖国的状况，要使民族素质提高，国民生活改善，从而跻于康强之列，必须大力发展科技。但要使科技的水平提高，则首先要有良好的专业教育，造就大批学有所长的建国精英，分担各部门的实际工作。否则，空谈理想，高呼口号，终究于世无补。因此，我产生了在汕头创办高水准大学的动机。正在这时候，吴南生先生、庄世平先生和我商榷办汕大的计划，他们的崇论闳议，和我的初衷不谋而合。"汕头大学于 1981 年经国务院批准成立，为省属综合性大学，1983 年开始招生。

五邑大学的创办及建设则与华侨的支持密不可分。1983 年 9

① 陈浩：《深圳大学改革面面观》，北京语言学院出版社 1989 年版，第 2 页。

月5日，在江门召开的首届归侨、侨属代表大会上，代表们提出的最重要一个提议就是在五邑侨乡的首府江门市创办一所大学。为此，大会发出倡议书，指出："综观世界上一切发达国家的经验，要搞好国家经济建设，就要靠科学技术，而科学技术就要发展教育，加速培养各种专业人才。"然而，直到目前，江门市的"高等教育还是一个空白，对今后建设任务所需要的技术力量很不适应"，在江门市办一所大学既必要又紧迫。[①] 侨代会的倡议书得到了江门市委、市政府的大力支持，并迅速成立了五邑大学筹建委员会。经广东省人民政府批准后，1984年3月6日，五邑大学隆重举行了奠基典礼。为支持五邑大学的建设，五邑地区旅居港澳及海外的华侨在香港成立了海外华侨、港澳同胞响应筹建五邑大学委员会，并积极捐资助学。五邑大学的建设还得到江门市各界及广大人民群众的大力支持。

之后，为适应本地区经济社会发展的需要，广东许多中心城市也纷纷举办高等学校，分别是广州大学、佛山大学、韶关大学、嘉应大学、西江大学、孙文学院、东莞理工学院、惠州大学。正如中共中央关于教育体制改革的决定中所指出：教育必须为社会主义建设服务，社会主义建设必须依靠教育。高等教育是教育和社会主义建设之间最直接的接口。中心城市高等学校兴办正是地方经济建设和社会发展对教育的迫切需求的反映。

中心城市兴办的高等学校，它和部、省属高校最根本的不同就在于"中心城市兴办"。因此，其最根本的特征就是"地方性"。中心城市高校的主办主体是地方政府。改革开放以来，广东许多中心城市在经济建设和社会进步方面均得到了很大的发展，但同时它们又深感教育和科技的落后，影响到经济的发展，而这种落后，归根结底是人才特别是高级专业人才的缺乏。因此，这些城市纷纷兴办高等学校。而这些高校的办学宗旨是"立足地方、面向地方、服务地方"。

---

① 梅宋：《内外合力，共建大学》，《五邑大学学报》1990年第2、3期。

广东原来实行中央、省二级办学，中心城市兴办高等学校则形成了中央、省、(市)三级办学体制。体制变革促进广东高等学校数量快速增长，1986年普通高校增至48所，属中央部委办学的有12所，以省办学为主的有25所，以各市(地)办学为主的有11所。这些高校的出现，极大地促进了珠江三角洲与东西两翼和山区教育的协调发展，促使高等教育更好地为地方经济建设和社会发展服务。

经过20多年的发展，这些高校已成为广东高等学校的重要组成部分，在广东高等教育大众化进程中发挥着重要作用。其中一些高校已具有相当规模，个别高校已进入我国较好高校之列。如汕头大学在1996年12月就通过了“211工程”部门预审，并正在逐渐成长为具有国内较高水平的研究型大学；大多数高校为更好地为地方的经济建设和发展服务，正在走特色化办学之路。

(三) 徘徊与突破：广东高教调整与革新

20世纪80年代中期广东高等教育大发展之后，势头开始放缓。特别是90年代初期，广东高等教育处在徘徊状态。但广东高等教育也在寻找新发展的突破点。

1992年中国开始高教管理体制改革。广东省作为国家教委确定的高教改革试点省，在“共建、合并、划转、协作、合作”五种形式联合办学的高教管理体制改革方面进行了一系列尝试。广东省与中央有关部委共建了中山大学、华南理工大学、华南农业大学、中山医科大学、暨南大学和广州中医药大学六所高校。将13所高校合并为6所。它们分别是由广东工学院、广东机械学院、华南建设学院东院合并而成的广东工业大学；由广州外国语学院、广东外贸学院合并而成的广东外语外贸大学；由深圳大学、深圳师范专科学校合并而成的深圳大学；由华南理工大学、广东电力专科学院合并而成的华南理工大学；由佛山大学、佛山农牧高等专科学校合并而成的佛山科学技术学院；由湛江水产学院、湛江农业专科学校合并而成的湛江海洋大学。还积极推进地处广州石牌地区的华南

理工大学、华南农业大学、华南师范大学、暨南大学、广东民族学院、广东工业大学六所学校协作办学。广东省积极参与高等教育管理体制改革，是当时全国共建、合并和划转高校最多的省份。通过多种形式的联合办学，改变了新中国成立以来形成的高等学校由于中央业务部门和省政府中央业务部门及省政府分别管理所造成的条块分割、学校结构布局不合理的状况，理顺了政府和学校的关系，增强了学校办学活力，使之更好地为广东省社会经济发展服务。

1994 年底，广东省教育工作会议确定了“教育强省”战略，开始推进“强镇、强区（区）、教育强市”系列建设。而高等教育作为教育强省的龙头，也得到了大力发展。与建设教育强省相呼应，广东省提出了“积极发展、优化结构、提高质量、注重效益”的高教发展方针。并据此制定了广东省高等教育“九五”计划和 2010 年发展目标，对高等教育的发展产生了巨大的推进作用。

1995 年后，广东高等教育进入一个质的重大转型发展期，部分高校被列入“211 工程”建设名单，得到国家和广东省的重点扶持，其办学水平明显提高，竞争力明显增加。1995 年，经国务院批准，原国家计委、国家教委、财政部发布《“211 工程”总体建设规划》，1995 年国家正式实施“211 工程”。“211 工程”是我国高等教育面向现代化、面向世界、面向未来，上水平、上质量、促改革、增效益的工程，是国家“九五”计划中唯一教育重点建设项目。“211 工程”建设的总体目标是：面向 21 世纪，在“九五”期间重点建设一批高等学校和重点学科，并在此基础上经过若干年的努力，使 100 所左右的高等学校和一批重点学科在教育质量、科学研究、管理水平和办学效益等方面有较大提高，在高等教育管理改革特别是高等教育体制改革方面有明显进展，成为立足国内培养高层次人才、解决经济建设和社会发展重大问题的基地。广东省人民政府依据国家把“211 工程”作为“九五”期间教育重点建设项目立项建设的战略决策，积极推进广东省高校“211 工程”的建设。广东有 4 所高校（中山大学、华南理工大学、暨南大学、华南师范大学）经国家计委立项，4 所高校（中山医科大学、华南农业大学、汕头大学、广州中医药大学）经省或省部共同立项，先后进入“211 工程”建设。

广东省政府和教育部在全国率先共建中山大学和华南理工大学，开创了中国高校管理新模式——“共建”和“联合办学”的先河，在全国起示范作用，带动了全国各地部委高校的共建。广东省政府又先后和卫生部、农业部、国务院侨办等部委及李嘉诚教育基金会签署联合办学协议，支持广东其他部委属高校、省属高校进行“211 工程”建设。广东省委、省政府高度重视“211 工程”建设工作，逐年增加经费投入，1996 年至 2000 年，省财政投入建设经费 6.1287 亿元。2001 年，中山大学和中山医科大学合并组建新中山大学。高等教育管理体制改革和“211 工程”的实施，带动并推进了广东高等教育现代化的进程，不仅提高了广东高校的竞争力，而且提高了重点学科的综合实力。中山大学迅速跻身于全国高校十强。华南理工大学、暨南大学、华南师范大学、华南农业大学、广东工业大学大等在国内百强大学的权威排名中都榜上有名。在教育部 2001 年开展的第二轮国家重点学科评审中，广东共有 9 所高校 42 个学科获得通过，占全国高校重点学科数的 4.4%，列全国第六位。广东高校重点学科数增加了 180%。从原来的 15 个增加到 42 个，中山大学有 20 个学科被列入国家重点学科，并列全国高校第七位。

（四）再上高楼：新世纪大众化运动

广东高等教育发展还值得一书的是新世纪的大众化运动。1997 年亚洲金融风暴使受灾国难以计数的企业破产倒闭，使许多国家出现了政治不稳定和社会不稳定，这场金融风暴对中国影响尽管较小，但由于当时广东经济实施外向带动战略，使广东经济面对巨大挑战，也促使广东高等教育开始实施新的改革措施以求新生。

这一时期，广东积极启动加速发展高等教育的重大措施与在国家推进高等教育大众化的决策密不可分。当时为了化解亚洲金融风暴的影响，中国政府做出了扩大内需来启动经济的战略决策。1998

年11月，世界银行顾问汤敏等提出了扩大高校招生量一倍的建议。其一，他们认为，扩大高校招生是一个国家投资少，刺激内需力度大，又能实现群众迫切愿望的有效措施；其二，中国经济发展速度较快，年增长率为9%以上，1996年中国人均GDP达到674美元，预计2010年人均GDP将达到1700～2000美元，而1998年中国高等教育的毛入学率仅为9.7%，发展需要迫切且发展潜力大。中国政府采纳了他们的建议。1999年1月3日，国务院批转的教育部《面向21世纪教育振兴行动计划》明确提出，高等教育要有较大发展，到2010年适龄青年的入学率达到15%。国际上把高等教育大众化定为适龄青年高教毛入学率达到15%～50%。可见，这是中国要使高等教育从精英型走向大众化型的战略决策，此后，中国高校开始大规模扩招，连续三年。

广东高教在这一大众化运动中成效突出，再现辉煌。一是广东作为中国改革开放最早的地区，国际开放程度高，对高等教育扩大招生充满期待；二是20余年经济高速发展，已使广东成为经济大省，既有雄厚的扩招基础，又有加速扩招的迫切需要；三是广东更有意识到转型经济发展模式以应对亚洲金融风暴的必要性，迫切需要进一步提高广东经济发展中的技术层次及含量，加快高新技术产业发展步伐的要求。广东提出要把广东省建设成全国、亚洲乃至全球制造业的基地，以及全国高新技术及其产品的研发与生产重要基地。这是推动整个华南地区经济发展、影响全国乃至在全球起举足轻重地位的举措，而人才特别是高层次人才的培养是广东能否实现这一举措的重要条件和基础，但这时广东的高等教育与经济发展之间存在着发展上的不平衡仍非常明显，90年代的徘徊使广东高等教育明显停滞放慢，不仅与广东省作为经济大省的地位不相称，而且也低于一些国内省份。为此，广东抓住国家政策调整这一有利时机，在大力扩招、建设高等教育强省中实施科教兴粤战略和人才战略，为广东现代化建设提供人才支持和智力保障。

为实现广东高等教育的大众化，1999年以来，广东高等教育一直保持快速发展的态势，2003年全省高等教育的毛入学率已达

到17%，2007年再增达27%，由精英高等教育阶段进入大众化高等教育阶段。其中部分城市，如珠海市，2007年高等教育毛入学率已达到42.55%，已开始进入高等教育普及化阶段。广东省实现高等教育大众化走的是高等教育跨越式发展之路。而实现高等教育跨越式发展不仅意味着高等教育毛入学率的提高、办学规模的扩大，还包括制度方面的创新，为实现高等教育的跨越式发展，广东还积极实施大学城建设和独立学院建设的发展战略。

1. 普通高校办学规模不断扩大。

广东高等教育规模扩张很快，形成新的大学发展运动。普通高校在校生人数从1998年的19.31万人，增加到2002年的48.93万人，增长了153%。2005年全部高校在校生1270366人，比1998年增长了20.75%，学生数、招生数以及专任教师数等方面都有惊人的增长。广东省高等教育规模的扩张，是走外延式和内涵式发展相结合的道路。外延式发展主要是指普通高等学校数量的迅速增长。从1997年至2002年的6年间，广东省普通高等学校由42所增加到71所，高校增加的比重全国为36.68%，广东为69.05%。2008年广东高校达到122所。从高校数的增量来看，广东处于第一位，远高于其他省市及全国的平均水平。普通高等学校数量的迅速增长，加快了广东高教大众化和高教强省的进程。内涵式发展主要是指广东省已有的一些高校扩大招生规模，从而充分利用现有的高教资源。

2. 高职教育的迅速发展。

推进广东省高等教育大众化进程的，除了普通高等学校外，高职院校发挥了重要作用。这与中国政府的政策推动有关。《关于深化教育体制改革全面推进素质的决定》第九条指出，“高等职业教育是高等教育的重要组成部分。要大力发展高等职业教育，培养一大批具有必要的理论知识和实践能力，生产、建设、管理、服务第一线和农村急需的专门人才”。第十一条进一步提出：“把发展高等职业教育和大部分高等专科教育的权利及责任交给省级人民政府。”而《面向21世纪教育振兴行动纲领》则强调，我国要积极稳步地发展

高等教育，采取新的机制和模式，努力扩大本专科在校生规模，而且明确提出，今后的增量将主要用于发展高等职业教育。与全国其他省区一样，2000 年以来，广东省高等职业教育发展迅速。其数量已超出广东省普通高校的数量，达到 76 所，遍布全省各地区，包括经济较为落后的东西两翼和粤北山区。广东省高职院校中，还出现了一些全国典型，如深圳高等职业技术学院。可见，广东省高等教育大众化进程中，高职教育的推动作用不可忽视。

3. 积极推动大学城建设。

广东高等教育规模扩张，是走外延式和内涵式相结合的道路，为实现广东省高等教育大众化，一些老校执行政府的“扩招”决策，连续三年扩大招生，导致校舍、教育设施、实验设备、图书资料等的紧张与不足。特别是校园校舍面积的严重不足成为制约招生规模扩大的“瓶颈”。设在广州市的不少高校不得不走出去，寻找新的发展空间。中山大学和暨南大学先后在珠海建新校区，而华南师大在增城、南海设新校区，广东商学院在三水设新校区。为解决广州高校校舍不足的问题，在广东省委、省政府，广州市委、市政府的高度重视下，2002 年开始大学城建设。经过 1 年多的建设，2004 年 9 月广州大学城一期工程如期完成，入驻新生 3.8 万人。2005 年 9 月二期工程全面完成，建成校舍总建筑面积 538 万平方米，入驻高校 10 所，入驻学生增加到 11 万人。除了广州大学城外，广东还建设有珠海大学城、深圳大学城、东莞大学城。大学城的数量居于全国前列。大学城的建设，不仅拓展了广东高校的办学空间，而且吸引了国内的一些名校到广东办学，为广东高等教育的进一步发展打下良好基础。

4. 普通高校独立学院的数量急剧增长。

独立学院是不同于以往二级学院或国外私立大学的一种新型办学模式。它凭借灵活自主的办学机制、民营化的办学模式，既能克服公办普通高校存在的一些弊端，又可以避免独立设置的民办高校客观存在的资源配置层次低、缺乏学科发展基础的不足，实现了公立大学的教育资源与民办学校运行机制的优势互补。独立学院在

1999年在我国开始试办，但发展速度很快，中间也出现了一些问题。教育部也开始加强管理，明确独立学院的定位。2003年4月，教育部印发的《关于规范并加强普通高校以新的机制和模式试办独立学院的若干意见》明确指出：独立学院是按照新的机制和模式举办的相对独立的本科层次的高等学校，不同于以往普通高校公办机制、模式建立的二级学院、“分校”或其他类似的二级办学机构，意在让模糊的“国有民办”性质转变为彻底的“民办”。可见，独立学院的特征主要体现两个字：“新”和“独”。“新”主要体现在：一是新的办学机制；二是新的办学模式；三是新的管理体制。独立学院主要体现在：“独立进行招生，独立颁发学历证书”。广东目前有独立学院17所，它们是北京师范大学珠海分校、广东外语外贸大学南国商学院、中山大学新华学院及南方学院、电子科技学院中山学院、华南师范大学增城学院、广东工业大学华立学院、广州大学松田学院、北京理工大学珠海学院、吉林大学珠海学院、东莞理工学院城市学院、华南农业大学珠江学院、广州大学软件学院、广东技术师范学院天河学院、华南理工大学广州汽车学院、广东商学院华商学院、广东海洋大学寸金学院。

独立学院的发展推动了广东省高等教育的发展。独立学院依托母体大学的办学优势，充分利用社会资金与资源而创办，它既有“国有”的信誉又具有“民营”的灵活机制；更重要的是在运作中大多坚持“依托母体、相对独立、总体协调”的办学策略，即在办学中“站在巨人的肩膀上”发展自己，以达到院校双赢为最终目的。它是符合中国国情的低成本高扩张道路。

表5－1　50年代以来广东（普通）高等教育发展概况表

年份＼项目	学校数	学生数	招生数	毕业生数	教职工数	专任教师数
1950	15	8682	2267		2291	996
1955	5	10033	2690	2183	3625	1587
1960	50	45424	17131	5037	12182	6082

续上表

年份＼项目	学校数	学生数	招生数	毕业生数	教职工数	专任教师数
1965	22	28753	7311	7794	12341	5390
1970	10	6650	6449	11290	14940	5589
1975	20	25425	8196	2681	17219	6677
1978	29	12597	5507	33756	21565	9657
1980	30	10468	8474	44053	25636	10035
1985	44	27670	11902	74285	36764	14582
1990	45	95929	29613	33663	38841	15862
1995	42/103 *	292246	98078	77682	52871	21960
1998	43/100 *	339424	115356	87280	54529	23094
2000	52/93 *	513908	212121	95905	56900	25950
2004	94/124 *	1056931	430998	219210	92101	53984
2005	102/122 *	1270366	490208	264120	103437	61528
2007	109/128 *	1267997	515179	357245	108190	73283

注：1. 带 * 的前者为普通高校数，后者为所有高等学校总数。

2. 1995 年前为普通高校数据，1995 年及以后的数据为高校总数的相关数据。

二、重大突破：广东高等教育现代化的重大工程

（一）体制创新：重点大学到地方办高校

1978 年以后，特别是 1983 年之后，广东高等教育紧密结合经济体制、政治体制改革的要求和本省社会经济发展的需要，在办学体制方面进行了一系列改革实验，高等学校从封闭走向开放。而随着广东社会经济的迅速发展，特别是实行新的经济体制，中心城市经济崛起，它们对高级人才需求量大幅度增加。在这种背景下，位于广州的重点大学开始到地方办学。办学形式多样：一是学校与地方联合办学。如中山市根据社会经济发展的需要，与中山大学联合

办起了中山大学孙文学院。中山市与位于广州的中山大学已经有若干年科技开发的合作经验，中山市希望能够依托中山大学来创办新校。学校的师资力量、业务指导、专业审批等由地处广州的中山大学负责；中山市政府负责办学经费、基建、办学条件的满足。如东莞市根据本地区经济发展较快，迫切需要科技人才的实际情况，市里出经费、提供办学条件，请中山大学、华南理工大学、暨南大学等校到东莞市设分教处，各校都派出了高水平的教师到分教处任教，既培养了大批急需的应用人才，又直接参与了当地的科研开发，还带来了大量的经济、科技信息，对促进东莞市社会经济的发展，发挥了重要的作用。二是重点大学和地方新办高校结成协作关系。深圳大学、汕头大学、五邑大学在开办时得到全国一批重点大学的支持，如清华大学、中国人民大学等学校支援深圳大学，北京航空学院、上海交通大学等校支援五邑大学，北京大学等8所重点学校支援汕头大学。广州大学、佛山大学、西江大学等5所高学分别得到中山大学、华南理工大学、暨南大学、华南师范大学等老校支援。这些老校，不但在短期内给新校调去一批教学骨干和管理干部，还给新校以师资培训、联合办学、开设分校等各种形式的支援。

重点大学到地方办高校，有助于多层次、多元化办学新格局的形成。重点大学到地方办高校，使一些地市特别是中心城市建立了一批高等学校，基本形成了中央、省、中心城市三级办学体制。广州以外城市的高等学校数量迅速增长，占全省高校总数的比例不断增加，初步形成了比较合理的高等教育布局。重点大学到地方办学还提高了高等教育的办学效益。既可以使重点大学的师资、设备方面的潜力得到充分的发挥，增加学校的办学效益，改善办学条件，又可以为地方培养急需的人才，在经济效益和社会效益两方面都得到提高。

（二）大学城潮：大学城建设又现新辉煌

自从斯坦福科技园依托美国斯坦福大学发展起来，最终发展成

为世界著名的“硅谷”以来，各种冠以“科学城”、“科技园”、“技术城”等名字的高科技知识、产业园纷纷涌现出来。如日本的筑波科学城、美国的128公路高技术带等等，它们虽各自采取不同的形式发展，但它们的共同特点是：以科研所、大学为依托，以研究开发为主要活动，以高科技成果为产出目标，通过集聚效应使科研机构集结并对周围地区进行技术辐射，以产、学、研三位一体的模式实现地区的振兴。20世纪90年代，这种地区发展的成功经验，引起了我国城市建设者和决策者的高度重视，并加以引介和发展，在高等教育体制改革的激励下，形成了我国大学城（也有称之为大学园或高教园区）建设的热潮。

中国大学城，既是知识经济时代大学战略地位加强的产物，也是高等教育改革与发展的产物。在知识经济时代，知识生产的效率和质量将成为一个企业生存发展和整个社会经济增长的关键所在。知识劳动者在就业、生产和分配中日具优势。大学作为继承、传播和发展知识的殿堂，提升国家和民族创造力和竞争力的源泉，培养未来产业大军、科技人才和社会精英的基地，正成为知识经济社会的支柱。高等教育强大的社会经济促进功能已得到了各国政府与社会大众的普遍认同。作为集知识的创新、生产、传播和应用为一体的高等教育，正从社会的边缘走向世界的中心，担负起人力资源开发、知识创新、知识应用和高科技创业的责任。它日益被看成是经济增长的发动机，是达成国家目标的重要工具，是提升国民素质和综合国力的战略性载体。在这样的背景下，我国大学的战略地位也日益凸显，其重要性比以往任何时候更加突出。高等教育越来越受到政府和社会的高度重视。在政府层面上，要推进生产力发展，须更加重视劳动力素质的提高。因此，要加快发展教育，尤其高等教育是当务之急。我国政府在1995年提出了“科教兴国”的发展战略，并作为基本国策得以确立。但在知识经济背景下，我国高等教育面临着全新的机遇和挑战。如何应对经济全球化和知识经济的挑战，顺应高等教育大众化的趋势，推动教育适度超前发展，也成为我国政府首先考虑的问题，为此，1999年中央做出了大力发展高等教育的决定。各地方政府纷纷响应，相继做出了科教兴省、科教兴市的重要决策，加大对高等教育的投入，加快高等教育改革和发展的步伐。由于历史欠账太多，中国高等教育基础薄弱，尽管1999年高校连续扩招，但仍然无法满足人们日益增长的求学需要，同时高校连年扩招加剧了各高校教育资源的紧张，仅走内涵式的发展道路显然无法满足各方面的需求。为缓解高等教育大众化与高校现有资源的矛盾，扩大高校办学空间，增加高等教育容量，兴建大学城，成为许多地方政府的选择。大学城的建设被地方政府纳入本地区国民经济和社会发展规划，作为贯彻落实“科教兴国”发展战略和全教会精神的重要举措。

大学城建设，对广东省显然有着更为深刻的意义。90年代后期，广东省的综合经济实力一直居于国内前几名，但广东省教育事业，特别是高等教育的现状却无法与其作为一个经济大省的地位相匹配。全省适龄人口高等教育的入学率低于全国平均水平，每万人口拥有的普通高校在校生仅居全国中位。因此，广东必须大力发展高等教育，实施“科教兴省”、“科教兴市”的战略。《中共广东省委关于制定全省国民经济和社会发展第十个五年计划的建议》提出了“广东省要大力发展教育事业和开发人才资源，要率先基本实现社会主义现代化，教育是基础，人才是关键。必须坚持把教育摆在优先发展的地位，把培养人才作为一项重大的战略任务切实抓好”。《广东省教育事业“十五”计划和2015年规划纲要》提出，2005年，全省高校适龄人口入学率要达到16%，全省普通高等教育在校生达到60万。为实现这一目标，仅靠已有高校显然是行不通的。广东大学城建设势在必行。

广东最先举办大学城的是珠海市、深圳市、广州市、东莞市，所建的大学城各有所长。其目的主要是树立城市形象、提高城市文化品位，形成人才资源优势。

珠海毗邻港澳，依托珠三角经济发达地区，自然条件优越，是我国最早设立的经济特区之一。改革开放以来，珠海的社会经济建设取得了显著成就。但珠海只有两所成人高校，没有普通高校。高

等教育的落后与其经济的高速发展形成强烈的对比。随着珠江三角洲经济快速发展，区域间综合竞争日趋激烈，珠海愈来愈感到由于自己缺乏大学，在很大程度上对珠海聚集高素质人才、发展高科技经济、建设高品位城市形成制约。同时，国内特别是珠海周边地区对高等教育有强大的需求。因此，1991 年 2 月，珠海市委二届九次会议作出决议，提出争取在 2000 年以前创办一所综合性大学，校名拟定为“珠海大学”。但由于珠海原有的高等教育基础非常薄弱，加上珠海市财力有限，珠海大学一直没有建成，成为珠海经济特区人民的一大遗憾。

1999 年，珠海市抓住第三次全国教育工作会议决定高校大规模扩招的历史性机遇，摈弃了自办大学的传统观念，树立“注重引进，追求所在，所在即是拥有”的新理念，大胆走“地方政府和高校联合办学”之路。决定充分发挥珠海经济特区的环境和资源优势，以开放的办学思想和优惠的政策吸引国内一流高校到珠海举办校区和产学研基地，推动珠海科教事业发展。同年 9 月，中山大学珠海校区成功签约落户，成为首位进入珠海办学的国内著名高校，开创了珠海高等教育发展史上的新篇章。2000 年秋广东省委、省政府珠海现场办公会对珠海提出了建设“三个基地一个中心”的目标，要求珠海要建设成为以信息技术为龙头的高新技术产业基地、高附加值的出口创汇基地和有较强吸引力的产学研基地。珠海市委、市政府进一步坚定了兴办大学园区的决心，制定了《关于国内重地高校到我市兴办高等教育的优惠政策》。珠海市根据国家政策以行政划拨形式向高等院校提供办学用地，并成立珠海市高等教育发展规划领导小组，负责在珠海举办高等院校的有关协调工作。根据协议，珠海市政府负责高校用地的征地补偿、村民搬迁安置和市政配套工程，同时给高校教职工提供特区补贴，为高校在珠海的发展提供良好的服务，高校则按照国家政策自主办学。有效政策使一些高校相继入驻。如暨南大学珠海学院、北京师范大学珠海分校、北京理工大学珠海学院、吉林大学珠海学院、遵义医学院珠海校区、广东科学技术职业学院珠海校区，还有一些高校如中央音乐学院和中国医科大学等相关办学项目正在筹建中。许多重要的产学研基地也投入使用，如中山大学附属第五医院、遵义医学院第五附属医院、清华科技园、哈工大新经济资源开发港、北大教育科技园等等。这些高校专业设置较为齐全，层次合理，以全日制本科教育为主，同时发展研究生教育，布局得当，与产业带相连，集中于金湾区和香洲区。

经过8年的努力，珠海大学园区建设取得了重大成效。在珠海崛起了一批现代化大学，珠海普通高校在校生人数急剧增长。珠海大学生人数和高校数量在广东省位居第二，仅次于广州市，珠海市已成为广东省一个重要的高等教育基地。珠海大学城建设一个重要特点是重视体制创新，包括多渠道、多元化的投资和融资模式，高校异地办学模式，普通高校独立学院的发展模式，以及面向市场自主办学的全新的、高效率的高等学校内部管理机制。

深圳作为中国经济实力最强的经济特区，却没有一所与之匹配的综合大学，直接影响到学术交流、科技人才的学习与提高，从而使深圳人才库作用降低，对科技人员的吸引力下降。1999—2000年深圳科技人员的流动率达到15%～20%，流动出去的人几乎全到了北京和上海。① 深圳大学经过十几年的发展，虽取得一定的办学效果，但距离国内一流大学的水平仍有重大距离。关于深圳大学的发展方向，深圳本身也颇具争议。是集全深圳之力让其快速攀升到国内一流研究型大学，还是稳走综合性大学之路，慢慢积淀，为深圳普及高等教育做出贡献，最终成长为一所名牌综合性大学？20年实践表明，一所地方大学拘泥于传统大学模式，是深圳大学脱离深圳实际，走入发展死角的关键。他们从实践中得出，深圳大学只有深入全面地为深圳发展服务，为深圳的“发展短板”做出贡献，才能走出一条发展之路。

为此，深圳市委、市政府为推进深圳大学改革，满足深圳二次创业对大批高级人才的需要，决定创建大学城。2000年7月27日

① 《科教文卫滞后难留人才》，《南方都市报》2001年1月8日。

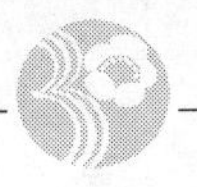

深圳市政府三届五次常务会议通过了《关于创建深圳大学城的总体方案》。大学城建设工作被视为深圳市落实“科教兴市”的重大战略决策、进行高新技术产业带建设的重要一环。创建深圳大学城是深圳市委、市政府为实现深圳市高等教育跨越式发展，加快高层次创新人才的培养，增强科技创建创新能力和发展后劲，提高经济质量、人口素质和文化品位，促进深圳市率先基本实现社会主义现代化的高屋建瓴的构想。

深圳大学城的重大特征是引进国内外名牌大学及其一流学科，实行研究生教育，其中包括国家重点建设的面向世界一流的9所重点大学，国外则选择世界排名前100名的大学。引进的学科既是面向世界科技发展前沿的学科，也是深圳市经济社会发展迫切需要的、与深圳支柱产业发展方向相一致的学科。在校生的层次结构，以研究生教育为主，研究生的比例不低于70%。学科专业结构，以理工科为重心。最终引进了清华大学、北京大学、哈尔滨工业大学、南开大学等国家级顶级高校。深圳大学城于2001年10月12日破土动工，2003年3月12日大学城一期工程38栋大楼全部封顶。2003年9月大学城西校区正式启用，清华深圳研究院、北大深圳研究院、哈工大深圳研究院正式入驻大学城，标志着大学城步入正式办学阶段。2004年5月，以BOT方式建设和办学的南开大学深圳金融工程学院在东校区开始施工，2005年底开始进驻。

深圳大学城另一重大特征是走国际化道路，非常重视校企合作和国际交流合作。与华为、中兴、富士康、清华同方、创维（深圳）、海王、深圳方正等257个企事业单位和深圳市政府采取合建研究机构或研究生实践基地、合作进行项目研究和技术开发等形式，建立了新型产学研结合机制。与哈佛大学、加州大学、日本京都大学、英国曼彻斯特大学、伦敦大学、世界银行、林肯基金会、美国国家研究院、香港大学、香港科技大学、香港理工大学、香港城市大学等境外大学和机构开展教学和科研合作，并吸引了一批外籍教师和留学生到大学城工作和学习。

深圳大学城特色突出，不同于国内其他大学城。它走的是

"强强合作"的道路：让若干国内顶尖的大学到高等教育并不发达的城市举办高层次的研究生教育，这是高等教育发展史上一项创举，也是国内任何其他城市都难以想象更难以做到的事情。远见卓识的战略定位和高屋建瓴的非凡选择，使高起点、高层次、高水准的深圳大学城一经建立，就已经具备了其他大学城无可比拟、不可复制、难以仿效的卓越优势，以及具有建成特高、特新、特优科教园区的发展前景。作为中国高等教育体制改革的探索和尝试，深圳大学城仅用了短短五年的时间和较低的经费成本，就迅速集聚了国内最顶尖大学集中在深圳举办研究生教育，不仅实现了深圳高等教育的跨越式发展，填补了深圳高层次拔尖人才培养的空白，完善了深圳高等教育层次结构和科类结构，也为我国高等教育体制改革提供了极其宝贵的经验。初步建立起产学研结合的新型的高校—政府—企业在人才培养和科技创新方面的合作机制；推行学科交叉、优势重组，设置打破传统学科界限、具有显著应用特征的学科群体等都为中国高等教育的办学体制改革提供了有益经验。

广州大学城建设为国内外空前之壮举，也是广东省委、省政府推动高等教育实现跨越式发展、增强经济发展后劲的重大举措。1999年开始，地处广州的大部分高校由于扩招和迅速发展，原有学校规模用地满足不了需要，一些高校在省内其他地区建立了新校区，如华南师大增城校区、南海校区，广东商学院三水校区，中山大学和暨南大学的珠海校区等。建设广州大学城，是解决高校规模不足这一主要矛盾的最佳选择。广州大学城规划面积43.3平方公里，地铁4号线和7号线将在大学城形成一个十字交叉，交通十分便利。将建成包括18万至20万大学生在内、总人口达到35万至40万的新城。在学科布局方面，按照规划，广州大学城将重点发展社会需求大、就业前景好的学科。同时，为了形成学科互补，将实行前沿学科与传统学科、理工类与文史类相搭配的组合方式，不主张单科性发展。确定入驻高校为中山大学、广东外语外贸大学、广州大学、华南理工大学、华南师范大学、广东工业大学、广州美术学院、星海音乐学院、广东药学院、广州中医药大学，都是有较

好发展前景的本科院校，既有省里的龙头学校、重点建设的院校，也有一部分是优质的、但校园面积较小的高校。

广州“十五”期间的成就，广州大学城是一座高耸的丰碑！仅花了19个月，一座现代、开放、优美、具有岭南特色的全国一流大学城就崛起于珠江边美丽的小谷围岛上，广州大学城创造了惊人的“广州速度”，创造了中国高等教育发展史上一大奇迹。广州大学城，这个拉动广东高等教育历史性跨越的新引擎，将作为“十五”大手笔载入史册。广州大学城建设目标明确，就是建设全国一流的大学城。2003年1月21日，中共政治局委员、广东省委书记张德江上任仅两个月，就来到番禺的小谷围岛视察广州大学城建设前期准备工作，并提出“建设全国一流大学城”和“2004年9月开学招生”的要求，为大学城建设指明了方向，广州大学城建设全面启动。1月22日，广州市委、市政府召开会议，研究落实张德江的指示精神，结合省委、省政府“统一规划、统一建设、统一管理”广州大学城的要求，成立了广州大学城建设指挥部，具体负责组织实施广州大学城的建设。在指挥部办公室的直接组织和指挥下，大学城一期工程包括225万平方米的房屋建筑、所有城市市政、公共及校园绿化、公共配套设施以及配套的水、电、煤气等公用基础设施，相继建成并投入使用。2004年8月底，8000多名老生如期进驻；9月初，31000多名新生和4000多名教师也相继进驻。至此，经过19个月的团结奋战，广州大学城成功实现了开学招生。因为有了广州大学城，2004、2005两年广东多招7万新生，且全部是优质学位；因为有了广州大学城，中大、华工这些广东学子梦寐以求的重点大学，一下子贡献出1万多个学位。

广州大学城已成广东新地标，接待了一批又一批来自世界各地的考察学习团体。前来考察的温家宝总理连声说：“条件太好了！”“太美了！”教育部部长周济盛赞：广州大学城是广东省、广州市大发展的缩影，是广东教育大发展的缩影，没有见过这么好的大学群体，广东高等教育已实现了跨越式发展。周济还指出，对于广州大学城的投入必定会得到丰厚的回报，特别是随着知识经济时代的

来临，广州大学城必将为广东、广州的继续腾飞提供源源不断的人才资源。周济还代表教育部和有关高校对广东省委、省政府和广州市委、市政府对教育事业的长期关怀与支持表示感谢，并希望将广州大学城建设成为科技创新、人才培养、社会服务、文化传承的重要平台，要求广州地区各高等院校要积极配合广东省、广州市的工作，将教育事业与当地的经济发展、社会发展紧密结合起来。

东莞大学城建设颇具开放的地方发展特色，是继珠海大学城、深圳大学城、广州大学城后广东省的第四个大学城。东莞市具备条件又迫切需要建设配合经济发展的大学城：一是经济发展需要和雄厚资金条件；二是高新科技发展迫切需要的产业优势；三是已与国内外不少知名高校建立协作关系。东莞建设大学城的思路早在建设松山科技产业园区时就形成了。东莞大学城其前身始于2000年的东莞中国著名大学科技城，行政隶属于松山湖科技产业园区科技教育局。2005年大学城整体迁入松山湖园区并正式更名为东莞松山湖虚拟大学园。最早确定落户东莞大学城的有中山大学生物技术学院暨国家生命科学与技术人才培养基地、广东医学院东莞校区、东莞理工学院。中山大学生物技术学院建筑面积约7000平方米，是一个集研究开发、人才培养和产业化于一体的生物科技基地，由中山大学委托该校的生命科学学院实施规划管理，该院将携带13个博士点和博士后流动站，聘请国际专家实施高效市场化管理。国家生命科学与技术人才培养基地将发挥华南地区地处沿海的地理优势和科技领先的行业优势，以及热带亚热带地区的资源特色等方面的综合优势，培养集学、研、产于一体的复合型、创业型人才，并推动生物科技的产业化。

目前，大学园现有入园高校及科研院所共17家，分别是武汉大学、华中科技大学、广东工业大学、中山大学、合肥工业大学、西北工业大学、湖南大学、南京大学、中国科技大学、上海交通大学、武汉理工大学、北京大学生命科学学院、浙江大学、南开大学、北京交通大学、西安电子科技大学、中科院自动化研究所。前来洽谈并有入园意向的高校及科研院所8家，分别是中科院研究生

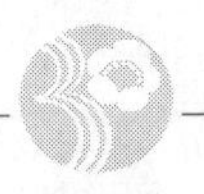

院、中国地质大学、华南理工大学、西安理工大学、吉林师范大学、哈尔滨中医药大学以及国外的英国牛津布鲁克斯大学和新加坡南洋理工大学等机构。各高校在大学园内设立研发机构3家分别是东莞市华中科大研究院、东莞市武大研究院、东莞市工大研究院（由西北工业大学设立），高新项目孵化企业1家为东莞市高联教育科技有限公司（由合肥工业大学设立）。成立科技教育培训机构4家，如浙江大学科技教育中心、南开大学科技教育中心、北京交通大学科技教育中心及西安电子科技大学科技教育中心。

（三）新坛铸剑：高水平大学和重点学科建设

中国是高等教育大国，但不是高等教育强国。中国普通高等学校数量不少，却没有一所世界一流大学。在知识经济蓬勃发展的今天，大学综合实力不仅代表着国家和地区的强弱，也成为制约国家和地区发展的重要因素。而学科是搭建大学组织构架的基本要素，学科建设是大学发展的基本途径。从现实的角度看，学科建设是我国打造世界一流大学的基础性工程，是众多大学明确自身定位，实现个性化办学的重要前提。因此，早在1991年，党中央、国务院就从战略高度出发，批准设立了“211工程”。为了进一步促进高等教育的发展，适应21世纪国家经济建设和社会发展对高素质专门人才和高水平科研成果的需求，1991年全国七届人大四次会议批准的《国民经济和社会发展十年规划和第八个五年计划纲要》中提出：“有重点地办好一批大学。加强一批重点学科的建设，使其在科学技术水平上达到或接近发达国家同类学科的水平。”为落实规划精神，1991年12月，原国家教委、国家计委和财政部充分协商，呈送《关于落实建设一批重点大学和重点学科的实施方案的报告》得到国务院批准，同意国家设置与21世纪国家经济社会发展相适应的“重点大学和国家重点学科建设项目”（简称为“211工程”）。1995年，国务院批准《“211工程”总体建设规划》，同年作为教育教委唯一的国家重点建设项目列入“九五”计划开始实施。广东有8所学校（中山大学、华南理工大学、中山医科大学、华南农业大学、暨南大学、华南师范大学、广州中医药大学、汕头大学）实施“211工程”建设。这8所学校，根据广东经济社会建设的需要，结合自身优势与特色，把重点学科建设作为“211工程”建设的核心，经国家、省和有关部委批准，立项建设67个学科项目，属七大领域，其中属基础产业和高新技术的有16个，属医药卫生的有19个，属人文社会科学的有11个，属基础学科的有7个，属农业的有6个，属经济政法的有5个，属资源环境的有3个，覆盖了152个二级学科。

1998年5月，江泽民在庆祝北京大学建校一百周年大会上代表中共中央发言，提出“为了实现现代化，我国要有若干所具有世界先进水平的一流大学”。“这样的大学，应该是增加和造就高素质的创造性人才的摇篮，应该是认识未知世界、探求客观真理、为人类解决面临的重大课题提供科学依据的前沿，应该是知识创新、推动科学技术成果向现实生产力转化的重要力量，应该是民族优秀文化与世界先进文明成果交流借鉴的桥梁。”因此，教育部决定实施“985工程”，重点支持部分高校创建世界一流大学和高水平大学，广东中山大学和华南理工大学被列入。

2004年后，广东依据教育部、财政部颁布的《关于继续实施“985工程”建设项目的意见》中提出“985工程”建设的总体思路，即“以建设若干所世界一流大学和一批国际知名的高水平研究型大学为目标，建立高等学校新的管理体制和运行机制，牢牢抓住本世纪头20年的重要战略机遇期，集中资源，突出重点，体现特色，发挥优势，坚持跨越式发展，走有中国特色的建设世界一流大学之路”。并强调：（1）坚持以国家目标为导向。瞄准世界先进水平和国家重大需求，增进国家核心竞争力，解决国家建设的重大问题，通过“985工程”的建设，为全面建设小康社会做出重大贡献。坚持改革和创新。（2）深化高等学校内部管理体制和运行机制改革，为“985工程”建设的各项任务提供体制和机制的保障。（3）坚持重点建设与整体统筹相结合。遵循科学的发展观，要统筹和协调长远目标与近期任务、人才培养与科学研究、学科建设与

平台构筑等关系，综合集成推进建设世界一流大学和一批国际知名的高水平研究型大学进程的原则，积极签署与教育部共建重点大学。2005 年 8 月，广东省政府和教育部签署继续共建中山大学、华南理工大学的协议，继续中山大学、华南理工大学“985 工程”的二期共建，投入建设经费规模数达 16 亿元，其中广东省投入经费规模 10 亿元，主要通过科技创新平台和哲学社会科学创新基地的重点建设，促进两校深化管理体制和运行机制的改革与创新，加快高水平师资队伍、管理队伍、技术支撑队伍的建设，促进两校若干学科达到或接近国际一流学科水平，为国家和广东的经济建设和社会发展提供更强有力的教育、知识和科技支撑。

广东除继续推进已列入国家“985 工程”和“211 工程”立项范围的重点大学建设外，还加强省级“211 工程”建设，并继续加强其他省属重点本科院校的建设。希望把中山大学和华南理工大学以及 3 ~5 所省属重点高校做强做大。在重点学科建设方面，计划建设 200 个左右的省级重点学科，其中 20 个左右的学科达到国内领先或国际先进水平。目前看来，已初见成效。教育部在 2007 年初开展了国家重点学科的考核评估、增补和一级学科认定工作。经考核评估，广东省原有 43 个国家重点学科全部获得通过，并有 6 所高校的 16 个二级学科增补为国家重点学科。其中，中山大学 9 个、华南理工大学 1 个、暨南大学 2 个、华南农业大学 2 个、南方医科大学 1 个、广州中医药大学 1 个。在此基础上，广东省有 3 所高校的 5 个一级学科被认定为一级学科国家重点学科。

（四）勇攀高峰：高校科研发展与名师建设

30 年来，广东高教重视把科学研究作为高校的重要三大职能。随着科学研究对社会发展的影响日益加深，有无优秀人才和高水平的科研成果则愈来愈成为评价一所高校的重要指标之一。高校也日益重视科研工作。广东作为改革开放的前沿，经济工作取得了举世瞩目的成就，科学技术工作也取得了长足进展。广东现有 109 所普通高校，其中有省和中央共建的部属高校 4 所，是广东省科学研究、特别是基础性研究的主力军。广东高校科研工作，为广东经济建设和社会发展做出了重要贡献。

从科研队伍看，广东省已建立起一支素质较高、力量较强、相对稳定的高校科学研究队伍。目前，高等教育系统从事科学研究的人员有3万人，占全省科研力量的80%。

从科研条件看，广东高校科学研究的学科体系比较齐全。广东高校的学科，覆盖着理工农医药的大部分学科。博士点124个，居于全国第五位。一批重点学科和重点实验室进入全国先进行列。广东建立了5个国家级工程研究中心、重点试验室。1个国家级大学科技园（即华南理工大学科技园）、5个省级大学科技园（即中山大学科技园、暨南大学科技园、华南农业大学科技园、广州中医药大学科技园、深圳大学科技园）。

从科研实力看。2006年，在广东获得的19项国家科学技术奖励项目（通过项目）中，中山大学获国家自然科学二等奖1项、科学技术进步奖二等奖3项、国际合作奖1项；华南理工大学获国家科学技术进步二等奖1项。特别值得一提的是，19项获奖项目中，广东作为第一完成单位获奖的项目共7项，高校就占了4项，占全省获奖项目的57%。在广东省获奖的288项省科学技术奖励项目中，有97项是由广东省高校作为第一完成单位获得的，占获奖项目的1/3。在31项一等奖中，广东高校作为第一完成单位获奖的有15项，约占一等奖项目的一半；在81项二等奖中，广东高校作为第一完成单位获奖的有32项；在176项三等奖中，广东高校作为第一完成单位获奖的有50项。高校拥有的自主知识产权的科技成果不断涌现，科技成果的转化率不断提高，充分体现了广东省高校科技创新能力在迅速提升，已经成为我省科技创新的主力军。高等学校获得国家自然科学基金研究的项目及其经费均排全国第四位。发明专利的申请和授权量排全国第二位。

广东重视高级人才培养，积极配合国家高校名师建设。2003年，中国教育部设置高等学校教学名师奖，候选人限于普通高等学校中承担基础课教学任务的专任教师。经评选后，教育部将授予

100 名高校教师“教学名师”荣誉称号，颁发奖章和荣誉证书，有关待遇等同于同类科技奖。奖励高校教学名师，是新中国成立以来的第一次。其目的是促进教授上讲台，鼓励名师为本科生开设基础课和专业基础课。当年教师节对获奖的 100 名高校教师进行奖励。广东省也大力推行高校名师建设，2003 年开始设立省级高等学校教学名师奖。此外，广东省部分高校也进行校级教学名师评选。如中山大学把“培育教学名师是培养创新人才和建设高水平研究型大学的关键”，作为贯彻落实教育部“高等学校教学质量与教学改革工程”的重要举措。中山大学制定了《中山大学教学名师评选奖励办法》，对教学名师获奖者予以奖励，并在全校推广教学名师的优秀教学经验。

高校名师奖在 2006 年以前是三年一届，自 2007 年改为一年一届，国家级每年评审 100 人；省级计划每年评审 30 人左右。2003 年第一届，广东省高校教师省级入选 15 人，其中国家级入选 6 人；2006 年第二届，广东省高校教师省级入选 24 人，其中国家级入选 2 人；2007 年第三届，广东省高校教师省级入选 30 人，其中国家级入选 4 人。教育部《关于实施高等学校本科教学质量与教学改革工程的意见》、《关于进一步深化本科教学改革全面提高教学质量的若干意见》要求：“坚持教授上讲台，保证为学生提供高质量教学、教书育人是教师的天职，教学是教师的首要工作，教师是提高教学质量的根本保证。要把为本科生授课作为教授、副教授的基本要求。不承担本科教学任务者不得被聘为教授、副教授职务。被聘为教授、副教授后，如连续两年不为本科生授课，不得再聘任其教授、副教授职务。要发挥教授、副教授在教学改革中的主力军作用，积极鼓励教授、副教授投身教学改革，改进教学内容和教学方法，大力推进启发式教学，不断取得高水平教学改革成果。”

（五）专才培养：学位与研究生教育

广东 30 年来学位与研究生教育成绩斐然。国民政府统治前期，中国学位制度化建设已经初步形成，从学生入学到学位的授予，已形成了一套完整的体系。广东研究生教育的历史开始于20世纪20年代。中山大学当时设有语文历史研究所、教育研究所培养研究生。1935年春，中山大学与清华大学、北京大学等三所高校经当时的教育部批准，正式设立研究院，是中国最早设立研究院的院校。1937年夏，中大研究院就有12人取得硕士学位，是我国最早培养的高层次人才。至1948年，共培养研究生56名。建国以后，中国废除了学位制度，但仍在培养研究生。广东高校也是如此，以中山大学为例，1951年着手招收新中国第一代研究生，从1951年至1965年，共招收研究生163名。“文化大革命”期间，广东省研究生教育中断。因此，1978年广东省恢复研究生招生工作后，广东研究生教育发展很快。1981年，广东趁国家恢复学位制之际，积极推进高校学位制度建设，逐步完善学士学位、硕士学位、博士学位三级授予工作。广东研究生培养工作和学位开始挂钩，招生规模也在不断扩大。改革开放以来，广东省高校的研究生招生单位由当初的十余个发展到2007年的23个，高校研究生规模达到4.9万人。2005年广东省在校研究生43942人，其中博士生9049人，硕士生34893人，不少高校的年招生数已突破千人。如2008年中山大学招收硕士学位研究生3700人，博士学位研究生1300多人。华南理工大学招收攻读硕士及博士学位研究生3000余人，暨南大学、华南农业大学招生数也在千人之上。授予博士学位数量也在急剧增加。

研究生培养质量也有很大提高。2007年全国共评出98篇优秀博士学位论文，广东省有5篇博士学位论文入选，排名全国第四（中科院系统除外），为1999年全国开展优秀博士学位论文评选以来最好成绩。其中，中山大学3篇，华南理工大学、华南农业大学各一篇。1999—2007年，广东共有5所高校的23篇论文获全国优秀博士学位论文，占全国总数的2.6%，在全国各省市中排名第九位（除中科院系统外）。广东23篇优秀博士学位论文中，中山大学17篇，华南理工大学、华南农业大学各2篇，暨南大学、华南师范大学各1篇。按学科门类看，人文社科10篇，占43.5%，理

学5篇，占21.7%，工学2篇，占8.7%，农学两篇，占8.7%，医学两篇，占17.4%。

广东学位与研究生教育发展呈现出如下特点：规模迅速扩大；由注重学术走向学术与应用并重等；形式多样，包括在职攻读研究生与脱产研究等。

三、模式创新：广东区域性高教发展的经验和特点

改革开放以来，尤其是市场经济确立之后，中国高等教育发展区域特征日益突出。广东区域性高等教育发展的经验和特点大致如下。

（一）转变体制：坚持在服务社会服务广东中发展

改革开放30年来，广东高等教育发展呈现出鲜明的特征，即坚持在服务社会和服务广东中发展。广东是向市场经济转轨较早的省份，大环境的变化不仅为高等教育的发展提供了必要的物质基础，也促进了人们办学观念的变化。广东高等学校较早就开始主动适应广东经济社会发展的需要，在坚持服务社会服务广东中发展。一是积极推动地市创办地方高校，从80年代的中心城市办大学到地方大学城的兴起，是广东积极推动高等教育服务地方的重要举措。二是坚持大学为广东发展服务，不仅省属及地方所属高校积极服务社会服务广东，一些部委属高校也是如此。如中山大学不仅加强基础性研究，提高研究水平，促进学科建设，而且积极采取措施，增强科技面向经济建设的力度，立足地方，寻求突破，在此基础上，积极向全国乃至海外辐射，推动基础性研究向应用研究和高技术开发延伸，促进科技工作向纵深发展，加快科研成果的转化。三是转变体制，促进高校与地方联盟，推动广东发展。不仅广东与国家的大学实施共建计划，而且各高校还和地方建立合作关系，如中山大学还与广州市、惠州市等地方政府、企业合作，共建工程中心、科学基地。中山大学人文社会科学方面，也积极为地方经济建

设服务，承担了大批广东省、广州市经济建设和社会发展急需的应用项目。1999年，为了加大为地方经济建设服务的力度，中山大学成立了“广东发展研究院”，为人文社会科学联合承担地方委托的大型应用项目提供了更有利的条件。广东高校在服务社会服务广东中，也获取了可观的经济效益。用此来改善办学条件，不仅有助于提高办学水平，而且增强了广东高校在全国的竞争力。

（二）多元互动：坚持多元化办学体系创新

广东推进高教发展的另一重要经验是积极推进多元化办学体系，实现办学体制的创新。其中，除了坚持民办与公办互动发展，目前广东有民办高校达47所，几乎为广东高校的半壁江山，更重要的是坚持中央与地方共建国家高校，省与地市共建高校的多元化办学的方针，坚持“不求所有，但求所在”。这一措施有力地推动了高等教育发展模式的转变，不仅有效地发挥各级政府办学的积极性，也解决了高校与地方发展的脱节等问题。1949以后，中国高等院校一直由国家和省、直辖市、自治区两级举办。地处广东省的高校归属也十分复杂，有的是由国家各部委举办，有的是由广东省政府举办，这些高校多设在广州市。改革开放以来，随着广东经济的发展，不少地方城市迅速崛起，但这些地方城市一般是高等教育的薄弱或空白地带，高等教育的发展滞后于当地经济建设和社会发展，无论规模和质量，都不能满足自身的发展需要。因此，20世纪80年代初开始，广东不少地方城市为了满足自身发展的多种需要，相继举办了大学。广东开始形成了中央、省、中心城市三级办学。多元化办学促进了广东高等教育的发展，但也带来了一些问题。如过于强调所有，不仅影响了地方对中央各部委所属高校的支持，也使一些地方政府坚持要自己举办高校，但这些新办高校短期内难以提升水平。

20世纪90年代中期，中国开始高教管理体制改革。通过“共建、合并、划转、协作、合作”五种形式，打破了以往过于强调隶属关系的局面。广东在全国率先推行与中央各部委共建大学的新

体制。给中央各部委所属大学大量的经费支持，迅速提升了这些高校的办学水平。不仅广东省政府如此，各地方政府也是如此，“不求所有，但求所在”已成为共识。一些地方政府不再举办大学，而是选择请外地名牌大学到本地区办学的模式，如珠海市政府在多年筹建珠海大学未果之后，将原珠海大学用地和建筑物交给中山大学，并提供若干资助，由中山大学在珠海设立中山大学珠海校区。除中山大学外，珠海还引进了一些名牌大学，使珠海大学城很快就初具规模。

（三）多彩繁荣：坚持立足地方创办新型高等教育

改革开放以来，广东从地方实际出发，大胆突破原有高等教育模式，坚持创办新型高等教育。一是在全国率先推进中心城市举办高等学校。特别是重视在多元体制下调动不同方面的积极性，密切与当地发展实际相结合，坚持使这类高校达到“办一所，成功一地”。即办好一所大学，使当地发展达到新的水平，高校也从中得到新的发展。2007 年，广东高校达 128 所，是 1977 年 22 所的 5 倍多，在校生也从 1977 年的 28005 人到 2007 年的 1667997 人，增长了约 60 倍。正是坚持这样发展，广东地方一些高校也已具有相当规模，肇庆学院已具有 2 万在校生的规模，有些高校已进入中国较好高校行列，如汕头大学在 1996 年 12 月就通过了国家“211 工程”部门预审，深圳大学和汕头大学都开始招收博士学位研究生。二是普通高校独立学院发展迅速。目前广东已有独立学院 17 所，这是广东借助原有高校优势，积极推动高校高质量高速度发展的重要措施。这些高校由于办学机制灵活，专业设置符合市场需求，受到社会的广泛欢迎。特别是这些高校都很重视立足广东本地需求，走出原主体高校办学上的传统套路，为广东发展服务。如广东外语外贸大学南国商学院，依据广东各种专业外语人才的大量需求，设计了以应用语言专业为主的各种外贸、商业等专业，取得了非常重要的办学成效。三是民办高校发展异军突起。这些民办高校包括独立学院的突出办学特点是不同传统高校套路，立足地方，面向海

外，按地方发展需求设专业，真正以地方发展需求为办学方针。立足地方使广东高校办学特色纷呈，正是这些高校，极大地刺激了广东经济的发展，使广东高等教育显现出多彩繁荣的景象。

第六章
人生奠基：广东学前教育在改革开放中发展

改革开放30年来，广东学前教育发展迅速，呈现出欣欣向荣的景象，形成了具有广东特色的学前教育模式，在体制创新、制度创新、服务创新、课程改革等方面走在全国前列。

一、三大改革：广东学前教育发展历程

1907年，广东最早的幼儿园——广州南强公学附属幼儿园诞生，经过一个世纪的发展，广东幼儿教育从无到有，逐步壮大，而30年改革开放赋予广东学前教育以新的活力，掀开广东学前教育发展新篇章。

（一）多种体系：重建学前教育体系

十年“文革”动乱，幼教工作遭到严重破坏，改革开放后，广东学前教育拨乱反正成果显著。特别是在贯彻1979年中央提出幼儿教育发展要“坚持两条腿走路的方针”，即公办与社会力量办园相结合的基础上，按教育部相关的《幼儿园工作条例》、《幼儿园教育纲要（试行草案）》及出版的《幼儿园教材》，整顿当时幼教的混乱局面，重建学前教育体系，规范幼儿园办学行为，对提高广东学前教育的保教质量起到重要作用。

1．拨乱反正，重建学前教育体系。

1980年，广东省成立了托幼工作领导小组，各地市纷纷成立托幼工作领导机构，积极推进学前教育发展。1981年11月，省教育厅再次要求各级教育部门明确幼教职责，每个市、县要办好一所示范性幼儿园，使全省学前教育进入快速、健康发展新阶段。

1983年9月，全省召开教育工作会议，要求于1985年前力争大部分市、县普及学前一年教育，并逐步接收其他年龄的幼儿入园；特别是要认真办好示范性幼儿园，提高教育质量；要办好幼儿师范学校，加强在职教师的培训等。1986年，省政府再次提出争取在1990年普及学前一年教育的目标。这一时期，在各级教育部门努力下，广东学前教育有了较大发展，在园幼儿数量稳步增长。到1987年，全省幼儿园8788所，比1985年的6887所增加27%，3~6周岁在园（班）幼儿137万人，比1980年的54.25万人增长了152%。[①]

2．贯彻纲要，恢复幼儿园教学秩序。

这一时期，广东学前教育突出成果是迅速恢复幼儿园教学秩序，积极贯彻实施《幼儿园教育纲要（试行草案）》和实施《幼儿园教材》。主要有：一是整顿思想。教育厅连续举办幼儿教育工作座谈会、培训班以及幼儿教材分析会，组织各市幼儿教育干部、示范性幼儿园园长、幼儿师范学校校长学习《城市幼儿园工作条例》（以下简称《条例》）和《幼儿园教育纲要（试行草案）》，系统学习幼儿教育理论和各科教学法。二是组织编写学前班教学用书。在1980年省教育厅印发的《农村幼儿学前教育班教育计划（试行草案）》和各科教学大纲基础上，组织教师编写教材，强化系统教学。三是办好示范性幼儿园。1986年后，省教育厅通过检查7所示范性幼儿园贯彻执行《条例》情况，进一步强调加强幼儿园小、中、大班一日生活常规、教育教学活动，以及幼儿园行政管理、卫

---

① 何辛编著：《广东教育50年——1949—1999年》，广东高等教育出版社2000年版，第326页。

生保健、教研活动、教师队伍建设及家长工作等工作，提出全面落实全省幼儿园示范园建设，加强幼儿教育理论学习，积极开展幼儿教育科研工作，努力提高保教质量，收到了很好的效果。

这一系列改革为全省幼儿园迅速恢复正常教学秩序和后续发展奠定了重要基础。

（二）统一建制：规范发展学前教育

1988年9月，为了加强学前教育质量管理，广东省政府决定从10月1日起，全省学前教育归口教育部门管理，教育部门从原来的单纯业务管理转向全方位管理，广东学前教育进入规范化发展阶段。

1．明确职责，理顺学前教育管理体制。

（1）学前教育归口教育部门管理，完善管理体制。1987年，国务院办公厅转发国家教委等部门的《关于明确幼儿教育事业领导管理职责分工的请示的通知》，确定幼儿教育实行地方负责、分级管理和有关部门分工合作的管理体制，强调要动员全社会和各有关部门相互配合、密切合作，共同发展幼儿教育。1988年教育部又规定了六项具体幼儿教育职责，制定了一系列的针对规范办园行为、农村幼儿教育发展、办园体制改革、教育教学的法律法规。广东省依据这些法规精神，全面理顺学前教育管理体制，强化各有关部门在各自职责范围内分工合作，共同参与幼儿园管理，形成了政府领导统筹、教育部门主管、相关部门分工协助，省、市、县、镇四级管理网络。

（2）加强公办园建设，实施管理体制改革。幼儿园体制改革自90年代来受到各方关注，广东省对此采取了许多重要措施，保证了学前教育改革与发展的顺利进行。主要分两个重要时期：第一阶段，90年代来因机团厂企单位改革取消对所属幼儿园的投入，使这些公办园失去保障机制而办学困难重重，严重影响教学质量，公办园日渐萎缩，数量不断减少。至2006年，全省真正享受财政拨款的公办幼儿园只有410所，为全省幼儿园总数的3.9%，而全国为17%，上海则为80%。

第二阶段为2003年国务院颁布《关于幼儿教育改革与发展指导意见的通知》要求各级政府加强对幼儿教育的领导，保证幼儿教育改革与发展顺利进行。广东省教育厅基教处针对公办幼儿园转制问题，进行调研，要求各地办好公办园，促进幼儿教育加快发展。2006年，省教育厅转发了《教育部办公厅关于公办幼儿园能否承包的问题的复函》的同时，组织全省幼儿教育专项督查，统一公办园体制改革，保证公办园的财政拨款和教师的基本权利，使学前教育得到健康发展。

广东幼儿教育在改革开放不断深入下，受到各方的重视，取得了重大的成就。2003年，广州海珠区等四个区县被授予全国幼儿教育先进县（市、区）称号。海珠区多数幼儿园处于广州市城乡结合部，该区坚持“科学管理、宏观调控、以公办园为龙头，相互促进共同进步”的幼教发展模式，规范管理，加强分类指导、分类推进，保证地方政府对幼教事业的投入，扶持公办园上水平、上档次，确保公办园的龙头和示范作用，带动了全区幼儿教育的发展。

中山市向来重视学前教育，2007年在全省率先在市教育局设立“学前教育管理科”，配备8个编制，对全市的幼儿园和托儿所在行政管理、业务指导、教育教学等方面进行全面规范的管理和服务。2008年6月召开的全市教育工作会议，发展学前教育是两大主题之一，并且针对全市学前教育存在的重大问题出台较为有效的政策支持。

2. 制度管理，全面规范办园行为。

为了依法治教，全面促进学前教育的健康发展，从1990年开始，省人民政府、省教育厅连续颁布了系列规章制度，规范办园和办学行为，有效地推动了广东学前教育的发展。

（1）完善规章制度，全面规范办园行为。

学前教育归口教育部门管理后，为了实施正规专业化管理，先后颁布了各种规章制度，包括1990年的《关于开展幼儿园（班）

登记注册工作的通知》（粤教办义字〔1990〕28 号）以及后来颁布的关于收费管理、幼儿园评估评级标准、设备设施配备标准，以及园长“持证上岗”制度、保育员职业资格鉴定、省一级幼儿园等级标准等、幼儿园等级评估管理办法等方面的规章近 20 种，对规范幼儿教育，推动幼儿教育健康发展起了非常重要的作用。

这一时期，广东各地市重视完善学前教育的管理和指导，颁布相应规章制度，推进本地学前教育的发展。如广州市自 1989 年《关于我市托幼工作归口市教育局管理的通知》始，共制定了近 50 项有关学前教育的地方行政法规、规章制度、政策等，涉及管理体制与职责、托幼机构工作管理、表彰人事及培训、收费、卫生保健等各个方面，较好地贯彻“地方负责、分级管理、有关部门分工合作”的幼教管理体制。其中 1996 年经省人大审议通过、1997 年起施行的《广州市幼儿教育管理规定》作为全国第一个学前教育地方性法规，为广州市幼教发展提供了法律依据和保障。

可见，学前教育归口教育部门管理近 20 年间，广东及各区县在幼教制度管理方面做出了重要探索，也取得了骄人成绩，使广东幼教发展迅速，各项指标迈入全国先进行列。

3. 实行督导评估制度，多层面规范办学行为。

90 年代早期，广东就已经对幼儿园开展督导评估工作。1999 年，广东省教育厅就修订 1993 年版的《广东省幼儿园等级评定基本标准》，于 2000 年 1 月重新印发新标准，并于 2003 年 7 月实行市省结合实施幼儿园督导评估工作的办法。从 2008 年起，广东省一级幼儿园督导评估工作由省教育厅教育发展研究与评估中心统一组织。2001 年 8 月印发的《广东省幼儿园等级评估方案》总分为 500 分，办园条件占 30%，管理和效益占 70%，指标体系中设置了 8 个必达标准（民办园 9 个），具有一票否决的效力，规定省一级幼儿园必须达到 450 分，必达标准达 a 级要求。参评园在验收前和验收后，园舍环境、园容园貌有了很大的改观，教育设施设备得到了增加和完善，为上等级投入了几十万乃至上百万之多，教育教学通过视导也有了明显地提升，大部分园都以较好的成绩顺利完成了

省、市级园的评估验收。

2007年止，广东已评出省一级幼儿园251所。各地对评上等级的幼儿园实行多种奖励，如中山市对评上省一级幼儿园奖励25万元、市一级幼儿园奖励8万元，并要求镇政府也进行相同数额的奖励，很好地鼓励了幼儿园上等级的积极性，提高全市幼儿园的办园水平。因此，幼儿园督导评估制度有助于规范办园和办学行为，督政、督教、督学是保证学前教育规范发展的重要手段。[①]

4. 普及优先，重视农村学前教育发展。

改革开放30年来，广东重视农村学前教育发展，取得巨大成就。主要措施有：第一，加强学前班管理，重点抓好普及农村一年学前教育和珠江三角洲地区三年正规学前教育。1993年起，省教育厅颁布《广东省学前班管理暂行办法》（粤教义字〔1993〕8号），并开展学前班改革试点工作，在全省选择不同类型的10个县（市、区）开展学前班管理及改革试点，取得重大成效。随后广州、东莞、中山等地取消了小学附设学前班，发展正规三年幼儿教育，并在全国会议上介绍学前班改革经验。至此，全省入读学前班幼儿的比例不断下降，三年入园率不断提高，幼儿教育结构进一步优化，在园人数占在园（班）幼儿总数比例从1978年9225所幼儿49.76万占不足10%，到1987年的48.03%再增加到2007年的73%。第二，推进以农村学前教育为重点的发展思路。2003年省政府发布73号文，要求进一步强化发展农村幼儿教育。一是采取多种形式、多渠道筹措资金，动员全社会共同参与，其中大力发展乡镇中心幼儿园和村级幼儿园作为示范；二是把农村中小学布局调整中闲置的校舍用于发展学前教育，鼓励农村实行“小幼一体化”模式发展学前教育，提高资源利用率；三是设立专项资金对农村幼儿园建设给予补贴或奖励。如江门市蓬江区实行每所幼儿园3万元的建设补助资金，中山市把学前教育发展的各项指标纳入镇、村主要领导实绩考核内容，从而建成了一批高标准的农村幼儿园。该市

① 依据广东省教育厅相关材料。

每个镇有中心园，其中83%为等级幼儿园，有200多所村级幼儿园。古镇更是实行15年义务教育，免除镇籍幼儿每月258元的保教费政策。2007年，广东农村幼儿在园（非学前班、不含县镇）数从1978年不足4万人增加为44.53万人，比2002年增加2.23万人。

5. 强化教师素质，学前师资队伍建设成效巨大。

广东在发展学前教育中，突出加强幼儿园教师队伍建设，取得巨大成效。采取主要措施有：第一，创建幼儿教师培训基地。其中创建广州、江门等多所幼儿师范学校，并在各师范学校开设学前教育专业（班），并在华南师范大学和广州大学开设学前教育专业，招生逐年增加。第二，创建职前职后师资培养一体化体系。重点加强在职继续教育，使高学历幼儿教师迅速增加。1981年，全省幼儿园园长中具有高中以上文化程度的占38.49%，受过学前教育专业训练的仅占8.9%；教师具有高中以上文化程度的占51.92%，受过学前教育专业训练的仅占7.8%。队伍素质低下。1988年学前教育归口教育部门管理后，到1990年，幼儿园园长、教师中学历达到中师（幼师）毕业程度以上的占51.95%。第三，强化幼儿园建设标准。自1993年开始的幼儿园等级评估进一步促进了幼儿师资发展。如2001年颁布的《广东省幼儿园等级评估方案》规定，A类标准要求“教师专业合格率100%，学前大专学历50%以上”，C类标准要求学前大专学历30%以上，这对幼儿园尤其是省级示范园（即省一级园）提高教师素质起到了很好的引导作用。尽管目前国家对幼儿园教师的学历要求仍为中专，但珠三角地区幼儿园早已将学前大专作为教师入职基点，部分已有大专学历的教师也继续向本科深造，形成了积极向上、不断促进教师专业化成长的良好态势。例如，2007年广州市经济技术开发区一幼大专以上学历的教师比例高达90%，其中研究生3人，本科5人；广州市幼师附幼大专及本科以上学历的教师比例为90.7%。即使是村办园的教师学历也已得到提高，番禺区东涌石排幼儿园大专学历教师达到40%，中山市南区竹秀园村幼儿园大专学历教师也高达50%。目前，全省已经形成了本科、专科、中专多层次覆盖广的职前培养体系，幼儿园队师资水平发生了根本的改变。第四，学前教育教师继续教育制度完善。广东现已建立起系统完善的学前教育教师继续教育体系，把继续教育作为幼儿园教师职务评聘、晋级的必备条件之一。其教育主要分为新任教师的培训、教师职务培训、骨干教师培训、高一层次学历或第二学历的进修。以5年为一周期，每一周期的教师职务培训和骨干教师培训，累计时间不少于240学时。新任教师在试用期内必须参加以师德修养、教育教学能力训练为主的培训，时间不少于120学时。1994年，省教育厅审核批准了肇庆学院等8所院校为全省幼儿园园长岗位培训基地。全省各地重视幼儿园教师的继续教育，由于继续教育按照分类指导、因地制宜、按需施教、学用结合、注重质量和效益的原则，对提高幼儿教师的专业素质帮助较大。

与学历提高相一致，拥有教师专业职称的比例不断增大。从1986年开始全省中小学（含幼儿园）教师实行职称评定的工作以来，各级教育行政部门鼓励幼儿教师参加职称评定，2006年全省约28%幼儿园专任教师、45%园长、45%学前班教师拥有专业技术职称。

为了加速学前教育发展，广东积极引进各种专门人才。如华南师范大学的袁爱玲教授、广州大学的叶平枝教授、深圳教育局幼教研究室的肖湘宁研究员等都是引进的专门人才，还有深圳满晶园长原是东北师大副教授，珠海博爱幼儿园张笑老师、省育才一幼的陈蕾副园长等。许多幼儿园也积极聘任有相关资历的美、加、澳的英语教师。如江门教育二幼在开展“国际合作综合英语教学实验”中常年聘请教学经验丰富、游戏能力强、肢体语言生动、教育风格独特的外籍教师，深受幼儿喜爱，使幼儿园成为中西教育交流的桥梁。

广东学前教育发展还得益于坚持幼儿园园长、教师、保育员持证上岗制度，组织园长岗位培训，表彰奖励优秀教师，维护幼儿教师的合法权益，稳定教师队伍等。同时，也重视从高素质教师中提

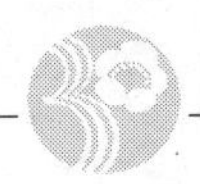

拔优秀园长，例如江门教育二幼后来居上，成为当地最受欢迎的幼儿园，就是得益于成功选拔优秀教师郑小婉、吴婉芊任园长的结果。

（三）创新体制：创立多元化学前教育体系

随着广东经济迅速发展，对学前教育的要求日益增强，广东非常重视创建多元化的学前教育体系。

1. 政策支持，民办幼儿园发展迅猛。

20 世纪 80 年代末，广东有幼儿园 7000 所左右，多数是部门或单位举办的公办幼儿园，在园幼儿约 130 万人，其数量和规模远远满足不了学前教育发展的需要。自 90 年代起，广东采取多种措施，鼓励大力发展民办幼儿园：一是规定民办幼儿园在办园用地、园舍建设等方面享受公益性事业政策；二是减免民办幼儿园建设各种配套费；三是鼓励金融机构借贷支持发展民办幼儿园；四是在用水、用电、用气等方面按中小学标准执行；五是将中小学闲置的校舍优先用于举办民办幼儿园；六是财政给予民办幼儿园一定的奖励，如广州、珠海、茂名等市设立民办教育专项资金，每年对民办幼儿园进行奖励或补助；七是将民办幼儿园纳入教育部门管理范畴，与公办园一视同仁。2005—2007 年，全省安排 1000 万元民办教育发展专项资金，对 100 所优秀民办幼儿园进行资助和奖励。这些都有效地推动了民办幼儿园的迅猛发展，2007 年广东有民办幼儿园 7241 所，占总园数的 68.35%，在园幼儿 114.9 万，占总人数的 51.6%；同时涌现了一批办学思想端正、管理规范、保教质量高、享有良好社会声誉的民办幼儿园，有效地扩大了优质学前教育资源，满足了人民群众对学前教育日益增长的多元需求。如广州市天河区体育东幼儿园创办于 1992 年 10 月，15 年来已形成一个有十余所分园的集团化幼儿教育体系，为广东民办幼儿教育的发展闯出一条新路，2002 年 4 月成立了广州市育星幼儿教育有限公司，具有良好的示范作用。2005 年 7 月，广东省教育厅授予广州市天河区体育东幼儿园、汕头市潮阳实验幼儿园、惠州市惠东县东平幼儿园、东莞市创新幼儿园、湛江市赤坎区新世纪幼儿园、茂名石化幼儿教育管理中心小油花艺术幼儿园等6所民办幼儿园为“广东省先进民办幼儿园”称号，并颁发荣誉牌匾和奖金，希望他们发挥模范带头作用，为加快发展壮大广东民办教育事业，推动教育改革与发展，率先基本实现教育现代化做出更大贡献。

2. 创建多元化体系，满足民众教育需求。

随着经济高速发展，广东各地非常重视幼儿教育多样化发展，以求适应民众对幼儿教育日益多样化的需求。具体体现在三个方面：

（1）引进市场机制，促进幼教模式多元化。广东学前教育重大改革是积极引进市场机制，在发挥各地政府办学前教育的积极性的同时，也动员社会各方面的力量参与幼儿教育。特别是随着珠三角经济快速发展激发起早期教育热潮下，活跃的早期教育市场不仅很好地满足了父母多样化的教育需求，而且有助于优胜劣汰的自由竞争，营造一个科学化早教优教的幼儿教育氛围。

广东学前教育多元化体系主要特征包括：一是体制多元。不仅有公办幼儿园，而且涌现出特色纷呈的民办幼儿园，以及社会团体创办的幼儿园。例如，江门市教育第二幼儿园通过积极开展科学办园，引进多项重要教育实验项目，特别是“国际合作综合英语教学实验”项目，这种特殊的双语教学法能促进儿童早期智能开发，取得巨大的效果，得到家长的热烈欢迎，并积极探讨国有民办、公办与民办合作的学前教育发展模式，逐渐向多所一体集团化发展，从而使该园成为江门的金牌幼儿园，“江门幼儿教育已进入‘教育二幼’时代”。① 二是办学模式多元。例如重视传统保育模式的幼儿园，还有各种注重教育特色的幼儿园，英语特色、艺术特色以及文化特色等等。三是服务体系多元。有些注重低幼儿童的教育，有些以办学前教育班的方式，有些实施从出生到学前的教育方式，等等。对此，各地都先后出台各种管理规章，如广州市在90年代就

① 江门市李威副市长在该园建园20周年上的讲话。

制定了《广州市托儿所规范（试行）》、《广州市示范托儿所标准》、《广州市示范托儿所申报评审办法》，就托儿所及幼儿园的教育目标、物质环境、教育活动、作息和托儿所的规模、人员、配备等做了明确的规定，并确认11所区一级的示范托儿所，以此强化幼儿园的层级教育网络管理。

（2）学前教育服务日益多元化。重视服务是广东改革开放以来学前教育方面最重要的成果之一。不仅教育机构呈现出多样化趋势，而且幼儿园的办园定位和教育服务也开始因不同需求而日益多样化。

随着教育形势的迅猛发展，幼儿园办学水平越来越高，竞争十分激烈，出现了不少高端幼儿园如华美英语实验学校幼儿园、祈福英语实验学校、东方明珠学校幼儿园等，较长的办园史、优越的办园条件、鲜明的课程特色、有为的园长等等吸引了家长。他们一般还以某类课程改革的先行者的形象示人，这些幼儿园大都是民办幼儿园。例如华美幼儿园为广州市较早以双语教育为特色的私立全日寄宿制学校之一，是广东省一级幼儿园，办学特色体现在小班化教学以及“国家课程、国际化特色课程和个性化发展课程”有机结合的课程体系。

（3）幼儿园内外教育互动多元发展。广东社会学前教育也非常发达，除了传统的少年宫、儿童活动中心外，近年来各种教育机构包括外语培训机构纷纷推出各种“量身定做”的学习课程，吸引了相当多的儿童，市场竞争尤为激烈。如灵格风英语培训、英孚英语培训机构、加拿大国际英语学校、迪斯尼英语培训等，这类培训机构发展很快。其中有些还是跨国性组织，例如“天才宝贝”幼儿社会教育机构，以“全面激发儿童潜能，让孩子从容面对未来”为办学宗旨，重视培养儿童综合能力，注重儿童在丰富的知识、全球化视野、出色的创造力、沟通能力、团队合作能力和领导才能六大关键能力养成，教学形式活泼生动，颇受儿童欢迎。该机构在十余个国家都设立教学中心，中国总部在上海，广州、番禺、深圳、东莞等地共有四个分中心。

30年来，全省学前教育事业稳步发展。理顺了学前教育归口教育部门管理的体制，形成了政府领导统筹、教育部门主管、相关部门分工协助，省、市、县、镇四级管理网络。大中城市市区和珠江三角洲已基本普及学前三年教育，全省形成了多渠道、多形式办学，公办与民办学前教育共同发展的格局。幼儿园从1988年的7449所增加到2006年的10625所，在园（班）幼儿从1988年132.8万人增加到2007年的222.643万人（其中在园幼儿157万人，学前班在校生65.66万人），学前三年幼儿毛入园（含学前班）率69.60%，学前一年受教率超过90%。幼儿教育结构进一步优化，在园人数占在园（班）幼儿总数比例由1987年的48.03%增加到2007年的73%。全省形成多渠道、多形式办学，公办与民办学前教育共同发展的格局。①

表6-1　1990—2007年广东省幼儿园基本情况简　（单位：人）

项目 年份	园数	毕业生数	招生数	在园人数	教职工数	专任教师	在园率 /万人
1978	9225			487600	33928	19166	
1980	8183			542500	32829	17508	
1985	6887			1002300	41012	30667	
1988	7449		675080	1327900	58426	37452	
1990	7469		803576	1500500	65195	42905	
1995	7923	1060039	1419777	2000082	90904	59344	
2000	12027	1171609	1337009	2141789	129060	83552	
2005	10359	1082389	1195189	2139186	158971	91789	257.61
2007	10594	1033175	1178836	2226430	179061	104541	239.30

注：1988年后海南独立建省。

① 广东省教育厅发展规划处：《广东省2007/2008学年教育事业统计简报》，2007年12月。

二、幼教经验：广东学前教育发展特色

30 年来，广东省的学前教育发展迅速，特色纷呈，彰显出广东改革开放来重视幼儿教育，采取积极有力措施，促进社会需求，规划引导发展，坚持依法治教，推进规范化管理，加大投入，提高机构服务质量，大力发展教育科研提供优质教育等方面，基本形成了具有广东特色的学前教育模式。

（一）重视统筹：规划引导推进幼教发展

1. 民众需求，推进发展。

广东省领改革开放风气之先，市场经济较为成熟，对教育需求强烈，且经济实力较为雄厚，视野较为开阔，对后代寄予殷切期望，“不要让孩子输在起跑线上”这句话充分说明了父母们对孩子的早期发展的重视程度，因而广东民众对优质学前教育的需求大、要求高、期望多成为幼教发展强有力的推动力。

90 年代中期先富起来的珠江三角洲地区由于外地人口的大量涌入和当地群众对学前教育需要的增加，使得幼儿园学位供不应求，地方政府非常重视这一现象，将学前教育纳入地方教育发展规划中，在土地、经费、政策等方面给予倾斜，经过数年快速发展，民办幼儿园数量大增，珠江三角洲顺利地渡过这一重要关口，基本满足民众对幼儿教育的需求。

进入 21 世纪，幼儿园和托儿所的优质学位供不应求，形成新的供求矛盾，也成为提高教师素质、提升教育质量的强大的推动力。“质量是幼儿园的生命”早已成为办园座右铭。大浪淘沙，众多优秀的学前机构在激烈竞争中脱颖而出，这是广东学前教育生机勃勃的表现。

随着政府对学前教育发展的进一步重视、投入不断增加、机构管理进一步完善，较好地满足了民众对优质学前教育的需求。

2. 规划先行，引导发展。

改革开放30年来，广东非常重视学前教育规划，以规划实现政府的宏观调控，合理发挥市场的调节作用，利用每个五年规划注入政府的宏观决策，实现统筹规划全省学前教育稳定发展。

（1）“六五”到“七五”：从整顿机构到扩大规模。1980年，广东省成立了托幼工作领导小组。随后省教育厅要求各级教育部门明确职责，努力工作，每个市、县要办好一所示范性幼儿园，提高幼儿教育品质。1983年的全省教育工作会议要求于1985年前力争大部分市、县普及学前一年教育，有条件的地方逐步接收其他年龄的幼儿入园；教育部门要认真办好示范性幼儿园，提高教育质量；要办好幼儿师范学校，加强在职教师的培训等。

1986年，省政府提出要在“七五”期间，争取在1990年普及学前一年教育。为此，省教育厅多次召开托幼工作会议，制定并推动普及学前一年教育的规划，使广东学前教育得到迅速发展。1987年，全省幼儿园8788所，比1985年增加1901所，3～6周岁在园（班）幼儿137万人，比1985年增加37万人，增长37%。

（2）“八五”到“九五”：从统筹规范到加速发展。1988年10月1日起，广东学前教育归口教育部门管理，使幼儿教育走向规范化发展，由此颁布一系列规范管理规章，对全省学前教育稳定健康发展作用重大。1994年省教育厅召开全省幼儿教育工作会议，随后由省政府办公厅转发了省教育厅《关于加快广东省学前教育事业改革和发展的决定》，对教育、卫生、计划、财政、劳动、人事、国土和规划部门在发展幼儿教育中所承担的责任和义务作了明确规定，提出了分类要求、分步推进幼儿教育发展的思路，明确了学前教育的发展目标和任务、发展方针和管理原则，制定了广东省幼儿教育事业发展规划。按照这一规划，广东大中城市和珠江三角洲地区，先后取消学前班，发展三年制规范幼儿园，东西两翼和山区在普及学前一年教育的基础上，办好乡镇中心幼儿园和管理区幼儿园，广东幼儿教育发展迅速，满足三周岁至学龄前幼儿入园要求。1998年，全省在园幼儿达203万人，每万人口在园幼儿数居全国第2位。

（3）“十五”到“十一五”：从阶段发展到终身教育。这一阶段广东学前教育一个重大特征是，在加快学前教育发展的基础上，把作为阶段性的学前教育转向作为广东全民终身发展的学前教育，使学前教育成为协调广东教育发展，推进广东现代化的一个重要组成部分。

为此，广东一方面在积极推进规模扩张，到2010年全省幼儿学前三年入园率达到80%。东西两翼、粤北山区的农村地区在每个乡镇办一所中心幼儿园基础上，积极发展村级幼儿园，学前三年儿童受教育率力争达到70%，使学前阶段儿童家长受到科学育儿指导，力争70%的乡镇中心幼儿园达到规范化要求。所有城市、县镇和珠江三角洲地区取消学前班，学前三年儿童受教育率达到95%，全部乡镇中心幼儿园达到规范化要求。另一方面，广东加大学前教育统筹力度，大力鼓励和支持社会力量采取多种形式举办幼儿园，形成以公办幼儿园为示范，以民办幼儿园为主体，公办与民办学前教育相结合的发展格局。同时，建立灵活多样的早期教育服务网络，充分满足家长教育和幼儿成长的多种需要。更重要的是，广东学前教育已成为广东终身教育的一个重要组成部分，不仅重视普及教育和科学衔接各阶段教育，而且成为人生发展的重要基础。

重视规划，加强政府统筹力度使广东学前教育得到稳定有序的发展，是广东学前教育能积极体现政府推动和市场调节相结合，政府投入和民间积极性得到良好发挥，较好地满足社会需求，质量得到保障的关键要素。

（二）规范治理：依法治教，积极推动制度创新

自1988年10月全省学前教育归口教育部门管理后，幼儿教育日益规范化发展，全省积极实施《幼儿园工作规程》、《幼儿园管理条例》两大法规，依法治教，实施制度化管理。1990年省政府、省教育厅先后颁布了系列制度来规范管理全省幼儿教育，这些规章制度对于规范和推动全省的幼教发展起了非常重要的作用，促使各个地市地方政府积极推动学前教育的发展，从而使全省幼教取得了

骄人的成绩，使得广东幼教各项发展指标迈入全国先进行列。

1. 创新投入，学前教育资源多样化。

改革开放30年来，广东幼儿园教育经费逐渐多元化，目前已形成四个重要组成部分：国家财政性教育经费、社会捐赠办学经费、事业收入，以及其他收入。经费多元化使广东各项幼教投入保持持续增长，呈逐年递增趋势，在全国保持领先地位。

据国家统计局统计，1993年，广东全省幼儿园教育经费支出为1.38亿元；1999年为1.74亿元；2001年，广东省幼儿园教育经费为4.28亿元；2003年为5.34亿元；2005年为5.93亿元；2006年为8.94亿元。2006年的经费是2001年的两倍多，是1993年的六倍多。政府财政支持是广东学前教育发展的坚实后盾。

社会捐赠办学经费数额之大更是在全国名列前茅，在幼儿教育需求日益增长下，大量的民办幼儿园兴起满足了社会对学前教育的迫切需要，这些民间资本也较好地补充了政府投入的不足。1990年，霍英东夫人霍冯坚妮女士带领香港部分慈善人士捐资20多万元，捐助创办了番禺东城幼儿园，17年来，霍女士经常以不同方式关心该园的发展，每年“六一”都给小朋友买礼物，累计数额不小，该园后来成为番禺第一所省一级幼儿园。祈福英语试验学校幼儿园作为号称“中国第一邨”的祈福新村的教育配套设施是1996年耗费了2.2亿元人民币（试验学校总投资）建成，当时在社会上反响强烈，目前是广东十佳民办幼儿园之一，及省一级幼儿园，目前祈福新村内共有三所幼儿园，还在不断扩容。首批省一级幼儿园珠海博爱幼儿园先后接受香港友人林文昭先生捐资近百万元、珠海华城庆宜房地产公司捐资75万元。

广州市坚持教育经费做到“两个增长”，重点安排学前教育经费，公立园经费逐年增长，1979年设立民办公助专项经费。2000年，市级的幼儿教育经费达5130.40万元，相对1980年的110.30万元、1985年的367.50万元、1990年的740.85万元、1995年的3447.00万元增长速度极快。2000年单市级的民办公助经费即达

174 万元。近年来，全市学前教育经费年均约为 1.5 亿人民币。①

2．创新体制，多种学前教育体制异彩纷呈。

广东学前教育的一重要经验是积极推动体制创新，大力鼓励和支持社会力量采取多种形式举办幼儿园，以期形成“以公办幼儿园为示范，以民办幼儿园为主体，公办与民办学前教育相结合的发展格局”。20 世纪 90 年代以来，广东依照国家有关民办教育的法律法规和方针政策，采取多种措施，积极鼓励，大力发展民办幼儿园。经过 10 余年的发展，民办园发展势头迅猛，到 2007 年，全省有民办幼儿园 7241 所，占总园数 68.35%，在园幼儿 114.9 万，占总人数 51.6%，“以民办幼儿园为主体”的目标早已实现，体现了体制创新。

目前民办园数量上占有绝对优势，质量在不断提高，其地位举足轻重。广东的学前机构结构调整幅度之大、速度之快也为全国所罕见。

3．创新服务，多元化机构提升服务质量。

广东省幼教机构类型日趋多样，服务内容丰富，满足不同层次的家长和幼儿的多元需要，充分体现服务创新。其一，随着广东对学前教育社会功能界定日渐深入，原来办的那种 3～6 岁幼儿园的单一学前教育机构开始转变为面向社区、针对 0～6 岁儿童及其家庭的学前教育服务和引导。这种转变不仅符合国际学前教育发展变革的趋向，也与广东社会需求相吻合，由此产生了大批托儿所、亲子班、早教中心、家庭教育指导中心等机构。其二，基于人的发展的独特性，传统的集体教学学前机构不能完全适应儿童的个性化发展需求，机构的类型趋于多元化，出现了小班教学和个别教学为特色的学前机构，也出现了一些促进特长发展的学前机构，如艺术幼儿园、游泳幼儿园、双语幼儿园、多元智能幼儿园等。其三，随着广东经济的高速发展和多样化发展，居民所处的经济形态的多样化导致了人们生活形态的多元化，对幼教机构的多样化需求成为可能

① 依据《广州统计年鉴》各年资料。

和必然。因此广东目前形成了半日制、全日制、寄宿制服务并存、低收费和高收费机构并存的繁荣景象。其四，随着国家《特殊教育法》的颁布实施，广东特殊学前教育有了一定的进步，如盲人学校中的幼儿班、残联下属的某些机构对于提升特殊学前儿童的生活品质帮助极大。

（三）创新课程：多层面提高学前教育教学水平

1. 以课程改革提升教学质量。

广东学前教育积极推动课程改革，从根本上推动了学前教育质量的提升。不仅1991年广州市东山区东方红幼儿园、广州幼师附属幼儿园被国家定为贯彻两个法规试点园，有9所幼儿园被定为省级试点园，而且东方红幼儿园和广州幼师附幼贯彻规程突出，成为全国名园，在全省发挥了卓越的示范作用。

广东在推进学前教育课程改革中，突出实施以活动教育为特色的儿童主体发展课程。如东方红幼儿园在积极贯彻“儿童为本”的理念下，教学中以促进儿童发展为核心，强调孩子主动学习，重视儿童在生活和学习中良好行为习惯、态度、兴趣和能力的培养，提倡“教”与“学”的互动，儿童和成人的共同成长。广州幼师附幼则重视从“树立新的教育观、儿童观和发展观，调动教师的积极因素，尽可能地发掘有限的空间和时间及进行创造性的工作，为幼儿提供一个充实、丰富、永远富于变化的环境”的目标出发，为了更大限度地发挥幼儿潜能，他们从实际出发按水平分组，进行多种类型的分组活动教学。这种分组教学在广州市、广东省得到推广。广东还抓住2001年教育部颁发了《幼儿园教育指导纲要（试行)》的有利时机，按照“促进每个幼儿富有个性的发展”的要求，积极实施全人化的学前教育课程改革，有效地推动了新世纪广东幼教课程改革的发展。

2. 开展学前教育科研发展优质教育。

广东重视学前教育研究，幼儿教育改革意识浓、观念新、步伐大，探索多种课程模式，优质教学脱颖而出，涌现出一批课改先行

园以及在全国有影响力的名园、名师。据不完全统计，自“九五”以来，各级立项的幼儿规划项目60多项。

深圳市梅林一村幼儿园是广东省“九五”普教科研规划课题试点园、深圳市优秀幼儿园。多年来，从活动区活动的探索、核心课程研究、开放教育的实施到主题探索课程和双语教学、0~3岁亲子教育的研究，在“课程统整化、教材生活化、教学活动化”的理念指引下，该园积极整合学科课程与生活课程，重视幼儿身体、心理、学习能力的和谐发展，不断创设优良环境，触发幼儿内在的学习动机，在探索尝试中，不断超越原有的课程运作模式，使孩子们的学习达到了“丰富而有秩序、快乐而有意义”的境界，形成自己的园本课程，使幼儿园课程改革走在了前面，为幼儿园整体发展打下坚实的基础。

广州市第一幼儿园坚持保育和教育相结合的原则，经过多年的努力，在体育、环保和科学启蒙方面形成了该园特色。

珠海博爱幼儿园作为首批省一级幼儿园，在主体探究性课程、蒙台梭利课程、健康教育、双语教育等方面形成了自己的特色，在数学教育、科学教育和民间艺术方面参与了多项课题研究。台山市第一幼儿园坚持科研兴园，实施幼儿综合英语教学实验，开展以双语教育特色为主的课程开发计划，取得显著的效益。

番禺区机关幼儿园以“快乐港湾、成才摇篮”为办园宗旨，努力构造现代化幼儿园管理体系，打造品牌名园，实施“在活动中学习”园本课程，在“科研引路、科技兴园”的理念指引下，在各个课题的实践中逐步形成了富有特色的幼儿科技教育和环境教育体系，充分体现了幼儿积极探索、主动实践的精神。

3. 科研项目成果丰硕且转化辐射效果好。

30年来，广东学前教育开展了大批重大的课题研究项目，对学前教育发展、幼儿课程改革及幼儿教学进行了系列研究，成效显著，特别是一些重大课题成果转化辐射面大、效益好。90年代的东方红幼儿园和幼师附幼的《幼儿园教育指导纲要（试行）》试点工作，对广州市乃至广东省的幼教全方位、整体性改革有重要参考依据。1996年广州市开启的《0～3岁婴幼儿潜能开发研究》，项目成果有《广州市托儿所教养方案》、《婴幼儿早期语言观察研究》、《家庭与机构教养环境与婴幼儿社会性发展研究》、《广州市小区0～3岁婴幼儿保教服务方案》、《广州市托儿所规范》、《婴幼儿家庭与教育环境的评价标准》等，对全市的托儿所以及家庭重视0～3岁婴幼儿的养育起到了相当大的促进。广东是全国最早开展幼儿环保教育研究、幼儿性教育研究的省份。2006年教育厅参与教育部—联合国儿童基金会2006—2010周期《儿童早期发展》合作项目的研究，根据农村学前教育实际，探索充分利用小区资源，发展多形式的早期教育机构，推动幼儿教育快速发展的路子。其中信宜市、怀集县和深圳市福田区被国家定为合作项目研究试点县（市、区）。

广东历来重视幼儿园教学研究，无论是幼儿园还是省市教研室等都积极开展各种教学研究项目，取得了较好的成效，特别是重点园和省市教研机构的研究不仅影响力大，而且推广及时有力。如江门市积极推动幼儿多种语言发展，90年代起力倡双语教学实验，江门教育第二幼儿园在此基础上采用“国际综合英语教学实验”，经8年研究，取得重要的实验成果，该园先已成为江门地区最负盛名的双语教学特色的幼儿园，受到家长的热捧，出现了“一位难求”的现象。[①] 又如深圳市教研室的幼儿园教师教学行为素质研究，制定了《幼儿教师的教育能力标准与评估》，并以之为依据对在职教师进行培训和选拔培养骨干教师，提高全市的幼儿教师队伍素质。许多高校的幼儿教育机构也积极参与幼儿教育课题研究，成为重要的骨干力量。如华南师范大学学前教育系、广州大学、各市教科所等。华南师大的袁爱玲教授的创造性幼儿教育、广州市教科所李麦浪副研究员的早期阅读、广州大学周燕教授关于幼儿教师队伍的系列研究等取得重要的科研成果。

---

① 冯增俊等主编：《综合英语教学模式概论》，广东人民出版社2005年版，第374页。

30 年来，广东学前教育的研究队伍初具规模，2007 年底正式成立的广东省学前教育学会分设 15 个研究分部，凝聚了广东省学前教育的教育骨干，积极开展学前教育研究，广东还拥有了全国中文核心期刊《教育导刊》（幼教版）等独立刊物。

三、未来蓝图：广东学前教育发展展望

改革开放 30 年来，广东学前教育发展经历三大发展高潮，走过了一段不平凡的路，取得了骄人业绩，当然，在轰轰烈烈的发展中依然看到广东学前教育与广东未来发展需要和群众对学前教育日益增长的要求还不相适应，与教育现代化的目标还有一定的距离。

广东学前教育成就空前，但是也存在着普及率偏低，与同类省份有不少差距；县市间发展不均衡，发达与欠发达地区之间、城乡之间、区域内办园水平差距大；公办、民办幼儿园比例不合理，公办园比例偏低；教师配备不足，师幼比未达到国家要求，教师专业技术职务达标率低，整体素质和待遇偏低；城市新建住宅区配套幼儿园严重不足等等。究其原因，主要在于对学前教育的认识存在偏差，政府投入不足；办园体制落后、幼儿园经费保障机制缺乏；对农村学前教育的关注和支持不足以及幼儿教师地位和待遇偏低等。这些问题是今后广东学前教育发展需要正视和解决的。

广东省正处于社会发展的关键转型期，需要我们有更长远的战略眼光，认识到学前教育的重要性。广东 30 年学前教育改革取得的经验为学前教育发展奠定了良好的基础，也建立了新的发展机制。党的十七大报告提出要“重视学前教育”，强调把学前教育列为加快推进以改善民生为重点的社会建设目标和内容，作为优先发展教育，建设人力资源强国的重要举措之一。这是党在重大报告中首次提出要重视学前教育，并且作为关注民生、改善民生的重要内容优先发展，这是落实科学发展观、构建社会主义和谐社会理念的具体体现，是学前教育发展新的里程碑。我们有理由相信，广东学前教育的春天即将来临。

（一）政府统筹：高度重视并加强学前教育领导

学前阶段是人的一生发展中最迅速的阶段，高质量的学前教育不但对人的一生健康发展有很大影响，而且可以解放家长、提高家长工作积极性，提高劳动力效率，是社会经济发展的后勤保障。通过学前教育激发儿童巨大的学习潜能，将极大地提高中国的教育水平和国民整体素质，从长远来看，不仅能产生不可估量的经济效益，而且有利于社会消除贫困，产生强大的社会效益。近年来，发达国家和一些发展中国家已经及时地制定了新的国家政策，采取了有效的措施，关注和加强学前教育。联合国儿童基金会、世界卫生组织、经合组织、世界银行等国际组织也一再呼吁和提醒各国关注早期儿童发展与学习的问题。

1. 宏观调控：把学前教育纳入到政府的发展规划中。

广东经验表明，学前教育发展需要政府的承诺和正确导向，把学前教育纳入到政府的发展规划中，有利于明确发展目标和达致社会共识。这点不仅在2000年以后的每年度省政府工作报告中已得到加强，而且在省政府的国民经济和社会发展“十一五”规划纲要中也强调“大力发展学前教育”，省“十一五”教育发展规划中制定了明确的发展目标：“幼儿教育入园率有较大提高。2010年，幼儿毛入园率达到80%。”其主要任务要大力发展幼儿教育：完善办园体制、大力发展农村学前教育、加强社区学前教育基地建设、积极扶持残疾幼儿教育。可见，广东各级政府开始重视学前教育，制定了具体的目标和措施，为广东学前教育的发展奠定了良好的基础。

2. 全力推动：切实加强学前教育领导。

30年来，广东各级政府在实施宏观规划协调全省学前教育发展的基础上，非常重视对发展幼儿教育的领导，全力推动幼儿教育发展。

第一，加快普及，重点发展农村学前教育。提高入园率、加速普及是未来广东幼儿教育发展的重点。广东省2007年的学龄前三

年幼儿毛入园率为69.6%，与“九五”期末的49.4%相比提高很快，但是与“2010年，幼儿毛入园率达到80%”的目标有较大距离，与同类省份如江苏省（2007年为95%）、浙江省（为91%）、福建省（为88.36%）相比，差距很大。偏低的普及率与广东经济地位和人民群众需要不适应，不利于人口可持续发展，并带来“入园难、入好园更难”的社会问题。

未来广东普及学前教育的重点应是农村和山区。据统计，目前广东大中城市及珠江三角洲已经普及学前三年教育，入园率超过90%，而欠发达地区入园率普遍不到60%。2006年约有45%的乡镇没有中心幼儿园，约有69%的行政村没有村级幼儿园，还存在办园场地和规模较小，园舍简陋，经费不足等困难。因此，加快普及应是近期政府发展学前教育的重中之重，而普及的关键在于重点发展农村学前教育。其中，突出办好村级幼儿园是确保农村普及学前儿童的关键。所以，每个行政村设立一所幼儿园对于提高全省的入园率意义重大，消除欠发达地区高达69%的村幼儿园空白对实现普及广东学前教育有非常重要的意义。

第二，广东学前教育将形成多元化办园体制，形成以公办幼儿园为骨干和示范，以社会力量兴办幼儿园为主体，公办园和民办园协调、健康发展的发展格局。广东目前民办幼儿园蓬勃发展，提高了广东幼儿教育普及率，但公办园比例偏低的问题也很突出。2007年广东公办幼儿园仅410所，占幼儿园总数的3.9%，而全国比例是17%，其中上海市达80%。因此，首先是有计划地按公益性原则办好公办园，扩充改制严重萎缩的公办园系统，小区幼儿园及公有幼儿园面向平民招生，保证公办园比例逐年上升，逐步建立收费低覆盖广的学前教育服务体系，满足广大民众的学前教育需求，实现普及率。其次是规范民办幼儿园，在建设用地、项目立项、税收减免、建设规费等方面实施政策扶持，在教师培训、职称评定、表彰奖励等方面与公办园待遇等同，甚至给予奖励补助等，促进民办幼儿园健康发展。

第三，加大财政投入、确立投入保障机制，尽快减缓地区间的不平衡状态，确保高水平普及。各级政府应从长远角度出发，在鼓励社会资金办园的同时保障学前教育经费逐年增长。首先，重点加大对农村和山区学前教育的财政投入，省市及乡镇政府财政预算要安排发展学前教育的经费，办好乡镇中心幼儿园并确保教师培训、教学研究、奖教奖学经费。尽快缩小地区间的差距，欠发达地区从优先实现学前一年优质教育，到逐步实现学前三年教育，发达地区要提供学前三年优质教育。其次，确保困难家庭子女能接受学前一年教育，建立健全困难家庭子女入园资助体制，促进幼小衔接，促进普及。再次，将对外省务工者子女实施学前教育纳入政府职责，这无疑将极大地优化广东社会投资环境。

3. 强化法治：加快学前教育立法工作。

广东学前教育立法要实现一个飞跃，改变目前法治薄弱环节，保证学前教育实现跨越式发展，以上提到的种种问题几乎都与立法及法治相关，也都可以通过健全法规来彻底解决。因此，广东加快学前教育立法工作刻不容缓，省人大应在组织调研基础上，在法律层面上确保学前教育的发展。这是一项“解放思想、促进社会和谐发展”的重要工作。广东有必要走在全国各省的前面，推进广东学前教育春天的到来。

广东各级政府都有积极推动立法和执法的重要责任，切实履行发展学前教育的时代责任，组成强有力的政府领导机构，共同解决发展和改革中的重点、难点问题，保证学前教育持续稳定发展，促进学前教育快速发展。

（二）服务多元：推进全程式学前教育社区化

30年广东学前教育发展取得丰硕成果，也为广东未来实施0~6岁儿童的全程教育创造了重要条件，同时，广东经济的快速发展也为实施全程教育提供了经济基础和庞大的社会需求。这同国际上纷纷将0~3岁的儿童教育纳入政府监管的范畴，学前教育由3~6岁向0~6岁的托幼一体化转化的趋势是一致的。因此，广东应积极创建以社区为依托的、社区和家长共同参与的、正规与非正规

托幼机构以及托幼机构和家庭相结合的0～6岁儿童保教服务体系。

1．构建全程体系，提供多元化机构服务。

国际学前教育的发展趋势和广东省对0～3岁教育的强烈需求，为广东整合和创建0～3岁和3～6岁的学前教育体系提供重要的基础，政府应积极在法律和政策层面予以推进。

广东社会发展加速，教育对象年限向下延伸及社会经济形态和人的生存方式的多元化等诸多因素要求学前机构的多元化服务。广东要更好地适应社会对学前教育的需求，积极创建多元化服务。如在服务时间上，除了传统的寄宿制和全日制机构外，可以增加半日制机构或半日制班级，尤其在0～3岁阶段，就近的非全日制服务会受到多数家庭的欢迎；在机构类型和服务灵活性方面，可以在社区中许可家庭式幼儿园的注册登记，在人员素质和环境方面给出必要的规定；在服务特色方面，应提倡在促进儿童全面发展的基础上能有个别领域的深入研究和重点关注，会更受广大家庭的欢迎，更有利于幼儿的发展。

总之，广东要坚持数量和质量并举的导向，积极推进扩大服务范围、关注各类家庭的儿童、因地制宜地进行各类早期教育、提供优质的多样化的学前机构服务等方面的有益尝试。

2．推进社区化，提高广东学前教育水平。

未来广东学前教育社区化将会日益发展。学前教育社区化是国际学前教育发展的趋势，推进学前教育向社区全体居民、全体幼儿开放，将有效地提高广东学前教育观念和水平。

为此，广东将组织开展相关规划，以社区为依托，探讨学前教育社区化的全方位管理体系，出台详细的学前教育社区管理的政策以及实施细则，对社区的管理职责和范畴进行督导评估。要求每个社区积极宣传学前教育，在配套的学前机构方面达到规范化和多样化，使社区内的家长和学前儿童在区内可以享受到较全面的保教服务。

从提高全社会学前教育观念出发，有必要对城市小区和农村行政村相关功能进行深入地思考和有效地发挥。政府应召开多部门联

合会议，确保社区规划中建立学前教育机构，保证小区内幼儿能就近入园，使社区内主要的正规机构办成公益性机构。特别要重视提高农村学前教育观念。

3. 采取多种措施，更新学前家长教育观念。

家庭是儿童的第一个教育单位，对学前儿童的影响大于社会，影响学前教育的效果。学前教育现代化一个关键要素是学前家长的家庭教育观念和水准。一是树立全人发展的学前教育观，重视儿童全面发展，特别是基础智能和人格的健全发展。二是树立全程式社区性学前教育服务新观念，积极参与社区学前教育活动等等。政府要采取多种措施，千方百计全面提升父母和未来父母的教育素养，广东应进一步解放思想，走在全国各省的前面。这些措施包括：

（1）以政府名义制定和颁布《广东省学前亲子教育指南》和《广东省0～6岁儿童养育标准》，在社会上广泛宣传早期经验的远期影响，家庭对儿童成长的重要意义，帮助家长理解和掌握科学有效的教养方法，从观念、知识和能力上全面提高广东学前家庭教育水平。

（2）借鉴先进经验，以业余教育的形式，在大专水平上开设“0～6岁儿童家庭教育”专业，培训家长。每年高校的学前教育大专班都有不少年轻的母亲参加，证明已有这种社会需求，应当实施相关课程改革。

（3）借鉴别国的经验，在高校开设“家庭教育”必修公选课，培训未来的家长。

（三）保教多样：提供优质的学前服务

1. 强化学前师资建设。

目前，广东幼儿园教师整体素质偏低，全省在编教职工仅1.5万人，约占9%，2007年统计表明有73%的教师、55%的园长、52%的教师没有专业技术职称。待遇普遍偏低，一些地区公办园教师也不能与公办中小学教师同等待遇，农村幼儿园和民办幼儿园教师待遇更是参差不齐，难以保证。这些都导致幼儿园师资尤其是优

秀师资流失严重，幼儿园难以招聘到合格师资，成为影响学前教育质量的关键。为此，各级政府要重视学前教育师资发展工作，立法保护学前教师的基本权益。重点突破以下各点：

（1）加快培养一支具有学前教育理论知识、科学管理水平、教育战略决策能力、国际视野的幼儿园园长队伍，提升幼儿园管理水平。《幼儿园工作规程》明确规定“幼儿园实行园长负责制”，但现全省2007年仍有55%的园长未有专业技术职称。因此，严格实施国家《幼儿园园长任职资格》，努力选拔和造就一支能领导幼儿园走向教育现代化的领导队伍就成为广东发展学前教育的一件迫在眉睫的大事。

（2）大力提高教师队伍的素质水平，重点在于加大教师教育改革力度，推进全省学前师资的职前职后一体化进程。一是整顿职前培养市场，规范幼儿园教师入职门槛，大中城市发达地区统一为学前大专以上学历层次的毕业生，欠发达地区维持中专要求；大幅度提高中专、大专、本科学前师资培养质量，借鉴发达国家的做法，制定“广东省学前师范生教育教学技能标准”，建立学前学生知识与技能的评估体制，以保证未来师资的基本素质。二是制定“广东省幼儿园教师任职考评标准”等行业标准，重视职后培训单位建设，强化培训的力度和效益，针对教师队伍的薄弱环节和发展趋势开展针对性强的培训。对于农村地区和欠发达地区的幼儿园教师，政府应出台专门的培训政策、提供培训经费。

表6－2　1990—2000年广东省幼儿园教职工及专任教师数量变动情况

（单位：人）

项目＼年份	1990	1992	1993	1995	1998	2000	2005	2007
教职工数	65195	73770	78482	90904	111288	129060	158971	179061
专任教师	43500	49308	53534	59344	73096	83552	91789	104541

2．加强教育研究，发展优质学前教育。

广东经济发展对优质学前教育产生很大的需求，加强学前教育研究，对积极发展优质学前教育具有重大意义。

首先，积极探讨全程式学前教育，制定“广东省0～6岁儿童养育标准”、“广东省幼教机构质量评估标准”和“广东省幼儿园教师任职指南”等行业标准，引导和规范学前教育发展。

其次，加强不同年龄段幼儿保教的研究，探讨以全人教育为目的的幼儿保教规律。特别是针对0～3岁幼儿教育研究薄弱现状，探讨0～3岁幼儿教育方法，避免托儿教育幼儿化的倾向，重点对托幼衔接、托儿动作发展、感觉教育、语言发展、心理安全和保健工作展开研究。

再次，加强学前教育理论发展，提升幼儿园自身发展能力。推进幼儿园贯彻国家的《幼儿园教育指导纲要》和《广东省幼儿园课程指南》，开展课程改革，提供优质教学。

在改革开放30年之际，认真总结教育发展经验，乘着十七大的东风，促进广东学前教育进入新一轮快速发展时期，使广东成为经济大省、文化大省和教育大省。

第七章
名师精英：广东教师教育发展

目前国际上通称的“教师教育”（Teacher Education）亦称师范教育，指“培养师资的专业教育。包括职前培养、实习试用期（初任考核试用）和在职培训”。[①] 它包括了师范生入职前的培养和教师的在职进修等。广东教师教育始于20世纪初的“广东高级师范学堂”，经历了从初等师范教育向中等师范教育，再向高等师范教育发展的历史进程，并显现出从重数量到重质量、从初级向高级，从单一闭锁型机制向多元开放机制的发展演进历程。特别是30年改革开放中教育的迅速发展，赋予广东教师教育以崭新的面貌。

一、重建师范：广东教师教育发展

“文革”后，广东教育积极拨乱反正，恢复被“文革”打乱了的教育秩序，其中，最迫切的是师资问题。为此，教育部强调必须加快师资队伍建设。紧迫的师资问题对广东教育造成了重大影响，一些学校复课但找不到合格的老师。广东通过整顿师范教育，提出恢复、调整、发展三个方针，逐步转向建构新师范教育体系。其中

① 顾明远主编：《教育大辞典（第2卷）》，上海教育出版社1990年版，第3页。

主要体现为三大发展。

（一）整顿正名：确立教师教育优先发展的战略地位

改革开放之初，广东教师紧缺，各级各类学校复校上课需要老师，普及初等教育也需要老师，不断涌入学校大门希冀在人生重要一刻补回失去学习知识机会的人们也渴望有足够的教师。有资料显示，1978 年广东至少缺少合格的各类教师近 10 万人。广东审时度势，采取了三大措施：第一，加大平反冤假错案的力度，让更多有知识的老教师尽快回到讲台上来。1978 年 11 月普教平反冤假错案 961 宗，有 1.38 万被清洗教师复职，占总数的 83.4%。中山大学等 20 多所高校平反安排了被清洗教师的工作，还为近千名领导和教职员工昭雪。特别是吸收了相当数量原在外省被清洗的教师，这些专家型老师为广东教育复兴做出了积极的贡献。

第二，恢复教师教育建制，倡导尊师重教风气。广东“文革”后采取的第二件大事就是迅速恢复教师教育建制。特别是依据 1978 年 4 月 17 日教育部发出《关于恢复或建立教育学院或教师进修学院报批手续的通知》，重建广东教育学院和完善地市教师进修机构。1978 年 4 月 22 日召开的全国教育工作会议上，邓小平讲话时指出：学校办得如何，“关键在教师”。“对于优秀的教育工作者，应该大张旗鼓地予以表扬和奖励。”“特别优秀的教师，可以定为特级教师。”“教育战线任务愈来愈重，各级教育部门不能不努力提高现有教师队伍的教学能力和教学质量。教育部和各地教育行政部门，要采取切实有效的措施，比如充分利用广播、电视，举办各种训练班、进修班，编印教学参考资料等，大力培训师资。”教育部于 1978 年 10 月 12 日发出《关于加强和发展师范教育的意见》，提出要大力发展和办好师范教育，加强教师队伍建设，使初中和高中教师在所教学科方面分别达到师专和师范学院毕业程度。这段时间，广东师范院校相继复办，如华南师范大学于 1978 年被确定为广东省属重点大学。广东教育学院于 1978 年由省革委会批准复办。海南、韩山、雷州、肇庆、佛山、嘉应、惠阳、韶关、广

州、深圳等师范专科学校，以及省内各地市师范学校和教师进修院校相继成立或复办。这些高师院校、中师和教师进修学校经全面整顿后都陆续招生。至此，广东省师范教育开始得到恢复并蓬勃发展了起来。

第三，确立教师教育的优先发展地位。广东重视教师教育，改革开放以来，设置了各种表彰教师的方式，如每年评选“南粤优秀教师”，最早倡议设立“教师节”的是暨南大学的学生。1980 年 6 月全国师范教育工作会议提出师范教育是教育的“工作母机”，要确立优先发展的战略地位，广东为此出台多项发展教师教育政策，强化师范院校改革，加强教育科学的研究，促使广东师范教育进入了迅速而良性发展的时期。广东依托师范院校加强中小学在职教师培训规划，建立和健全在职教师进修的考核制度，大力改善教师进修院校的办学条件，并通过培训做好部分中小学教师的调整工作。1983 年 4 月省政府批准把 1979 年办起来的教师进修学院改为教育学院，省地市级共 15 所，学员 2 万余人，教师进修学校 101 所，学员 5 万人。到 1985 年前后，广东教师教育规模超过“文革”前，培养师资配合了广东教育的迅速发展。

（二）加速发展：全面扩张教师教育规模

随着广东教育的发展，对教师的需求越来越大。这时期促使广东教师教育规模迅速扩张的重要因素有：一是 1985 年 5 月 15—19 日，中共中央、国务院在北京召开改革开放后的第一次全国教育工作会议，邓小平出席闭幕式并作了重要讲话，提出要加快发展教师教育。二是 5 月 29 日颁布《中共中央关于教育体制改革的决定》，提出“必须对现有的教师进行认真的培训和考核，把发展师范教育和培训在职教师作为发展教育事业的战略措施”。“要争取在五年或者更长一点时间内，使绝大多数教师能够胜任教学工作。从此之后，只有具备合格学历或有考核合格证书的，才能担任教师。”对此，广东做出两大部署：一是大力加强和发展师范教育，在办学规模上继续扩大以满足广东普及教育的需要。二是推进教师专业化发展，强化教师基本功训练，提高师范教育质量，师范院校提前单独招生或提前录取，以吸引优秀生当教师。随着普及义务教育加速，教育规模急剧扩大需要大量教师，同时民众对教育质量要求越来越高也对教师水平提出新的要求。

1986年1月19—23日，广东按照教育部精神召开全省中小学师资工作会议，掀起扩张师资培训规模、高等师范院校扩建增校的新高潮。嘉应、雷州、惠阳及深圳师专（后改深圳大学师院）等纷纷上马，各地市教育学院也得到新的扩充发展，把扩展师范教育作为民族振兴的大事来抓，限期达标验收。这是广东师范教育发展最快，质量上也达到一个新水平的重要时期。1980—1988年，广东高等师范院校从8所发展到11所；在校生从13359人发展到27034人，翻了一番；单一的办学模式被打破，开始形成多层次、多形式、多功能的开放型师范教育体系。到了90年代，全省拥有高等师范院校（含地方大学设师范部）11所，省属教育学院13所（其中独立建制的11所），教师进修学校93所，中师（含幼师等）46所，在校生约增3倍（见表7—1）。此外还有大批函授、自学考试的师范专业学生，据有关方面统计，每年参加考试者近10万人次。与此同时，教师达标工作也大步推进，一方面自1986年开始教师职务评聘工作，另一方面是强化教师学历达标。使广东教师从数量性发展到质量水平提升，广东小学及初中教师学历合格率已达到全国平均水平以上。

表7－1　1985—2001年广东师范院校发展情况表

年份	高等师范院校			教师进修学校			教育学院			中等师范学校		
	学校（所）	毕业生数	专任教师	学校（所）	毕业生数	专任教师	学校（所）	毕业生数	专任教师	学校（所）	毕业生数	专任教师
1985	12	3521	2723	104	8968	1544	13	9511	1219	53	7748	2219
1986	12	5900	3114	104	26104	1650	15	12561	1383	53	9112	2387
1987	13	8844	3333	105	15749	1758	15	10464	1459	53	10171	2534
1988	11	10338	3010	87	16303	1518	13	13506	1281	45	8229	2295
1989	7	8636	2927	113	2133	1479	13	14180	1242	45	9384	2462

续上表

年份	高等师范院校			教师进修学校			教育学院			中等师范学校		
	学校（所）	毕业生数	专任教师	学校（所）	毕业生数	专任教师	学校（所）	毕业生数	专任教师	学校（所）	毕业生数	专任教师
1990	11	11377	2909	93	18654	1603	13	7594	1291	45	10182	2671
1991	11	7707	2230	93	11213	1583	13	13310	1206	46	10803	2646
1992	7	6811	2213	98	12128	1618	13	6545	1213	45	10916	2764
1993	6	6170	2268	98	13721	1734	13	3965	1241	45	10996	2982
1994	6	5562	2287	101	17210	1754	13	4559	1281	45	11734	3231
1995	6	6933	2379	101	40692	1920	13	7373	1368	45	12438	3627
1996	6	7943	2566	102	44356	1906	13	8061	1338	46	17553	3841
1997	6	7669	2600	103	23851	1953	13	6087	1314	46	15740	4058
1998	6	11909	2605	102	15400	2026	13	3502	1355	47	19483	6190
1999	7	12692	2912	99	16607	1975	12	4473	1321	46	19486	3925
2000	4	7207	1974	100	11931	1743	6	2243	590	46	19826	3395
2001	4	9204	2241	100	4004	1825	6	2506	644	36	15520	2530

数据来源：教育部发展规划司编：《中国教育统计年鉴》（1985—2001），人民教育出版社2002年版。

（三）整饬待发：创新教师教育体系

第一，加大投入，师范大学进“211工程”重点建设学校。自“八五”以来，广东把教育放在了优先发展的战略地位，加大投入力度，真正实践“振兴民族的希望在教育，振兴教育的希望在教师”的思想。自1993年以来，广东省财政经常性教育拨款居全国首位，对高教的经费投入逐年递增10%，并每年拨给高教专项经费达5亿元左右。1996年华南师范大学被列为广东省指定的“211工程”重点建设单位，给予巨大资助，从根本上改变以往广东师范教育落后的局面，作为策应新世纪发展的重要举措。

第二，推进教师专业化，创新培训体制。30年来广东一直积极探讨提升中小学教师水平的方式，1994年广东确立建设教育强省并把建立现代化师范教育体制作为核心任务，同年，广东承办国

家教委举办的全国培养专科程度小学教师研讨会，以此为基础，完善小学教师大专化体系。1995年广东全面推行教师资格证书制度，进一步规范广东教师培养。特别是广东在贯彻落实1996年9月全国师范教育工作会议精神的基础上，更加致力于建设“符合中国国情的中小学教师培养培训体系。发挥各级各类师范院校培训教师的主渠道作用及非师范院校培养培训教师的积极作用；通过实施教师资格制度，规范教师职业标准，认定师范毕业生教师资格，吸收师范专业毕业生及社会优秀人才从教”①。由此推动着广东师范教育由规模数量发展为主要特征进入提高教育教学质量、优化学科结构、提高办学效益为核心的改革发展新阶段。开始为打破独立封闭的师范教育体系做制度上的准备。1996年广东普及义务教育之后，师资问题日益突出，要求培养大批高质量师资队伍，已成为广东教育面向21世纪发展，科教兴粤的重要任务。单一独行的师范教育体系逐渐被打破：“一个职前职后相互沟通，以独立设置的师范院校为主体，其他高等学校共同参与的开放的教师教育体系正在逐步形成。”②

第三，从旧三级到新三级，教师水平新战略。1998年，广东省教育厅、省教育学会、广东省比较教育研究会等在顺德师范学校举办的“第二届粤港澳台教育论坛”中，以国际及粤港澳台教师教育发展视野，提出广东应把“旧三级”变为“新三级”，取消中师，并推进开放性教师教育的建议，大胆打破师范教育“50年不变”的格局，引起强烈反响，被全国20多家报刊转载。1999年中央作出的“加强和改革师范教育，大力提高师资培养质量，调整院校的层次和布局，鼓励综合性高等学校和非师范性高等学校参与培养、培训中小学教师的工作，探索在有条件的综合性高等学校中试办师范学院”的决定，都是在这种全新的师范教育理念主导下

① 何东昌：《中华人民共和国重要教育文献（1991—1997）》，海南出版社2003年版，第4041页。

② 中华人民共和国教育部：《跨世纪中国教育》，高等教育出版社2002年版，第207页。

所进行的制度创新。广东省实行“普九”教育后，优质教育对师资提出更高的要求，中等师范学校消亡可提高小学教师培养水平，有利于师范教育资源整合。《面向21世纪教育振兴行动计划》采纳了广东论坛的观点，支持取消中师。2000年后，广东省中等师范学校一律停止招收三年制普通师范类新生。英语、音乐、美术、体育、计算机、幼儿师范等短线专业则根据各地的实际情况，继续少量招生一年。到2001年，全省中等师范学校全面停止招收三年制新生。到2004年，广东对中等师范学校实行转制改革，或改办其他学校，或提升为大专院校程度的高师院校，并积极推进如中山大学、广东外语外贸大学等综合大学参与教师教育。

广东以华南师范大学进入国家“211工程”及尔后肇庆学院、佛山科技学院、惠州学院、嘉应学院、韶关学院等6所设师范教育部的地方学院升格为本科院校，中山大学2000年成立教育学院和广东外语外贸大学成立英语教育学院以及一批培养小学教师的中师发展为专科院校为特征，广东师范教育进入了崭新的历史发展阶段。

二、培育名师：广东教师教育发展经验

广东30年改革开放中教师教育发挥了极为重要的作用，不仅顺利地实现教育的拨乱反正，恢复教育秩序，也是广东教育走向繁荣和中兴的关键，同样，师范教育也将是广东教育走向21世纪的重要支柱，是应对知识经济的兴起和创新发展的重要条件，关系到广东教育乃至广东发展的成败。因此，总结广东教师教育30年的经验，对进一步发展教师教育，有着极为重要的意义。

（一）开放多元：创建高层次开放型教师教育体系

30年来广东教师教育的重要经验是重视向世界各国学习教师教育发展的经验，坚持改革开放，坚持创建高水平的开放型教师教育发展体系。这主要包括：

1. 构建多元型一体化的教师教育体制。

广东30年来，很重要的一点是，坚持走师范院校定向培养为主体地位与其他高校培养相结合的发展道路。首先，广东率先打破单一师范教育体系，为师范教育的发展敞开一条新路。90年代初，广东大部分地方高校的创办，如佛山大学、西江大学、韶关大学、嘉应大学等几乎都是依托原来师范专科高等学校为基础创办起来的，实行师范教育与其他学科教育一体化。1998年广东民族学院改制为广东技术师范学院，原广东机械学校、原广东经济管理干部学院和广东省财贸管理干部学院先后并入该学院。改变了单一师范教育体系，并吸纳工科、商科院校等学科，改变当时缺乏职业技术学校师资的困境，为许多省所仿效。该学院成立了师资培训中心、广东省中等职业学校校长培训中心及别具特色的职业技术实训中心，为全省高级职业中学、技校、中专学校和高等职业技术学院培养合格的师资。

其次，在一体化下实行多元发展。30年来，广东充分发挥各级教育学院的作用，使之成为实行多样化师资培养的主力军。在广东，除了地区教育学院和县区教师进修学校每年培训成千上万教师外，广东教育学院于1991年设立广东省中小学校长培训中心，负责指导全省中小学校长培训工作，也担负中学校长培训的重要工作。广东省人民政府批准广东教育学院从1999年开始招收四年制普通师范本科生，至2005年，培养出普高本科毕业生11届，共3784人。1978年以来，培训了中小学校长3万余人次，中小学教师10万人次。

2. 推进多种院校参与教师教育。

广东自80年代来就大力推进不同院校参与师资培养模式，除了师范院校外，地方高校中普遍实行教师教育与其他专科教育一体化模式。西江大学走了一条从师专到师专与大学的“一校两体”，再到师专与大学的“两校一体”。其余的地方大学也基本照此办学模式，例如深圳大学设师范学院、嘉应大学中师范生约占2/5。这种混合体制对促进学科互动起了非常好的积极作用。2000年中山

大学恢复教育学科，设立教育学院；尔后广州大学与广州师范学院、广州师专及广州市教育学院合并；广东民族学院转制为广东技术师范学院，培养中等职业技术学校师资。这些改革，既与国际教师教育相接轨，也极大地提升了广东教师教育的水平。

3. 按需要采取灵活的师资培养形式。

广东在建构开放型教师教育新体系中，也很重视广东区域间发展不平衡对师资的不同需求，如珠江三角洲地区与粤东、粤北地区对师资需求和接纳水平的区别。广东为此对珠江三角洲地区和东西两翼及粤北山区实行了不同的培训和使用要求，较好地满足了这些地区师资发展要求和教育需要。广东自 90 年代后就实行师范生插班生制，中等专业师范生可考入专科学校继续攻读，专科师范生可考入本科师范院校继续攻读。2002 年广东省开始面向社会人员认定教师资格，"教师资格证"的申请和颁发为那些原来不在教师岗位而想从事教师工作的人们，以及在职教师接受继续教育提供了一个灵活的多样化的师资培养模式和机制。在这个开放体系下，广东教师教育在发展正规体制下，还开设自学考试、函授、插班生等方式扩大师资培养规模，还有为广大教师进修提高设计的各种中、短期学术培训，各专业教育硕士研究生和硕士研究生课程进修班等等。

广东开放型教师教育新体系引导全社会广泛参与教师教育，不仅使教育厅局及各教研部门和广大中小学校参与其中，而且也促进了教师教育整合不同优质教育资源，建立起不同层次的教师专业发展学校，① 促进了广东教育的发展。

（二）名师之重：把提高质量作为教师教育发展的重点

30 年来，广东始终把提高质量作为教师教育的重点，以提高质量带动改革，推进了广东教师教育的发展。

1. 重视培训机构的质量建设。

---

① 屈书杰：《美国的教师职业发展学校》，《比较教育研究》2000 年第 4 期。

广东为了保证教师培养质量，很重视对培养机构的建设。一是重视高等师范院校的建设，把其造就成中小学教师培训的骨干力量。其中采取的措施包括：建设华南师范大学，列入“211工程”大学，使其成为国家21世纪重点建设的大学之一；扶持和建设一批师范类院校，如湛江师院、广东技术师范学院、广东外语艺术职业学院等，并对地方大学中的师资培养部分予以扶持。二是推进广东教师培训体系变革，鼓励更多的院校参与教师教育，出现了高等院校积极参与教师培训的热潮，使承担省级培训的院校由省教育学院扩大到30多所高校，承担高中教师培训的高等院校也从省教育学院1所发展到近20所。三是推进培训机构的发展。目前，广东市级教育学院已合并入地方高校，提高了办学层次，增强了培训的力量，同时也鼓励各地县级教师进修学校寻求与高等院校建立广泛的合作关系。教师培训机构办学水平的提高，有效地提升了教师培训的质量，更重要的是，广东30年来在师资队伍建设中，走出单一的师范教育体制，引导和鼓励更多的不同类型院校，包括如中山大学等一批重点院校参与师资培训，利用这些院校资源，增强广东教师教育的整体实力，不断满足广大教师发展的需求。

2. 实施学历提高工程。

广东30年来，一直坚持实施教师的学历提高工程。80年代制定各种政策鼓励教师在职和脱产进修。90年代，对各级教师培训予以各种鼓励措施，从出国深造到离职攻读学位，为中专毕业生提供多种插班转学本科教育以及在职进修学习等等。走向新世纪，广东师资发展面临新的挑战。2004年7月，广东省教育厅依托全国教师教育网络联盟计划，启动了“利用网络教育提升中小学教师学历工程”，整合各类教师教育资源，实现了“天网、地网、人网”的有机结合、学历培养与非学历培训相沟通，积极创新广东教师教育体系、模式、方法、手段，为全面提高全省教师教育质量，特别是提升教师队伍的学历层次和整体素质做出了积极贡献，有效促进了广东全省基础教育尤其是农村基础教育的发展，初步探索出一条通过多样化途径构建教师教育公共服务体系的发展道路。

学历提升工程实施以来，广东三大网络教育学院（中山大学、华南师范大学、华南理工大学）在教师教育专业设置、教师学习中心布局、招生规模和非学历培训等方面都取得了较大的发展，并呈现良好的发展势头。至2008年，网络教育学院开设的专门教师教育专业有汉语言文学教育、教育管理、数学教育、思想政治教育、教育技术、学前教育、计算机科学与技术、音乐教育、美术学和英语教育等10余种，全部专业设有高中起点专科和专科升本科层次；仅华南师范大学网络学院2008年注册学生25000余人，学生中在职教师的比例由工程实施前的30%提高到当前的50%多，教师教育特色得以进一步增强，依托各市、县教师进修学校设立了首批专门服务于教师教育的校外学习中心128所，并开展如高中新课程评价培训、中小学教师骨干班主任远程培训、中小学校长培训班等。

3．远程教育提高教师教育功能。

学历提升工程适应了广东乃至中国教育发展需要，受到教师们的广泛好评，取得了显著的社会效益。第一，满足中小学教师自主学习、协作学习的需求。使教师教育能充分发挥现代远程教育优势，将“人网、天网、地网”相结合，满足了在职教师在完成教学任务同时，在任何时间、任何地点开展基于资源与网络的自主学习和协作学习的需要。第二，以网络为主的培训方式，有力地提高了中小学在职教师的信息技术能力与信息素养，对教师日常教学的信息化起到了良好的推动作用。第三，提升了教师教育的品牌价值。在全国教师网联的框架下，整合了不同院校中诸多教育专家的优质教师教育资源，利用网络教育构建广东省中小学教师学历教育和非学历教育的远程教学平台，创建了优质教师教育的新模式，营造了广东省教师培养与培训的龙头作用，推动了广东省教师教育的整体发展，也提升了自身品牌价值。第四，使教师进修学校重新焕发活力。目前，中国不少县级教师进修学校办学经费严重不足，特别是边远山区的教师进修学校普遍面临衰败和萎缩，处于职能弱化、边缘化的境地。学历提升工程吸纳教师进修学校作为远程教师教育的校外学习中心，充分调动了各级教师进修学校的积极性和主动性，有效地拓展了教师进修学校的办学渠道，提高了办学层次，赋予了教师进修学校新的活力。据统计，从2005年以来，广东省37个县一级教师进修学校参与了华南师大网络学院各种层次的学历教育招生超过一万人，为教师进修学校筹措办学经费共计2400多万元。第五，依托教师学习中心探索构建教师教育公共服务体系。学历提升工程在全国首次提出了“中小学教师现代远程教育校外学习中心”（以下简称“教师学习中心”），利用教师进修学校为教师学习中心依托单位达致一石三鸟的作用，既激活学校，又担负开展教师教育专业学习支持服务，负责网联成员单位在当地的教师学历与非学历教育招生、宣传、咨询等工作，还提供教师学习环境和组织日常教学管理。教师学习中心的建设既符合中国现代远程教育特点，也满足全国教师教育公共服务体系建设的要求，是广东省学历提升工程的重要创举之一。第六，远程网络教师教育也很好地降低了教育成本。2005年春季开始，对报读教师教育专业的广东省在岗中小学教师（含中等职业学校教师），给予减免15学分学费的优惠。该措施进一步降低了中小学教师的学习成本，减轻了他们的家庭经济负担。

（三）精英战略：持续推进名师发展工程

30年来，广东坚持大幅度提高学历水平与专业化以及提高教师整体素质的方针，在面向全体教师，突出中青年骨干教师，倾斜农村中小学教师的基础上，全面实施“名教师培养计划”，建设一支与广东教育改革和发展相适应的高素质专业化的骨干教师队伍。

从90年代开始，随着广东普及九年一贯制义务教育的推动，教师数量和质量都面临重大挑战，为此，广东在原有培训的基础上，开始实行五年一周期的全省中小学教师继续教育，每人完成不少于240学时的非学历全员培训（包括新任教师培训、教师职务培训、骨干教师培训、新课程培训、信息技术应用能力培训等）。1995年，广东省高等教育厅出台高校教育“千百十人才工程”，每

期四年一个周期培养校级、省级和国家级优秀学科带头人。经过自下而上的层层推荐、遴选和多轮专家评审，于1996年实施第一期，目前已开始第五期，其培养对象都已成为广东高校骨干教师和国内外有影响的著名学者。1997年广东省教育厅启动了广东特色的基础教育师资队伍建设“百千万人才工程”。该工程的目标是，从1997年到2010年，在全省基础教育系统中，培养100名教育专家、1000名名校长和10000名名教师，使他们成为全省基础教育跨世纪的学术带头人，并以此带动师资队伍整体素质的优化，推动素质教育实施，促进广东基础教育的改革和发展。广东省教育厅于1999年确定了第一期“百千万人才工程”省级培养对象195人，并进行了为期3年的系统培训。培训内容包括：系统的教育理论课程学习、专项课题研究、实践观摩、案例学习、撰写教改论文等。据不完全统计，3年来，这批培养对象完成了市（厅）级以上科研课题175项，公开发表学术论文504篇，出版著作83本，获得市（厅）以上奖励或荣誉的有232人次。一批培养对象被评为“全国模范教师”、“全国优秀教师”、“南粤优秀教师”和省“特级教师”，一些成为省一级学校校长，还有一些在全国、全省的各项比赛中崭露头角，逐步成为新一代的骨干教师，不少还成为国内颇具影响的学科带头人。

2004年，广东省积极参与全国名师培养项目，遴选在教育教学中有突出贡献的中青年骨干教师参加教育部“1000名中小学教育专家成长计划”；派送600名左右骨干教师参加国家级研修、继续组织6000名骨干教师参加省级研修、推动各地完成60000名骨干教师参加市（地）级研修；同时要完成新一轮全省中小学校长任职资格培训和提高培训。中小学教师继续教育已进入全面推进的新阶段。

在多种培养方式的推动下，广东一批优秀中青年骨干通过重点培养，涌现出一批名家、名师，带动了广东省教师队伍整体素质的提升。由表7-2可见，从2000年至2005年，中小学教师从59.27万人增加到71.11万人，增长了19.8%（同时，中小学在校学生数从1390.62万人增加到1678.72万人，增长了20.7%）；小学教师具有大专以上学历的比例从26%提高到68.1%；初中教师具有本科以上学历的比例从17.2%提高到36.3%；普通高中教师具有本科以上学历的比例从67.5%提高到83.6%。由于高教自1998年开始扩大招生，普通高校教师2005年达到5.43万人，比2000年增加了3.39万人，增长了166.2%（同时，普通高校在校学生2005年达到87.47万人，比2000年增加了56.87万人，增长了185.8%）。具有副高以上职称的教师从7924人增加到20542人，增幅达159.2%。现有“两院”院士22人，“长江学者”特聘教授27人，省级特聘教授21人。①

表7-2　广东省改革开放以来专任教师人数一览表

年份	普通高校专任教师数（万人）	普通中学（初、高中）专任教师数（万人）	小学专任教师数（万人）	合计（万人）
1978	0.90	15.46	26.09	42.45
1979	0.97	14.42	27.41	42.80
1980	0.95	13.50	28.14	42.59
1981	0.97	12.32	28.04	41.33
1982	1.12	11.28	27.55	39.95
1983	1.20	10.98	27.25	39.43
1984	1.26	11.31	26.95	39.52
1985	1.36	12.03	26.81	40.20
1986	1.48	12.48	26.34	40.30
1987	1.50	12.91	26.71	41.12
1988	1.57	13.28	26.95	41.80
1989	1.58	13.31	27.37	42.26
1990	1.57	13.47	27.73	42.77

① 《南方日报》2006年9月9日。

续上表

年份	普通高校专任教师数（万人）	普通中学（初、高中）专任教师数（万人）	小学专任教师数（万人）	合计（万人）
1991	1.55	13.88	28.35	43.78
1992	1.51	14.54	28.99	45.04
1993	1.57	15.39	29.86	46.82
1994	1.61	16.28	30.59	48.48
1995	1.66	17.75	32.14	51.55
1996	1.69	18.88	33.82	54.39
1997	1.69	20.01	36.64	58.34
1998	1.71	20.90	34.79	57.40
1999	1.85	21.89	35.74	59.48
2000	2.04	22.86	36.41	61.31
2001	2.35	23.93	37.13	63.41
2002	3.30	25.48	37.97	66.75
2003	3.98	27.16	38.92	70.06
2004	4.70	28.90	39.65	73.25
2005	5.43	30.73	40.38	76.54
2006	6.11	32.48	40.76	79.35
2007	10.82	44.53	47.46	102.81

数据来源：1978—1998 年数据来自《新中国五十年统计资料汇编》（国家统计局国民经济综合统计司编，中国统计出版社 1999 年版）；1999—2006 年数据来自《中国教育年鉴》，（《中国教育年鉴》编辑部编，人民教育出版社 2008 年版）。

注：2007 年广东幼儿园教师 179061 人，特殊教育学校教师 2116 人，工读学校教师 88 人。

以广州市作为广东省省会中心城市为例，在加强教师队伍建设，培养名师、名校长等方面也有许多新特点和经验。2003 年后广州每年投入 150 多万元重点扶持骨干教师队伍建设，实施基础教

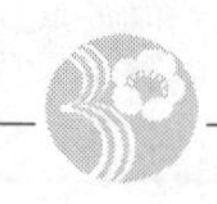

育系统“百千万人才工程”，完成了首期市级基础教育系统“百千万人才工程”培养计划，有102名校长、教师顺利完成培训。另外，选送了三批共68人参加省级“百千万人才工程”培养，选送了279名骨干教师参加了省级骨干教师培训，还选送了一批骨干教师参加了国家级骨干教师培训。近3年全市共培训中小学幼儿园骨干教师4882人，参加提高学历培训的中小学幼儿园教师13092人。同时，采取“多元化、开放性、有特色”的培训模式，加强对中小学校长培训工作。目前，全市共有1034名中学校长、2719名小学校长和幼儿园园长参加了校（园）长的岗位培训、提高培训和高级研修。

广州市还是教育部唯一的教师教育技术培训促进中小学教师专业发展试验区，教师远程工作培训从1999年开始，一直处于全国领先水平。如今，在广州农村等信息欠发达地区的教师，也都能实现上网培训。广州市中小学教师继续教育网率先在全省实行教师继续教育网上报名、选课、学习，是教育部评定的全国6个优秀教育网站中唯一的地方网站。至2007年底，全市共组织了10期、超过18万人次的中小学教师参加了以新课程为核心的远程培训。广州市有中小学教师9.3万，覆盖率超过90%。① 广州市充分利用网上继续教育资源和现代远程教育手段，逐步形成了全员培训以现代远程教育为主、骨干教师培训以面授培训为主、个性化培训以校本培训为主的三头并举的中小学教师继续教育工作新格局。3年来，全市所有中小学教师共有8.5万人次参加了网络课程学习，共有59600人次完成了面授培训。截至2007年，广州市有中国科学院院士35人、工程院院士29人，享受国务院特殊津贴教育专家3003人，博士生导师364人，省级以上重点学科带头人19人，省级基础教育名校长、名教师12人，省特级教师178人，具有高级职称教师5172人，国家、省基础教育系统“百千万人才工程”培养对象68人，形成了市、区（县级市）、校三级骨干教师梯队，教师

① 《信息时报》2007年12月3日。

队伍的核心竞争力在全省处于领先地位。①

（四）优化结构：实现师范性与学术性的新整合

为了提高教师教育水平，广东吸取了国内外先进的办学经验，积极优化课程结构，把三大类教师教育课程模块：公共课程、专业课程、教育课程（含教育理论课和教育见习、实习课）实行有机互动，实现广东教师教育中师范性与学术性的新整合。

1．课程体系由专狭性向基础性、综合性发展。

广东教师培训中非常重视教育观念创新，坚持基础教育从应试教育向素质教育的转轨，要求教师具有广博的文化知识积累和较强的发展潜力。在培训中强化教师提高学科教学质量，扩大教师学科教学之外启迪学生智慧的空间，走出单一的课程设置和教学内容。同时，坚持教学内容和课程体系改革，做到不断弃旧补新，增加科技前沿、综合实践教学内容；加强文理渗透，在理科教学中增加人文科学内容，文科教学中增加自然科学内容。强调课程设置要强化基础课，增加综合课程，形成具有现代教师教育特征的课程体系。

2．教育学科课程多样化。

广东教师教育课程发展中非常重视教育学科课程建设，不仅适当增加门类，加大教育理论比例，充实教育实践内容。其中，致力于建构一个以教育专业理论与实践课程为核心，把基本教育原理（包括教育哲学、教育心理学、教育史等）、教育教学的方法与策略（包括学科教学论、学科教育等）、教育实习融合互动的课程体系。目的是使师范生既了解和掌握教育的一般规律，又了解和掌握本学科教学的特殊规律和技能，为未来从事学科教学，成为行家名师打下深厚扎实的理论基础。

3．增加有地方性特色的选修课。

30 年来，广东作为改革开放先行实验区，涌现出一批富有特色的发展项目和优秀专业人才，因此，教师教育中也坚持地方性特色，

---

① 《羊城晚报》2007 年 12 月 19 日。

走特色发展的道路。一是增加带有地方性特色的选修课，突出特色培养。比如珠三角地区，港澳台的工厂比较多，技术工人较受欢迎，那么对于一些技术性的课程可以多设置，尽量满足这些地区对这方面人才的需求。二是强化特色发展，鼓励教师发展自己的专业特色。通过增加特色发展的选修课，在拓宽学生的知识面的同时，对某项感兴趣的学科加大学习力度，提高其素质和修养，充分发挥师范生的潜力，培养学生的特长，增强他们走上工作岗位的适应能力。

由于坚持课程改革，在师范院校中真正实行学分制、主辅修制、第二学历制、双学位制等，以及在教师教育中坚持师范性与学术性结合，基础学科与应用学科相互渗透、相互支持、密切合作，发挥学科交叉的综合优势，这对培养社会适应性强的“一专多能”的教师队伍起了极为重要的作用。

（五）创建基地：发展教师继续教育培训机构

30年来广东很重视教师教育，在完善各类师范院校办学条件的基础上，建立起诸多不同的教师继续教育机构，以推动教师不断培训进修提高专业发展水平。这些机构中，除了各高校设立的外，还有省教育厅设立的两个专门的机构。

1. 广东省高校师资培训中心。

广东省高校教师培训中心是广东省改革开放的产物。1980年广东依据教育部颁发的《关于加强高等师范学校师资队伍建设的意见》就开始了该项工作，1986年9月24日国家教委再次依据新情况，发出《关于建立高等师范学校师资培训中心和培训点的通知》，致力于建设一支数量足够、质量合格、结构合理并相对稳定的高等学校教师队伍。广东于1988年10月18日正式成立“广东省高等学校师资培训交流中心”，挂靠省高教局，与局人事处合署办公；1993年3月在华南师范大学设立省中心办公室，负责中心日常业务工作；1996年7月更名为“广东省高等学校师资培训中心”，进一步明确将中心依托华南师范大学开展工作。

广东省高等学校师资培训中心的建立，标志着广东高校教师培

训走向规范化、科学化、制度化，也标志着教师队伍建设的重点转移到了中青年骨干教师和学科带头人的培养上来。[①] 这是广东高等学校师资队伍建设上的大事，以师培中心为主管机构，广东高校教师的建设进入了新的发展阶段，不仅制订培训规划，很好地协调全省高校的各种培训点，对全省高校的师资培训工作进行业务指导，开展师资工作专题调研，为上级领导及主管部门提供决策依据，并编辑出版了广东高校人事管理研究会会刊《人事管理研究》以及组织各种培训班及协调教师进修访学等工作。自 1993 年至 2004 年 12 月，师培中心接受各类进修教师总计达 22345 人（次）。近年来，每年接受各类进修教师已超过 5000 人（次）。

广东省师培中心自建立以来，立足南粤，面向全国，竭诚为高校师资队伍建设服务，为广大进修教师服务，积极发挥省级师资培训中心的“师资培训、组织协调、调研咨询、信息交流”等四项职能作用，各项工作都取得一定的成绩，中心的事业在不断向前发展。在 1997 年原国家教委组织开展的全国高校教师队伍建设专题调研工作中，广东省师培中心成绩突出，受到教委人事司的表彰。在 1999 年教育部组织开展的全国高校（高师）师资培训中心评估工作中，广东省师培中心被授予“全国高等学校师资培训中心网络良好单位”称号。在全国高校师资培训研究会组织开展的优秀科研成果评选活动中，广东师培中心也有多项成果获奖。面临新世纪我国社会经济发展及教育事业改革发展的新形势，中心要进一步发挥职能作用，不断开拓进取，努力开创工作新局面，为广东高校师资队伍建设及建设教育强省作出新的贡献。（广东省高校师资培训中心 2000—2007 年工作总结；[②] 广东省高校师资培训中心 2008 年工作计划）[③]，广东省师培中心历年培训教师情况详见附表 7－3、表 7－4。

---

① 呼中陶、刘捷：《建国 50 年高校教师队伍建设的回顾与思考》，《北京师范大学学报》1999 年第 6 期。

② http://gdsz.scnu.edu.cn/BigClass.asp?typeid=15&BigClassid=48

③ http://gdsz.scnu.edu.cn/ReadNews.asp?NewsID=291

表 7－3 广东全省高校教师岗前培训（含两课补修）数据统计[①]

学年度＼单位＼人数	中山大学	暨南大学	华南理工大学	省高校师资培训中心	韩山师范学院	湛江师范学院	广州大学	合计
2001				3939	150	222	363	4674
2002				2156	294	684	230	3364
2003				2292	300	293	1044	3929
2004				5612	419	694	1042	7767
2005				3719	351	573	836	5479
2006	196	184	159	4711	460	461	1114	7285
2007	391	140	316	4916	299	417	1029	7508
合计	587	324	475	27345	2273	3344	5658	40006

注：数据统计到 2007 年 12 月。

2．全国高职高专师资培训中心广东基地。

广东高职高专教育发展在 90 年代出现巨大的需求，加强高职教育教学基本条件建设，尤其是高职院校师资队伍建设，就成了广东提高高职教育人才培养质量的关键。为此，广东在把广东民族学院改制为广东技术师范学院的同时，也在该校成立了全国高职高专师资培训中心广东基地。

广东技术师范学院作为广东省目前唯一具有学士学位授予权的技术师范学校，不仅为全省高级职业中学、技校、中专学校和高等职业技术学院培养合格的师资，也是广东省职业技术教育师资培养培训的重要基地、科研信息中心和工业实训中心。2000 年被教育部选定为“全国职业教育师资培训重点建设基地”，2001 年被省教育厅批准为“广东省中小学教师继续教育基地”，为此该院于 2001 年成立了师资培训中心。现已成功举办了应用电子技术骨干教师全国培训班和计算机、电子技术骨干教师省级培训班 100 多期。随着师资培训中心工作的深入开展，“广东省中等职业学校校长培训中心”、“全国高职高专教育师资培训广东基地（筹）”又相继设立。

① http：//gdsz. scnu. edu. cn/ReadNews. asp？NewsID＝293

表 7－4　　广东省高校师培中心历年接受各类培训教师情况统计①

项目\人数\学年度	1993 年	1994 年	1995 年	1996 年	1997 年	1998 年	1999 年	2000 年	2001 年	2002 年	2003 年	2004 年	2005 年	2006 年	2007 年	单项合计（人）
高级研讨班										55	50	100		90		295
国内访问（研修）学者						5	10	21	30	41	57	55	28	41	33	321
高校教师在职攻读硕士学位											126	264	251	75	118	834
硕士学位进修班		19	46	54	44	57	67	64		50						401
助教进修班、研究生课程进修班	25	35	48	48	30	78	75	115	153	100	110					817
高校教师岗前培训班		119	208	140	100	278	265	810	3939	2156	2292	5612	3786	4711	4916	29332
各类外语培训班	630	550	500	400	280	250	124	243	168	100						3245
教育技术培训班								78		122	33	43	76	298	452	1102
单科进修									3	11	20	23	33	2	5	97
其他形式培训		25	20		98	20	30	105								298
年度合计（人）	655	748	822	642	552	688	571	1436	4293	2635	2688	6097	4174	5217	5524	总计 36742

① http://gdsz. scnu. edu. cn/ReadNews. asp? NewsID = 257

2005年初，教育部正式批准广东省筹建全国高职高专师资培训基地（广东），该基地将依托广东技术师范学院、深圳职业技术学院和广州民航职业技术学院三所院校开展师资培训工作。三所学校已分别启动了2005年师资培训工作。广东技术师范学院师资培训中心先后与顺德职业技术学院、深圳信息职业学院、岭南职业技术学院、广东行政职业学院等开展订单式师资培训，参训教师将参加师资培训中心为期1个月的"高职高专'双师素质'教师培训班"、双师素质"多媒体软件制作"培训班等专题培训。这一系列的培训标志着广东全国高职高专教育师资培训基地（广东基地）的培训工作全面向纵深发展。

3. 高校师资培训中心。

广东许多高校都设师资培训机构，其中深圳职业技术学院师资培训独领高等院校风骚。该院成立于1993年，是国内最早从事高职教育的院校之一，以理念先进，定位准确、发展超前、国际接轨等著称。该院自创办起，就不断地以研讨会和论坛的名义行培训之实。尔后为培养"双师型人才"组织各种培训班，聘请著名学者主讲。特别是举办各种国际师资培训班数十次，对师资培养起着重要作用。例如，2007年该院承办"教育部2007年度中德高职师资培训班"。该培训班是教育部中德高职师资进修项目的拓展部分，由示范性高等职业院校建设工作协作委员会、全国高职高专校长联席会议与德国国际继续教育和发展协会联合举办，国内4所院校分别承办共计5个专业的培训班。其中，深圳职业技术学院承办机电一体化技术、汽车运用与维修等两个专业的培训班。深圳职业技术学院在以往举办培训班的基础上，对这次培训班进行精心策划，取得了很好的培训效果。①

4. 广东省中小学师资培训机构。

广东中小学师资培训受到教育厅的极大重视，目前成立专门的师资处，由朱超华博士任处长，并成立众多培训机构。例如，中美

---

① http://www.unevoc.cn/news.php?newsId=1090

外语教师培训中心，设在广东外语艺术职业学院；广东省中小学师资培训中心，设在广东教育学院。还有如中山大学中小学校长培训中心，设在惠州市教育局，等等。广东教育学院是广东省最早负责中小学教师培训的主要机构之一，被教育部选定为国家级培训基地。在省教育厅授权下，面向中小学校长的培训已经发展成为包括任职资格培训、提高资格培训和高级研究在内的三位一体、培训与层次提高相结合体系；面向中小学教师的培训已经发展成为包括学历进修，全员培训，骨干培训和专题研究在内的类别齐全、适应性强的体系。1991 年广东省教育厅在广东教育学院设立广东省中小学校长培训中心，负责指导全省中小学校长培训工作。18 年来，中心共培训校长和教育行政干部 8000 余人。

（六）规范专业：推进能力本位的教师专业化发展

改革开放 30 年来，广东教师教育走过从学历本位，到学历与资格本位，再到重能力本位的教师专业化发展历程。

第一，从无学历到有学历。改革开放之初，特别是许多“文革”后兴建的新学校补充的老师以及因各种原因进入学校的新教师，几乎都没有正规学历或学位。因此，广东自 70 年代后期起，就把教师教育的重点放在强化教师的正规学历教育上。一是重视师范院校建设，要求教师教育机构颁布正规学历和学位；二是对教师实行强化学历补习教育，特别是对“文革”期间毕业的教师给予进修或攻读学位的机会；三是强化教师履行教育教学职责的专业人员的基本职责，加强业务培训。通过对学历和学位的要求，使教师具备相应的专业素养和知识水平。

第二，变学历教育为学历与资格并重。随着广东普及教育水平的提高，特别是广东教育现代化的深入，对教育质量提出了新的要求，另一方面广东教师教育的学历已经基本达标，因此，必须适时转向在学历基础上的资格教育，强调教师的专业化发展，即把教师等同律师、会计师一样，不仅要具有某一方面的专业知识，还必须具有从事该职业的资格。为此，从 1993 年起，广东逐步推进教师

资格教育制度，实行教师资格制度化，变学历教育为学历和资格教育相结合。这也适应广东教师教育走向开放型的新要求，有利于吸收其他专业人才从教的趋势，对解决各种职业技术院校发展对师资的要求，有重要的意义。这一时期，广东教师教育日益开放，许多原来在专业上有发展的人才在从教时得到为师之道，对他们的成长和教育的发展都起到很好的作用。与一般学历教育相比，教师资格教育具有综合性，强调教育教学的技能训练。为此，一手抓学历教育，一手抓教师资格教育，使从教者既具备专业知识要求的学历证书，又获得任职教师行业的资格证书，为新时期广东教育发展，保证教学质量的提高奠定了良好的基础。这一时期，广东从幼儿园到小学、中学和高校，都制定了相关的教师入职资格条件，特别是非师范专业毕业从事教育工作的人员，都必须接受相关的课程培训，只有符合相关条件，取得教师资格者方可走进课堂授课任职。

第三，创建注重能力的教师专业化体系。1996 年后，广东普及九年义务教育，珠江三角洲普及高中教育和积极推进中小学教育现代化，加上教育质量的更高要求，需要大批高质量教师。一是在层次上，到 2015 年，广东要实现小教大专化（其中 30% 达到本科），初中教师本科化，中等学校教师 30% 以上达到研究生学历。二是在数量上，一方面普及高中教育及高中学生人数的增加，需要更多的师资；另一方面中小学教师达标要求提高了，需要加大对在职教师的培训力度，使之取得更高的文凭，同时由于中等师范学校取消之后加大了专科和本科乃至研究生层次教师教育的压力。三是由于社会的发展，教师也需要不断更新知识，不断进修学习，因此，新形势下广东教师教育迅速出现了新的转型，形成在推进教师终身教育体系下的以注重能力为本的教师专业化体系。重视教师专业化发展，是集文凭、资格及教师发展为一体的教师教育体系，也是把教师教育的正规教育体系与终身教育体系相结合的共同体，它突出教师的能力发展，把教师教育的正规文凭教育与资格认定以及未来发展都统一在整个教师的生涯中，统一在教师教育的过程中。广东在 90 年代后期推出的高校“千百十人才工程”，基础教育

“百千万人才工程”，各县市实行的骨干教师发展计划，教育硕士研究生计划，都是教育专业化发展的体现。自 2000 年来，几乎每位正式老师都得到一次一个月以上的培训学习，许多教师还去国外留学访学。

（七）面向世界：创建国内外互动培养教师机制

广东自改革开放以来，就非常重视教师教育中的国际互动培养机制，不仅教育厅采取了许多重要措施，各县市及高校都给予强力推动，对教师教育发展起了重要的作用。这里仅略述数项省级推动的合作项目。

1．中英中小学校际联系语言助教项目。

这是广东省教育厅与英国驻广州总领事馆合作的于 2002 年开始的国际文化交流项目。至今为止，广东省共有 30 名教师参加了该项目。在一年的教学过程中，教师在汉语和中国文化教学的同时，更深入体验了地道英国文化与传统，也大大提升了自身的教学水平和语言能力。本语言助教项目另一重要部分便是英国英语助教到广东的中小学任教英语。通过该项目，至今共有 50 多名来自英国的语言教师到过广东任教。

2．开展英特尔未来教育项目①师资培训。

为了适应基础教育课程改革对中小学教师提出的新要求，帮助中小学教师把信息技术有效地整合到学科教学中去，提升中小学教师信息技术教育培训工作，根据 2003 年教育部与英特尔公司共同签署的《中华人民共和国教育部与英特尔公司共同推动中国信息

---

① “英特尔未来教育”（Intel® Teach to the Future）是一个大型的国际合作性教师培训项目，涉及 20 多个国家和地区。这个项目，使接受培训的教师将计算机技术作为实施教学任务的有效手段，通过与学生进行交流，培养学生主动获取信息和处理信息的能力，并在信息技术的支持下提高学生学习成效。“英特尔未来教育”不是传统的教师培训，它是演绎现代理念如何转化为教育实践的范例，它是以一个综合而微型的师训课程来引导教师学习整个现代观念、现代技术和现代课程的实践途径。目前此项教师培训项目已在全国 31 个省市全面开展。

化发展合作备忘录》精神，省教育厅与英特尔（中国）有限公司合作，在广东省开展英特尔未来教育中小学教师培训项目，从2004年起在广州等11个市开展英特尔未来教育项目。2007年广东启动的英特尔未来教育培训项目是以一线中小学学科教师为培训对象，以用为主、以互动的方式，把计算机和互联网作为教与学的工具，帮助教师把信息技术有效地整合到学科教学中去，形成一种全新的教学思想、教学观念，全面提高教师的素质，以适应未来教育发展的教师培训项目。该项目以先进的教育理念调动了教师参加培训的积极性，并通过教师的亲身体验成功地消除了他们对计算机的神秘感，促进了信息技术和学科教学的整合。这为构建区域性教师学习实践共同体奠定了一定的基础。

3. 中英合作中小学校长管理培训班。

由广东省教育厅和英国驻广州总领事馆文化教育处联合举办的中英合作中小学校长管理培训班，于2004年11月11日在华南师范大学附属中学中山分校顺利结业。来自广东珠三角及部分市的50名中小学校长参加了该期培训班的学习。该次培训具有较强的针对性，通过小组讨论、个人完成、集体反馈等互动的方式，借鉴中英校长领导才能方面的经验，结合广东新课程及教改要求，剖析一系列中英不同的案例，共同探讨中小学校长在实施课改中的管理角色和作用，研究成为成功的校际领导者的标准。校长们普遍反映，通过这次培训，开阔了视野，增长了见识，看到了差距，增强了信心，提高了素质。在最后一个下午的讨论里，不少校长结合这三天的培训心得，根据自己所在学校的实际，提出了实施计划。可以说，这次培训是成功的，达到了预期的目的。

4. 选派高中校长赴英国培训。

2005年11月，省教育厅组织的首批中学校长赴英国进行短期培训取得明显成效，于是决定继续与英国领事馆文化教育处（广州）合作，并委托省中小学校长培训中心每年组织50名高中校长赴英国进行培训。

5. 开展国际学术交流与合作办学。

中山大学教育学院、华南师范大学、广东技术师范学院、广东教育学院、广州师范学院、深圳职业技术学院、湛江师范学院、韩山师范学院等各高校设立的中外合作办学项目，以及青年教师海外培训计划等等，都成为对教师教育发展不可或缺的部分。

中山大学与世界上数十所著名高校建立了学术交流和合作办学关系，每年都举办各种国际学术会议和各种师资合作培养项目，派遣和接受上千名学者开展学术交流和访学研究，是华南最重要的国际教育交流活动中心。中山大学教育学院近年与加拿大和美国合作举办了一系列中小学中外校长培训班，取得了重要成效。如与加拿大多伦多大学教育学院及美国迈阿密州立大学教育学院合作的“中小学校长高级研修班”等。华南师范大学与国外、境外 20 多所高等学校和科研机构建立了学术交流与合作办学的关系，举办多次国际学术会议，如 1993 年合作举办的“第 13 届东南亚及太平洋地区教育管理研究会学术年会”，与联合国教科文组织合作主办了“网络时代的学与教”国际会议，境外代表达 200 余人；每年，有数百位教师参加国际会议或到境外参与教学、研究工作。与此同时，接待国外友人、科技专家、港澳台同胞近千人次，来自哈佛、剑桥、斯坦福等世界名牌大学的教授应邀来学校作讲座。华南师范大学还派遣学生到日本神户女子大学、兵库教育大学、俄罗斯圣彼得堡国立技术大学、香港教育学院学习。并定期举办美国中小学校长培训班等。广东教育学院与英国、泰国、香港等国家和地区建立了经常性的师资交流协作关系。韩山师范学院和哈萨克斯坦高等院校开展交流与合作。湛江师范学院积极开展国际交流与合作，1998 年开始招收外国留学生，已培养长短期留学生 158 人。与美国、英国、泰国、日本、澳大利亚、新西兰、越南和中国港、澳等高校和教育机构建立了紧密的合作关系，国际的学术交流、专业合作、教师培训、教师聘任和学生跨文化交流频繁。广东比较教育研究会自 1993 年以来举办了 8 次“粤港澳台教育论坛”，受到教育界的关注。

广东各师范教育机构通过与国外的学校和科研机构建立的学术

交流或合作办学，进一步开阔了视野，并吸取了大量的先进的经验和知识，对指导师范教育发展起了重要作用。

三、走向国际：广东教师教育未来展望

走向新世纪，广东教师教育日益受到各级政府和学校的重视，把培养提高教师水平作为广东教育强省，实现教育现代化，推进广东第二次创业和新飞跃的关键。依据省委、省政府贯彻中共中央、国务院关于进一步加强人才工作的决定的精神，2005 年广东省教育厅制定了《关于加强高等学校教师队伍建设的意见》，明确提出未来全面加强广东高等学校教师队伍建设的指导思想、目标任务、政策措施和工作重点，各有关部门和高等学校要高度重视，加强领导，精心组织实施，努力开创广东高等学校教师队伍建设的新局面。而且，省教育厅增设师资处主管教师工作，并对继续加强基础教育师资建设提出新的意见，不仅把多所师范院校列入建设重点，还继续加大对教师教育的经费投入，为广东尊师重教，重视教师教育，大力发展和提高师范院校办学水平奠定了基础。

（一）改革教师培养模式，提高教师学历层次

随着中国教育发展，将使中国教师教育呈现出新的培养模式。第一，就是提高教师教育层次，实现老三级师范教育向新二级师范教育过渡。目前，在广东，从幼儿园到高中的教师都由本科教师教育学院培养的条件已基本具备。第二，在大学本科教育中，逐步模糊师范生和非师范生的差别，让学生在接受普通高等教育学科知识中，通过对教育学科各专业的选择，来争取获得教师资格证书。在这种情形之下，教师教育的重心后移到教师的入职教育和终身（职后）教育。

广东近 10 年来，对教师入职教育进行系统培训，成效显著，并且作为保证教师职业专业化的重要一环。将来，广东应继续改革这种教学模式，或设计一个学年的教学模块，包括教育理论、教学

工作及教材教法和教学实践，学生可以在接受一般本科教育时选修教师教育模块，取得教师入职的资格（“3+1”模式）；另一模式是在取得本科学历后再到教师教育机构接受这一模块的教学（“4+1”模式）；还可实行“4+2”模式对本科毕业生实施二年硕士研究生教育，以培养骨干教师。广东教师入职教育模块的课程应彻底摒弃老三门的课程设置，代之以观念新、内容丰富、针对性强、学生选择自由度大的课程体系。未来广东终身教师教育应结合学历教育，注重提高能力型的非学历教育，着重提高教育理念、教育思想、教学手段以及学科知识的更新和教学能力，其教学模式应以网络学院为主，坚持以分散型、小型化的针对性强的方式。

（二）建立广东特色的教师教育体系

1. 深化改革，建立教师教育运行机制。

广东教师教育体系需要继续深化改革，使目前这种条块分割的体系得到协调互动，使各种教师教育机构形成无障碍立交型结构。第一，广东在全面推进教师教育新发展机制中，广东省教育厅还专门成立师资处，突出协调各种培训和各级政府部门的作用，建立培训网络，全面提升广东教师的水平。第二，广东各类教师教育机构应实现横向沟通，教育资源共享，使各类机构的相应优势得到充分利用，实现优势互补。例如，开放相关课程，设立学分互认的教师讲习制度，高水平大学名教师可交流其他教师教育机构开设讲座或开课，学术型大学的学生可以到实践性强的培训基地实习。第三，建立学分互认的课程体系，各类教师教育机构的学生可以通过网络教育、自考、旁听等形式在各校之间自由选课，学分互认。

2. 创建面向未来教育发展的教师教育框架。

广东改革开放使教师教育获得很大的发展，也提出了许多令人深思的大问题。广东教师教育如何在诸多机构中形成更大的作用？其中，最重要的是，广东教师教育应以在面向未来的大气概下统筹各种机构的作用力，建构一种多元一体的教师教育体系。现代化的社会首先是要建立起一种为未知世界培养人才的教育体系，这种教育的建造需要有面向未来的教师。为此，第一，广东应给高等师范院校更多的办学自主权，能自主设立和调整专业，自主改革管理体制，优化教师教育资源；第二，强化教师教育全球观、产业观和服务观；第三，推动人才模式变革，培养善于参与国际竞争，适应未来社会发展需要，具有创新精神和创新能力以及创业精神的新型教师；第四，引进先进的办学模式、课程教材、教学手段、教学组织形式以及人才和资本等，加强师资培训交流；第五，重视教师教育学科建设，促进教师教育学科发展，建立学习型教师教育组织，创建教师教育重点学科基地。

（三）建立有效的教师教育保障机制

虽然国家对师范院校教育采取了不少扶持措施，但因师范院校摊子大、数量多，所以发展与社会需要之间仍有很大距离。尽管1993年后广东各级政府加大了教育的经费投入，但长期来师范院校和教师教育的拨款框架仍使经费不足。

30年来广东教育发展证明，广东教育发展对社会稳定和经济发展有重大作用，而教师问题关系到教育的成败兴衰。因此，办好教师教育是未来广东教育发展的关键。这就需要各级政府加大对教师教育的投资、扶持甚至给予特殊政策。第一，省级政府在确保教育投资总额、均额和增长速度居全国领先水平的同时，应确保对教师教育的投资增长速度高于其他类型教育；第二，明确县级政府对所属教师教育机构（地方大学）的投资任务，在确定一个适当的投资数额或比例的前提下，逐年提高幅度使之高于当地经济发展速度；第三，允许或支持师范院校在法律范围内开拓投资渠道；第四，引导、鼓励社会力量重点捐资师范教育，给捐资有功的单位以特殊的政策；第五，广开教师教育的融资渠道，允许或支持师范院校适度强化“市场化公益活动”，通过与社会的有效合作获取教育资源，通过市场途径向社会提供服务。政府应该给师范院校以政策，鼓励其通过市场融资，如设立师范教育基金，开设教师银行，全方位筹措教育领域“基础工程”的建设经费。这样有利于师范

院校的建设。

（四）进一步推动教师专业化发展

自1994年1月1日开始实施《教育法》确定“教师是履行教育教学职责的专业人员”以来，广东就积极推进教师专业化发展。走向新世纪，广东在加强教师教育中将更加重视教师专业化，体现在教师培养要经过专门的教育和培训，要不断强化教师职业的教育学、心理学、社会学及学科专业知识，要加强教师的教育艺术和教学技能，以及良好的师德和教书育人的能力。不断完善教师资格证书制度，也有必要对幼儿园教师资格、小学教师资格、初级中学教师资格、高级中学教师资格、中等职业学校教师资格、中等职业学校实习指导教师资格、高等学校教师资格等七种教师任职资格做进一步修订，以适应和推动教师专业化发展，满足广东未来教育发展的要求。这其中主要表现为两个方面：一是强化和丰富教师资格的内涵，注重提高对教学信息化和教学科研普及方面的要求；二是教师证书将会因不同专业不同层次而日益具体化、专业技术化，以往评聘教师职称的依据和方式将得到新的修订，更会注重因岗位、因业绩成就和能力而并非单凭学历或年资来聘任。

（五）创建多样化的终身教师教育体系

面对新世纪社会快速发展，广东意识到，由于中国教育现代化运动的深入，各地都很重视教师教育，仅仅依靠以往引进人才的方式已不适合广东未来教育发展的需要，由此必须加速教师教育发展，不仅在规模上继续扩大，还应建构起各个高校都以不同方式参与教师教育的新体系，并且为教师专业化发展设计终身教育体系。

为此，广东正在实施新的教师教育计划，即建构一个更加开放，更加多样化的终身教师教育体系。一是在办学机构上，各种院校都可参与相应的师资培训；二是在办学形式上，正规院校与非学历教育院校、师范院校与非师范院校都可从事教师教育工作；三是在教育方式上，大力倡导学历教育与非学历教育、脱产与非脱产培训、职前与职后培训、学校面授与网络学习等教育方式；四是在推进教师发展的总目的下，倡导任何教师都能在任何时间、任何地点，以任何形式获得所需要的教师教育的相关课程学习，取得相应任职资格，并促使教师专业化得到更好的发展。

广东创建终身教师教育体系过程，就是要在实现职前、入职、职后的一体化，融合各种培训途径，推进四个方面的发展：第一，培养目标一体化。按教师终身教育的要求使职前基础学习、上岗职业训练、职后向专家发展三个不同阶段的不同任务达致互相衔接，互为补充，保证其专业发展的持续性和连续性，以实现培养厚基础、宽智域、强能力的教师教育的总体目标。第二，课程设置一体化。即在课程学习上使三个阶段的内容相衔接，使之形成既体现教育阶段性，又体现整体性教育内容和课程体系。把各科课程设置、结构、内容一体化，知识学习、人格塑造、能力培养一体化，理论课程与实践课程一体化。第三，培养过程一体化。使教师培养过程形成从大学生—新手教师—合格教师—优秀教师—专家型教师一体化的持续培养过程，促使合格教师向优秀教师、优秀教师向专家型教师转化。第四，师资队伍的一体化。即推进教师队伍整编和优化组合，构建老中青年教师队伍互动发展的高水平、高素质师资队伍；优化教师的复合型知识结构，使知识横向加宽，纵向加厚；建立教师动态管理机制，实现真正意义上的教师聘任制，通过教师的纵横向流动，激活教师队伍管理，以达到新的管理平衡。

广东在未来教师教育中将着力开发现代远程教育的独有优势。(1) 远程综合性“教师教育”特色：充分利用远程教育对不同学科的综合优势，在不同平台上综合多学科发展，大力开展中小学教师继续教育，为广大中小学教师提供一个符合需要的可持续的创新培养和培训体系，保证教师专业发展的高层次和多样化的需要；(2) 超地域的“空间辐射”特色：利用广东地处华南，毗邻港澳的有利条件，实现海内外“区域辐射”现代远程教师教育，有利于扩大交流合作，提高国际教育的竞争力；(3) 跨地区“教育帮扶”特色：广东将继续担负支持西部开发的功能，教师教育也将

展开多种形式的“西部行”活动，选择包括广西壮族自治区等多点作为广东网络教育帮扶对象，为西部地区输送优秀师资资源，提供智力和人才支持；（4）超校园智力集成教师教育“实验研究”特色：利用远程教育超校园特点，集成广东及全国各学科优势，以三大网络教育学院为实践基地，深入开展远程教育和网络教育的实践探索和课题研究，为远程教师教育发展提供实践示范和科学依据。对教师教育公共服务体系的探索将逐步朝着为当地广大教师创造一个高水平的、本地化的远程学习环境，使更多的教师能定期参加各种教育培训项目，提高自己的学历层次、文化素养和职业技能，使教师教育本身就是一个学习型的教育体，使终身学习从理念变为现实。

（六）推进教师教育国际化

走向新世纪，广东将进一步强化改革开放以来极力推进的教师教育国际化，其重要目标就是努力培养适应经济全球化、信息全球化、具有国际意识、国际交往和国际竞争能力的新型教师。对此，广东近年来日益重视下列重要发展：

1．树立教师教育国际化意识。

广东将进一步强化教师教育的国际化视野，强调要在国际教师教育发展的总趋向下推动广东教师教育，把广东教师培养融入国际教师教育的总目标。走出相对封闭的传统教师教育观念，使教师教育面向世界、走向世界、立足世界。在教育思想和观念、教育教学模式、教育体系结构、教育管理体制、课程体系和教材、评价和考试制度、教育技术、教师专业化等方面达到国际先进水平，融入世界。不仅从全球视角来认识教师教育改革与发展中的问题，而且要注重培养具备现代化意识和国际意识，掌握和了解现代化的教育思想、教育技术和手段及研究方法的教师，采取切实措施加速教师教育国际化。

2．强化教师教育的国际交流与合作。

广东教师教育日益融入国际教师教育的主流中，不断加强教师

教育的国际交流与合作，重视教师教育与国际接轨，强调按国际教师发展的基本要求来建设、发展教师教育，使教师教育的质量、水平、效益实现与国际接轨。现在，广东无论是中小学还是各类型高校，都积极推进与国际的教师教育的交流与合作。中山大学在与数十个国际院校合作中，基本主题是教师开展教学和科研的交流与合作，自主地参与国际竞争，增强教师教育的生存能力和国际竞争能力。目前广东各高校开展的国际合作项目近千种，中小学国际合作项目也在迅速增加，深圳南山区几乎各校都有聘请外教的经历。广东的许多教师教育机构如英语教师培训机构还聘请外籍专家担任领导助理及咨询专家，广东也将继续发展与国外大学联合培养教师，准教师在国内修完两年或大部分课程后，到国外大学就读，规定学生最后一年必须到国外进行实习取得国外经历。通过国际化的教育方式，使教师接受全方位的国际化教育，实现“教育国际化的一个重要目标是使其培养对象具有国际人的素质”的目标。[①]

3. 推动教师教育的国际化实践。

广东教师教育正在日益国际化的另一个强有力的趋向是，不断强化其国际化实践，一是逐步形成重视培养具有国际化意识和基本素质的教师的新教师教育目标体系。二是构建国际化的教师教育课程体系，积极引进国际最先进知识，选用国际最先进的教材，开设国际关系、国际金融、国际经济、国际贸易及世界历史、地理、风土文化等国际化课程，强化课程的国际化倾向，增加国际化的内容，将“国际”内容并入相应的课程。三是独立或合作建立起相关国际性教师教育组织和机构，把广东教师教育融合进世界教师教育发展进程中。有计划地选派教师到国外进修、访问、讲学，进行合作研究，学习和吸取大量新知识，了解和接触当代最新学术动态和实验设备，从而获取国际经验。四是积极推动各学校参与有关教师教育的地区性和国际性组织，加强国内外学校的学分互换、学历承认、教育质量认证等工作，为教师教育国际化创造良好的环境。

① 吕洪霞等:《论高等教育国际化及其应对》,《中国农业教育》2002 年第 1 期。

此外，也应注意到，随着广东教师教育发展，教师的地位将得到新的提升，由此必然导致新要求、新标准、新水平与原有的旧标准的不适应，不仅师范院校的定位和发展思路要产生重大变更，而且新学科带头人的培养遴选、整体教师学历结构、任职资格以及未来发展目标的定位都必将发生重大转变。因此，广东各级政府很重视新人才的引进，积极推进专任教师研究生化，提高教师专业化水准，并创造条件使中青年教师中的佼佼者脱颖而出。同时，转变教师教育体制，变传统的“封闭式管理”为现代的“开放式管理”，变单一的“机械化管理”为多样的“动态化管理”，变被动的“固化结构管理”为多样的“动态化管理”，变被动的“固化结构管理”为主动的“流动化结构管理”，形成教师教育中人才优势互补、多向交流的良性循环。

当今国际上国家的竞争实质上就是科技竞争，而科技的竞争实质上是人才的竞争，而人才的培养靠教育，教育的基础在教师教育。只有发展高水平的教师教育，才能培养出一流的人才，才能在未来的国际竞争中立于不败之地，才能真正推进广东省教育现代化建设的发展。

第八章
国魂塑造：与时俱进的广东学校德育

自明清以来，广东就是“西风东渐”以及中外通商的门户，与外界有广泛联系，因此得世界风气之先。无论是20世纪初席卷中国、震撼世界的政治思潮，还是20世纪下半叶以经济改革为先导的“南风”“北进”，都体现了广东人“开放”精神对社会发展所产生的积极推动作用。这种“开放”精神主要表现为广东人对外来文化有一种较为宽容的认可态度，既不任意排斥，还能在客观兼容中加以创新发展。这种开放精神，使广东人能包容五湖四海，具有“敢为天下先”的探索勇气和创新精神。也正是这种开放精神使广东成为中国改革开放的先行试验区，在全国率先以大无畏的气魄推进改革，成为推动中国现代化进程的前沿而闻名国内外。而广东人的开放精神与其学校德育息息相关。

一、变革求新：广东学校德育的改革与发展

社会道德观念都是特定社会经济状况的产物。人们总是自觉或不自觉地从他们所处的社会经济环境中，吸取自己的道德观念。社会变迁，经济生活的变化，必然会带来新的道德观念，并将赋予原有道德以新的内容。因此，学校德育的要求、内容和形式只有适应

社会发展，才能为新一代所接受。[①] 随着改革开放，经济发展迅速，社会政治体制发生了重大变革，思想观念逐步开化，使广东进入了激烈的变革时期，使广东学校德育受到重大冲击，出现了重大转型。自改革开放以来广东德育经历了从封闭到开放、从突出政治到注重科学的重要转折，使人们的认识逐步得到开阔，走出狭隘的思维方式，逐步转变极左的政治化的学校德育体系，大量引进外域的学校德育方式，从而使广东学校德育经历了一个脱胎换骨的转变过程。这种过程表现为四个阶段。

（一）拨乱反正：倡导开放、科学的学校德育（1978—1985年）

即广东学校德育恢复发展阶段。这一时期，广东在积极纠正被“文革”扭曲的许多思想和道德伦理中，迎来改革开放，汹涌而来的域外各种价值观和新思想对还持着原来那种以阶级斗争为纲观念的人们来说，形成了巨大的冲击，广东人经历了跳跃跌宕的思想转变历程。改革开放以后，经济结构发生了很大变化，商品经济迅速发展，社会文化繁荣，民主意识增强，人们的生活方式和社会观念也在逐步转变。在全方位开放的环境里，一方面大量引进了海外和港澳的资金、技术及人才，各种外来文化、价值观及生活方式也源源不断地汹涌而入，成为客观环境中的新因素，影响着学生的思想和行为。另一方面，环境的开放也深刻地改变了青少年学生的活动方式和思维准则。他们在广泛的、新颖的各种社会观念和信息的渲染中，特别是商品经济的推波助澜作用下，容易在寻求刺激中接受各种新的观念和生活方式，产生新的追求和形成新的价值观，从而对学校原有的许多德育观念、评价准则和行为规范产生不满或是抵制。对此，学校德育面临严峻挑战，必须作出应答。一方面，恢复“文革”期间一度停滞的学校德育，批判理想化和绝对化的观点，即既批判把德育等同于理想主义和集体主义的作法，重新认识学校

① 杨贤君：《开放时代的学校德育》，广东教育出版社1993年版，第12页。

德育的科学地位，又批判把德育等同于单纯背记政治术语，用单一考试代替德育的教育观，努力恢复学校德育的必要秩序。另一方面，改革开放前期的广东德育致力于探索开放、倡导科学为主题的新德育体系，即从突出政治斗争到强调经济建设，从单一灌输政治信条到注重开放引导教育，从单纯说教到注重生活养成的德育，并以此为指导对学校德育目标、内容、方法和形式等进行了积极的探索。其中，包括在中小学逐步恢复少先队、共青团、学生会等团体的活动，配合社会团体开展“五讲四美”、“三热爱”教育活动；在小学开设思想品德课，中学改革思想政治课，大学开设“马克思主义基本理论”和“思想品德课”；研究新时期学生思想品德的特点与教育对策；运用“开放”和“搞活”带来的教育资源，丰富德育内容，拓宽德育渠道；引进和借鉴国外、海外德育理论、经验，改革德育方法，通过对科学德育方法的运用、引导和探索，致力于寻求一种更适应转型期社会发展的新学校德育。[①] 但是，这一阶段广东学校德育在摸索中也存在许多迷惘和困惑：一是矫枉过正，凡是过去的都归为不好的，把外国的都说成好的；二是缺乏必要的辨别能力，许多庸俗的外来文化价值观和旧道德沉渣泛起。在经过强大的高压之后，出现了一股反传统思潮。

（二）推动改革：形成多元、发展的学校德育(1985—1992年)

即广东学校德育积极变革，谋求去旧立新阶段。20世纪80年代中期后，广东经济发展迅速，外资企业星罗棋布，一反传统国有体制的单一经济构成，给广东学校德育营造了全新的氛围，形成了新发展：一是经过矫枉过正后的反思，否定了学校德育中一些偏激或时髦的观点，学校德育中的许多方面得到调整。例如，在1987年的一项调查中，广州市高中生认同“大公无私”（14.4%）与

① 吴奇程、袁元主编：《社会转型与道德教育》，广东人民出版社1998年版，第161页。

“先公后私”（29.6%）的人数明显地高于认同“有私无公”（0.9%）与“先私后公”（2.6%）的人数，而肯定“公私并重”的人数则达到51.3%。二是西方价值观汹涌而至之后的冷静，使学校德育中某些因当时好奇和新鲜而采纳但实际不好的价值被否定。例如，对性解放、个人至上、享受第一，以及高消费的认识都有了深化，中学生中认可“朴素的物质生活，注重精神生活”的达到39.9%，明显高于“追求物质生活，不追求精神生活”（2.8%）和“向往新潮的生活方式”（2.2%）的比例。在西方价值观冲击下，学校德育中的民族教育被强化，爱国主义教育成为与遵纪守法同等的重要价值。广东省各级各类学校将爱国爱校爱家爱乡教育相统一，把国情教育和改革开放教育，以及把激发民族情感和培养民族精神结合起来。实行全面的道德教育策略，把德育渗透到各科教学之中，把“二史一情”教育结合到每篇课文和每一个教学活动中，引导学生参加“迎六运”、“办亚运”以及“教育基金百万行”等活动中，提高了教育效率。广东高校从1985年开始进行德育课程改革，根据坚定、积极、稳妥、先易后难的原则推行，至1988年全省高校普遍按新课程和新编教材组织实施教学，有利于促进大学生的道德教育改革。

这一时期广东的学校德育呈现出两个特点：一是学校德育多元化。学校德育再也不是以一种声音、一种形式和一种途径来实施。如东莞市的整体成功教育实验，珠海的新价值分析教学法，深圳的“爱心”教育模式、“四合一”教育模式等，都呈现出不同的重心，多样化的形式和途径，以及多元化价值观。① 二是学校德育不断发展。广州市从1985年开始组织理论和实际工作者进行研究，1987年制订了《广州市小学德育整体改革方案》，1988年首先在小北路小学按改革方案进行德育整体改革试验。1990年《广州市学校德

① 东莞市的整体成功教育实验指该市望牛敦中学等推行以激发学生学习兴趣，引导学生成功发展为主来代替政治思想教育为主的实验，效果显著；“爱心”教育模式指深圳市南山区数所学校推行的以情感教育为重点的德育实验，收到较好的效果。

育系统设计方案》在数所大中小学和幼儿园试行。从幼儿园、小学、中学到大学生都编写了与各教育阶段的德育内容和目标相适应的教材和辅助读物。如小学的《雷锋在我们心中》、《广东改革故事选》，中学的《中学班课教材》，大学的《大学思想品德教程》。与此同时，按方案的内容和要求编写了整套思想品德教材和教学参考用书。特别是开始重视心理教育，探讨建立心理档案等方式来改革简单的学生发展管理。①

（三）发展特色：建构理性、主体的学校德育（1992—2000年）

即广东学校德育继续深化改革阶段。20世纪90年代后，邓小平同志视察南方，提出建立社会主义市场经济，从而对人的发展提出新要求。与此同时，教育也有了较大的发展，为学校德育的发展提供了更优良的社会条件和教育基础。这种发展突出表现在：第一，市场经济在赋予个体发展更大的自由空间的同时，也强化了竞争的力度，学校德育开始在本土找到了真正成长的土壤，许多重要的价值，如竞争、互助互利、公与私、善与恶都变得能够“灵活的理解”。第二，人们认识能力的提高，对西方价值与中华民族传统价值的吸收继承有了更深刻的鉴别能力，学生不满足或不满意教师在课堂上一言堂的单方面讲解，而希望有更多个性表现的机会。在这一发展趋势下，广东学校德育呈现新的特点：一是德育理性发展。即在学校德育中注入更多理性，以科学知识和更有说服力的方法来进行学校德育。特别要提出，学校德育在这一阶段开始真正走出某种纯粹的政治图解而注重法理的人文作用。二是德育的主体性。以市场经济为基础的社会氛围对人提出的最重要的要求就是主体性，强调个人对万事万物的自治、自立和自力。据20世纪90年

① 广州市文德路小学自80年代后期以来推行以学生发展为主线的德育，并为每位学生建立心理发展档案跟踪研究学生发展，有重大成果；深圳南山区海滨小学推行全面的艺术教育，激发艺术兴趣，引导并辅助德育，取得了很好的效果。

代中期的调查，“靠自己的拼搏”来实现人生价值的高中生占76.3%，初中生占87.6%；而“靠遇上好的机会”的高中生占14.8%，初中生占5.2%；靠“党和国家培养”及“父母亲友关照”的高中生占0.4%和1.7%，初中生占5%和0.6%。广东高校德育在坚持马克思主义基本原理教育的基础上，用建设有中国特色社会主义的理论对大学生进行教育，同时用广东改革开放的实践经验及成就充实和丰富高校德育内容，德育改革的新面貌开始吸引课堂里的学生目光。

1994年月11月，广东省召开教育工作会议和德育工作会议。1995年，广东省中小学德育建设现场会在深圳召开。广州市非常重视德育，推出《广州市德育系统设计方案》，涵盖了幼儿园到大学的德育目标，作为指导各级各类学校开展德育工作的依据。深圳市教育局用了几年的时间，数易其稿，拟定《深圳市大中小学德育一体化方案》，从德育目标、内容、途径、管理、评价五个方面对社会转型时期的学校德育进行了全方位对策性研究，并在学校实践中推行。

1995年为适应改革开放新形势的需要，培养与社会主义市场经济相适应的人才，广东学校德育在内容注重培养大中学生的开放价值、进取精神和市场精神，广东省开展了“爱国、守法、诚信、知礼”现代公民教育和《新三字经》的教育活动。《新三字经》汇华夏数千年英杰、美德于一书，是一本育苗的好教材。借用千百年来传统教育中乐于传诵、适合青少年接受能力和审美情趣的《三字经》形式，赋予体现时代精神和爱国主义、集体主义、社会主义思想的内容的《新三字经》，它把中华民族传统美德、社会主义道德规范和现代文明修养熔于一炉，把思想性、教育性、知识性、可读性结合起来，以在家做个好孩子，在社会做个好公民为线索展开。这一举措对全国产生了重大影响，《新三字经》一时“洛阳纸贵”，各地纷纷加以引进并不断仿效。

1997年香港回归以及1999年澳门的回归，标志着中国人民完成祖国统一大业向前迈出了重要的一步，这是彪炳中华民族史册的

重大事件。广东学校德育抓住港澳回归这一契机，在全省范围内开展了关心祖国统一、关心港澳发展，增强民族自豪感，提高民族凝聚力的爱国主义教育。同时积极探讨和研究港澳台德育，努力推动三边交流合作，辩证分析其成果，取其所长、避其所短，在借鉴中完善和发展广东学校德育。如多次参加香港中文大学举办的“价值观与公民道德教育国际研讨会”,[①] 借鉴香港学校德育中渗透法，通过潜移默化的方式来提高学生的思想道德水平。把德育内容渗透到学科课程、校园文化、学校管理及社会活动中去，发挥德育隐性课程作用，丰富和拓宽了德育的内容和领域。

（四）创新体系：发展广东特色的学校德育（2000 年至今）

即广东学校德育独辟蹊径，创新体系阶段。世纪的更迭并非仅仅是时间的推移，其背后隐含的是整个人类生活的一系列根本性的变化，特别是人类精神的深刻嬗变。随着广东社会发展加速，从 2001 年总产值超万亿元到 2007 年超 3 万亿元所产生的巨大的冲击波，以及市场经济体制运行所带来的观念上的变化等，都对既有的道德价值观念形成了强烈的冲击。广东人在享受着现代化进程中的丰裕物质之时，日益感觉到一种道德上的失落以及建立在原先“和谐”道德基础之上的精神家园的迷失。广东热火朝天的社会发展实践，市场经济不断深化引发的社会进步，使广大中等及高等院校学生思想道德观念发生了深刻而积极的变化，他们积极进取，勇于探索，崇尚能力，追求个性，主流是好的，但存在着一些问题。根据中共广东省委宣传部魏安雄的调查，广东未成年人在信仰方面崇尚民主自由，信仰共产主义的占 22.5%，信仰民主自由平等的占 53.1%；具有强烈的爱国意识，有 83.9% 的青年人认为“作为一个中国人，当然要爱自己的祖国”；有较强的道德意识和进取意

① 为大型国际性及两岸三地学校道德教育学术研讨会，先后于 1994 年、1998 年及 2002 年举办，广东省许多学者参加。

识，95%的人认为“讲信用，对于一个人是非常重要的”、“文明礼貌是对学生的基本要求”；具有鲜明的个性方面，未成年人最为认同的思想品质是“个人兴趣多”、“经常有新的想法”。此外，调查还表明，广东未成年人人生追求和价值取向多元，大多赞同集体主义精神，具有强烈的求知欲望。但广东未成年人的思想道德也存在一些问题，如理想信念淡薄，缺乏远大志向；追求享乐主义的生活方式；迷恋不良文化；以自我为中心；心理脆弱；等等。[①] 广东学校德育在新世纪如何抓住机遇，迎接挑战？

1．积极探索反映广东新社会生活和新价值的新世纪学校德育新体系。

广东经济的迅速发展，特别是2007年人均产值超过3000美元后，广东进入一个相对更开放、生活要求更高的社会环境，各种价值观的冲突将更加激烈。中国未来需要怎样的社会道德伦理，应当创建怎样的学校教育体系，发展怎样的学校德育操作规程，这些都成为这一时期广东学校德育中最备受关注的大问题。广东的学校中出现了许多新的问题，中学生开始出现性行为，大学生价值观有了重大变化，既有在重大危险时刻勇于挺身而出的热血青年，也有吸毒、自杀、抢劫等极端行为。为此，如何转变传统封建伦理已破除，革命传统也过时，国外德育不能移植到学校德育真空地带，面对未来创新中华道德伦理下重建中国学校道德教育体系，就成为广东教育改革中的大事。这时期出现了许多重要的德育改革，如深圳市的“生命德育”，南山的“中华魂”德育体系探索，惠州商业学校为首的“阳光德育”，中山市的“和谐联动”等，都体现出积极探索新学校德育模式的有益尝试。

2．更新德育内容，适应改革开放新形势的需要。

面对新的不断变化的社会，广东各学校积极推进德育内容的变革发展，逐渐出现了各种不同的德育读本和课程设置。在内容类型上，增加培养市场经济人才的学习内容，重视公平公开竞争和自由

① 魏安雄：《广东未成年人思想道德建探析》，《探索》2004年第6期。

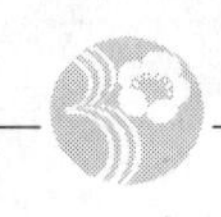

发展、优化竞争力和市场精神等内容；在社会意识方面，增加了注重培养学生的开放价值、进取精神和国际多元文化兼容意识；在学校德育课程设置与教材编写方面，广东大中小学纷纷开展了德育课程与教材改革，并被列为全国中学思想品德和思想政治课程改革的试点单位。随着新课程改革，广东自行编写中小学思想品德教材，各地市纷纷编写作为校本课程的乡土教材，广东主持高中思想政治《经济生活》教材的主编，有力地推动了广东中学德育课程的改革。2005年，广东省开始改革大学思想政治理论课，中山大学、华南师范大学、广东商学院和肇庆学院被列为试点学校，2006年在全省全面铺开，积极创新高校原有的课程设置、教材体制以及教学方法，使广东高校思想政治理论课焕然一新。

3. 创新德育形式，推进多元化学校德育体系。

这一时期，广东学校德育逐渐改变过去单一的重学校课堂教学的教育方式，引导学生在复杂的环境中进行比较、鉴别，在多样性中进行选择、取舍，在不断变化中学会调整、适应。一是创新德育形式，除了重视课堂教学的多样化外，还积极推动不同形式的家庭教育、中小学学生实践基地、各种环境保护教育、人生教育，以及各种形式的参与社会义务劳动、抗灾赈灾活动及富有内容的课外读书活动。二是更新德育方法，有效地引进美国著名德育学家科尔伯格道德认知发展理论中的课堂道德问题讨论法、西蒙的价值澄清教学法，并结合广东实践加以改进，使以往只是宣讲一般的德育知识到积极讨论德育的各种价值问题，让学生在参观和亲身参与各种社会活动中获得相关社会价值。许多学校还组织对各种如“超女”“快男”等现象进行讨论，分析社会上各种为非乱纪行为，提高学生的认识。

4. 成立各种德育机构，推动学校德育发展。

近10年来，广东各地都普遍重视对学校德育的管理，除了原来在省教育厅思想政治处和各级教育局的德育科外，各市还设置了多种不同的研究和管理机构。例如中山大学教育学院道德教育研究所、华南师范大学青少年犯罪问题研究中心、广东省中小学德育研

究与指导中心，以及省人大设置的“关心下一代青少年工作委员会”等各种社会组织。其中设在广东省教育学院的广东省中小学德育研究与指导中心是广东省教育厅设立的专门负责学校德育研究与指导的机构。

该中心于2006年7月成立，是省教育厅思想政治教育处下属具体负责全省德育研究和指导工作的机构，目的是在省教育厅领导下，依托广东教育学院，整合全省德育研究专家的力量和学科优势，对全省中小学德育研究进行专业指导，为提高中小学校德育的科学性和实效性提供服务。具体工作有：（1）指导中小学校开展德育实验研究，分阶段建立德育实验示范学校，总结和推广实验成果；（2）配合省教育厅组织中小学德育干部、班主任、团队干部、家长学校师资的培训，提高德育骨干队伍专业化水平；（3）指导中小学校研究和开发具有科学性和岭南文化特色的德育区域性课程和校本课程；（4）参与指导中小学校开展家庭教育和社区教育；（5）建立广东省中小学德育研究与指导中心网站，为全省德育工作者提供德育资源、德育信息和专业交流平台；（6）深入开展调查研究，为教育行政部门德育决策、管理提供依据和参考。同时，广东省教育厅也要求各地参考省的做法，依托当地有关高校成立中小学德育研究与指导中心，开展相关工作。该中心成立后立刻着手培训全省“班主任”，协助省举办东莞德育会议，组织全省“中小学德育创新奖评选”，“全省中小学班主任专业能力大赛”、“班主任现场会”、“德育优秀课评选”，以及设立网络、出版杂志和著作。

以上分析可见，经过改革开放30年以来的发展，广东学校德育初步形成了自己独特的体系，不但保持了开放、科学、多元、发展、理性和主体的特征，而且在这些特征中实现了一种深刻的整合，形成了广东学校德育特有模式。这种学校德育一方面吸收了外来的许多学校德育方式，同时也保留其相应的传统习俗，但这种吸收和保留都不是简单的，而是基于广东新社会发展与生活方式的需要而获得的内在创新。因此，广东的学校德育已开始从原先传授道德知识逐渐转向发展学生道德判断能力，倡导新价值观，积极推广改革开放，遵循人的价值形成规律，致力于培养高科技时代开放社会所需要的学校德育模式。广东学校德育已逐渐形成一种有自觉行为、有理论指导思想和目标体系、有强有力的领导和组织严密、适应地方发展的有特色的工作体系。①

二、重建价值：广东学校德育现代化经验

改革开放使广东学校德育受到重大冲击，经历了从封闭到开放的重要转折。广东学校德育也是在改革开放中不断摈弃旧的伦理体系，重建新社会的价值观念，以实现历史性转变的进程，并以此形成了独特的发展经验。

（一）培育公民：创新学校德育的时代性

广东在改革开放进程中政府始终重视学校德育，在加强学校德育的领导中推动学校德育的变革，推动学校德育从作为统治工具的政治性功能，转变把德育作为培养国家主人的公民意识的社会性功能，使德育在培养人性及合格公民中起到促进社会发展和稳定社会的作用，由此呈现出从政治教育到公民教育，② 从农村人到现代城市人教育的发展趋势③。

广东在改革开放中政府重视学校德育的核心在于政府重视道德教育的作用，致力于推进学校德育改革。一是强调各级政府都重视德育，有专门机构为德育发展提供了良好的物质条件和政治环境。几乎各个学校和教育管理部门都设立相关机构和有专人负责学校德育，制定制度，编制重要的德育大纲和目标体系，以强化指导作

---

① 冯增俊：《珠江三角洲的价值教育与公民教育》，《学术研究》2000 年第 11 期。

② 李萍，钟明华：《公民教育——传统德育的历史性转型》，《教育研究》2002 第 10 期。

③ 见张云鹰：《现代人、城市人、国际人》课题研究成果，深圳宝安西乡中心小学 2008 年 6 月油印本。

用。随着“广东省中小学德育研究与指导中心”的建立，各市也纷纷成立，发展了德育科研队伍，辅助学校开展德育工作、培训班主任等工作。二是建立健全学校德育制度和工作体制，强调德育的重要性，做到有章法可依。三是以政府的手段推行全社会性综合治理，强化社会的德育功能，发挥社会配合学校德育的作用。

改革开放来广东各级政府很重视社会综合治理的一个重要工作就是推动学校德育与学生实践活动相结合，全力推进“基地工程”建设。目前全省已设有各种不同类型的德育基地3000多个。“基地工程”指的是选择区内外有教育意义的地点作为对学生进行教育的基地。这是广东学校德育的一条重要经验。例如，深圳市建立近400个突出爱国主义教育、国防军训教育、生产劳动教育、科技艺术教育、革命传统教育、改革开放成就教育的市内外德育基地。如深圳市南山区，建立基地80多处，其中用于爱国主义教育的有13个，社会主义教育和特区教育19个，革命传统教育14个，军训、国防教育15个，劳动实践教育19个。每所学校也都有2～3个属于本校定点、长期联系的基地。南山区一大批德育基地的建设，为学校德育开了新局面，使德育内容更加深化和丰富多彩，德育形式更加灵活多样。[①] 比如，到爱国主义教育基地去参观，目睹祖国名山大川的微缩景观，更感到祖国的江山多娇，爱国主义情感油然而生；学生到沙角海军基地参加军训，使纪律和国防意识明显增加；到革命烈士陵园和革命遗址参观，让学生感受到一次生动的革命传统教育，使之认识到今天幸福生活来之不易，对革命先辈更增崇敬之情。不少学校还以革命老区作为对学生实施德育的基地，分别与延安、瑞金和井冈山等地的学校结成兄弟学校，组织学生去革命老区参观学习，使学生受到深刻教育。

政府重视学校德育还体现在随着广东改革开放的深入不断推进学校德育的时代改革，以适应广东市场经济发展，引进更富有时代性的新德育内容及形式等。广东的改革开放，既向学校德育提出了

---

① 杨克祺：《特区青少年学生德育对策研究》，海天出版社1997年版。

新的要求，也为德育发展提供了条件。德育必须在保证学校改革、促进学校改革的过程中，不断进行自身的改革，以适应新形势的要求。自改革开放以来，广东学校德育从实际出发，不断改革和创新学校德育模式。在德育时代性上，实现从政治教育到公民教育，再到现代城市人教育的德育目标转变；在德育模式上，广东学校德育走过了“政治挂帅”德育模式到“齐抓共管”的“潮州经验”和“顺德模式”，到中山市的校社“联动共振”德育模式，强调社会的教化互动作用，南山区在积极创建以培养公民为主题的“全国未成年人思想道德教育实验区”；在德育方法上，引进和借鉴国外的德育方法和教学经验，结合本地区的实际情况，积极推广多样化教学方法，如运用正面学习、榜样示范、价值澄清、角色扮演和两难困境讨论法等，来提高学校德育的成效。

（二）倡导实验：创建新时代广东德育模式

30年来，广东学校德育在彻底改变“政治挂帅”的模式取向后，又走出全盘西化的教育误区，最重要的经验是把学校德育根植于实践。这种实践包括社会改革实践与学校改革实践之中。德育实验使许多新的模式从理论转向实际，把理想形式变为现实，是广东德育改革的重要动力。深圳高级中学建立的“学生自律法庭”这一实验，在中国国土上从全校层面再现科尔伯格的公正团体法基本原理，在理论和实践上都较好地回答了培养学生自主性等重大问题，引起广泛的关注；华南师范大学吴奇程教授关于“德育转型”的研究以及该校李锡槐、孙少平等人关于“开放地区理想教育”的研究，都形成了相应的实践形式和理论体系。其中不乏重大理论和实验意义的新模式。

1. 主体性德育模式。

这种模式强调对学生主体的塑造，倡导发展学生的主体达到弘扬正气，发展道德能力的目的。最为突出的有深圳大学探索“主体性教育”模式，把大学校园当作社会主义教育的主战场，把环境的营造和熏陶当作特区培养国际性健全价值人才的主渠道，抓住

爱国主义教育这个主旋律，突出学生的主体利益、自我意识、自我参与、自我判断和选择通过以服务为主的管理机制，以人为本的育人机制，来激发学生的责任感、正义感和使命感。华南师大附中致力于“构建以立志成才为主题的激励型、自主型德育模式”，一是以立志成才为主题，以激励为主要手段，充分发挥学生的自主作用。他们以活跃在各行业优秀校友为榜样激励学生“立志成才”，形成一种集政治上的先进性、思想上的活跃性、道德上的高尚性和学业上的优秀性之大成，让学生形成牢固的深层意识，养成稳定的行为特征，具有活跃的践行能力，孕育可持续发展的优良品质。这种励志型德育注重以正面激励的教育方式来激发学生的主体创造精神，努力创建促使学生逐步完成从外部规范向自觉意识转化的自我教育、自主发展的过程。二是构建一种多学科整合，显性课程与隐性课程互补互动的德育氛围。注重德育过程的心理健康教育和健全人格教育，开设心育课，建立学生心理档案，定时开展心理咨询活动，开展各种社团和社会实践活动，提高学生自我完善能力和良好的社会适应性。三是构筑一个校内向校外延伸，学校与家庭、社会功能耦合的育人网络。在从校内向校外延伸、从城市向农村山区发展的德育网络中，也重视把学生的社会实践活动从国内带到国外，参与国外各种竞赛、与国际组织开展科研合作、组织学生到国外开展“夏令营”和“冬令营”活动等机会，让学生为融入国际大家庭增加体验和积累，这些都有效地深化着“立志成才教育”和“理想教育”的开展。惠州市惠阳实验小学倡导“主体生成教育模式”，强化主体发展的互动性，并渗透到学校的各个方面，使这所新办学校很快成为当地名校，并出版多部研究著作，获得惠州市首届社会科学优秀成果奖。肇庆中学开展以自主为特色的主体发展教育。深圳华侨城中学探索“心育工程”模式，把品德教育变成一桩桩生动可触、亲切可感的熏陶感化活动，实施“中心献给祖国、爱心献给社会、热心献给他人、孝心献给父母、关心献给环境、信心和恒心留给自己”的七心教育活动。他们的成果《心育工作的实践与理论》一书已由广东人民出版社出版发行。再如广州市小

学德育一体化实验。在试验过程中确定了系统研究、整体运筹，分段设计、搞好衔接，逐层推进、提高效能的方针。

2. 生命教育模式。

这种德育是强调人本精神，教育学生理解生命价值、人生意义，如何珍惜生命，并使生命发出最耀眼的光芒。深圳市教育局结合该市实际坚持数年生命教育，编写小学版《朱九戒历险记》和中学版的《闯过六重门》，以故事为载体把生命、安全、生存、责任、健康等等内容与思想性、知识性、趣味性的形式相结合，反响巨大；开展“生命与责任”系列演讲及“我让青春年华承担责任”的征文活动，以及设立“心灵蓝天”网站、心理辅导中心，开展心理健康教育实践活动、“生命教育”优秀课件评选活动等，形成独特的生命教育模式。惠州市的心理健康教育也属于生命教育，从培养健康心理来正视人的生命价值和发展健康生活，追求光辉人生，使该市中小学德育面貌焕然一新。一是建立教育行政主管与专家业务指导相结合的管理模式。坚持教育行政主管与专家业务指导相结合的管理体制，成立惠州市中小学心理健康教育指导委员会、惠州市中小学心理健康辅导中心、惠州市心理健康教育协会，提出学校心理健康教育“五个有”：有工作领导机构，有专职的师资队伍，有专项工作经费，有心理健康教育系列活动，有学校心理辅导室。二是启动全员持“C”证上岗的师资培训模式。制定了全市用三至五年时间完成心理健康“C”证培训全员培训计划，要求2010年全市教师都必须持“C”证上岗。三是形成以点带面的工作推进模式。在成立惠州市中小学心理健康教育辅导中心的基础上，开通心理辅导热线2671885，为学生和家长提供咨询、辅导服务。多次举办全市心理健康教育工作现场会，确定了62所“市心理健康教育示范学校创建单位”，逐渐形成了以心理辅导中心、示范学校为龙头，带动全市的格局。四是建立心理健康教育与家庭教育相结合的模式，经常组织“感恩教育”、“亲子互动教育”等多形式的心理健康教育活动。五是建立心理健康教育“预防、预警、干预”相结合的预防模式，积极开展普及教育、个别辅导与咨询、“问题

学生”跟踪教育工作，设必修课程全面普及心理健康知识，建立起“预防”机制；设立县（区）、学校学生心理辅导中心（室），建立起“预警”机制；对“问题学生”安排专人进行心理教育跟踪辅导，建立起“干预”机制。六是建立对招聘教师进行心理健康素质测试的考核模式。

3．阳光教育模式。

该模式努力通过学校教育，赋予学生光明灿烂的人生，培养学生正直向上、热爱人生、尊重生命、融合社群、追求崇高的优良品质。特别是抵制各种阴暗面对学生的影响，消除陷于网络中自闭畏缩、行为诡异、自暴自弃、离群索居的人格特征。其中最为突出的是惠州市商业学校倡导的“阳光1000成长计划”，该校把这一计划作为一个育人的系统工程，把在校学生三年1000天的学习和生活都置身于灿烂阳光之下，系统地接受六个维度的教育和实践锻造：即公民素质“就德”养成教育、职业生涯“三维”教育、学长启导自我教育、师生主体团队教育、社团活动实践教育、工学结合四环一体教育等，培养学生完整人格和丰富的人文精神实现又自然人格向自觉职业人格提升，由学校人向职业人、社会人转变。该模式倡导“人文教育与技能教育相结合；知行合一、以行为主；以素质为基础，以能力为本位”；培养具有完善人格和普遍人文关怀精神、品德优良、心智健全、技能过硬、身体强壮应用型现代职业人才。正是10年阳光教育使该校发生翻天覆地的变化，成为远近闻名的名校。深圳罗湖区教育局倡导“阳光少年‘5+1’德育模式”，通过校社联动，把少年发展都置身于阳光之下，如加强警校合作，配备法制副校长，创建健康学校，发起“特别关爱行动”和心理辅导，以及创办漂流书屋、阳光社团等，全力推进学生健康发展。自2003年倡导该模式以来，该区学校面貌一新，涌现出一大批办学效益显著名校，阳光少年群星灿烂，他们积极向上，品学兼优，全面发展。

（三）中西合璧：借鉴国际经验创新德育体系

广东毗邻港澳台，面向东南亚及世界，与世界各国都有非常紧密的联系，东西方各种价值观冲撞交汇，使学校德育呈现出复杂多变的特点。过去，广东由于采取控制堵封的方式，造成学校德育与社会价值上严重对立，学校德育效益很差。改革开放以后，广东学校德育坚持改革开放，走在继承中借鉴发展，在借鉴中创新闯出新路的发展路程。30 年来，广东学校德育既重视继承中国古代道德教育的传统，也吸收了西方国家的德育成果，但这种继承和吸收，是坚持以面向现代化、面向世界、面向未来为主导的，是以符合中华民族走向未来的价值取向为前提的。坚持开放，借鉴国外不同的德育模式，在借鉴基础上大胆创新，不断走出传统德育的特有模式。90 年代深圳市推行“德育一体化”，试图在潮州“齐抓共管”的经验基础上从德育体系上实现学校、社会、家庭一体化；同时也积极倡导学校德育课堂价值讲授、分析价值教育和价值角色承担、价值实践的一体化；并促使学校德育目的、内容与结果评价的一体化，消除结果评价的非价值性；还重视学校德育中人与人、人与自然、人与自我的一体化，等等。这种一体化是吸收了西方学校德育重视渗透各科和社会各界的主要做法，从而走出单纯背记道德信条的模式。①

广东推进开放型的学校德育体系，打破了封闭的传统学校德育，大力吸收时代新思想，借以变革不良德育模式。一是在德育中把东方注重系统道德规范教学和西方注重培养思维判断能力结合起来。除了对课堂德育教学进行生活化、人生化改革以外，重视呈现多元化价值和多种道德情景，引导学生对不同道德价值进行分析，从中引导学生学会积极澄清，分析是非善恶，培养分析问题和解决道德难题的能力。二是推行全面性的学校德育模式，即把道德知识教育与能力培养相结合，课堂教学与课外活动相结合起来，主课与

① 参阅李萍：《现代道德教育论》，广东人民出版社 1999 年版，第 68 页。

辅课相结合，强化学校教育中的德育功能。三是建立开放型的具有广东特色的学校德育模式，使之具有兼容古今中外学校德育经验和发展成果的机制，坚持民族文化传统，吸纳世界文明兼容古今中外德育精华于一炉。

珠海市实施的“中小学生自我教育成长模式”结合珠海特区学生特点，吸收香港及澳门中小学校德育的特点，把原来的“灌输法”变成“自我教育法”，尊重、发挥和培育学生主体性，变被动学习为主动学习。学生学习《自我教育成长册》并填写名人名言、开心的事、感人的事、为集体做的事、人际交际、文明礼仪遵守纪律、保护环境、发展自我的活动等个人认识以及检查自己得失、师生交心卡、同学的一句表扬话等 14 项栏目，教会学生自我觉察、自我反省、自我评价、自我调节等；以此为基础，开展自我教育系列主题班会，通过师生游戏法、情景陶冶法、反复示范法、行为辨析法、评议训练法等使学生把外在教育转化为自我成长的内在需要，提高自我教育意识和不断挑战自我；推动学生自我服务和社区实践的自我教育，使学生在服务中发展自己。这一模式融合国际多种德育方法和原则，取得了很好的教育效果，参与实验的 11 所学校得到很好的发展。

（四）天地人合一：创建立体式综合德育网络

30 年广东学校德育的另一重要经验是重视青少年成长诸因素的互动整合，如学校、社会、家长及学生的和谐互动，学校中德育与各科教学、班主任、团队工作、课外活动和校风建设的密切配合，保持一致。广东为此进行了许多有益的探索，形成有特色的优良教学传统，即把文化知识教育和思想品德教育结合起来，在教学中不仅强调传授知识和发展智力相结合，而且开始重视发展智力和非智力因素相结合，加强教学过程的教育性。同时，重视德育的社会环境和家庭教育，使学生在日常学习活动中培养良好的思想品德。社会影响是学校难以控制的因素，开放性社会更是如此。政府对社会文化节场所加强管理，保护青少年免受消极影响，治安部门

保护学校环境，防止社会上不良因素的干扰。有些学校跟所在街道的办事处、派出所、文化站和生源较多的单位，建立共同教育学生、控制社会消极影响的协调组织。这样的组织，一方面支持和协助学校改善学生的活动环境和设施，扩大学生在社区内的活动场所，另一方面排除干扰学校教育的不良因素，控制不良文化对学生的消极影响，为学生创造有利于健康成长的社会环境。

1. 立体综合互动德育模式。

广东自80年代起就致力于发展“齐抓共管型德育”，有潮州和顺德经验，90年代后逐步形成“三维德育模式”。一是校内双轨：即“校长（党支部）负责，政教处、年级组、班主任三级管理”和“校—共青团—少先队”体系；二是“学校、社会和家庭三结合”的德育体制；三是“三网体系”：天网—网络，地网—报纸书刊，视网—电视广播。深圳市建立了学校德育的网络工程，网络工程的实质是发动全社会对青少年的德育齐抓共管，不留德育空白点。具体做法是区、办事处、居委会建立青少年德育工作领导小组及其相应的机构，区委、区政府和办事处、居委会主要负责人作为各级德育小组的主要负责人具体抓青少年的德育工作，区级德育工作领导小组由各部、委、办、局的主要负责人为成员，具体负责协调全区学校和各社会的德育工作，并把德育和青少年工作的业绩作为各级领导干部任期考核的重要指标。各部门齐抓共管，重点放到社会环境的优化和社区内青少年思想法制教育上，起到了良好的作用。沟通学校与家庭的联系，各学校纷纷建立与家长联系的制度，成立家长委员会，开办“家长学校”，出版《家长报》，设立“家长开放日”，建立“家长联系卡”，通过这些有组织的活动，改善了家庭教育环境，提高了家庭教育质量，使家庭德育和学校德育形成合力，使学校德育的成绩得到了巩固。立体德育网络工程的实施，改变了学生“在校听社会主义，在社会上看资本主义，回家搞自由主义”的德育被动局面，取得了良好的教育效果，通过与学校、社会和家庭的配合，开辟了一个系统完善的德育社会环境。

2. 合力联动教化模式。

在多年实践基础上，广东正积极推动把各种作用学生成长要素进行综合统筹，特别是强调把德育融入学习和生活中，从以往的德育主义转向全面主义。其中，特别强化营造健康上进的德育文化，寓道德教育于文化之中，文化又寓于各种活动和教育教学的行为之中。这是一种“政府统筹、部门联动、社会协同、文化引领、教化育人，合力营造未成年人健康成长的和谐人文环境”。这里强调的是合力，即各种作用要素在共同目标下发挥相一致的作用；联动，即这些要素的作用是一种有联系的相互作用的过程，从中达到对学校德育作用的社会整体协调功能；教化，即道德规则和道德内容渗透到各种教育行为中，成为潜移默化的教育过程，所有的道德知识都成为春风化雨般在各种活动下发生滋润性的作用。广州市、中山市等在积极推进这种德育模式，肇庆第一中学也在积极倡导“和谐共振”的德育模式，其真谛也在乎此。惠州商业学校倡导的“阳光1000”也很重视在三年中把学生置身于全面的学校文化熏陶下发展，特别强调校内外多种因素的联动。

3.“和谐共振”的德育模式。

该模式为广东许多学校所倡导。例如肇庆第一中学在多年实践中提炼出一套新的体系，即重视建构以德育课为主线，统筹各科课程及活动课，在营造主流学生文化中寓教于乐，把知识教学、能力培养与道德思想教育相融合；以道德环境为引导，用绿色文明熏陶人、用绿色思想培育人、用绿色行为影响人，在环境中培养良好的思想品德；以民主自主管理为平台，设计干部公选制和轮值制，构建和谐奋发的师生关系和文明相处品德观；以完善学生人文精神为载体，构筑多层次的校园文化结构，创造和谐校园文化。

（五）重视研究：强化学校德育科学性

改革开放以来，广东非常重视学校德育科研，取得了重要的成果。这些德育科研主要表现为三个方面：第一，研究西方及港澳台学校德育经验和理论。如研究和引进科尔伯格的道德认识发展理论及两难问题讨论法、西蒙的价值澄清法等。1993 年出版了冯增俊

的《当代西方学校道德教育》，1998年冯增俊、王学风等的《亚洲“四小龙”学校德育研究》，1999年李萍的《现代道德教育论》等多本研究国外及港澳学校德育论著，发表了港澳台及国外学校德育①等一批重要的学术论文。第二，开展学校德育实践研究。30年来，省市相关部门开展了各种实践调研，分析了解学校德育状况。如广东省教科所李锡槐的理想教育，出版了包括李锡槐的《社会理想教育新探》、孙少平的《学生心理辅导》及郑雪、申荷勇等所著的多本心理教育专著。又如广州市的“社会转型与道德改革”课题，先后6次对广东的学生和家长进行调研，取得了大量的第一手资料。广州市教育科学研究所承担了全国“七五”教育规划课题“开放地区的德育改革”，在对实践进行深入研究的基础上，出版了专著《小学整体改革的理论与实践》和一系列论文，并在广州市开展了学校德育的试验。在“八五”期间，又承担了“新形势下中小学生的思想品德发展特点与教育对策”的课题，出版了杨贤君、周东苏的《开放时代的学校德育》，展现了随着改革开放的深入发展，广东学生思想品德发展的趋势和学校德育改革的深化过程，同时也反映了德育研究中的观念变化和理论发展。深圳市教育局专门成立调研领导小组，根据深圳市学生的实际情况，分别设计了针对性强的“深圳市大学生、中学生、小学生思想道德心理调查问卷”共三套1500份。小学问卷侧重了了解学生的行为习惯，包括生活习惯、卫生习惯、劳动习惯、交往习惯和守纪习惯；中学问卷侧重了解学生对待自己、他人、父母、国家、民族、社会、生态环境等态度倾向，包括公民意识、成才意识、生命意识、人际意识、环境意识和审美意识；大学问卷侧重了解学生的理想情操，包

① 马建国：《香港中小学公民与道德教育探讨》，华南师范大学硕士学位论文1997年；冯增俊、马建国：《香港学校公民与道德教育教材及特色》，《学术研究》1999年第7期；黄婉娴：《澳门青少年犯罪问题研究》，张丽莲：《澳门学校道德教育探讨》，华南师范大学硕士学位论文1993年；谢桂英：《澳门天主教小学道德教育探讨》，华南师范大学硕士学位论文2001年；罗玉清：《澳门中学辅导工作探讨》，华南师范大学硕士学位论文2003年；等等。

括生活理想、职业理想、人格理想和社会理想。并采取问卷与访谈、集体座谈与个别交流、调查和研讨相结合的方式，深入各级各类学校进行实地调查访谈，调研学校32间，召开座谈会42场，访谈老师和学生1100人次，举办专家研讨会10次，问卷回收率100%，收集各种相关资料50多种。通过德育科研，把理论与实践相结合，使理论及时总结实践成果，为实践服务。第三，德育实验研究。广东在新的时代召唤下，把国际学校德育经验与改革开放的社会实际相结合，推进了许多有意义的实验，如惠州市的“心育教育实验”，肇庆中学的“自我教育实验”，吴川市城东中学的“诚信教育实验”，宝安中心小学的“城市人实验”，南海大沥漖表小学陈岚的“网络德育实验”，深圳南山区开展“未成年人思想道德教育试验”，并积极推进“中华魂教育研究”等。

三、铸塑国魂：新世纪广东学校德育挑战及展望

众所周知，广东是改革开放的“试验场”、“排头兵”，是“窗口”，外面的“风”可以渗入，自己的“风”可以透出，欧风美雨的吹打拍击，海陆空的包围覆盖，这给学校德育如何搞好中西文化交流、对接与嫁接，如何搞好传统美德与现代文明、寻根意识与现代意识、民族精神与时代精神的结合、同化与濡化，提出了令人警省、促人思索等诸多问题。

（一）时代呼唤：广东学校德育面临的挑战

1．广东创建现代化的迫切要求。

广东经济快速发展，给广东提出了许多新的问题：一是人均产值达到3000美元后，广东将迎来新的生产生活方式，不仅高科技将逐步成为生产的主潮流，过去那些洗脚上田的劳动者面貌也将逐渐远去，而且人们的生活方式也将从小工厂小作坊转向更高层次的技术领域中，网络生活与现实生活一样都成为人们生活的重要部分，如何断定是非曲直，建立有序的共同生活就成为广东学校德育

面临的重大问题。二是广东改革开放也将发生重要的转折，从原来以借鉴为主转向创新为主，迫切需要走出原来那种简单移植外来文化与保守传统德育的对立状况，逐步转向在创新发展的要求下积极移植与传统德育的协调发展，探讨和倡导现代社会核心价值体系以引领学校德育改革，形成新社会所需要的道德伦理体系，推进以爱国主义为核心的民族精神和以改革创新为核心的时代精神教育，就成为广东未来学校德育面临的新课题。三是广东将进入全面建设构建现代化的和谐社会新阶段。这个阶段将给广东人提出新的道德要求，如果创建符合这一新发展阶段的德育体系，对提升全体社会成员的道德品质，倡导新的道德伦理观念，营造共同社会价值和理想信念，全力倡导新荣辱观教育，实现社会稳定发展和长治久安，有非常重要的现实意义和理论研究价值。

2. 进一步改革开放面临的新挑战。

广东30年改革开放推动了社会的重大转型，面对未来发展，广东应更好地把握新的机遇，必须克服满足现状的思想，不能在改革开放的道路上停滞不前。实际上，改革开放之初，外部环境中是在发达国家的强大压力下，广东人被迫背水一战，大胆改革以谋求一条生路，因为不战则败无疑！但是，今日广东经济发展迅速，获得的利益也越来越大，特别是越高职位者意味着得到了更加丰厚的报酬。而由于在政治体制上改革尚待深入的情况下，这些职位都聚拢日益集中的行政权力，并行使着愈加严厉的行政控制，许多高位者在滋长着“不求有功但求无过”的法则，他们小心翼翼，生怕稍有不慎便会丧失许多有益的报酬和利益。这就使广东人不敢像当年那样大胆创新，敢闯新路了，思想上变得越来越保守，越来越循规蹈矩，而不思求进取。广东人面临着新的转变，但是安于现状思想日益严重，不敢开拓进取，只求明哲保身的思绪在蔓延。这同改革越深入，越需要继续开放，越要大胆突破旧的体制籓篱和过时观念的束缚相比，日益形成严重的落差和鲜明对照。数十年的实践表明，市场经济的核心是公开自由竞争和优胜劣汰，市场体制越深入发展，就要求更深刻地改变中国的社会结构、发展状态和人们的思

想乃至行为方式，引发社会主体和个体的自主发展与相互竞争，使广东社会过去的均衡状态以及物质与精神、经济与政治的二分格局发生了新变化。当然，市场也是两面的，一方面市场经济激发人们的竞争意识、进取意识、平等意识、自主意识，使社会充满活力；另一方面，市场经济的求利性原则又容易导致拜金主义、享乐主义和极端个人主义蔓延，侵蚀思想道德领域。如何发挥市场的正面作用，关键是决策者的主导思维。广东的市场经济起步较早，发展较快，对社会道德研究不够，受市场经济的负面因素影响更加突出。因此，如何确立并推进一种与市场经济相一致的思想道德，就显得极为迫切。广东目前依然应当研究现行市场体制下的德育走向，积极推动学校德育中传统与现代、落后与进步、消极与积极的有效转化及发展，消除传统道德中的消极影响，抵制传统德育与市场弊端狼狈为奸的行为，扩展经济道德、科技道德、生态环境道德、消费道德、竞争道德的教育内容，培养、塑造学生的开放意识、竞争观念、自主行为、诚信思想等思想道德素质，适应和推动市场经济体制发展的需要。①

3. 全球化趋势带来的新问题。

广东自改革开放以来，就积极推行开放型经济，融入全球化发展进程。全球化是世界范围内各国和各地区经济相互融合并按照市场经济要求保证生产要素自由流动和合理配置的历史过程，它包括生产全球化、贸易全球化、金融全球化、投资全球化、消费全球化、劳动力流动国际化等具体内容和具体过程。② 如今，全球化也开始包括科技融合、文化多元、教育互动等方面，因此，随着全球化进程，广东参与世界发展进程就越深入，对广东带来的影响也越大越全面，发达资本主义国家强势经济、科技扩张对广东的影响也越大。广东如何利用这一机会，探讨广东学校德育走向未来的基本

① 郑永廷：《德育发展研究——面向21世纪中国高校德育探索》，人民出版社2006年版。

② 同上。

框架，促使东西文化和道德伦理交融互动，建构中华民族走向未来的新的思想体系和道德教育模式。广东德育既要正确认识全球化实质及对德育的挑战，又要善于正确把握全球化契机推进德育发展，努力创建一种全球化进程中广东德育发展新体系。

4. 信息化社会带来的新挑战。

广东信息化发展速度为全国各省之首，也给广东学校德育提出新的问题。科学技术的突飞猛进使互联网、手机短信等新兴媒体迅速发展，在促进人们的信息交流和思想沟通的同时，也便利了各种价值观念的传播交汇和大量有害信息的散布流传。广东是全国信息产业比较发达的省份，全省网民有950万人，位居全国第一，网站数量有104645个，居全国第二。[①] 网络在其最大限度地为人类日常工作、学习、生活、娱乐服务的同时，也披着幽灵的面纱，带着黑暗的阴影。在此环境下，学校德育的主导地位受到多元信息流强烈冲击，青少年接受信息的时空被多元分割，出现了多样的价值判断和情感评价，给广东学校德育带来了新的严峻挑战。

此外，学校德育还将受到价值多元的冲击、家庭德育功能的变化和大众传媒在学生品德形成中的作用日益增强等的挑战。

（二）历史责任：广东学校德育的未来使命

广东是开放的热土，是汇集东西文化和不同思想冲撞下的文化家园，也是中国走向世界探析新时期社会文化的窗口。营造迎接未来教育发展需要的学校德育，是广东人改革开放的时代责任和历史使命，也是广东走向世界、中国走向世界，实现中华民族历史复兴的神圣职责。

1. 建构新时代人类文明伦理体系。

广东德育变革要倡导新的文明伦理体系，这首先要关注社会转型带来的各种问题，这种转型表现在：一是从农业经济向工业经济再向知识经济时代的价值教育转型，同时又必须兼顾到这一地区三

---

① 魏安雄：《广东未成年人思想道德建探析》，《探索》2004年第6期。

种经济并存的复合价值体，还应考虑到兼顾中国传统文化价值与新时代价值的继承性。二是德育中价值教育与公民教育实现一体化进程，即从对价值分析和认定过程实现对公民意识的培养，从而转变过去探讨价值只是为了得到高分数，与公民培养脱节的现象，价值分析和认定将成为发展主体，尤其是道德认知判断力的重要内涵，并由此营造与新世纪发展相适应的德育氛围。

推进广东德育历史性创新，是一个在更高的文明境界上实现新的时代跨越。一是建立以人为本的新道德观，把学生这一特定的人之身心发展作为新道德的出发点，致力于培养健全人格、思想健康、立志奉献社会做一个有用的人。二是建构共同价值观体系，在传统与现代、与未来，中国与外国、本国与国际、现代化与全球化之间审视省察，提炼符合中华民族走向未来的共同价值，超越一时一地一己的认识局限，形成包含民族文化传统、关注国际现代伦理要求又面向人类未来发展的新价值体系。三是创建新的伦理体系，在未来信息社会的视角下全面梳理整合自春秋战国诸子百家思想、儒家伦理、鸦片战争至抗日战争以来民族自救自力自强的伟大精神，中华民族走向伟大复兴的新的理念，建构一种走出儒家狭隘伦理图景、体现中华民族关怀人寰福祉、放眼全人类宏伟目标的新伦理。广东应当吸收从潮州经验到深圳南山“中华魂”德育研究、惠州市“心理健康教育模式”、惠州商校的“职业人格模式”等等这些广东的德育改革开放的优秀成果，与国际学校德育发展经验融会贯通，以求从中绽放新的时代民族伦理之光。

2．创建广东大德育体系。

广东改革开放已形成新的发展态势，迫切要求广东建构起新的学校德育体系，这种德育体系包含当代各种价值体系和人生哲学，也重视具体的道德生活体验。一是创建注重学生德性发展的德育体系，探讨促进不同年龄阶段学生道德认知能力发展的工作方式，实现从考试德育转向发展德性的新德育。创建融道德教育于各科学科教学和学校生活环境的工作体系，把道德认知融入知识学习的过程中。如小学中把品德课融合于英语学习中，等等。二是建构以生成

现代人的德育体系，在现代人成长的基本要求下营造教育人的原则、道德施行过程及社会环境乃至方法等。如举办人生讲座、人生体验活动等。三是创建在共同价值下，融和平、友爱、竞争一体，个人、国家、世界共生，理想主义、现实主义、浪漫主义相融，求真善美之完美实现的大德育体系。例如组织西部生活体验团、国际儿童村活动，体验域外生活和倡导和平与正义。创建以国家及省级绿色学校为龙头的德育体系和禁毒教育、心理健康教育先进区。

3．创建新时代广东和谐学校德育。

这里，倡导广东应重视学校德育的具体操作方式方法，使中华民族未来伦理道德与学校德育框架融会贯通于具体的学校教育行为之中，即创建与社会共容、注重人的发展、富有创新精神的生态性学校德育。一是坚持生活性与伦理性相济的德育原则，把社会生活、社会实践、社会服务与德育基地和学校德育结合，在营造自然化的伦理情境中形成正确的人生观和道德伦理。其中，包括各县市区都建设了一批抗日战争教育基地、中小学生社会实践基地以及社区教育中心等实践实习园地。二是坚持发展的德育观，制定不同年龄儿童德育工作体系，实现幼儿、中小学德育的衔接整合；研制道德知识学习、道德问题讨论、道德行为实践相互动的课程模式，编制课堂法庭、社会调查、道德论坛等，把道德教育渗透于日常生活和虚拟网络层面上演练。三是推进创新精神的德育体系，其中应强化正面教育方式，以多样性方法宣讲各种伟大人物和英雄事迹，建立学校英雄榜或英雄牌，突出抗日、抗御外辱的民族精神，突出自立自强、革命创新的民族意识，坚持正义、勇于牺牲的无畏气概等。每所学校应建立读书会、同心诗社、文联、心得交流会以及相关社团，激发向上进取心，培养学生正直、正义、正气的时代气质。①

① 参阅《深圳市南山区“十一五”教育发展规划报告书》。

（三）谋划发展：未来广东学校德育发展思考

展望未来，广东学校德育必须有实现传统与现代、未来的整合，在继承吸收中创新。21 世纪的广东学校德育应以“大德育”为目标，结合可持续发展、人与自然的回归、关注人的生命价值思想，形成一个具有中华民族厚重文化底蕴、开放型的、有广东特色的多层次、立体的学校德育目标体系。这一体系既要体现岭南文化的精髓，又要体现新世纪广东人精神的特质。既要关注人的生命价值，关注人的可持续发展，又关注广东人多元、开放、兼容、重商、务实的文化特质和敢闯敢干、崇文崇德、求真求实、开放开明、创新创业的新品格，实施学校德育更具有 21 世纪学校德育之广东特色。要实现这一目标体系，需要从以下几方面努力。

1. 树立开放进取的学校德育观。

随着改革开放的不断深入，广东已经进入到一个充满着挑战与机会的开放的社会之中，改革开放以及现代化都是要建设一个开放的社会，推进开放的社会思想，而这些都是通过开放的教育来建设和培养，现代学校德育更是如此。开放的学校德育的实质在于，以开放的心态冲破传统道德教育的封闭，来领会古今中外不同的文化精髓，走出以往封闭的学校德育模式，摸索开放进取的道德精神来吸收古今中外优良的道德成果，统合各种人类文明成果，开启广东学校德育新发展。开放进取的学校道德教育反对封闭、禁锢学生头脑和思想的一切教育方式，而是以促进学生发展道德思维能力，特别是独立思维和批判性思维的能力、发展学生开放进取意识的新道德观为目的。

树立开放进取的学校德育观，符合广东推进现代化社会对现代人提出的要求，这种德育观把德育看成是一个在不断开放发展着的社会中，不断探索、不断吸收各种有益新思想的历史过程，鼓励学生以辩证的、历史的眼光来认识社会发展；允许学生通过自己真实的道德生活来体验与认识社会，通过自己的道德实践对既定的道德取向与道德规范予以鲜活的说明、具体的充实或必要的改造。在这种开放进取的学校德育观下，学校应设置必要的社会性课程，积极参与多元文化实践，允许学生做出自己的道德判断，而不是简单地背记答案或采取鸵鸟政策加以回避。开放进取的道德教育观主张把学生置于开放环境中实施德育，强调疏导，而不是简单的排斥与禁堵；允许学生“犯错误”，而并非放任自流；通过课内外活动，创设一个让学生自由地发表自己见解和看法的情境，让他们各抒己见；鼓励学生相互交流，深化见解，对谬误的不良信息则通过讨论和分析加以辨别，从而提高思想认识。

开放进取的学校德育观要颠覆传统德育制造的权威至上的师生关系，主张师生平等，在共同探讨道德问题中提高道德能力。因此，在道德教育过程中要真正平等地善待来自不同文化背景的学生，不歧视他们的文化与价值观，尊重他们，尊重他们的文化与价值观；同时，学校与教师在道德教育过程中更多地不是对学生宣布一些毋庸置疑的道德戒律，而是鼓励学生提出自己的观点，并对学生的观点进行富有启发价值的道德评价。

2. 改革学校德育模式，培养学生的道德思维能力。

广东经过30年的德育改革，积累了许多重要的实践经验，顺应新社会发展要求，转变中国传统学校德育模式，主要包括：第一，改宣讲道德信条为在学习道德知识的同时重视实践道德要求，走出简单灌输道德知识的方式；第二，改重视道德知识的考试为重视道德判断能力的培养，引导学生从简单背记道德知识转向深入社会生活中，在多元文化下体验不同价值观，澄清各种道德价值，由此从探讨中理解和接受各种有益的道德价值；第三，改单一课程教学内容为多样化的德育内容，不仅有广泛的阅读教材，包括课本、学生作业、教师手册及辅助读本等，还要有各种视听教材，利用视听教具包括摄影机、透明胶卷、幻灯片、录音带、教育电视录像带等。在阅读各种古今中外的优秀文化中体验各种道德概念和内容，使这些道德内容由抽象变具体，由枯燥变生动有趣，由艰深变浅易。

随着广东社会日益开放，学校德育的重心必然要从传授道德教

条、讲解道德上的金科玉律，转向培养道德判断力、道德敏感性和道德行动能力。在同一件事情上人们的立场、观点如此多样，以至于老师再也不可能像过去那样在学生面前充当道德权威，谆谆教导学生什么是好的、什么是坏的，什么是对的、什么是错的，该做什么、不该做什么。把价值标准和道德观念当作确定的“知识”来教的时代，随风而去，一去不复返了。教师与其代替学生作道德判断，不如设法提高学生的道德判断力，让他们自己学会运用理智做出判断或决定。广东一直以来很重视对科尔伯格倡导的道德认知发展理论的研究，近年来积极推进培养道德认知和加强道德认知能力的培养，重视学生在价值选择上的独立思考。因此，未来广东学校德育必将更加重视教学形式上的改革，取消了单纯的讲授和说教，代之以给学生提供更多的机会，让他们在处理现实的道德问题、道德情境及体验道德冲突的过程中增加对规则的认识和理解，从而促进道德思维能力包括道德推理能力、道德判断能力、道德决策能力以及道德抉择能力的发展。

3. 建立有特色的区域现代学校德育体系。

广东属于后发展型地区，人的观念转变和学校德育方式的更新都与发达国家不同，很难找到先例。为此，广东学校德育将注重探索由农村向城市演变中学校德育的时代嬗变，推动文明、开化、科学；既弘扬公共价值，又尊重个人价值，按照正义、平等、合作、自由、尊重的价值原则来建构学校价值教育体系，营造社会共同生活准则，实现学校中自然、国家和人本三者的完美结合，在培养人的完美德性中兼顾到国家和人类的特定时代发展；建立起更加符合未来现代化趋向的理想价值和德育信念。通过具体的步骤走向更完美的学校德育体系；在更高远的发展目标上，使德育目标更加综合，内容上更有序列性，方法上更加多样化。这些都表明，广东学校德育既有遵循人类发展和德育规律的一面，又有自己的特色，这种特色是多方面的。如在文化上，它具有多元文化综合区特色，长期来受国外及港澳等外域影响，得风气之先，在德育上比起国内其他地方更具开放性；在作用力上，广东经济发展之快，社会价值转变之大，为其他地区所难及，使价值与公民教育更具复合性，使其包含更多的发展层次和变化特性；特别是在发展态势上，广东自80年代来一直保持极高的发展态势，相对来说，这也使价值与公民教育形成了更高的阶段性，其对德育发展的要求更强烈、更迫切，也更有示范性。等等，都是其他地区不可能具有的。

4. 开展对话式学校德育。

开放进取的德育是一种致力于主体性培养的德育，也是一种互动性的具有对话意识的德育，以致力于提高学生表达、对话、协商和寻求利益均衡点的能力。学校德育中的“对话”是一个含义深刻的概念。对话，或对话过程，就是对话者双方相互理解的过程，也是一个自我认识、自我反思的过程，或者是人类和平共处的基本方式。[①] 因此，对话是开放的多元文化社会中的一种道德教育模式，是指教育者与受教育者双方从各自的理解出发，以语言为中介，以交往、沟通为实践旨趣，促进双方取得更大视界融合的一种德育方法。道德教育从对抗性的灌输转向对话首先要求尊重主体意识，给学生以充分的人性理解。未来广东经济的发展，会更加注重人的主体性发展，因此在德育上将更加尊重学生的内在情感、意志与个性发展。德育的真谛在于“人对人的理解”（鲁洁语），是教育者与受教育者的彼此心灵撞击、沟通和升华。这将成为广东未来德育变革的主导方向。科尔伯格下面这段话也许是对这种情形的一个最好的注脚：“道德教育最好是对话中的一个自然过程，而不是作为一种理论指导或说教。教师和课程最好是作为这种对话的促进者。”

---

① 汤一介：《文化的多元化趋势将是不可逆转的》，《跨文化对话》第三辑，上海文化出版社2000年版，第49页。

第九章
职教新花：广东职业技术教育发展

改革开放30年来，广东的职业技术教育经历了从全普一统到技术实用，从量的突破到质的提升，从单一封闭到多元开放的转变过程，职业教育迎来了前所未有的发展春天。广东职业技术教育发展的意义不仅在于为广东城市化进程中经济持续快速前行助跑，更为主要的是，在中国现代化进程中，中国职业技术教育发展处于迷茫无力时，由于地缘和人缘优势被推到改革的风口浪尖上的广东，以敢为天下先的勇气和现实实干的精神不断探索尝试，引领并主导着全国职业教育的发展。与广东所取得的经济成就相伴，广东职教正成为中国现代化进程中的耀眼主角。广东职业技术教育在从过去的“丑小鸭”，到成为闪亮登场当今时代舞台中央的明星的过程中，经历了怎样的阵痛和蜕变？而当今，经历改革开放30年的历练，广东职业技术教育必将在过去、现在中选择特定的未来，与广东一道走向新的辉煌。

一、变革转型：广东职业技术教育奋起大步

（一）初奠根基：职业教育从无到有

在“文化大革命”十年中，职业教育是各类教育中受到破坏

最严重的一部分，大量的职业院校、中专学校停办，技工学校无一幸免，招生也骤然停止，这导致广东中等教育结构单一，只有清一色的普通中学。改革开放以后，广东利用先行一步的优势，大量引进外资、技术，推动经济高速发展，在农村进行工业化运动，乡镇企业异军突起，引发了农村产业结构的变化和农村经济的发展，已有的职业教育在此时已不能适应经济发展对熟练劳动者的需要。随着市场经济的建立和发展，广东于80年代初开始了中等教育结构改革，这一改革揭开了广东中等职业教育发展的序幕。

1. 改革结构，变全普一统为多轨共进。

为了改变全普一统的局面，广东对教育进行了大刀阔斧的改革。80年代初，广东对中等教育结构进行改革，压缩了高中规模，大力发展职业高中班，新开办了一批农业职业中学，农村出现了一批名副其实、具有一定水平和质量的农业职中，培养了大批的农业技术人才。随着广东不断增多的企业的开办，经济的高速增长，广东意识到如果不能及时地提高劳动者素质和发展科学技术，将无以应对激烈的国际竞争。1983年，省委、省政府及时颁布了文件《关于努力开创我省教育事业新局面的决定》，文件一再强调要有计划地把农村相当部分的普通中学改为农（职）业技术中学，各部门要广办各种职业技术学校或职业班，此后开始出现各种职业高中。1985年5月，省委、省政府在《贯彻〈中共中央关于教育体制改革的决定〉的意见》中，重申各地要认真贯彻中央决定提出的“先培训，后就业”的原则。这期间，广东对职业教育给予了前所未有的重视，对职业教育进行体制、结构、教学三项改革，落实校舍、师资、设备三大基本建设，实现了在体制上由统包统管、缺乏活力向多方办学、分级负责的灵活办学转变，结构上由单一结构的普通教育向普通教育、职业技术教育、成人教育协调发展转变，为升学做准备的应试教育的大一统局面开始被打破。据统计，1992年，全省普通高中学校数为822所，职业中学556所，中等师范学校45所，普通中等专业学校182所，技工学校145所，高中教育阶段普通高中招生人数与其他类型学校招生人数比例为

55.3：44.7，在校生人数比例为52.9：47.1。①

2．制度先行，引导职业教育方向。

观念决定行动，思路决定出路，对于广东职业技术教育的发展尤其如此。正因为有了重视职业教育的意识和发展思路，在被传统教育熏染了几千年的土地上，在原本不利职业教育发展的土壤中，广东职业教育才能够朝着正确的方向坚实迈进。在广东省委和相关部门的文件中，我们可以看到当时广东发展职业教育的眼光和决心：1989年省政府以发布了《关于加快发展中等专业教育学校、技工学校教育的通知》，对加快发展中专、中技教育提出了具体意见；1991年省政府批转了省高教局和省计委制定的《关于深化我省中等专业教育改革的意见》，该意见就广东中专教育改革的指导思想、扩大学校办学自主权、建立适应社会需要的办学模式、改革学校内部管理体制、多渠道筹措办学经费、增加对中专教育投入、努力改善教师待遇、全社会都要支持中专教育改革和发展等问题提出了意见；1994年11月召开的全省教育工作会议提出“建设教育强省”目标；同年11月17日，省委、省政府颁布《关于教育改革和发展的决定》，对改革和发展中等职业教育提出了目标和措施，该决定指出：要发展中专学校、职业中学、技工学校以及培训中心等中等职业教育。

3．成果显著，打实职业教育根基。

经过这段时间的艰难前行，广东职业教育取得了一定的成绩，为今天职业教育的成就奠定了基础。第一，数量上的提升。1995年，职业教育学校（包括职业中学、技工学校、职业院校）共有1033所，当年毕业生数为181349人，招生数是279920人，在校生数为666728人。其中，职业高中占职业教育较大比例，截至1995年底，广东省职业高级中学已达到503所，在校生18.13万人，与办学之初的1980年相比，学校增加了427所，在校生人数增加了

① 广东省教育厅发展规划处：《广东省1992/1993学年教育事业统计简报》，1992年12月。

17.43万人（1980年职业高中76所，在校生人数为0.7万人）。高中阶段各类职业学校招生数与普通高中学生招生的比例为52∶48，在校生数比例为51∶49。职业中学在1995年提供了高中阶段22%以上的教育机会，接纳了大约17%的初中毕业生。第二，办学条件和师资水平大幅提高。1995年，全省职业中学建筑面积有253.1万平方米，生均13.37平方米，排全国第二位，其中广州市电子职中、江门市工交职中等接受世界银行贷款的职业中学，教学设备已达到国际先进水平。全省职业学校专任教师有13531人，岗位合格率、学历达标率分别比全国平均高出6.57%和7.42%，排全国第二、三位，专任教师与在校生比例为1∶13；同时在对教师的素质要求上，广东开始了对职业教育教师"双证书"（学历证书和技术等级证书）制度的探索，当时在中山等市已经开始推行教师"双证书"制度。第三，管理体制改革效果明显。各类职业学校普遍开展了以校长负责制、教师岗位责任制、教职工聘任制和以结构工资为主的分配制度改革，走在全国的前列。同时对机构进行精简，强化管理，给学校注入了新的生机和活力，明显提高了办事效率。第四，形成了具有广东特色的职教模式。如新会市荷塘职中独创了"校企合一、产教结合，以教促富、以富促教"的荷塘模式，为当地培养输送了大批实用人才带富了全镇；顺德市梁球琚中学创办了规模大、标准高的职教中心，为社会培养培训了大量急需人才；中山市沙溪理工学校构建了培养人才的"立交桥"，形成了学历教育与非学历教育结合、长班与短班结合、职教与成教并举的办学特色，走在全国职业教育的前列。

从改革开放到90年代中，广东通过10多年的积淀，职业教育在量的规模上实现了飞跃，同时在职业教育的办学条件、体制和模式上有所创新，为以后的发展奠定了基础。

（二）优化整合：职业教育走向科学发展

如果说从改革开放到90年代初期是广东职业教育在数量和模式上的奠基，那么从90年代后期开始，广东职业教育则开始了效

益和质量提升的路程，通过一系列合并改造等资源整合，使广东职业教育不仅仅在规模上让人称奇，同时在办学质量和人才培养质量上力拔头筹。

90 年代中，针对前些年职业教育跨越式发展所必然出现的问题，广东采取了“调整布局、提高层次、突出特色、服务就业”的方针，对中等职业教育的布局结构进行调整：采用合并、联办、共建、划转等方式，在一些地区将各类中等职业学校中一些规模小、条件差、布局不合理或专业结构雷同、培养方向相近、地理位置相连的学校进行适当的撤并；对中职学校进行统一冠名，普通中专、成人中专、职业高中、技工学校同属中等职业教育范畴，将以省、市、县、区、行业冠以校名，少数社会声誉高的学校，可保留原校名；规范教学管理，统一教学计划、大纲、课程设置、教材和考试等，规范中职教育的培养规格，统一招生、收费和就业政策。一系列的调整和重组，使全省技校布局结构趋于合理，办学规模不断扩大，办学层次得到提升，办学特色进一步增强，教学质量明显提高，基本形成了以高级技校为龙头，重点技校为骨干，带动各类技校共同发展的新格局。经过调整改革、资源重组，全省技校招生连续大幅度增长，全省技校经过调整改革呈现出蓬勃的生机，展现出新的发展优势。反映在数字上是学校数降低，但招生数、在校生数都在稳步提高。表 1 反映了改革开放以来特别是 1995 年以来广东省中等职业教育发展的基本情况。

表 9－1　　　广东省中等职业学校发展情况

项目＼年份	1995 年	1998 年	2000 年	2003 年	2005 年	2007 年	2005 年比 1995 年增加数/增长率
学校数（所）	1033	1001	960	717	833	595	－200/－19.4%
毕业数（人）	181349	214675	215408	176492	244483	221502	63134/34.8%
招生数（人）	279920	248284	210961	233281	408000	365660	128080/45.8%
在校生数（人）	666728	704761	655657	630818	710162	907581	353272/53%

数据来源：根据广东省教育厅统计数据整理（除 2005 年数据外以上其他数据不含技工学校）。

如上表所示，2005年与1995年相比，学校数减少了200所，减少比率为19.4%，然而在校生数增加了35万多人，增长了53%，招生数增加12.8万，增长了45.8%。如果从人才培养质量和层次、学校发展的品牌化、各地区职业教育发展的结构来衡量，广东中等职业教育已逐步走向规模与效益均衡的科学发展道路。体现在以下几个方面：

1. 布局结构趋于合理。

广东根据经济发展需要和劳动力市场需求，积极推进技工学校布局结构调整工作，主要做法是：支持发展一批综合实力强、专业设置合理、办学质量较高的学校，加快上规模、上水平；建设一批兼有技工教育、职业培训、技能鉴定、就业服务等多功能的综合性就业教育培训集团；保留一批具有地方或专业特色、能够自我生存发展的市、县办技校，并引导其与当地就业训练中心合并，组建新的办学实体；调整或撤销一批办学条件差，规模小，且连续3年停止招生的技校。经过改革与调整，全省技校地区和行业布局趋于合理，从总体上看，2003年全省193所技校调整后压缩为159所，其中划转的有15所，合并12所，重组6所，撤销或停止招生32所。全省技校数量减少了，但实力增强了；从布局上看，技工教育资源得到优化，一部分企业办的技校，经过所划归的当地政府的重组，增强了地方政府办学的实力，使21个地级市均设立了技校，改变了过去有些地级市没有技校的状况，广州、中山、江门、梅州等15个地级市均有一所以上省重点技校；行业布局趋于合理。交通、出版、供销、煤炭、冶金等行业通过合并、划转等方式，改变了分散、封闭的办学状况。如省交通技校兼并了船员、船舶、公路工程技校，实现了“四校合一”，组建了新的省交通技校，改变了地点分散、专业重复、布局不合理状况，增强了办学实力。

2. 办学层次和质量明显提升。

在调整改革过程中，许多技校在划转、“断奶”的情况下，破除“等、靠、要”的落后观念，主动走向市场，抓住发展机遇，多方面筹资，加大投入，不断改善办学环境和办学条件，使办学质

量不断提高、办学层次得到提升。2000 年以来，在全省现有招生的 159 所技校中，经评估批准为技师学院的有 2 所，要升为高级技校的有 17 所，国家重点技校 21 所，省重点技校 22 所，基本形成了以高级技校（技师学院）为龙头、重点技校为骨干，带动各类技校共同发展的新格局。特别是技工学校由过去以培养中级工为主，转向以培养高级工和技师为主导，以培养中级工为基础的办学格局转变。国家重点以上技校普遍实施高技能人才培养工程，每年招收 5 年制的高级技工班人数近 6000 人，在校高级技工规模已超过 1 万人。

3. 专业结构不断优化。

为了适应企业对技术工人需求的新变化，广东技校在调整中注意瞄准市场需求，及时调整专业设置。一是淘汰或改造旧专业，如省高级技校和出版、轻工、机电等行业技校，淘汰了一批技能单一的旧专业，把电子、钳工等专业改造为机电一体化或电子电工专业；二是积极开拓新专业，如广州市、深圳市高级技校根据高技术发展趋势，设置了精密（激光）加工、网络技术、数控、模具、视频制作、现代印刷工艺等 10 多个技术含量高的复合型新专业，提升了专业层次，适应了企业急需高技能人才的需要；三是各技校普遍重视和加强学生的就业指导和服务工作，增设了职业指导课程，建立了就业指导服务机构，加强了与企业和职业介绍机构的联系，及时收集劳动力供求信息和企业对技术工人培养的要求，努力提高毕业生的就业率。据统计，全省技工学校毕业生平均就业率达 94%，比全国高出 9 个百分点。其中一批骨干示范学校毕业生就业率达到 100%，许多学校毕业生还未毕业，就被用人单位预订一空，供不应求，这又成为技校发展的一个新特色。

4. 四大模式，力图创新。

广东在打造先进制造业基地和工业化快速发展进程中，对掌握精湛操作技术的技能人才需求越来越强烈，“民工荒”、“用工难”矛盾越来越突出。肩负技能人才培养重任的职业教育面临新的机遇和挑战，传统教育的模式已经证明完全不能适用于职业教育，如何

培养新时代的技能人才，用什么模式培养？在此背景下，创新职业教育模式成为迫切、必须的任务。2005年，广东提出了职业教育人才培养的四大模式，从四个方面努力推进人才培养模式的改革和创新：一是订单培养模式，学校从企业获取人才需求订单，为企业“量身定做”培养技能型紧缺人才，确保供需零距离对接和学生就业与企业用工一体化；二是校企合作模式，采取订单式、定向式、定点式等培养方式，学校与企业挂钩实行定向培养培训，面向企业员工、青年农民开展各类学历教育和短期务工培训，校企合作商定人才培养计划、教学方案，协同管理教学过程，产教结合，保证人才培养规格和质量，例如宝安职业技术学校创立的“宝职校企模式”；三是学分银行模式，实行弹性学制，学生按规定修满学分可提前毕业，同时也允许和鼓励学生半工半读、工学交替、分阶段完成学业，学生就业或创业阶段可将学分存入“学分银行”，一定年限内积分达到要求即可毕业获取毕业证书；四是助学解困模式，积极实施“职教扶贫计划”，发动一批优质中职学校每年招收一定数量的贫困家庭子女免费就读，并推荐就业，鼓励珠三角区域中职学校和边远山区、贫困地区中职学校联合办学，鼓励广东中职学校与西部省份中职学校联合办学。四大模式符合职业教育人才培养的规律，是技能人才培养的最佳途径，这在后来的教育实践中得到了验证。

（三）星火燎原：高等职教异军突起

20世纪80年代末，随着中国改革开放和现代化建设的不断发展，科学技术和社会生产不断进步，大量新技术、新工艺、新材料、新设备的采用和引进，在资金、技术密集的行业和经济发达地区对一线从业人员的技术水平和能力结构都提出了更高、更新的要求，急需大量的既掌握较高技术和技能，又有一定理论知识的高层次人才，仅靠中等职业教育培养人才已明显不能适应社会经济的发展，这一社会需求必然要求一种新的高等教育类型来担当和完成。中国的高等职业教育就是在这样的社会大背景中产生和发展起来

的，广东的高等职业教育也是在这一背景下起步的。在20年左右的时间里，广东高等职业教育的发展已初步形成规模，经历了20世纪80年代至90年代的起步阶段、90年代初期至90年代中后期的徘徊阶段和90年代后期至21世纪初期的快速发展阶段。

1. 历史开篇：高职发展的时代起步（1980—1991）。

在改革开放的背景下，80年代初，广东省创办了4所培养专门人才的专科学校，分别是：1980年4月广东省政府创办的广东外语师范学校、1981年2月创办的广东省第一所专学法律的业余大学——广州市中级人民法院业余法律大学、1982年1月创办的广东业余财经学院（由广州业余财经学院、广东业余会计专科学校和广州业余大学会计大专班合并而成）、1984年9月成立的第一所以培养城市建设专门人才的职业大学——广州市城建职工大学。这4所专门学校为广东省培养急需的外语、法律、财经和城建类的专门人才。

这一时期广东高等职业技术教育发展还呈现出一个新趋向，即一批新崛起的中心城市产生了创办高等学校的要求，许多地方政府逐渐认识到高等教育与地方经济紧密结合不仅是高等教育生存的基础，更是区域经济发展的基础。1985年《中共中央关于教育体制改革的决定》颁发以后，在我国东南沿海及一些经济较发达地区率先出现了一批由中心城市举办的新型地方性职业大学，这就是中国最早的高等职业学校。这种办学模式中，中心城市主要承担专科学历层次的高等职业性技术应用型人才的培养，并由省（市）和中心城市统一规划，协调发展。在中央的支持下，广东逐步形成了中央、省、中心城市三级办学的格局，实行以中心城市筹措办学经费为主，多层次、多形式、多规格办学。这一时期广东在中心城市相继创办了10所新型的地方大学，它们分别是：1983年创办的深圳大学、汕头大学和广州职业大学（1984年5月改名为广州大学）；1984年创办的佛山大学、孙文高等专科学校（1986年正式命名为中山大学孙文学院）和韶关大学；1985年创办的五邑大学、嘉应大学和西江大学；1990年省政府又批准筹建东莞理工学院，并于1991年正式招生。同期，广东在一些中心城市，如广州、佛山、韶关、肇庆、梅县等地还创办了一些短期职业大学，以培养地方紧缺专业人才，这是本时期广东高等职业技术教育发展的一个新气象，它为以后的高等职业技术教育发展开启了新的办学方向。本时期所创办的职业院校的显著特点是面向地方经济，以培养高级应用型、技能型人才为目标，为广东开辟了一条创办高职教育的新道路。

2. 激流回荡：在徘徊调整中推进（1992—1997）。

1992年国务院颁发了《关于大力发展职业技术教育的决定》以后，广东又出台多种政策力推高等职业院校发展，成立了一大批成人高等学校和民办高校，如私立华联学院、培正商学院等。但是，刚刚起步的广东高等职业技术教育并没有借助其新气象而进一步突破，相反却出现了下滑的趋势。90年代初，是全国各地职业教育最低迷的时期，在“普教化”风气影响下，前一阶段广东高等职业技术教育所萌发的新颖特色在趋于淡化。许多专科学校和成人高校由于受条件制约或在办学方向上出现偏差，一味地向本科大学看齐，职业院校和民办高校在努力走着“普教化”之路，职业技能的培训受到忽视，有些学校甚至不愿意在学校的名称上带有“职业”两个字。自1991年后，全省独立设置的高等职业技术学院仅剩下一所，直到1994年，才又增加了深圳高等职业技术学院。1993年深圳职业技术学院的筹办和成立，是广东省高等职业教育发展史上的“一件具有里程碑意义的事件”。当年这所广东乃至中国第一所真正意义上的高等职业技术学院计划招收80人，但最终却只招到了59人。在这种政府政策导向不明、民众对职业教育还缺乏了解下，广东高等职业教育只是在徘徊中发展。

3. 高歌猛进：高职力续新发展（1998—2008）。

1998年教育部提出要积极发展高等职业教育以后，广东根据“三改一补”的方针积极快速地发展高等职业技术教育，主要通过对部分普通高等专科学校、成人高校的改制和职业大学、职业技术学院进行改革，重点是调整专业方向和培养目标，同时根据地方和

行业的需要以及学校的办学条件，在少数具备条件的重点中专举办高职班作为发展高等职业教育的补充。同时，广东强调提高办学水平、重视教育质量，争创地方名牌高校，相继成立了一批高职院校如佛山职业技术学院、番禺职业技术学院、顺德职业技术学院、白云职业技术学院和广东轻工职业技术学院等。1999 年，广东独立设置的高职学院达 13 所，独立设置的成人高校 61 所，2000 年高职学院达到 16 所，之后逐年以加速度递增，2001 年增至 27 所，其他普通高校和 40 所成人高校也在积极发展职业技术教育，在校生 15 万人；到 2002 年广东有 71 所高校，其中职业技术学院达 33 所，有 6 所大学相继成立 15 所民办二级学院，如中山大学南方学院、广东外语外贸大学南国商学院等。由此，广东逐步建立起以珠江三角洲为中心，辐射粤东和粤西两翼，带动粤北发展的高等职业教育体系。

至此，从中央到地方，职业教育受到了前所未有的高度重视，国家在政策导向上开始鼓励大力发展职业教育，为多年来一直在蹒跚前行的高职教育“打了一剂强心针”。2003 年，广东省人民政府在颁布了《关于大力推进职业教育改革与发展的意见》，提出要适应广东经济社会发展要求，做大做强广东职业教育的意见和措施。提出了强化职业教育特色，推进职业教育创新，提高职业教育质量，努力构建特色鲜明、灵活开放和规范发展的现代职业教育体系的目标与措施。广东职业教育呈现出了快速发展的态势，规模扩大与质量的提高同时进行。

在近 5 年中，广东高等职业教育规模、质量都有了显著提高。高职教育界有两个重要举措：一是各地不断兴办大学城或大学园区，如南海狮山大学城中就进驻了广东轻工职业技术学院、南海东软信息技术职业学院、广东省石油化工职业技术学校等高职院校，新校区的开辟，为高职院校的发展拓宽了空间，对高等教育大众化中高职教育的地位的实现起到关键作用；二是民间资本也纷纷进入高等职业教育领域，例如广东岭南职业技术学院、广州南洋理工职业技术学院、东莞南博职业技术学院等一大批民办高职院校纷纷成立。

高等职业技术教育是整个职业技术教育体系的重要组成部分，在职业技术教育活动中扮演重要角色并发挥作用。短短十几年间，广东高职院校数量从原来的寥寥几所增加到2005年的60多所。统计表明，2005年广东高职高专院校有65所，在校生44.7万人，占本专科在校生总数的52%，高职教育在数量上已占据广东高等教育的半壁江山。而同时，高职教育的质量也正在得到公众越来越多的认可。例如，1999年，前身为广东轻工高等专科学校的广东轻工职业技术学院计划招生1000人，但第一志愿报考该校的考生仅有30多人；但到2006年，该校计划招生5500名，第一志愿填报该校的上线考生竟达3万多人，录取分数线更是高出了专科A线达40多分。[①] 高职院校从过去的无人问津，到现在已成了大量考生趋之若鹜而竞相追逐，充分体现了广东教育实现转型下高职教育受到社会的广泛认可。

（四）多元一体：职教转型与职业培训多元发展

1．职业技术教育的新发展。

广东教育模式转型的另一重大体现是普通中学包括九年义务教育阶段也积极开设相关的职业技术教育课程。华南师大附属中学是广东排行第一的顶尖级重点中学，在积极倡导“以完整的现代教育塑造高素质的现代人”的办学宗旨下，强调实施八大教育目标：“具有一颗热爱祖国、报效祖国的红心和一套良好的做人规范；能说一口标准的普通话和一口流利的英语；能写一手优美的硬笔字和毛笔字；掌握一套科学的学习方法，并有一门最喜爱且较拔尖的学科；掌握一项运用电脑进行学习、工作的技能；掌握一种乐器的演奏技能；养成锻炼身体的好习惯，并有一项体育专长；掌握一项实用性强的劳动、生活技能。”这里，其中两项就专指培养职业技能的。该校是广东普通中学的龙头学校，依然重视职业技术教育，把

① 《高职15年：星星之火终成燎原之势》，《信息时报》2007年6月29日。

它看成是学生健康成长必不可少的要素。广东教育中实施初等职业教育的还有另一类为边远山区的职业初中，这类学校招收小学毕业生或相当于小学文化程度的人员，在开设初中文化课的同时，学习一些有关专业的生产劳动和职业技术课程，使部分适龄初中生具有一定的职业技能，学有一技之长，学制三年或四年。这类学校主要设在欠发达的农村地区和边远山区。在粤北山区，初等职业教育培养了大量的有技术专长的劳动者。拥有大量具有一定文化和技术的劳动者是经济发展后劲的保证，政府从促进农村社会经济发展的角度，希望能够培养一批懂得农业生产技术的劳动者，并且在教育发展政策中提出了发展农村职业教育的要求，在这一政策推动下，农村新办或改办了很多农技职业学校。1991 年 10 月，全省有县办农业技术学校 6 所，农业技术中心 62 处，成人教育培训中心 30 多处，有 1601 个乡镇办起了成人学校或成人培训中心，办学面占乡镇总数的 95%。随着广东经济社会的发展，义务教育普及及免费政策的实施，独立的初等职业学校教育逐渐萎缩，初等职业教育逐渐向两个方向转型：一是以社会实践课程和校本课程的形式出现在普通中学的课堂，或对普通中学生进行职业启蒙教育；二是转向为企业的入职培训，贯彻“先培训后就业”的制度，由企业对工人进行职业基础培训。

2．职业技术培训多元化。

职业技术教育培训在广东也得到了较大的发展，包括各种职业和技术培训学校、企事业创办的教育机构、农村文化技术学校等。80 年代中，广东建立了“先培训，后就业”的劳动就业制度，即实行就业者岗前培训制度，该制度要求各厂矿企业经常开展技术培训活动，对各类公众实行职业技术等级考核。为确保该项制度顺利实施，各企业每年都要拨出一定比例的费用用于职工培训。随着国家办学体制改革深入，广东社会力量办学机构也得到了空前的发展，这些培训机构积极参加中学及成人职业培训活动，为职业技术教育的发展做出了贡献，并已发展成为国民教育体系的重要组成部分。据统计，在 1995/1996 学年度，全省有各类成人职业技术培训

学校2282所，学员81万人，2000年达三千多所，学员逾百万人。此外还有各种自学考试毕业生，人数也相当可观。非正规职业技术教育类型多样，形式灵活，是广东职业技术教育中不可或缺的重要力量。

二、经验与创新：广东职业技术教育发展探析

（一）理念转变：从轻职教到战略高度重视

1995年《中共中央关于教育体制改革的决定》关于“大力发展职业技术教育”的方针的提出为职业教育发展提供了巨大的动力和政策依据，但是，社会上还普遍存在轻视职业教育，重视普通教育的现象。学生家长只要听到学校带“职”字，就认为是低一等的学校。“学而优则仕”，这是中国几千年对读书人较好的前途出路的一种共识。即使在当代，很多人也把考上大中专当成是完成“干部”身份转变的一种途径，而当“工人”则被认为是没有前途的，“活累、钱少、蓝领”。同时，部分领导对地区经济与职业教育的关系缺乏足够认识，传统的教育思想与观念还在影响着教育决策，这不利于职业教育发展，也不利于地区经济发展。

随着经济社会的发展，这种轻视职业教育的思想迅速得到转变。《中国教育改革和发展纲要》指出“职业技术教育是现代教育的重要组成部分，是工业化和生产社会化、现代化的重要支柱。各级政府要高度重视、统筹规划、贯彻积极发展的方针”。广东省逐渐将发展职业教育提到广东战略重点的地位，这从广东对职业教育财政支出上可见一斑。从1996年到2000年这5年中，省政府一共拨款3亿多元改善职业学校的办学条件，建设了149所与各地支柱产业发展相适应的示范性重点学校和68个骨干专业。除正常的教育经费外，在1998至2000年期间广东省财政厅每年拨出3000万元专项经费资助职业技术学校改善办学条件，而且以后几年还继续提供这笔专项经费。“十五”期间，广东省部署并实施了职业教育

基础能力建设的“四个计划”：一是“职业教育实训基地建设计划”，重点建设好2000个职业教育实训基地。二是要实施好“县级职教中心（学校）建设计划”，重点扶持建设1000个县级职教中心。三是要实施好“职业教育示范性院校建设计划”，重点建设好高水平、培养高素质技能型人才的1000所示范性中等职业学校和100所示范性高等职业院校。四是要实施好“职业院校教师素质提高计划”，全面提升教师队伍整体素质。2000年后，广东省职业技术教育的专业结构不断调整优化，质量水平不断提高，以就业为导向的人才培养模式初步形成，为广东经济社会发展作出了积极贡献。

当前，广东正处于全面建设小康社会、率先基本实现社会主义现代化的关键阶段，经济和社会发展面临着诸如加快产业结构优化升级、推进城镇化进程、促进就业和再就业、建设和谐广东等艰巨的任务，必须更多地依靠科技进步和提高劳动者素质来实现。而职业技术教育作为教育事业的重要组成部分，已被作为当前广东教育发展的战略重点之一，对于培养广东数以百万计的高技能人才和数以千万计的高素质劳动者有着非常重大的作用和意义。大力发展职业技术教育，既是广东的当务之急，又是中国发展的长远之计。

（二）办学体制：政府主导的多元化发展格局

中国职业教育的办学模式从大的方面可以分为两类：一是政府办学；二是非政府办学（即私立，习惯上称为民办）。但随着社会经济对人才的大量需求，仅靠政府办学还远远不能满足。广东作为改革开放的前沿，对技术产业工人的需求与广东目前的人才供给之间差距甚远，要解决广东省大量实用技能人才的缺乏以及实现高等教育大众化，兴办职业教育成为广东教育发展必须要走的路；广东不仅是我国的经济发达省份，而且是华侨最多的省份，自身所处的地理位置又好——毗邻港澳，发展民办教育的优势和实力显而易见。

2005年11月中国政府在《国务院关于大力发展职业教育发展

的决定》中提出“深化职业教育办学体制改革，形成政府主导、依靠企业、充分发挥行业作用、社会力量积极参与的多元办学格局”，为广东省21世纪职业教育办学体制的改革创新做出了政策性指南。广东在自身需要和政策的指引下，在重点办好一批骨干示范校的同时，通过优惠政策扶持和引导一些民办教育，积极探索国有民办、股份制办学、私人办学、企业或其他社会组织办学等多种形式，用企业化的运作方式，让一些职业教育特别是培训机构直接进入市场，逐渐形成了政府办学为主、民办教育形式并存的多元化办学格局。这种多元化的办学体制主要有以下特点：

第一，政府主导管理整个职业教育的办学方向、办学思路，重点办好示范性骨干学校和职业培训机构，支持和指导行业、企业举办职业学校和职业培训机构，同时探索办学体制的多种实现形式。如教育股份制、一校两制、国有民办、民办公助等试点，发挥政府办学的主导作用。

第二，行业、企业是职业教育多元办学格局的重要力量，通过制定适应企业、行业调整的新措施，加强其办学行为。行业主管部门对行业职业教育和培训工作进行协调和业务指导；行业组织开展行业人力资源预测，制定行业职业教育和培训规划，进行行业职业教育的教学改革、教材建设和教师培训工作等。企业具有依法举办职业教育和培训的重要任务，企业要从实际出发，制定职业教育和职工培训规划，加强培训基地建设，开展各种形式的岗位培训；与职业学校或职业培训机构建立广泛的合作办学，共同规划职业教育发展目标，赋予企业参与管理的权利并实行权责统一，通过共同的经济利益机制吸引企业投资办学。

第三，社会力量积极参与，主要指发展民办教育和中外合作教育。对这一类型的教育，政府在坚持科学引导、加强管理的同时，重点工作应放在制定一系列政策加以扶持、资助。只要符合国家有关法律、法规，有利于增加教育投入，有利于扩大教育资源、教育规模和提高教育质量，有利于满足社会的教育需求，各种办学形式都可以大胆尝试、积极探索。

民办职业教育在广东获得了从无到有的突破性进展，到今日，已形成了政府主导、多元化主体的办学格局。截至 2007 年，广东省共有民办职业学校 169 所，其中高等职业院校 24 所，中等职业学校 145 所，还涌现了一批如广州白云学院、岭南职业技术学院、培正商学院等高等职业院校以及广东外语外贸大学南国商学院等高职独立学院。其中，广州白云学院就是民办高职教育的代表之一。该校自筹资金，自主办学，自我约束，坚持改革，从 1988 年开办首期培训班只有 8 名学生、5 位教职工，租用课室，经过十多年的发展，截至 2005 年，白云学院各类在校生达 16000 余人，其中高等职业教育 8100 多人，中等职业教育和培训 7900 多人；教职工 1100 余人，其中专任教师 600 多人；校园占地 320 多亩，建筑面积 20 多万平方米，固定资产近 5 亿元。从其成立至今，为经济建设和社会发展培养输送了超过 15 万名中、高级技术应用型人才，为广东的经济社会发展做出了卓越贡献。

（三）发展机制：从供给主导到市场主导

广东改革开放以来职业教育改革最重要的发展是，转变了以往中国计划体制下职业院校由政府的指令性计划和行政管理主导，又由政府统招统分，包括职业人才的需求预期、专业设置，以及职业院校的发展规划都是由政府相关职能部门制定的格局。在这种情况下，社会需求和个人需求被忽视。广东的改革促使职业教育由指令性计划和政府管理取向逐步向市场需求取向转变，转向服务地方经济，培养社会需要的实用型、技能型人才，并引进市场机制，重视反映市场的需求，把服务地方经济发展作为职业教育的首要任务。深圳职业技术学院最早从市场中得到启迪，强化产业市场的需求与供给因素对职业教育课程设置和培养目标的导向与推动作用，使该院真正面向深圳市场、服务特区经济。正是这样，使深圳职业技术学院发展迅速，高考最差的学生到毕业时变成香饽饽，被用人单位一抢而光。广东也注意到全省发展的不平衡，重视按市场导向分别对待，制定不同区域的不同发展战略。例如，粤北山区等不发达地区的劳动力结构呈现“金字塔”形，对熟练劳动者的需求较多，而对技术精英的需求迫切但是量少，因此该区域应该注重初中等职业教育发展；欠发达地区劳动力的需求结构成“葱头”形，对熟练劳动者的需求比不发达地区有所减少，而对中等层次职业人才的需求较大，应着重发展中等职业教育，适当发展高等职业教育；而珠江三角洲等发达地区或新型产业领域，劳动力需求结构为“橄榄”形，对高级技能型人才需求旺盛，同时对中等层次职业人才在能力内涵方面提出了更高的要求，这种区域应大力发展高等职业教育及高技能精英教育。这种由市场需求决定的职业教育发展在广东得到了较好的实现。

（四）创新模式：从升学补习到技能为本的工学结合

广东职教很重视职业教育中动手实践能力的培养。中等教育要求实践和理论的教学比重为6：4，很多技校在完成教学任务的同时，还与一些设备生产厂家达成合作协议，把生产厂房直接开到技校里面，通过工学结合培养出来的学生基本具有熟练工人的技能，工作上能够很快上手。随着大众对技能教育重要性认识的逐渐加深，一些原来侧重于理论教育的中专、职业高中也开始注重对学生动手能力的培养，过去培养“干部”的观念逐渐被以市场为导向、更为实际的观念所取代。资料显示，2002年广东技术师范学院的400多名大学生毕业后又到广州市冶金高级技工学校进行了为期半年的技术技能培训，对毕业生来说，是什么身份已经不再重要，“找到工作才是硬道理”。工学结合的模式成为职业教育的必须，广东正是看到这一点，便开始了工学结合职业教育模式的不断探索。

2006年初，教育厅联合省发改委、省政府政策研究室等部门组成5个小组对全省21个市进行了专项调研，制定了《广东省中等职业学校工学结合、半工半读实施意见》，对工学结合和半工半读办学模式从招生、教学组织形式、学籍管理、报批手续、校企合作以及经费管理等方面作了规定。强调实行工学结合，职业学校要

找准校企双方的利益共同点，实现互利互惠。要深化教育教学改革，转变学科本位的思想，合理调整教学计划，注重学生岗位能力和综合职业素质的培养；要以就业为导向，合理设置课程，安排课时比例，三年制教学计划集中上课时间为1800～2000课时，学生在企业顶岗实习完成200～240课时的岗位技能操作培训；学校要加强以诚信、敬业为重点的职业道德教育，加强法制和行为规范教育。广东开始积极探索这种工学结合、半工半读新模式。

广东部分地区早在2001年就率先在中等职业学校开展工学结合、半工半读。惠州商业学校自90年代中期就坚持“人文教育与技能教育相结合；知行合一，以行为主；以素质为基础，以能力为本位”的三个教学平台，实施“四化目标”和与企业合作办学的工学结合，成效显著，形成重要的职业教育品牌。深圳宝安职业技术学校坚持以培养高水平职业技能为特征的高级技工教育模式，创办十余所高水平企业分校，实行校企教区、校企管理、校企课程、校企班级、校企文化和校企式就业等全面互动办学的新型工学结合模式，堪称为富有创新意义的“宝职校企模式”。2001年3月，肇庆市封开县中等职业学校首先与开平市帛汉电子有限公司合作，第一批半工半读学生76人每月平均收入达876元，基本解决了学习和生活费用。学校规模从原来的500人迅速扩大到2600人。惠州市西湖职业技术学校采取前校后厂、半天上课半天在校办企业工作的轮换式半工半读，开办5年，有1500多名特困生零缴费学成就业。2006年，佛山与清远、江门与河源在全省率先探索了经济发达地区与经济欠发达地区联合、学校与企业联合、优质教育资源与非优质教育资源联合的中职工学结合办学模式。按照这种模式，在学生入学时，学校预先垫付其费用，在学3年，实行弹性学制，一半时间在学校上课，一半时间到企业顶岗实习，教学与实践交替进行，学校和企业共同教育和管理、共同组织相关专业教学和技能训练。企业向学生支付合理劳动报酬，用于学生缴纳学杂费和生活费用。学生到工厂实习，中职学校教师同时进厂全程跟进，边学习边工作，并与学生“同吃”、“同住”、“同劳动”。

2006年广东省80多所中等职业技术学校招收超过2万名学生参加工学结合、半工半读模式的学习，每年为经济困难家庭学生解决学习、生活费用1亿元以上，实现了“政府不出一分钱，学生不交一分钱，学校收费不减一分钱，企业不额外增加开支一分钱”而学生满意、家长满意、学校满意、企业满意的共赢。

（五）学用一体：职教与职业资格证书制度的衔接互动

广东非常重视职业资格证书制度建设，如深圳职业技术学院、顺德职业技术学院及轻工职业技术学院等大多数都把职教和职业证书资格制度联系起来，形成体系。因为职业资格证书是反映劳动者具备某种职业所需要的特定的技能、专门知识和工作经验的证明。与学历文凭证书不同，职业资格证书更直接、更准确地反映了职业的实际工作标准和操作规范的要求，反映了劳动者从事这种职业所达到的实际能力水平。职业教育法规定：“实施职业教育应当根据实际需要，同国家制定的职业分类和职业等级标准相适应，实行学历证书、培训证书和职业资格证书制度。”“国家实行劳动者在就业前或者上岗前接受必要的职业教育的制度。”《中共中央国务院关于深化教育改革全面推进素质教育的决定》要求“在全社会实行学业证书和职业资格证书并重的制度”。在劳动法和职业教育法中，国家为推行职业资格证书制度和开展职业技能鉴定提供了法律依据，

2000年3月，广东实施国家劳动和社会保障部颁布的《招用技术工种从业人员规定》，确定90个工种（职业）必须持证就业，严格实行就业准入制度。许多职业技术教育学校先后实行学业证书、职业资格证书并重的制度，以此推动广东劳动力资源开发。尔后广东积极推进职业资格证书制度建设，重视以落实就业准入政策为切入点，在推进职业技能鉴定社会化管理的进程中，坚持行政管理与技术支持相结合，坚持严格质量控制与进一步扩大职业鉴定的覆盖范围相结合，大力提升职业资格证书的社会认可程度，促进职业培训制度与就业制度和企业劳动工资制度相互衔接，使职业资格

证书制度在市场就业和引导劳动者素质提高中发挥重要作用。

广东职业技术院校在创建新的职业资格证书制度中，坚持从实际生产要求出发来发展职业资格证书制度和开展职业技能鉴定活动。顺德职业技术学院陈智院长原先是清华大学教务长，她很重视顺德职院发展与当地生产发展相结合，在职业资格证书制度中不仅坚持与行业联系，也重视教育培训，尤其是职业教育和职业培训的紧密联系，强调把学科性教育和职业性教育作为人力资源开发的两个支柱，作为职业技术学院的主要工作。轻工职院叶小明院长也很强调职业性教育的特点是更能重视生产和工作实际需要，直接服务于经济和生产活动，是推动科学转化为现实生产力的武器。他认为职业资格证书制度与职业教育和职业培训的关系很密切，又强烈地影响着职业教育和职业培训。

广东很重视职业资格证书制度，因为这是职业教育发展的一个指挥棒，影响着职业教育的发展方向和走势。职业资格证书对职业教育目标的确定、课程内容的方法和选择有指导和定向作用，当社会出现一个新职业的时候，职业教育就要作出反应，否则，这样的职业教育或职业学校就得不到发展。由此及彼，广东结合国家要求，把职业资格考核和鉴定作为职业教育教学方法、评价内容和手段的改革的重要参考依据，同时，坚持职业教育是职业资格证书制度的依托和基础，是职业资格证书制度有效实施的必要基础，是对劳动者职业素质和能力的社会考核与认证制度，但是劳动者职业素质和能力的形成与提高，必须依靠教育培训。广东采取多样措施来抑制单纯为获得证书而办学的方式。

为达到职业教育与职业资格制度之间的互动融通，广东各地职业院校近年来在调整专业设置、改革课程体系、构筑“双师型”教师队伍、增加教学投入等方面做了很多努力，有的地区还建立了以劳动部门为主体，教育部门、其他业务部门合作的工作体制和协调机制，从软件和硬件两方面夯实基础。

三、规划与展望：广东职业技术教育发展战略

广东省委、省政府建设“教育强省”、“文化大省”和“科教兴粤”的战略，要求我们必须大力发展职业技术教育，“谁能在职业技术教育上异军突起，谁就能在经济发展和国力竞争中占得先机”[①]。因而，发展职业教育是广东21世纪面临的重大任务，我们必须从广东乃至中国经济社会发展出发，将职业教育置于整个教育体系，为广东职业教育的发展谋篇布局。

（一）战略谋划：建构新世纪广东职教新体系

未来广东还应在积极响应国家关于创建现代职业技术教育新体系的重大战略决策的同时，进一步完善现代职业教育体系这一近10年来广东教育发展一直大力推进的核心问题，在国家政策的引导和扶持下，进行更多的尝试和探索，建立具有中国特色的职业教育体系。由于近年来，在建构职业教育体系的过程中出现了过于关注建立独立的职业教育体系的倾向，而忽略了与普通教育的联系，与普通教育相互渗透和沟通的问题始终没有得到有效的解决，同时职业教育体系内的中高等教育相互衔接问题突出。职业教育是针对普通教育而言的一种教育类型，它与普通教育一起构成现代国民教育体系，因此，职业教育的发展绝不应是孤立的，职业教育体系的构建要遵循整体发展的战略，既要保持与普通教育的联系、渗透与协调，又要做到职业教育体系内的顺畅衔接。

1. 职教与普教互相渗透。

广东经验表明，要积极推动职业教育与普通教育相互渗透与沟通，主要从以下两个方面着手：一是在普通中小学实施职业预备教育，把具有职业技术倾向的课程纳入中小学的课程计划中。目前广

---

① 《全面贯彻落实科学发展观，开创广东职业技术教育新局面》，张德江在2006年广东省职业技术教育工作会议上的讲话。

东小学阶段普遍开设劳动技术课程，主要培养学生的劳动观念、劳动情感和态度，进行劳动价值观的教育；初中阶段开设职业指导课程，使学生了解社会的经济结构、产业结构、职业的概况和技术的发展水平，引导学生进行适合自身特点的职业选择；同时开设职业技术教育方面的课程，如农业、工业、商业等课程供学生选修。这些课程传授的知识和技能目的是让学生建立起农业、工业和商业的概念，了解社会、文化、经济和环境系统及其之间的联系，树立职业意识、安全意识和环境意识等，同时为部分不再继续求学的毕业生提供初步的就业知识和技能方面的训练。为了推动各类和各层级学校之间的课程标准及其沟通。不同类型的课程，广东将继续出台既有明确目标导向，相互之间又有一定联系，使学生既能达到既定的培养目标，又有能较自由地从一类学校转入另一类学校继续学习的可能的政策，这就要求高中阶段各类学校进行课程改革。同时，中等职业学校在体现职业教育特色的同时，应该向学生提供加深、拓宽文化课的选修课，如语文、数学、英语等，其课程标准应与普通高中的相应课程的基础要求相当，供部分学有余力又有兴趣的学生选修，使部分学生能够根据自己的能力和兴趣，选择普通高中继续学习。如此才能做到职业教育与普通教育的渗透与沟通，实现教育整体发展。

2. 中职与高职互通衔接。

近年来，广东中职毕业生有 20% 升入高职，其余约 80% 的毕业生选择了就业。但其互通衔接的宽度和覆盖面还应逐步提高，增加中职学生求学和发展的渠道，真正实现中、高职的互通衔接。从广东 30 年发展中可见，由于现代科学技术与产业的紧密结合，使生产的工艺过程和生产手段等各个方面都发生了质的变化，对直接从事生产的劳动者在专业技能、文化素养和技术理论方面提出了比以往更高的要求。为此，广东许多企业迫切需要那种既通晓技术原理，又能解决生产实际问题的高级应用型、技艺型、复合型人才，而这种人才只能由高等职业教育来培养。南方人才市场 2006 年预测，有六种高薪技术人员要遭受淘汰，包括技术性低的操作员、人事部门经理等等。这几乎都是原中职毕业这科阶段性教育的就业者。因此，使中职与高职两个层次有效衔接起来，就能使中职毕业生有机会进一步学习，达到高等职业技术人才具有的岗位素质和培养目标。为此，广东要积极发展以中等职业教育为基础，实现中、高等职业教育衔接，符合教育规律和职业岗位的实际需要，又能有效地促进个人的职业发展的一条龙职业教育体系。近年来广东正在加大力度推进中职教育与高职教育更顺畅、宽口径和紧缺专业有选择的对接。

（二）调整结构：发展第三产业职业技术教育

随着经济一体化进程、知识经济发展和国际经济结构调整的加快，全球第三产业发展迅猛。服务经济是当今世界经济发展的一大主流，服务业发达程度高低已成为衡量一个国家和地区发展水平的主要标志。改革开放以来，广东经济结构多次实施战略性调整，使产业结构中第三产业得到长足的发展。加快第三产业的发展也已成为中国的重要经济发展策略，在这一政策的引导下，卫生、教育、商业、饮食服务业、旅游业、保险业、物业管理业、通讯业、社区服务业等有关的职业将得到较快发展。广东作为改革开放的前沿，经济转型和产业升级走在全国前列，第三产业成为广东经济发展的重要支撑，2000 年，广东第三产业增加值 3645. 64 亿元，占国内生产总值的 38. 5% 。传统第三产业的快速增长为劳动力就业提供了较大空间，宾馆服务、医疗卫生、餐饮、商业等专业人才需求量逐渐增加，第三产业已成为我省新增就业的主体。1999 年，广东第三产业从业人员 1040. 49 万人，占同期全社会新增从业人数的 66% 。从业人员的整体素质决定了第三产业服务业水平的高低，从而决定了第三产业发展的质量，而高素质、高技能的第三产业人才的短缺，已成为制约广东产业发展的一个瓶颈。职业教育以培养合格从业者、一线技能人才为己任，培养大量高质量的第三产业劳动者是高职教育的历史机遇和重任，因此加快发展职业技术教育，造就高素质的第三产业技能人才队伍，已成为广东省产业升级、城市

化进程的必然选择。

首先，根据产业发展需要，合理调整职业院校专业设置。社会需求决定了职业教育的培养方向，劳动力的流向影响着职业教育的专业结构和专业设置，职业教育的专业要紧跟市场，提供“适销对路”的毕业生满足市场需求。广东处于第三产业蓬勃发展的阶段，对第三产业人才，特别是酒店、信息、法律、会计、审计和咨询等新兴行业的人才的需求旺盛，职业院校应有针对性地设置专业，大力培养第三产业技能人才。

其次，校企深度合作，开展工学结合。第三产业人才的培养要走工学结合的培养模式，职业院校通过与企业的深度合作，不仅会极大地提高学生的职业能力，有利于毕业生的就业率与就业质量，并由此带动专业调整与建设，引导课程设置、教学内容和教学方法改革。同时，学校应积极提高社会服务能力，面向社会开展职工技术培训等社会服务，引导劳动力向第三产业转移。

（三）重力高科技：积极发展高等职业技术教育

广东科技创新面临高级技工严重短缺的严峻局面，2005 年就缺乏 100 多万高级技工，特别是高级数控技术工最缺，现在情况日益加剧。目前多数职业技术院校毕业生就业很俏，与这种情况有重要关系。为此，广东应把发展高等职业技术教育放在重要位置。多数高等教育发达国家和地区在高等教育大众化或普及化初期，高等职业教育发展最快、最活跃，或者说，高职教育的发展推动了高等教育大众化。在广东高等教育大众化的进程中，高职教育的作用不容忽视，高等教育要发展，必须进行结构调整，大力发展高等职业技术教育，才能够满足社会发展需要和毕业生的就业需求，是推进中国高等教育大众化的必然选择。随着广东社会经济结构的不断调整和社会科技水平的高速发展，高级技术型人才的重要性日益凸显，社会对高等职业教育的需求也日益迫切。广东又是一个人口大省，广东只有借助高等教育大众化的大背景，大力发展高等职业技术教育，才能有效地改善全省人力资源的状况，才能为广东经济发展的飞跃奠定良好的基础。

首先，高职教育的发展要有明确的培养目标。广东30年的经验表明，高等职业教育以培养高层次实用型、技能型人才为目标，以培养专科层次的专门人才为主体，服务区域经济发展。它具有“高”与“职”两方面特征：一方面，决定了它必须以一定的现代科学技术、文化和管理知识及其学科为基础，着重进行高技术含量的职业技术教育，要求毕业生能够掌握熟练的、高技术含量的应用技术和职业技能，并具有一定的对未来职业技术变化的适应性，这是它区别于中等职业教育的重要特征；另一方面，“职”决定了它主要强调应用技术和职业技能的实用性和针对性，知识及其学科基础注重综合性并紧紧围绕生产、建设、管理和服务第一线职业岗位或岗位群的实际需要，这是它区别于普通高等教育的重要特征。广东近年来特别强调高等职业教育必须找准自己的定位区间和发展空间，充分发挥不同类型职业院校自身优势，把握发展契机，创办一流的高等职业教育，从而以鲜明的办学特色、过硬的人才培养质量和较高的毕业生就业率得到社会的认可，走上人才培养质量高、社会认可度高、毕业生就业率高的良性循环轨道。

其次，政府要转变职能，加大对高等职业教育的投入。广东职业技术教育得到政府的大力支持，但是高等职业教育投入不足的状况依然存在。为此，政府应无偿提供或行政划拨职业学校建设用地，减免基建税费、规费，对高等职业学校校办产业实行政策优惠，调动教育、行业主管部门及社会各方投资骨干示范职业学校建设的积极性，多方争取职教项目资金。同时应明确政府在高等教育发展中的责任，加大投入力度，充分运用财政手段进行宏观调控，建立政府、社会多元投入的职业教育经费来源体系。为了形成多元的办学经费来源途径，职业教育机构必须通过与行业、企业建立战略联盟以及面向行业、企业、社区培养特色人才等多种模式，来获得不同渠道的经费支持。政府要进一步完善职业教育学生的就业援助体系，对于经济确实困难的学生，政府同样需要投入必要的资金，通过“奖、贷、助、补、免”等形式，扶持贫困学生接受职

业教育与培训。

面向21世纪，广东要成为现代化教育强省，需要一大批技术应用性人才，这是经济发展和社会进步的根本性需要，积极发展高等职业教育是广东省的一项重要的战略性决策。我国社会经济的发展现实和国际上许多现成的经验，都说明了高职教育在我国应该有着非常广阔的发展前景，不仅在规模上、质量上要有质的飞跃，而且在培养层次上也亟须提高，不仅有专科、本科层次的职业教育，而且要有硕士、博士层次的职业教育。创新、完善广东省的职业教育体系是社会主义市场经济的发展需要，为此，我们应积极探索出一条符合国情的中国高等技术应用性人才培养的发展道路。

（四）大众普及：全力推进终身性职业技术教育

广东30年发展实践特别是遭受2008年冰雪灾害后，广东获得了一个共识，必须全面推进终身性职业技术教育。终身教育思想主张教育应该贯穿于人的一生中的各个年龄阶段，而不是只在儿童和青少年时期，以适应知识更替飞速的今天，“活到老学到老”，实现终身学习。在90年代后期，国家就明确提出，到2010年起要基本建立起终身教育体系，从而实现基础教育、职业教育、成人教育和高等教育相互衔接；正规教育、非正规教育、非正式教育相结合；职前教育和职后教育、培训相互贯通；学校教育、家庭教育、社会教育相互配合。广东在实施教育强省的终身教育战略中已把职业教育纳入其中，以应对广东目前产业转型职业更替交换、职业人才流动日益频繁的需要。现在，广东许多工种的人员职业岗位在经历着多次更换，如果单纯具有一种职业能力，就难于在人才市场竞争中取胜，因此，终身教育将成为个人职业发展过程中继续学习的主要特征，说明终身职业技术教育对广东未来发展有着更加举足轻重的地位和作用。广东以往实行的以外来劳工为主的劳动策略，本地职业技术教育发展不足，特别是农民中大量劳力缺乏相应技术，不能实现职业工种的多次变更。数据显示，改革开放近30年间，广东从事第一产业的劳动力一直徘徊在1500万～1600万人之间。

由于农村富余劳动力向非农产业转移不充分，大量富余劳动力滞留在农村，导致城乡差距不断拉大。此外，由于广东已进入工业化中后期阶段，而广东劳动力总体素质过低、技能人才不足，难以支撑产业升级与经济发展方式双转型。同时，技能人才不足也导致广东珠三角产业升级缺乏支撑，制约着山区及两翼承接和改造传统产业，难以避免重走珠三角发展低端产业的老路。为此，广东2008年5月制定了到2012年全省新增转移就业600万人的计划，投入500亿元，使全省非农就业比重将由目前的71%提高到80%，城镇化率将由现在的63%提高到70%以上，这将有力促进广东产业升级和城镇化进程。国内外发展中国家实践表明，通过提升劳动力素质，加快农村劳动力向城镇和发达地区转移，是欠发达地区发挥人力资源优势，带动农民增收的重要途径。按照广东城镇化和产业发展规划，到2012年全省如能新增转移农村劳动力600万人，预计每年农村居民可新增非农务工收入1500亿元以上，比2007年翻近一番，将带动东西两翼和粤北山区人均GDP大幅提高，对促进广东东西北地区劳动力向城镇和珠三角地区转移，合理配置劳动力资源意义重大；对提高农民收入，协调城乡和区域发展以及减少外来务工人员需求的压力等等都将产生深刻而长远的影响。① 这项转移就业计划主要是靠实施职业技术教育来实现，与这一项目配套的是广东将积极推动各类教育衔接的计划。

广东在积极推进职业教育与普通教育、成人教育、高等教育等各类教育相互衔接、相互沟通、互为补充中创建体系灵活的现代终身教育体系，不仅消除阶段教育的弊端，而且也走出现行职业教育简单封闭的体系，使上下纵横都衔接起来，倡导把学习作为连续不断的社会过程，修建人才成长的“立交桥”，为广东创造一个学习化的社会，为每一个需要学习的人提供多层次、多样化的教育服务。为此，广东职业教育需改变过去学制单一、培养模式呆板，质

① 沈昀、邓红辉等：《广东投500亿推动产业劳动力双转移》，《南方都市报》2008年5月30日。

量低下的特点，积极创新制度，特别是全面实行免费职业技术教育，建立促进社会进步和个人发展需要的新学习制度，来满足学习社会化、终身化和个性化的需要。

第十章
民众大义：广东民办教育与民众兴学

广东民众素有办教育之热情。改革开放以来，广东民办教育取得的巨大成就，正是广东人大胆兴办现代教育的证明。以原广东省副省长王屏山为首的改革家，积极兴办民办教育，有力地促进了广东办学主体多元化和办学形式多样化发展，初步形成以政府办学为主、社会各界积极参与办学的新体制，很好地满足了社会多样化的教育需求，缓解了学位紧缺状况；同时，民众参与办学，也促进了投资主体的多元化和资金来源的多样化，吸纳了社会资金投入教育，拓宽了经费来源渠道，弥补了政府教育经费投入的不足；民众办教育，也深化了教育内部体制改革，促进了教育成本核算方式和人事制度的变革，逐步形成了同级不同类型学校相互竞争的氛围。可以说，广东民办教育发展，为全省经济社会的发展和教育自身的改革与发展作出了历史性贡献。①

一、筚路蓝缕：广东教育改革开放中的民办教育

改革开放以来，中国民办教育发展经历了四个阶段，即从

---

① 邵允振：《鼓励支持与规范管理并举——广东民办教育发展与地方立法》，《教育发展研究》2005 年第 10 期。

（1978—1991）十一届三中全会后民办非学历教育萌生并迅速发展，到（1992—1996）邓小平南方谈话后民办学历教育开始出现，再到（1997—2003）《社会力量办学条例》颁行后民办教育进入相对规范发展期，以及（2003 至今）《民办教育促进法》颁布使民办教育进入相对健全的法制化发展阶段。目前，中国民办教育实现了六大转型：（1）从边缘化地位向主流化地位转型；（2）从补充性作用向发展性作用转型；（3）从行政性管理向法制化管理转型；（4）从指令性调节向市场化调节转型；（5）从机遇性竞争向实力性竞争转型；（6）从一般化模式向多元化模式转型。[①]

广东地处改革开放的前沿，民办教育发展起步早，从 20 世纪 80 年代中后期就有了。广东最早的民办学校是位于广州西村的一所私立幼儿园，一个人在家里办的，开始只有几名学生。[②] 广东民办教育发展至今，其投入总量在全国排前列，发展迅速、特点明显。第一，办学层次齐全，幼儿园、小学、中学、专修学院、在职教育、短期长期培训、高等教育，各种层次都有。[③] 第二，地区分布广泛，富裕的地区和贫穷的地区都有民办教育。珠江三角洲地区，经济发达，民办教育也发达，尤其是广州、深圳等城市，民办教育规模化、集团化发展趋势明显。民办中学较多的依次是深圳、广州、东莞、湛江，民办小学较多的依次是深圳、广州、东莞、湛江，民办高校相对集中于广州市；同时，茂名的一些地方经济很落后，但民办职业教育却搞得很好。第三，适应面广，根据不同的人群的需求层次和支付能力举办不同类型的民办学校，有收费很低的外来工子弟学校、窝棚学校，也有收费很高的所谓“贵族学校”。第四，办学主体多元化，私人办学、社团办学、企业办学与政府合作办学等，各种形式都有。

在全国教育发展大气候下，广东民办教育也经历了五个发展阶

---

① 陶西平：《民办教育在转型中前进》，http：//news. vcmedu. com/demo/mbedu/toutiao4. html

② 《广东民办教育七大优势与问题》，《羊城晚报》2003 年 4 月 5 日。

③ 《广东民办教育七大优势与问题》，《羊城晚报》2003 年 4 月 5 日。

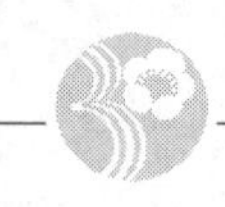

段，呈现出以下相应的阶段性特点：①

（1）1979—1986年是广东民办教育恢复发展的阶段，主要起着拾遗补缺的作用。当时，国家提出45岁以下没有达到初中文化学历、初级技术水平的职工，都要进行补课，称为“双补”。当时广州市就有32万青壮年职工要进行双补教育，民办教育分担了“双补”重任，使当时广州市没有达到初中文化程度的职工数从占职工总数的70%迅速回减到30%。同一时间，民办教育还承担了外语等社会急需人才的短期培训任务。这一阶段的民办教育以民主党派的社会力量办学为主，开展非学历教育，办学者多是教育战线上离退休的老校长，俗称“白发人办学”。广州当时有社会力量办学100多所。由于“双补”的任务艰巨，当时民办学校和公办学校之间不存在竞争关系，民办教育在很大程度上是对公办教育的补充。这一时期，中山大学中文系的刊授教育中心曾火爆一时，蔚为大观。

（2）1986—1992年，广东民办教育进入发展阶段，逐步形成体系。这一阶段民办教育的办学主体、服务对象扩大，培训的层次也有所提高，出现了学历教育私人办学。当时，国家要求1978年以前高中毕业的职工要回炉补课，而具有高中文化学历是当时干部任用的条件之一。由于公办学校高中学位不足，政府鼓励社会力量开办职业高中，民办教育从非学历教育转向学历教育，初级技术培训转向中高级培训，培训对象也从成年人扩大到青少年群体。据1990年的数据统计，广州市的民办学校有300多所。

（3）1992—1997年，广东民办教育进入飞跃式发展的阶段。形成了多层次、多规格的完整体系，教学面覆盖了基础教育、职业教育、成人教育和高等教育四大板块。办学主体更加多元化，有私人办学、团体办学、企业办学、同仁办学、私人与企业联合办学等，中外合作办学也在这一时期出现。同期，还出现了以教育集团模式运作发展的民办学校。民办学校在经费投入上也体现出多元化

① 《广东民办教育发展白皮书》，《信息时报》2003年9月1日。

的特点，有自筹资金、股份制筹资等方式。1993 年国务院颁布《中国教育改革与发展纲要》，明确要求应创立公办与民办教育共同发展的格局，鼓励社会力量办成人教育与职业教育，有条件的地方还可以适当发展民办基础教育。该《纲要》的出台对民办教育起到一定的促进作用。这一阶段出现了民办中小学和民办高等院校。1995 年成立的天河区河城学校，是广州市民办教育史上第一所外来人口子弟学校。这一时期民办高等教育有教育部批准成立的私立华联学院、民办白云技工学校，国家承认学历。据统计，这一阶段广州市共有民办学校近 900 所。随着生活水平的提高，人们对教育消费观念也逐渐发生变化，先富起来的一批人要求为孩子选择学习和生活环境好的全日制寄宿学校，以便对孩子进行全方位生活上的照顾。根据市场需求，1993 年到 1994 年间广州市出现了一批高收费学校，满足了部分家长的要求。这一时期，民办学校基本独立办学、独立招生，与公办学校互不影响，两者并没有出现碰撞和争夺生源的问题。

（4）1997—2003 年，广东民办教育发展日益多元化，集团式模式继续扩张。在较快发展的同时，民办教育先天不足的各种缺陷也逐渐暴露出来，同时，正值广州市公办中小学教育综合改造工程展开，出现了“名校办民校”，这类学校成为纯粹民办学校的强劲竞争者，普通民办学校及高收费学校的招生受到不同程度的影响。1997 年，国务院颁布《社会力量办学条例》，以取代早在 1992 年广州市人大制定的地方性法规《社会力量办学管理条例》。这些法规对民办教育的招生广告等的刊发管理、教学管理、收费项目和标准、教师队伍管理、党团组织建立、流动人口子女入学等方面都给予了明确的规范，同时，完善了各级各类民办学校的审批制度，建立了民办学校的年审制度。该《条例》也建立起相关规则，办学者依法办学，教育部门依法管理，民办教育从不规范发展走向规范健康的发展。2003 年，除劳动部门审批的 168 所技能培训学校外，广州市经过各级教育行政部门审批的民办学校近 1400 所，其中，专修学院 17 所，高等自学考试辅导机构 30 多所，中等职业类学校

27所，普通中学61所（其中15所是完全中学），小学155所，幼儿园650多所。但其缺陷也逐渐暴露出来，民办教育普遍存在办学条件差、教学质量低、法律手续不完善、产权不清晰、资金投入不足等问题。因此，对民办教育资源进行整合就成为必然，否则它们将无法在教育市场里参与激烈竞争，更难以形成共同发展的格局。于是，政府部门提高了民办教育的准入门槛，坚持义务教育以政府办学为主的原则，适当举办民办中小学作为补充，而鼓励民办高中阶段教育、民办高等教育、民办职业教育发展。2000年开始，华南师范大学附属中学、广州市执信中学等重点公办学校纷纷与企业、房地产开发商联合新建民校，或承办住宅小区配套学校，出现“名校办民校”。这些学校成为民办学校强劲的竞争者，普通民办学校及高收费学校的招生受到不同程度的影响。2003年，广州15所开办高中的民校，在校高中生不到5000人。

（5）2003年以来，由于《民办教育促进法》的颁布实施，政府对民办教育的管理，由依靠行政手段管理向依法管理转换，广东积极推动地方立法，对民办教育加强规范管理和引导、扶持，促进了民办教育进一步健康发展，广东民办教育的发展在量和质方面都取得了飞跃式的发展，实现了质的跨越。2003年，《民办教育促进法》实施的这一年，广州市经教育行政部门审批的各级各类民办学校、培训机构有1437所；到了2006年，民办学校、培训机构的数量增加到1805所；三年内增加了368所，平均每年增加一百多所学校。从具体学校数量上看，到2006年，广州市民办中学有137所，占全市中小学学校数的30%，在校生69642人，占全市中小学在校人数的12.27%；民办小学158所，占全市民办小学的14.2%，在校生25.2万人；中职学校24所，占全市中职院校的27.59%；培训机构516所，幼儿园957所。① 就广东全省而言，2006年，全省有民办幼儿园6941所，占幼儿园总数的65.35%，已占半壁江山，2003—2006年年均增长11.84%；在园幼儿104.23

① 《广东民办教育发展金皮书》，《信息时报》2007年9月1日。

万人，占在园幼儿总数的47.53%，年均增长19.05%；全省有民办小学859所，占小学总数的4.19%，平均年增长15.65%，在校生119.91万人，占小学生总数的11.35%，年均增长29.99%；民办普通初中有559所，占普通初中总数的16.8%，年均增长29.23%，在校生38.53万人，占普通初中生总数的8.1%，年均增长43.33%；民办普通高中有105所，占普通高中总数的4.65%，年均增长14.75%，在校生7.6万人，占普通高中学生总数的4.65%，年均增长37.8%；民办中等职业技术学校有145所，占中职学校总数的23.69%，在校生11.14万人，占中职学校学生总数的13.78%；民办普通高校有24所，占普通高校总数的22.86%，独立学院达17所，在校生共有19.1万人，占普通本专科在校生总数的18.94%，年均增长60.06%，其中独立学院在校生8.63万人，占普通本科在校生总数的8.55%。[①] 广东民办教育发展的整个面貌，包括学校的生存环境、办学理念、内涵发展等有了深刻的变化，扭转了原来的“量多、质不高”的局面，实现质的跨越。办学者的思想发生了质的转变，原先那种浮躁、功利性心理少了，而按照教育规律办学的人多了。广州市有十几个民办学校的办学者当选全国、省、市、区的人大代表，成为推动民办教育发展的重要力量。民办学校建设逐步走向诚信办学轨道，社会认可度满意度大大提高，出现一批有特色、有品牌的学校。民办学校的办学成绩有了质的提高。以前，广东省民办基础教育能评上等级学校标准的寥寥可数，而到了2006年，广州市民办基础教育便有50多所省市区一级学校。广州民办高校的新生报到率，2004年以前不足40%，而2006年则已超过70%。[②]

随着广东民办教育的不断发展壮大，广东政府部门对民办教育的规范管理和扶持的力度也不断加强。[③] 2004年8月广东省委、省

① 《广东民办教育发展金皮书》，《信息时报》2007年9月1日。
② 《广东民办教育发展金皮书》，《信息时报》2007年9月1日。
③ 《广东民办教育发展金皮书》，《信息时报》2007年9月1日。

政府印发《广东省教育现代化建设纲要（2004—2020年）》，提出要加快推进教育体制创新，深化办学体制改革，义务教育坚持以政府办学为主，以社会力量办学为补充；非义务教育实行更加灵活、开放、多样的办学体制和办学模式，形成以政府办学为主，公办学校与民办学校共同发展的格局。而2005年8月广东省政府印发该纲要《实施意见》中，对各级各类教育办学体制改革、落实民办教育发展的优惠政策、规范民办教育管理等提出明确要求。2006年9月，省委、省政府印发《关于大力发展职业技术教育的决定》，其中要求大力发展民办职业技术教育，加大对民办职业技术教育和职业培训机构的扶持力度，落实对民办职业院校和培训机构的优惠政策，依法加强对民办职业院校和培训机构的管理和指导，规范办学、防范风险。2007年8月广东省出台了《关于加强民办教育规范管理，促进民办教育健康发展的若干意见》。2005—2010年，广东省政府每年拨出3000万元专款，作为广东省民办教育发展专项基金，用于鼓励和资助民办教育发展。同时，省政府要求各市、县（市、区）政府设立相应的专项资金，支持当地民办教育发展。广州市政府2006年也拿出1250万元用于支持民办教育发展。2005年10月，省教育厅首次召开全省民办教育工作会议。2007年2月，省教育厅成立民办教育管理办公室，与政策法规处合署办公，统筹民办教育发展和管理事务。而在此之前，民办教育比较发达的地区教育行政部门，多数都成立了专门的管理机构，对民办教育实行统筹管理。例如，深圳市教育局成立了教育国际合作与民办学校管理办公室，配5个编制；东莞、惠州、中山以及广州市天河区、深圳市宝安区均成立了有3～5名专职人员组成的民办教育管理科；广州市教育局明确发展规划处统筹管理民办教育，佛山市教育局在发展规划科挂“民办教育管理办公室”牌子，实行“一个窗口”式的管理和服务。按照省委九届九次全会文件中关于“完善《民办教育促进法》配套政策，大力发展民办教育”和省第十次党代会关于“促进和规范民办教育发展”的要求，地方性法规《广东省民办教育促进条例》已经列入立法规划。

二、市场新义：广东民办教育与开拓教育市场

民办教育是教育领域实际步入市场化运作的部分，虽然其办学性质不以盈利为目的，但是运作手段却完全要引入市场化手段，尤其是在校舍建设、设备添置、教师聘用、招生就业等方面。广东市场经济发育程度比较好，市场经济对教育产业很自然地介入。广东民办教育发展促进了教育市场开拓发展，主要表现在：

（一）竞争筹资：教育筹资呈多元化和市场化

创新多元化的筹资模式是广东民办教育起步早、投资大、发展快的重要原因。

早期，广东民办学校利用“教育储备金”筹集了大量资金。1993 年，广东英豪学校在全国率先采用教育储备金模式经营。收取教育储备金是民办学校的一种融资手段，其操作方法是，家长一次性交一笔钱给学校，无需另外缴纳学费和伙食费，学校运用这笔资金的银行利息或投资收益办学，学生离校或毕业时退还本金。上世纪 90 年代初，银行利息水平较高，学校将这笔资金的银行利息用于学校日常运转，本金还可用于其他投资活动。在这种运营模式下，广东 5 年办起了 40 多所储备金收费民办学校，获得办学资金 100 多亿元，建立起了一批硬件水平很高的民办学校，而且相当部分投资是在基础教育部分①。

20 世纪 90 年代末，随着宏观经济和政府相关政策的变化，广东民办学校纷纷实现筹资方式的转轨，走上多元化的道路。自 1994 年开始的宏观调控带来了连续 8 次降息，教育储备金模式这种经营方式存续的客观基础受到冲击。1999 年，广东省教育厅作出决定：自 2 月 1 日起，民办学校不准向新生收取教育储备金，新批民办学校也不准收取教育储备金，代之以每年收费制。由于经济

① 《民办教育：再为你添把柴》，《中国教育报》2001 年 12 月 11 日。

环境和政府政策的变化，一批原来依赖于教育储备金的高收费民办学校因资金链断裂而纷纷倒闭，广东不少学校，如广东英豪学校、广东华美英语实验学校、广东碧桂园学校等则成功地实现了筹资方式的转轨。[①] 据报道，广东收取教育储备金的学校中，转制成功的有14所。[②]

后来，又出现了“名校办民校”，名校既有品牌效应，又可以利用原有名校资源降低收费，对纯民办学校形成新的一轮冲击。面临政策和市场的冲击，广东民办学校走上了多元化获取资金的途径，主要存在独资办学、合资办学和借贷办学三种筹资模式，每种筹资模式内部又有多种具体的运作方式。独资办学，是由固定的一家企业或单位独立投资，风险独享。其中，有由单独的企业分期投入的方式，有以集团形式投资的方式。合资办学，由多个出资主体构成管理学校的董事会成员，共同享有投资的利益和风险。借贷办学，学校的办学资金依赖于信贷，第一期资金到位后，主要依赖学费收入作为再发展资金。[③] 南洋教育集团是其中一个典型的例子。由于教育储备金模式向收费制转轨和“名校办民校”的双重冲击，南洋教育集团受到了致命打击。2004年，广州出现的第一所民办高收费学校和“双语学校”——广州南洋英文学校与实力雄厚的民营地产企业——广州恒生集团合作，后者以增资扩股的形式投资南洋英文学校，成为该校第一大股东，实现了“教育资源的增量发展”。在成功完成资本重组后，广州南洋英文学校又以土地、校舍折价入股的方式，按南洋英文学校占40%股份这样的比例，与原广州南洋科技专修学院合作举办广州南洋理工职业学院，通过资源整合来扩大办学规模、增加办学层次。[④]

---

① 《民办教育最佳品牌为啥砸了》，http：//www. hlxc. cn/Class/student/campus/200512240824898. shtml

② 《中国教育报》2001年12月11日。

③ 《民办学校寻求资金来源多元化途径》，《信息时报》2005年9月1日。

④ 《民办中小学：大洗牌提前到来》，《信息时报》2005年9月1日；《投入！投入！投入！》，《信息时报》2004年9月1日。

《民办教育促进法》颁布实施后，社会投资民办教育的信心倍增，大批有实力的民间资本的进入，几乎改变了过去民办高校靠收取学费进行“滚动式发展”的传统发展路径，使大部分新增的民办高校的软硬件从办学之初就具备了相当高的起点。例如，东莞南博职业技术学院从2004年建校以来已经投入4亿元用于校园建设；南海东软职业学院由中国软件产业的“领头羊”东软集团注资办学，不但拥有度假村般优美的“数字化校园”，而且充分依托学院投资方的产业优势大力培养具有参与全球软件产业竞争职业能力的IT人才。①

在这一过程中，广东民办教育者积极创新办学模式，办出了一批名校。不少民办学校的创办者积极探讨资金运营方式，善于通过运作把资金盘活，扩大办学规模，把学校做大做强。广东民办教育发展中，成功民办学校的管理，一般都走企业化道路并充分运用企业管理模式；大多数民办学校实行理事会或董事会领导下的校长负责制，实行董事会和校务会分开，校长有职有权，拥有人权、物权、财权，既发挥理事会或董事会的决策作用，又调动校长教育教学和行政管理的积极性；学校积极招纳懂管理、善运作、会经营、有经验的企业家人才介入主要管理层，管理层既懂得教育规律，又具有较强的市场意识，学校的主要管理者是教育经营者，其特质是具有企业家型的学者，或者是学者型的企业家。比如广东英豪学校，董事长管投资运营，校长管学校管理运作，并与华南师范大学附中合作，著名教育家吴颖民校长曾在该校参与管理多年。这些学校既考虑到教育规律，也懂得市场操作，两者结合；既要使投资者获益，又遵循教育规律，提高质量。部分品牌学校，随着学校的发展壮大，纷纷走上集团化发展的道路，通过集团化模式做大做强，实现人力、财力、物力各种资源的融通、共享和互补，从而降低办学成本，提高办学效益。例如，2005年3月，以广东白云学院为

① 《民办高等教育资本纷纷涌入，民办高校量多质变》，《信息时报》2007年9月1日。

龙头，联合广州白云工商高级技工学校、广州白云技师学院、白云大学生人力资源有限公司及广州全量数控科技有限公司等组建白云教育集团。一些有实力的培训机构，如新创教育集团，甚至考虑通过在香港资本市场上市来实现资本扩张和发展。

（二）转制洗牌：民校在市场竞争中求生存

1999 年，广东省教育厅要求民办学校由收取教育储备金的运营模式向年度收费制转轨，广东民办学校经历了一次大洗牌。取消教育储备金对于以储备金作为学校收入支柱的民办学校来说，几乎是灭顶之灾，在沉重的还款压力下，曾经风靡一时的高收费学校风光不再。曾经是中国民办教育旗舰的南洋教育集团也因教育储备金无法兑现，于 2005 年 8 月引发挤兑而崩盘，成为中国民办教育的一个标志性事件。广东民办基础教育信誉几乎跌至历史低谷。在不少民办高收费学校发展陷入僵局的情况下，一些民办学校坚持以质量取胜，成功地实现了转型突围。例如，华美英语实验学校利用英语特色宣传教学理念、碧桂园学校引入 IB 国际课程、祁福英语实验学校的国际化办学模式、东方明珠和潮州富丽学校的艺术加英语特色培养定位等，都成为民办学校转型发展的突破点。①

除了取消教育储备金政策外，外来工子女学校免费政策让广东民办学校又经历了一次洗牌。2005 年 12 月国务院决定，自 2006 年开始，农村将实行免费义务教育，全面免除学杂费，对贫困生还免费提供教科书，补助寄宿生生活费，中部和东部地区农村到 2007 年全部免费。在广东，从 2007 年秋季开学起，义务教育实行全免费。对于民办学校中的外来工子女学校来说，生源的急剧下滑致使一些规模小、质量差的学校纷纷被淘汰出局，而有一定规模和质量的学校也举步维艰，投资者也持观望的态度。不过，免费义务教育政策对外来工子女学校也具有转折意义，政策促使外来工子女学校规范发展、形成品牌、开始新的探索，探索形成适应外来工需要、

① 《投入！投入！投入！》，《信息时报》2004 年 9 月 1 日。

满足外来工子女成长环境的新的教育发展模式。

取消高等教育学历文凭考试试点，则引发了民办高校的一次大洗牌。2004 年 7 月 2 日，教育部考试中心的网站上发布了一则消息：教育部将取消高等教育学历文凭考试试点，2005 年民办学校将停止招收学历文凭考试学生。高等教育学历文凭考试是指，国家对不具备颁发学历文凭资格的民办高校的学生组织的学历认定考试，也是一种以学校办学和国家考试相结合、“宽进严出、教考分离”为特点的全日制高等学校教育。在学历文凭考试取消的冲击下，过去以招收学历文凭考试学生为主的专修学院纷纷转型，一部分成功地升级为职业技术学院，一部分成了公办高校的二级学院或独立学院，一部分转型为培训机构，不能成功转型的逐渐从招生市场上彻底消失。

综合而言，广东民办学校较早地经受市场考验，取得重大成绩，呈现出健康发展的态势。随着国家教育政策调整和广东民办教育市场办学主体的多元化，很多民办学校的办学定位从最初的完全围绕市场需求设置，到主动向市场竞争的定位调整。高收费学校的举办，最初是为了满足富有阶层对优质学位的需求，然而，公办学校提供的优质学位不断增加；中低等收费学校最初是为了解决外来工子女上学难的问题，然而，随着九年义务教育免费政策的普及，回家乡上学成为潮流；民办高校的出现最初是为了解决“高考独木桥”问题，然而，现在面临公办高校扩招和民办高校生源减少的困境。面临市场需求的变化，许多民办学校纷纷被淘汰，而那些以市场竞争为导向，突出和强化特色的民办学校，不但敢于直面公办学校的竞争，并且保持快速发展的势头。市场这只无形的手促使民办教育回归到理性办学上，投机主义办学者在市场竞争中逐渐被淘汰，[①] 广东民办教育迎来梅开三度的大好时机。

---

① 《广东民办教育发展金皮书》，《信息时报》2007 年 9 月 1 日。

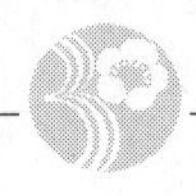

（三）优胜劣汰：民校实行市场化人才管理

随着广东民办教育的快速发展，市场竞争日趋激烈，许多民办学校不断创新管理，在“创名校、树名师、办特色、学特长”等方面下工夫，认识到高水平的师资队伍是学校最大的财富。许多民办学校实行灵活的用人机制，根据市场和学校发展的需要，以及学生的评议聘用教师和职员，人员能进能出，以维持充满着自信、力量、热情与活力的员工队伍。例如广州思源学校，2006年7月学校有近50%的“三等公民”，即等发工资、等下班、等下岗的干部、教师、职员未能得到续约聘用。2007年暑假根据学校发展的需要与学生的评议，有近25%的员工被解除劳动合同。与此同时，学校又补充了一大批高水平、多才多艺、年富力强的中青年教师。思源学校的教师不用上街摆摊设点和外出招生，但是要读书、研讨，完成学校指定的课题，教师有不少论文发表，并在各种比赛中获奖。高水平的师资力量是思源学校的最大财富，作为民办学校，思源学校多次拒绝接受媒体采访，不在媒体上做招生广告宣传，但是已经初步具备与公办省一级学校竞争的实力，成为广州天河区民办学校的标杆学校①。

（四）直面市场：学校的人才培养与市场对接

为了在市场竞争中求生存，广东民办学校都清楚地认识到：教育必须为经济建设服务，必须与社会的实际需求相结合。因此，大多都具有敏锐的市场意识和服务社会的责任感。

产业结构优化升级需要更多的高级技能人才。而广东省的职业教育从办学取向、质量到专业结构、布局已远远滞后于经济转型、产业升级的进程。近年来，珠三角地区劳动力市场上，高技能人才紧缺与大学生就业难共存，这种现象体现出普通劳动者和高素质劳动者之间的“知识断裂”，凸现了我国高等教育的结构失调和职业

① 《黑马现象：再读广州思源学校》，《信息时报》2007年9月1日。

教育的发展不足。据广东中华职业教育社副主任、省政府发展研究中心决策信息处调研员杨颖柔介绍，2005 年全省技能人才缺口累计已超过 130 万人，而目前全省中、高等职校每年毕业生总数只有 27.65 万人（包括成人大专和中专），社会上获得各类职业资格证书的也不过 33 万人。另外，按技能人才需求预测分析，“十一五”期间，仅广东应用型高级技能人才就缺 100 多万人。① 广东民办教育的发展对广东职业教育发展的市场化转型起到一定的助推作用。其中，最突出的要数广东白云学院，该校的“理想职业从白云开始”唱响南国大地，成为广东民办教育的一面旗帜。②

白云学院成立于 1989 年，最初是一所职业技能培训学校，培训适合现代企业要求的熟练劳动者、技术工人。1996 年白云学院被批准举办中等职业教育，成立了广州白云工商技工学校。1999 年经教育部批准白云学院开始办高等职业教育，成立了广东白云职业技术学院。2005 年经教育部批准，升格为本科学院，更名为广东白云学院，担负起本科人才的培养重任。经过 17 年的发展，昔日的白云职业技能培训学校，如今已经发展成为一所民办职教院校。当年董事会投入区区百万资金，如今拥有固定资产超过 5 个亿。目前高等职业教育开设 9 个系（部）34 个本科专业（方向），28 个专科专业（方向）；中等职业教育开设 26 个专业；职业技能培训开设 15 个专业大类 69 个工种的培训。已形成学历和非学历共存，高等职业教育、中等职业教育和职业技能培训并举的规模庞大、层次齐全、专业多的一流职业教育机构。为地方经济社会发展输送了 10 余万技能型专门人才，其中具有大学学历文凭的高级应用型人才 8000 多人，为用人单位以及地方经济提供了强力的支持。2004 年，白云学院被教育部、劳动和社会保障部、经贸委评为全国职业教育先进单位，还获得了全国和广东省先进民办高校、全国著名十大民办高校、广东省民办高校综合竞争力第一名等荣誉

① 《大力发展职业教育是广东的当务之急》，《南方日报》2006 年 8 月 3 日。
② 《大力发展职业教育是广东的当务之急》，《南方日报》2006 年 8 月 3 日。

称号。

白云的成功在于，它在人才培养方面一贯秉承“就业导向，能力本位，面向市场，服务社会”的宗旨，将人才培养目标定位于“办技术本科、走差异性发展道路、培养技术型专门人才”。具体体现在两个方面：

（1）专业设置灵活适应市场需求。在专业和课程的设置方面，为了避免课堂教学学科性太强而实践性不足的问题，白云建立了灵活适应市场发展的专业和课程设置新机制——按企业和行业要求开设专业，按工作任务和产品来整合课程。根据市场发展的需要，规定每年要淘汰一些旧专业、增设一些新专业，几乎是珠三角新兴一个行业，白云就新增设一个新专业。在白云，曾经有一段“购一台车开设出一个新专业”的佳话。当年学院要购买一台金龙大巴，在洽谈中销售商抱怨找不到专业的销售人员，学市场营销的不懂汽车，学汽车技术的又不懂营销。一句话让白云人开了窍——白云既有汽车专业又有营销专业，把它们整合起来不就可以了吗？经过多方论证，2002 年白云在国内最早开出了汽车技术与营销这个复合型专业，受到新兴的汽车销售行业的追捧。白云还按工作过程、工作任务要求来整合课程：首先调查了解相关专业学生未来的职业岗位、要完成的生产任务，再通过建立数学模型弄清楚相应岗位需要怎样的知识、能力和素质来支撑，然后确定课程内容，制定课程标准，建立课程体系，编写教材，培养师资。此外还成立了“专业指导与合作委员会”，聘请业内专家和知名人士为专业委员，请专业委员对当年招生专业教学计划进行充分论证，提高人才培养的针对性，做到贴近市场对口培养。

（2）教学环节与市场对接。与广东许多职业技术学校一样，白云也实行校企合作、工学结合的“2+1”培养模式。这种校企合作的“订单式”人才培养模式，通过加强实践性教育环节的建设，增加学生在企业顶岗实习的时间，从而增强学生的动手能力，缩短工作适应期，保持了培养人才与企业产业间的“无缝对接”，使不少民办学校具有较高的就业率。在这种人才培养模式下，白云

一方面投入资金，建设了实训车间和与专业配套的实训场（室）230多个，总面积达3万余平方，实训工位4300多个，主要仪器设备总值达6000多万元，实训场（室）开出教学计划所设置的实训项目100%；另一方面积极通过校企合作，争取校外教学资源的投入。白云职教集团与企业建立了四个层次的合作关系：一是“体制内”建立实践教学工厂。目前已与北京精雕科技有限公司、金蝶等国内外的大企业共建了校内专业教育培训中心共40多个。二是建立白云企业联盟。企业采用设施投入、软件支撑等形式与学校进行合作，建设校内实验实训基地。目前，这种紧凑型合作的企业有30多家。据统计，校企合作的设施投入超过2300万元。三是与企业形成紧密的校企合作联盟，订立合作协议，双方互相担任“实习基地”、“教育基地”。美国沃尔玛、海尔、TCL、康佳、东方宾馆等知名企业都成为白云的就业实习基地，企业接受学生毕业前的专业实习，学校向企业优先推荐优秀毕业生。四是松散型的实习和劳动用工合作单位，这种单位有1000多家。白云的学生毕业前有长达一年的毕业实习，实际上是毕业生的“准就业”。在校外实习过程中，学生一方面补充、检验学习成果，增长技能；另一方面顶岗工作，为就业做充分准备，此过程也是毕业生与用人单位的劳动用工“双向选择”，相当部分毕业生实习结束就在实习单位实现就业。

一般来说，民办院校不受上级教育主管部门的计划控制，所设置的都是在就业市场上非常热门的专业。许多民办院校还面向市场需求，随时调整专业设置，也可以根据市场需求的变化随时改变各专业招生人数的比例。例如，广东外语外贸大学南国商学院能利用该校的语言教育优质资源，设计适合市场需求的新专业，使该校保持较高的报读率。广州大学华软软件学院，该校在招生时，仅确定每年招生的总数，而各专业之间的人数比例却没有硬性限制；学生先按照自己填报的“名义”专业考入学院，但在报到时，各科系在报到现场“摆下擂台”，向前来报到的学生介绍自己专业的课程、就业方向、优势等，让学生按照自己的意愿进行理性思考再进

行专业的“二次选择”。①

（五）自由择业：毕业生就业服务市场化

除了专业和课程的设计考虑市场需求，教学环节注重实践性和学生的操作能力的培养外，广东民办学校还为促进毕业生的就业提供市场化的服务。许多民办院校都为学生就业提供了全方位的针对就业市场需要的服务：一是就业指导作为课程被纳入教学计划，新生入学第一天就开始职业生涯设计。二是实行学历证书和职业资格证书相结合的“双证书”教学体制，在各层次教育中大力推行职业资格证书制度。目前民办学校设立各类考试机构8家，设立30多个工种职业技能鉴定临时考点，历年来民办学校各层次毕（结）业生取得职业资格证书的比例达到97%以上。三是加强团队合作、沟通交流、创新思维、信息处理、解决问题、终身学习六方面内容的核心能力训练，培养毕业生将来适应工作岗位变化、处理各种复杂问题，以及敢于创新的核心能力。四是建立市场化的就业渠道，每年都注意按需求举办各种校内毕业生供需见面会，为应届毕业生提供了就业的良机，为非毕业生提供了职场训练，也为校内教学改革的专业设置提供了参照，甚至一些学校还专门成立了人才市场，使学校本身就成为学生就业的良好平台。②

广东民办学校注重质量、争创品牌，因而不少学校在教育市场竞争中争得一席之地，具有较高的社会知名度，并改变了民众对民办教育的看法。民办基础教育学校中不少学校凭借优良的硬件设施和教学质量晋升为省市一级学校。民办高校的新生报到率和毕业生就业率不断上升。据《信息时报》报道，2006年广东民办高校不但在高考录取中受到考生的追捧，并且大部分民办高校的报到率都达到七成以上，不少独立学院例如广东外语外贸大学南国商学院的

---

① 《我国民办院校灵活机制应对就业显成效》，人民网，http：//www.cmedu.com/Article/ShowArticle123.aspx

② 《大力发展职业教育是广东的当务之急》，《南方日报》2006年8月3日。

报到率更是接近九成。[①] 虽然近年来大学生的就业形势日益严峻，毕业生离校时的一次性就业率有逐年降低的迹象，但广东地区不少民办高校却在就业率上出人意料地表现得异常抢眼。2006 年，广州南洋理工职业学院的一次性就业率几乎接近 100%，广东外语外贸大学南国商学院、广州华立科技专修学院和广州科技职业技术学院毕业生的就业率都接近 90%。除了令人刮目相看的就业率，民办大学生们的就业质量也稳步提高，广东外语外贸大学南国商学院、白云职业技术学院、私立华联大学、广州南洋理工职业学院等品牌学校的学生有相当一部分进入了华凌、美的、神舟电脑等珠三角知名企业工作，有的甚至成为 IBM 这种以往只青睐名牌公办大学优秀毕业生的著名跨国公司的员工。[②]

三、教育开放：开放广东教育与教育均衡公平发展

在改革开放的早期，广东民办教育的发展，在教育机会短缺的环境中为一部分人提供了受教育的机会。今天，广东民办教育的优胜劣汰和规范发展，又在为增加接受优质教育的机会作出贡献。广东民办教育发展的历程，反映出广东教育对内和对外全方位开放的基本态势。

（一）教育市场：民办教育发展与民间资本开放

政府鼓励举办民办教育，最初的目的是为了弥补政府教育经费的不足。广东民办教育的兴起开拓了教育投入的新渠道，据 2003 年 6 月的调查，全省民办教育吸纳社会资金达 300 亿元以上。[③] 根据专家调研，目前，广东省现有民办普通高校 28 所，公办民助

① 《广东民办高校扬眉吐气　报到率超七成创纪录》，新华网，http：//edu. qq. com/a/20060916/000066. htm。

② 《逆势上扬　广东部分民办高校就业率表现抢眼》，http：//www. cmedu. com/Article/ShowArticle106. aspx

③ http：//www. cmedu. com/Article/ShowArticle29. aspx

“独立学院”17所，专修（进修）学院16所，自考辅导学院、培训学院、网络学院、挂靠外省高校招生的办学机构318所。2004年，不计非学历教育，广东民办高校招生数（大专以上）占全省高考招生的16%，相当于为省财政节省了40亿元。[①] 广东民办学校吸收民间资本的模式是多元化的，主要有：（1）受教育者缴交的教育储备金。教育储备金模式是广东首创的教育融资模式，当年办起了40多所储备金收费民办学校，获得办学资金100多亿元，成功地将部分居民消费资金引入教育消费领域。（2）企业投资。争取企业投资办学是广东民办学校融资的另一主要形式。例如，华南师大附中新世界学校，是由省重点中学华南师大附中与广州市新世界地产策划有限公司于2002年合作创办的民办全日制寄宿学校；广州涉外经济职业技术学院由广东维城（海外）总公司投资创办；广州城建职业学院原为广州大学的二级学院，2003年12月由广州天马集团有限公司下属广州精通教育投资有限公司改制成为独资建设的民办学院；等等。广州华立投资有限公司，作为广州工业大学华立学院、广州华立科技专修学院、广州华立技工学校的投资方，投入近4亿元用于校舍、教学设施和校园环境建设。[②] 2006年，广州市白云区琴星小学与美国国际投资集团签订协议，由美国国际投资集团投资支持琴星小学的“扩校工程”，帮助琴星在未来10年建成多所连锁学校，打造成为一个拥有国际连锁品牌的琴星国际教育集团。[③] 企业的慷慨投资为民办学校提供了良好的硬件设施。（3）受教育者缴交的学费。在取消教育储备金制度，转向年度缴费制后，民办学校吸收家庭教育消费支出的主要途径就是收取学费。（4）集体经济组织投资。2007年8月，广州市首个“城中村”农民学堂在荔湾区西塱村启动，村民可以到学堂免费充电，所有的培训经费均由联社的集体经济承担。[④]

① 《民办高校为省财政节省40亿》，《信息时报》2007年9月1日。

② 《投入！投入！投入!》，《信息时报》2004年9月1日。

③ 《信息时报》2006年9月1日。

④ 《广州计划年内再增600所外来工业余学校》，《广州日报》2007年8月10日。

（二）教育自由：民办教育发展与教育向受教育者群体开放

民办教育发展体现广东教育不仅面向省内的户籍居民开放，而且面向省内的非户籍居民开放。“东南西北中，发财到广东”，这是改革开放以来一直在民间流传的俗语，与此相伴的是广东逐年汹涌的流动人口大军。大量流动人口带来的适龄流动儿童教育问题。在公办学校随班就读的形式已不可能完全解决流动儿童就学问题，于是，民间力量利用民间资源兴办的流动人口子弟学校就扮演了举足轻重的角色。2003 年，广州市有 400 多万流动人口。[①] 目前，有大约 40 多万外来工子女在广州读书，[②] 流动人口子弟学校几乎是开办一间就兴旺一间。至 2002 年 9 月，全市 160 多间面向学龄儿童教育的民办学校，2/ 3 以上是流动人口子弟学校。2001 学年，广州市解决了 10. 05 万（约占全市中小学生的 8. 5 %）流动儿童的就学问题。[③] 改革开放后，随着经济的发展，深圳外来人口数量激增，户籍人口和非户籍人口比例严重倒挂，随父母来深圳的非深户籍子女需要接受教育，学位需求量迅速增加，但公办学校的学位却严重不足。以深圳 2005 年的中考为例：报考人数超过 4 万，但公办高中高一学位仅 18000 余个，竞争异常激烈，考高中比考大学还要难。民办学校在解决深圳学校学位缺乏、教育经费紧缺等问题上，都起到了非常积极的作用。深圳目前 70 万在校生有一半以上是外来人口子女，他们中的一半就读于民办学校。据统计，深圳 90% 以上的幼儿园和成人教育机构由社会力量举办。而宝安这个深

① 《从流动儿童就学难，到流动人口子弟学校争抢生源、争创优质学校，广州走出了一条成功之路。让我们来感受广州民办教育的启示》，《中国妇女报》2003 年 7 月 9 日。

② 《广州将大力发展民办教育，确保外来工子女依法享受义务教育》，http：//news. vcmedu. com/demo/mbedu/jiaodian7. html

③ 《从流动儿童就学难，到流动人口子弟学校争抢生源、争创优质学校，广州走出了一条成功之路。让我们来感受广州民办教育的启示》，《中国妇女报》2003 年 7 月 9 日。

圳民办教育机构最为集中的区，自1990年出现民办学校以来，短短的15年里，仅民办中小学就已发展到106所，在民办学校就读的学生达13.8万人，占宝安区中小学学生在校人数的近一半。30岁的宝安本地青年林良浩8年办学3所解决4000学生读书问题，2003年，在这3所学校基础上成立了深圳首家民办教育集团——崛起教育集团。东莞市同样是外来工的集中地，目前只有三分之一的外来工子女在公办学校就读，远远不能满足外来工子女的教育需要，东莞政府通过大力鼓励和扶持发展外来工子弟民办学校，基本解决了流动人口子女的受教育问题。

广东民办高等教育的迅速崛起，让那些被公办高校排斥在大门外的考生得到了接受高等教育的宝贵机会，还彻底打破了公办大学一直独霸话语权的局面。不仅促进了高等教育资源的和谐、均衡发展，还大大推进了教育公平的实现。1993年，广东第一所民办高校建立，到2000年，广东还只有6所民办高校，民办高校的在校生数量只占广东高校在校生的3.8%，而到了2005年，不包括17所独立学院，广东省已经有24所独立设置的民办高校，在校生已占13.8%。截至2005年，广东高等教育毛入学率已经达到了22%，已经跨越了15%～20%的大众化阶段，其中民办高校功不可没。[①] 2005年3月，白云、培正同时被教育部批准升级为民办本科高校，填补了广东省民办高等院校中没有本科院校的空白，5月白云职业技术学院正式更名为广东白云学院，培正商学院正式更名为广东培正学院。与此同时，随着2004年教育部正式发文允许公办本科高校的民办二级学院、独立学院可以招收本科生，广东一批民办二级学院、独立学院，开始成为具有招收本科资格的民办院校。公办高校民办独立学院也悄悄发起一股“升级潮”，广州大学松田学院、广东工业大学华立学院和华南师范大学增城康大学院等自2004年起都已经开始招收本科学生，广东外语外贸大学南国商学院等也于近年纷纷实现了在办学层次上从专科到本科的突破。广

① 《民办高校：迎来“最好的时光”》，《信息时报》2006年9月1日。

东民办高等教育整体办学水平、教学质量都得到了提高。根据2004年颁布的广东教育现代化建设规划，广东省高等教育毛入学率，到2010年要达到28%以上，2015年力争达到40%左右，2020年力争达到50%左右，广东将“基本实现高等教育普及化”。有人估计，广东要实现2020年高等教育毛入学率达到50%的长远目标，每年必须增加10所“万人”大学；[1] 广东省省情调查中心执行副主任冯胜平认为，经过连年的“扩招”，公办高校现有校园面积、教学设施和各种教育资源基本上已经接近承受极限，今后的高等教育扩招的增量主要将交给民办高校来实现。因此，广东要实现“教育现代化”的目标，将在很大程度上取决于民办高等教育的发展。

（三）办学自由：民办教育发展与向所有办学主体开放

对发展民办教育的认识，广东教育行政部门主要经历了三个阶段：[2] 第一个阶段，举办民办教育是为了弥补政府教育经费的不足；第二个阶段，举办民办教育是建立一个与市场经济相适应的教育体系的需要；第三个阶段，举办民办教育是为了提高教育的效率，实现教育的公平。《民办教育促进法》确保了民办学校的合法地位，也进一步重申了政府发展民办教育的决心。《民办教育促进法》颁布实施以来，广东的民办学校在数量上越来越多，管理越来越规范，办学质量有了质的提高，这些成就与政府的积极扶持分不开。为了实现广东教育现代化目标，政府在落实《民办教育促进法》、规范民办学校管理的同时，也积极扶持民办教育发展，努力为民办教育创造一个相对公平的、与公办学校竞争的环境，促进公办学校和民办学校和谐发展。

中山市政府按照“积极鼓励、大力支持、正确引导、依法管理”的方针指导和扶持民办教育发展，创造条件公平对待公办学

---

① 《民办高校：迎来“最好的时光”》，《信息时报》2006年9月1日。

② 《主管部门坚持“三个必须”》，《信息时报》2004年9月1日。

校和民办学校：当地民办学校聘用教师实行人事代理制，教师可在公办、民办学校之间合理流动；健全民办学校教师社会保障机制，维护民办教师的合法权益，民办教师在资格认定、职称评定、参加教研、继续教育、表彰奖励等方面与公办学校教师同等待遇；民办学校学生在考试、升学等方面与公办学校学生同等待遇；政府鼓励经济实力较强的企业和个人创办规范化的民办学校。这些举措促进公办学校和民办学校的资源配置合理、互补，形成了公办、民办教育协调发展、共同发展的局面。①

“深圳民办教育不只是一个补充，而是整个教育的组成部分。”② 深圳南山区有民办中小学17所，民办幼儿园一百余所，为了推进教育均衡发展，实现全区没有薄弱学校的均衡化目标，区委、区政府专门出台了《关于加快推进义务教育均衡发展的若干意见》，提出具体可操作的做法，通过设备设施配置标准化、公用经费拨付生均化、加强校际间的交流等举措，缩小并逐步消除了义务教育阶段公、民办之间以及民办校际之间的差距；南山区教育局还特地设立“民办教育发展专项资金”，遵循教育公益性原则重点扶持诚信守法的民办学校，积极支持实力雄厚的社会力量举办优质民办学校特别是优质非义务教育民办学校，促进民办学校健康优质发展，打造民办学校的先进典型；同时，民办学校及其师生在人事立户、学习培训、职称评定、评优评先等方面，与公办学校一视同仁。近期，南山教育局又出台了《促进民办教育发展的若干意见》，将民办学校纳入教育局各职能部门的统一管理，落实民办学校与公办学校同等的法律地位，进一步扶持、规范民办教育。③

广州市存在着很多规模小、硬件软件设施还不齐全的“民办麻雀学校”，广州市将“麻雀学校”全部纳入了日常管理。在对“麻雀学校”整改的同时，根据学校吸纳的农民工子女情况对学校

① 《中山民校之甜：在政府关怀下健康有序发展》，《信息时报》2006年9月1日。
② 《民办教育：发展环境越来越好》，《深圳商报》2005年7月28日。
③ 《南山教育步入标准时代》，《南方日报》2007年12月28日。

给予补助。2006年广州投入了1500多万元帮助这些学校达标，今后还将继续进行资金扶助。广州民办学校的老师在评先、评优、评职称方面也与公办学校一视同仁。广州各区还在强化对民办学校的督导、评估的同时，制定了奖励政策，激励民办学校提高办学质量。比如天河区规定：凡被省、市、区教育督导部门评为省一级学校的奖励30万元，评为市一级学校的奖励15万元，评为区一级学校的奖励5万元；凡被评为省、市绿色学校的将给予适当的奖励和鼓励；被评为省优秀教师或省优秀教育工作者的教师和管理干部，也给予适当的奖励和鼓励。在政府的鼓励和支持下，通过严格的督导评估，天河区同仁小学成为广州市第一所区一级流动人口子弟学校，华美英语实验学校成为广州市第一所民办的省一级学校。2002年9月，天河区又动员了8所流动人口子弟学校争创区一级学校。2002年10月，海珠区有3间流动人口子弟学校通过督导评估，成为区一级学校。广州市同仁教育集团属下黄埔同仁学校则是广东省流动人口子弟学校中唯一一所广东省一级学校。

广东省政府还将民办教育的发展纳入国民经济和社会发展规划，鼓励社会力量多形式、多层次办学。广东省政府教育现代化建设要求明确提出，从2005—2010年，省政府每年拨出3000万元专款用于奖励和资助民办教育。2007年出台的《广东教育发展“十一五”规划》进一步明确提出了：要把民办学校用地纳入当地公益事业用地计划予以安排，非经营性教育设施用地可享有划拨土地使用权；新建、扩建民办学校，政府应按公益事业用地及建设的有关规定给予优惠；对民办学校的用地、基建、水、电及其他办学有关方面的规费优惠，与公办学校一视同仁；在资金上，省财政每年拨出3000万元设立民办教育发展专项资金，用于奖励和资助民办教育。[①] 这些充分体现政府促进不同办学主体之间有序、公平竞争和促进广东教育均衡和谐发展的努力。

---

① 《广东教育发展规划：三年内上市两三家高校企业》，《新快报》2007年11月23日；《广东教育规划敲定》，《南方日报》2007年11月22日。

（四）国际参与：民办教育发展与教育面向世界开放

面向世界开放、积极发展与外国合作办学是广东相当部分民办学校的办学特色，而开放性的国际化办学特色成为这些学校在市场竞争中取胜的法宝。典型的例子是广东碧桂园学校。广东碧桂园学校在教育储备金危机后通过创办多元化 IB 国际学校，实现了第二次跨越式发展。2000 年 9 月，该校开始引进国际文凭组织（IBO）的 MYP 中学课程和 DP 大学预科课程，并于 2001 年同时获得两个课程项目的授权，正式成为国际文凭组织成员学校。2005 年 9 月，该校开始实验国际文凭组织的 PYP 幼小项目，并正式提升为 IB 国际学校，成立双语中国部、IB 国际部和留学生部。2007 年 5 月，该校获得 ALEVEL 大学预科项目授权，成立 IB 国际艺术中心，同时，双语中国部也形成包括普通生高考、艺术生高考、外籍生高考、港澳台侨生高考和报送生高考的多元化国内出海口。截至 2007 年 7 月，在校学生达 3382 人，其中包括来自 17 个国家和地区的 135 名外籍学生。同时，IB 毕业生 100% 被国内外大学录取，入读世界排名前 100 位名牌大学的 IB 毕业生高达 45% 。①

广东民办学校对外开放、国际化办学的形式是多样化的，主要有：（1）海外短期游学项目。广州育才实验学校是广州第一家国有民营制初级中学，“假期游学”是该校积极探索国际化办学新模式的一种尝试，2007 年暑假派出了第一批游学团到美国游学，以后每年将会派出一至两批。（2）与外国学校合作培养项目。这是民办学校国际化办学应用最广泛的形式。这种堪称“留学直通车”的合作项目也是吸引学生的招生亮点。广东培正学院的海外合作办学，继开办英国 ABE 工商管理课程后，与加拿大北大西洋学院签订了专、本连读工商管理学士学位课程 3 + 1 合作项目：加拿大北大西洋学院工商管理课程专门向新生开设，新生报读该课程后，将在两校同时注册，前三年在广东培正学院修读时由北大西洋学院提

① 《信息时报》2007 年 9 月 1 日。

供国外课程和教材，采用双语授课，三年后获颁广东培正学院和北大西洋学院的大专文凭，第四年则可选择转入与北大西洋学院有合作安排和学分互认的美国或加拿大著名大学入读本科课程，最后一年，取得工商管理本科学历。此外，该学院还与澳大利亚詹姆斯·库克大学（JCUS）新加坡校区、英国博尔顿大学等国外教育机构签订了多个对外合作办学项目，学生可在完成本院相应课程后，继续修读国外大学课程以取得本科学历、学士学位。[①] 广州涉外经济职业技术学院是全国中外合作院校示范单位，学院明确“为外资企业培养动手能力强的实用型、应用型的涉外人才”的人才培养目标，积极开展对外合作办学，提出“三个1/3”办学理念，即：1/3 的学生通过掌握职业技能直接就业，1/3 的学生通过“专升本”继续深造，1/3 的学生通过学院的对外合作办学项目出国留学深造。该院与加拿大哥伦比亚大学、马来西亚斯特雅大学、新加坡商学院、澳大利亚西斯国际学院、爱沙尼亚商学院和俄罗斯远东师范大学等多所境外大学签订了合作办学的协议。[②] 广州育才实验学校与美国的高中签约，输送毕业生到美国留学。[③] 广州市华美英语实验学校在经历教育储备金危机后成功转型，积极拓展学生国际化培养渠道，2003 年创办“中加国际高中”项目。[④] 广州祁福英语实验学校与加拿大曼尼托巴省教育厅合作推出中加双文凭课程项目和大学预科课程项目。根据合作备忘录，祁福英语实验学校高中生只要在该校通过本校和加方的高中课程考试，就可以获得双方颁发的两份正式学历证书；获得上述学历证书的学生只要通过加方的英语和数学两科入学考试，便可进入加拿大高等学校学习。[⑤]（3）吸收国际留学生就读。广东碧桂园学校、广州育才实验学校、广州华美英语实验学校等国际化办学的民办学校都设有国际部，吸收国外的

① 《信息时报》2004 年 9 月 1 日、2007 年 9 月 1 日。

② 《信息时报》2007 年 9 月 1 日。

③ 《信息时报》2007 年 9 月 1 日。

④ 《信息时报》2007 年 9 月 1 日。

⑤ 《信息时报》2007 年 9 月 1 日。

学生以及港澳台同胞和海外侨胞到中国内地读书。（4）与外国学校联合培养师资队伍。随着广东民办教育的发展，民办高校不但拥有优美的硬件环境，而且非常重视师资等软件建设，正逐步告别过去“重硬件不重软件”的发展模式，整体办学水平、教学质量不断得到提高，走上了和谐、健康发展的道路。其中，广东培正学院重视通过与海外合作提高教师的素质、改善师资结构，学院每年选派4名中青年教师赴加拿大加尔伯达大学深造，至2005年已派出教师21人。[①]（5）国际化的教师队伍。广东民办学校都积极推进国际化办学，强调双语教学特色，许多学校要求外国合作方派遣教师到中国讲学。即便没有合作办学项目，部分民办学校的师资结构也朝着国际化的方向发展。如琴星小学就组建了一支由美国音乐博士、留德青年钢琴家、外籍钢琴教师和音乐学院教授组成的实力雄厚的师资队伍；[②]广州祁福英语实验学校，在祁福集团强大的经济资源支持下，建立了一支由特级、高级教师为骨干的中文学科教师和来自美国、加拿大、英国、澳大利亚等国家的60多名外籍教师组成的教师队伍，凭借独具一格的双语教育模式成为CITA认证学校。[③]

四、华侨义举：华侨港澳同胞捐资办学助学与广东教育现代化

目前，世界上华侨华人约4000多万人，分布在世界160多个国家和地区，他们的祖籍地遍布中国各地，而广东是中国最大的侨乡。爱国爱乡是中国人的传统，华侨华人爱国爱乡之情尤其强烈，许多华侨华人在事业有所成就之后造福乡梓。据不完全统计，从上世纪70年代末至今，海外华侨华人捐赠中国公益事业的资金达

① 《信息时报》2007年9月1日。

② 《师资队伍不断优化》，《信息时报》2004年9月1日。

③ 《信息时报》2004年9月1日。CITA认证学校，指的是通过国际和全美教育资格评审委员会（CITA）资格认证的学校。

500多亿元人民币，这些捐款的60%，约300亿元被用于扶持教育事业。可以说，除了政府拨款，“侨捐”已成为中国教育的第二财源。① 华人华侨积极捐资助学为广东教育发展作出了卓越的贡献。

（一）资教兴学：华侨港澳同胞捐资改善广东教育硬环境

广东华侨华人港澳同胞捐资办学助学大大地改善了广东教育现代化的硬环境。原籍广东的华侨港澳同胞，他们大多数于鸦片战争后陆续移民国外，许多人还是被西方殖民主义者用“猪仔贸易”的方式被骗到海外当苦役的，也有部分是出国留学后旅居国外的。他们之中有雄才大略的政坛精英，有学识渊博的学术名流，有经营有方的工商巨贾，更多的是各行业中勤劳进取的一代社会人才。他们中许多人也并不十分富裕，但却非常关心祖国建设，支持家乡发展，尤其在教育上倾注了他们对民族振兴的一腔热血和殷切期望。20世纪20年代开始至今，广东华侨港澳同胞捐资办学助学有过三次高潮：第一次高潮是1920年前后，民国的成立令海外华侨备受鼓舞，大批广东华侨将一战期间的积蓄投入到祖国的建设中去，当时他们决心改变家乡旧私塾的办学形式，纷纷捐资兴办新学堂；第二次高潮是20世纪30年代，海外华侨深刻地认识到教育对一个国家发展的重要作用，希望为下一代创造好一些的教育环境，让他们有机会吸收当时外国的先进文化，开阔眼界；第三次高潮是改革开放以后，广东海外华人华侨捐款家乡教育事业更是蔚然成风，捐资办学的义举盛况空前。据不完全统计，从1978年到2005年，华侨、港澳同胞在广东省捐款赠物，总额折合人民币达360亿元，占全国侨捐总数的70%，其中，捐资办学就有50亿元，兴建扩建了大、中、小学校近20000间，占全省中小学校总数的60%。② 2007

---

① 《300亿“侨捐”助推中国教育》，http://news.fjii.com/2005/05/06/307852.htm

② 《华侨、港澳同胞广东家乡捐办公益高潮迭起》，http://news.xinhuanet.com/newscenter/2006-04/09/content_4401695.htm

年，华人华侨、港澳同胞仅通过侨务部门协助和办理的捐赠就达到了8亿多人民币（不含侨胞、港澳同胞向民政部门及慈善机构捐赠的金额），比2006年同期增长了2亿。其中捐建学校、教学楼、实验室、助学、培训教师的资金超过3亿元人民币，占总捐赠额的1/3以上。[①] 在著名侨乡广东潮州市侨办的华侨之家，竖立着一幅巨大的潮州地图，上面密密麻麻地布满了600多盏小红灯，一盏小灯代表一所海外华侨华人捐资修建的学校。潮州土地面积仅有3000多平方公里，平均不到5平方公里就有一所侨捐学校，即使是最偏远、交通最不便利的山区，也有海外乡亲捐赠的校舍课堂。[②]

1978年，在广东出现了改革开放后全国第一笔来源于华侨港澳同胞的办学捐款——著名爱国助教人士、香港企业家刘宇新先生于1978年11月18日向广东兴宁母校捐资100万港币。改革开放以来，广东的华侨港澳同胞，或以个人、家族名义，或以社团、协会名义，通过多种形式捐助广东教育发展，为广东教育现代化提供了坚实的物质基础。华侨港澳同胞捐助教育的形式，大致分为四类：一是直接兴建学校校舍和教学设施。这种类型最为普遍，如今遍布南粤大地的幢幢以华侨港澳同胞名字命名的教学大楼、科学馆，都是由他们直接捐资才得以兴建起来的。二是直接创建新校。据报道，至2005年，广东华侨华人捐建的中小学校达18000多所，比“希望工程”在全国捐建的学校数量还多1/3。[③] 这类学校往往都比较注重办学质量，因而很有声誉。其中著名的有梅州田家炳中学、曾宪梓中学，深圳宝安沙井的容根学校，顺德的梁球琚中学，鹤山市双合镇的福善中心学校等。华侨港澳同胞还积极参与创建广

---

① 《侨胞港澳同胞热心公益一年捐赠广东8亿》，http：//dgfao. dg. gov. cn：80/gb/articledetail. asp？ articleid = 981&categoryid = 3。

② 《300 亿 “侨 捐” 助 推 中 国 教 育》，http：//news. fjii. com/2005/05/06/307852. htm。

③ 《300 亿 “侨 捐” 助 推 中 国 教 育》，http：//news. fjii. com/2005/05/06/307852. htm

东高等院校，为广东高等教育发展作出了突出贡献。著名实业家、香港长江实业（集团）有限公司董事局主席李嘉诚先生，先后共捐款逾18亿港元建成汕头大学。汕头大学于1981年经国务院批准成立，1983年开始招生，目前已成为一所颇有名望的文、理、工、医、艺术等门类齐全的综合性大学，为国家培养了大批人才。创办于1985年的五邑大学，是在五邑侨胞、港澳同胞支持下创建和发展起来的地方高校，经过20多年发展，该校已成为一所全日制本科综合性大学，不仅设有十几个硕士点，还与北京航空航天大学、华中理工大学、华南理工大学等重点大学联合培养管理科学与工程、通信与信息系统、信号与信息处理等专业博士研究生，为五邑侨乡和广东经济社会发展培养了各种专门人才。[①] 三是解困捐助，包括资助困难地方学校办学、捐款希望工程及捐助失学儿童等。据不完全统计，港澳台及海外的捐款约占全省希望工程捐款总额的1/3。[②] 这种解困捐助活动深受欢迎，对广东教育发展起了重大作用。例如，茂名海外乡亲2007年继续开展“侨心助学”活动，筹集发放助学金额近180万元人民币，惠泽1600多名贫困学生，让他们幸福健康成长。[③] 四是通过捐助教育基金会、建立各种奖教奖学基金，开展影响全省的整体性资助兴教活动，扶助广东教育的发展。典型的例子有：李嘉诚先生捐资2000万港元参与设立“长江学者奖励计划”；[④] 曾宪梓捐助亿元港币建立全国奖励师范教育教师基金；刘宇新、曾宪梓、黄华等人捐资广东省教育基金会，设专项每年表彰南粤优秀教师、师范生、研究生，还有捐资创立教育科学优秀成果奖等。此外，广大华侨港澳同胞还积极参与“教育基金百

---

① 罗海丰、黄家泉：《华侨华人、港澳同胞与广东高等教育》，《五邑大学学报（社会科学版）》2004年第2期。

② 《在新的形势下，广东主动承担政府青少年事务工作》，http://radio.youth.cn:80/gdtq/jmlb/200712/t20071229_629476.htm

③ 《广东茂名2007年吸纳侨捐创新高　总额逾六千万元》，http://world.zjol.com.cn:80/05world/system/2008/02/25/009240913.shtml

④ 《华侨、港澳同胞广东家乡捐办公益高潮迭起》，http://news.xinhuanet.com newscenter/2006-04/09/content-4401695.htm

万行”等由各级政府组织的大型教育基金会筹措活动。这类资助兴起于20世纪90年代，层次高、影响大、持续时间长、作用面大，对广东教育现代化作用十分突出。

原籍广东的华侨港澳同胞对家乡教育的慷慨捐助，补充了广东教育现代化发展的物质基础。侨捐在加强中国农村的基础教育方面的贡献尤其突出，他们的捐赠改善了家乡简陋的教学条件，如雪中送炭般为老少边贫山区少年儿童送去了希望，带来了知识，改变或正在改变他们的命运。“在农村，最漂亮的建筑是学校；最漂亮的学校是华人华侨捐建的”。这句话在侨乡广为流传。

（二）义举教兴：捐资办学助学推动广东教育创新

30年实践表明，广东华侨港澳同胞积极捐资办学助学有力地推动了广东教育现代化创新。改革开放以来，广东教育现代化进入了一个历史新阶段。广东华侨港澳同胞利用各种方式，把国外及港澳社会发展和教育发展介绍进来，同时帮助其亲友和有关乡县领导利用其关系出访境外考察境外教育，亲眼目睹了较先进的社会发展和教育水平，使广东民众产生发展差距的巨大压力和改革教育的迫切感，从而激发起变革教育的要求。刘宇新先生、田家炳先生、曾宪梓先生、李嘉诚先生等都在80年代初多次返粤反复呼吁要改革教育，这些热心家乡教育事业，关心广东发展的华侨港澳同胞的舆论，造成了广东80年代前后教育改革势在必行的强大压力，也打下了广东人大胆推进教育现代化的群众基础和难得的共识。人们认为，正是得益于这一观念基础，才使广东勇于发表于光远的重要檄文《要重视教育现象的研究》；在广东出现了全国第一笔接受华侨港澳同胞办学捐款；第一次在中国大地上出现了以捐资者命名的各类学校。广东华侨港澳同胞为打破传统教育之坚冰，开启现代教育观念，发挥了重大作用。

华侨港澳同胞不仅捐资助学，而且通过参与校董会、参与新教育发展规划等直接参与广东的教育改革工作。这种参与，早期以观念启蒙为主，大量引介国外有益的办教经验，以提高广东办学质

量。早在80年代中期，佛山、南海、顺德许多华侨港澳同胞就以国外办教标准作为样板提出20年不落后的建设目标；珠江三角洲许多学校，如顺德的梁球琚中学、李兆基中学、郑裕彤中学等都是努力借鉴国外办学经验的典范；李嘉诚从汕头大学创办开始，就要求该校应以世界一流大学为发展目标，实行现代化管理，他还亲自挂帅邀请世界著名华裔科学家云集汕头大学，借助国外力量提高汕头大学办学水平。华侨港澳同胞直接参与广东的教育改革工作，上世纪80年代中期以创建新校为主。许多华侨港澳同胞借鉴国外教育经验，在广东境内创办新校，这种新校起着重要的样板作用。如广州的培正学校，私立培正商学院、崇真中学等，都以海外名校为模。这种示范作用所产生的潜在影响力往往比直接的还要大。这类学校的创办，有力地唤起民众关注国际教育，面向世界，面向现代化，敢于借鉴良好经验的意识和社会风气。华侨港澳同胞直接参与广东的教育改革工作，上世纪90年代以后发展为参与启动以省为层面的高层次教育改革，主要形式有建立奖学奖教基金等。可以说，广东每一阶段教育现代化的启动和发展都有华侨港澳同胞的突出贡献。

华侨港澳同胞对广东教育现代化的贡献不仅仅局限于办学思想、办学模式的创新，而且在一定程度上推动了广东教育管理制度创新和现代化。为保护华侨捐赠者的合法权益，保护好华侨捐资办学造福桑梓的热情，广东教育行政管理部门出台了一系列涉及侨捐学校的法规文件。例如，2001年广东省教育厅与广东省人民政府侨务办公室联合发布《关于涉侨学校实施中小学布局调整的意见》指出，各地在进行中小学布局调整工作中必须注意兼顾、把握和处理好涉及华侨捐建项目的问题；各级教育行政部门、侨务部门应当高度重视，统筹考虑，使这一工作既服从总体布局的需要，又充分考虑华侨捐建项目的特殊性，合法、合理、合情地进行；妥善处理好中小学布局调整中涉及华侨港澳同胞捐建学校的问题，尊重捐助者的合理建议，保障捐助者的合法权益。又如，为了解决有关华侨捐赠项目监管制度的缺位问题，2005年，广东省政府下发了《广东省华侨捐赠公益事业项目监督管理办法》，这个文件弥补了侨捐项目监管制度建设的空白，对捐赠资产使用的管理与监督，对受赠单位的责任与义务，捐赠人监督捐赠项目的权利，侨务部门对侨捐项目的管理与监督的职能进行了细化。同年11月，广东省侨办又发出《关于在全省建立华侨港澳同胞捐赠公益事业项目监督管理制度的意见》。全省在2006年全面普查华侨捐赠情况，凡是华侨、港澳同胞捐赠的款和物，不论是哪个历史时期的、多大数额，都登记造册，健全捐赠项目的文字档案，建立全省联网的电子档案资料库；按照"谁受赠，谁负责"的原则，侨捐项目的受赠单位及其主管部门应对使用、管理、维护侨捐项目进行承诺，对侨捐项目进行属地管理，主要由市、县（区）侨务部门与受赠单位签订责任书，促使监管工作规范化、制度化。[①] 2007年，依据《中华人民共和国捐赠法》、《广东省华侨捐赠兴办公益事业管理条例》，广东省建立侨捐项目监管制度以来，广东省首例捐赠人提起法律诉讼的侨捐项目佛山市三水区芦苞镇白土学校使用纠纷案已得到妥善的协商解决。20世纪80年代，港人邓纪蓁捐建了三水区芦苞镇的白土小学，2006年，村委会悄悄出租校舍，年届80高龄的邓先生一怒将其告上法院。2007年7月该案件调解结果为：当事各方成立租金管理小组，由捐赠人担任组长，以保证合理使用白土学校的租金和公益用途；白土联社辖区内的困难村民及白土籍的困难学生将在白土学校出租的20年期间，享受到租金管理小组分派的110万元扶贫助学款，该校校舍的租金使用情况，将每半年张贴一次公告，以便及时得到村民的监督。[②] 此外，有关部门还注重提高捐赠资产的运营效益。例如，由于近几年来各镇、村委会人口变化，学生生源减少，台山市实行了撤校并校，为了加强管理和使用那些空置多年

① 《广东建立华侨港澳同胞捐赠项目监管制度取得的成效及展望》2007年4月25日，http：//www.gqb.gov.cn/news/2007/04/25/1/4765.shtml

② 《捐建小学　悄然被租》，http：//epaper.nddaily.com/B/html/2008－04/24/content_448426.htm；《广东解决侨捐项目改变用途案例　百万租金助公益》，www.gqb.gov.cn：80/news/2007/08/08/1/6157.shtml

的学校校舍，继续发挥这些房产的作用，台山市华侨港澳台同胞委员会和香港联络组向市政府和市教育局提出提案，建议将89所闲置侨捐学校部分出租，部分租金作为奖教奖学基金。经调查，因布局调整而闲置的侨捐学校有89所，其中中学11所，小学78所。有13所由各镇中心小学管理，其中，1所用于幼儿教育，5所用于出租，受益用于发展教育，7所闲置；有76所归村委会管理，其中48所用于出租。一部分村委会将学校出租的租金50%返还给学校，作为属地学校奖教奖学基金，提案办理落实已取得了一定的效果，盘活了华侨港澳同胞的捐助资产。①

华侨港澳同胞对广东教育发展的贡献还表现为积极拓展了广东教育发展现代化的内涵。华侨港澳同胞在对家乡关心和扶助的同时，也带来了丰富的华侨文化。华侨文化是海外华侨华人在长期的艰苦奋斗中逐渐形成的独特的文化现象，是海外华侨华人思维方式、价值取向、理想人格、伦理观念、审美情趣等精神因素的集中体现；同时，也是其行为方式、生活方式的体现。华侨文化可分物质文化、制度文化、思想文化三个层面，② 对丰富广东的文化教育和建设文化广东具有重要价值。华侨文化既是中国文化的创造性发展，也吸纳了外国文化的有益成分，它的引入，有助于我们拓展文化建设的视野和空间，有助于增强海内外广东中华儿女凝聚力，对于发展、创新广东文化的多样性，具有不可替代的作用。华侨港澳同胞对家乡的关心和扶助，反映了他们的“中国根”情结。“华文是我们华侨的根”，这是许多华侨港澳同胞的共识，许多华侨港澳同胞通过与家乡开展教育交流来积极推动华人华侨的华文教育。比如，为促进印尼华文教育发展，更好地为当地华侨华人服务，广东省侨办于2004年9月—2005年7月委托广州幼儿师范学校成功举办了“首期印尼华文幼师培训班”，来自印尼13个城市的29名学

① 《闲置侨捐学校部分出租，部分租金作为奖教奖学基金》2008年3月19日，http://jmnews.jmrb.com.cn：80/c/2008/03/19/09/c_ 942755.shtml

② 《华侨文化对建设文化广东的价值》，http：//www.hwjyw.com/zhwh/regional_culture/lnwh/lnwhyj/ 200706/t20070628_ 2012.shtml

生在粤学习了一年，学员学成回国后已经开始从事幼儿华文教育工作；2005年印尼华文教育组织又与国侨办、广东省侨办联合举办了“第二期印尼华文幼师培训班”[①]。为了推动华文教育，华侨们不仅在旅居地出资开办华文学校，而且有不少人将后代送回祖国接受教育，广东省教育部门和广东侨办出台了积极政策、采取了积极措施，为华侨港澳同胞后裔在粤接受教育提供便利。省内许多华侨学校向华侨生开放。例如，广东华侨中学是直属广州市教育局并由广州市侨办协管的、广州市唯一的一所以侨字命名的完全中学，该校1995年被评为广州市一级学校，2006年4月晋升为广东省一级学校。改革开放以来，广东华侨中学先后接收“三侨生（归侨青年、归侨子女、华侨在国内的子女）逾2000人。[②] 根据《中华人民共和国归侨侨眷权益保护法实施办法》，广州市侨办、广州市教育局制定并出台了《关于华侨子女回国就读我市义务教育阶段学校的意见》，规定2005年3月1日起，华侨子女回国就读广州市义务教育阶段学校将作为政策性照顾借读生，享受本市户籍适龄子女入学同等待遇；外籍华人子女就读广州市义务教育阶段学校可参照该意见执行。[③] 2006年，广东省教育厅、省发改委、省物价局、省财政厅、省侨办联合发出通知明确，从该年秋季起，通过教育部和省教育厅批准的招生途径录取到广东省普通高校学习的海外华侨学生执行与国内学生相同的收费标准，即：在同一学校、同一年级、同一专业学习的华侨学生与国内学生的学费标准一致；同等住宿条件下，住宿费标准一致；广东省将按每生每学年8000元给予定额补助。[④] 政府对华侨及其后裔接受华文教育的支持和帮助，有力推进了中华文化在国际范围的传承和发扬光大。

---

① 《促进华文教育发展为当地华人华侨服务　印尼幼师来粤学习》2005年9月7日，http：//www. ycwb. com/gb/content/2005—09/07/content_ 978716. htm

② 《广东华侨中学成为广东省一级学校》2006年5月23日，http：//gocn. southcn. com/xqjj/jxxx/200605230025. htm

③ 《华侨子女回国读书也可享受义务教育》，《南方都市报》2005年2月21日。

④ 《广东省：华侨生学费与国内生看齐》，《广州日报》2006年10月26日。

综上，广大华侨港澳同胞积极参与广东改革开放和教育改革，对广东教育现代化产生了重要的示范作用，深化了广东教育现代化的内涵，是推进广东教育现代化发展的重要力量。

第十一章
融合世界：改革开放与广东教育国际化

回顾改革开放30年历程，政策优势、地缘优势、人缘优势等曾一度将广东推向改革开放的风口浪尖，不负重托的广东人民坚持开放务实的改革精神，创造出一个又一个发展奇迹。开放就成为广东发展的起点和标杆，从开放起步，从以珠三角的开放为全国开放之先河，到逐步带动广东走上国际化道路，由此引发更大范围内的开放与创新，带动广东一次又一次思想大解放，推动了广东一波高一波的大发展。经济上的跃进，带动了全省各个领域的变革，教育也逐步从封闭走向开放，在积极吸收国际教育发展经验中锐意创新，大刀阔斧的摒弃旧思想旧制度。从开眼看世界，到吸收国际教育经验，再到具有国际教育视野，到建立起遍布世界各地的国际交流合作体系，配合和推动了广东教育现代化运动。广东教育以坚实的步伐向国际化发展道路上迈进。

一、开放再开放：先行实验区中的教育改革开放

广东教育开放，为推进中国传统教育改革起了决定性的作用。中国传统的封建教育历经数千年，一直处于封闭或半封闭状态，如办学模式僵化，教育管理体制单一，发展缓慢。鸦片战争时期，广东教育率先引进西方相关教育经验，对推动广东乃至全国教育改革

起了重要启导作用。但由于后来各种原因，广东教育曾一度落后全国发展水平，改革开放焕发起广东教育活力，促使广东教育在不断开放中借鉴国际教育经验推进发展创新，特别是在配合和推进广东外向型经济发展中促进教育开放。随着广东由计划经济向市场经济转变、由内向型经济向外向型经济转变，大批新型现代企业迅速崛起，对专业技术人才的需求空前旺盛，而各种外国及跨国公司进入，也提出广东发展要与国际接轨的重大问题。这些都有力地推动着广东教育发展不断增力，且势如破竹；这同时也有力地推动广东教育改革不断前行，破立兼有，开放履新。广东对外开放领域越扩大，越是要求教育与国际相接轨，吸收借鉴国外发展教育的先进经验，拓宽办学思路，突破长期以来形成的故步自封、发展缓慢的教育体制。正是这种主动地引进模仿和借鉴研究国际教育经验，促使广东从根本上转变唯求功名的传统教育模式，创建起教育面向市场、面向现代化、面向世界、面向未来的教育战略观，以及教育为经济发展服务、与经济互动发展的现代教育思想，成为推动广东教育国际化发展的重要里程碑。

（一）开放拓新：发展现代教育新观念

开放促使广东教育开眼看世界。广东教育改革开放 30 年的最重要成果就是坚持以开放带动发展，在开放中推动改革。一是开眼看世界，以开放视野办教育。“文革”期间教育也以阶级斗争为纲，是阶级斗争的工具，过分强调教育的政治功能。广东改革开放一开始就重视向国外教育学习，特别是以这一区域广泛的华侨华人为背景的外向性文化为基础，在许多人看来，那时的广东教育显得格外地开放。二是许多海外华人开始关注家乡教育，把许多重要的教育发展信息带回来，广东教育者发现外面的世界很精彩，眼界打开，有了改革教育、发展教育的冲动。三是许多学者开始研究和探讨国际教育经验，介绍各种国际教育发展的情况。这时期在广东高等教育局的支持下，率先在华南师范学院成立外国教育研究所，由朱勃等牵头开展了多项重点课题，介绍了包括美国、苏联、东南

亚、日本、澳大利亚及欧洲各国教育发展经验，发表了一批重要论文，并创刊《世界教育文摘》杂志，对启蒙中国现代教育，推进广东教育改革发挥了积极作用。该所成为当时国内少数知名的国际教育研究所，对推动中国比较教育学科的发展有重要影响。中山大学东南亚研究所及高等教育研究室、广州外国语学院相关科系及暨南大学东南亚研究所等也极为重视国际教育研究，发表了一系列重要成果。

开放促使广东教育面向世界。广东教育与国际各国教育联系一直延绵不断，这对广东早期教育改革开放的认同有很大的作用。“文革”后百业待兴，发展经济首当其冲，但是落后的教育也同样牵动着上下的心。这时期许多出国考察项目的代表团基本上都带上教育局领导，或有关市县出国回来之后也要专门讲外国教育问题。一些国外的项目代表也很关注广东教育，在考察广东经济发展时也到学校访问，80年代初到访中山大学的外国友人可谓络绎不绝。1982年有记录的外国教育来访者就达300多人次，几乎天天贵宾光临。这些都给广东带来各种重要的教育信息，促使广东人开眼看世界，开始从世界的角度来思考广东的教育发展。分析80—90年代广东几个主要的教育类刊物，2/5以上的文章研究国际教育或把中外教育的发展联系起来，一半以上的论文都重视国际教育在这个领域的发展，强调其国际教育视野的分析框架。

国际视野成就广东教育思想大解放。教育的不断开放，赋予广东教育以国际新视野，直接推进了广东教育思想的大解放。过去想都不敢想的事，思想开放以后突然变得那么顺理成章，理直气壮了。一是教育观念大转变。“文革”期间，把教育看成是上层建筑，是意识形态，因此不仅要对教育实行政治挂帅，同时也要把教育作为政治斗争的工具。“文革”后，早在1978年，广东人从国际教育中得到启迪，以独特的开放性，在全国第一个接受对“教育本质”问题的质疑，掀起教育本质的大讨论，在全国造成重大影响，对解放教育思想，革新中国教育基本观念起了重大作用。广东不参与80年代初教育“姓社”与“姓资”的争论，而从国际教

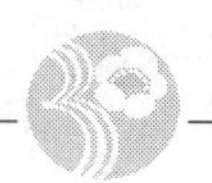

育经验中看到发展的未来，积极推进教育体制改革，创办职业技术学校；打破“大锅饭”，实行按劳取酬的教育分配制度，从而形成务实的市场机制为主的教育体制。二是积极地用国际教育观来分析和界定广东教育发展，提出改革策略。看教育，都自觉不自觉地从国际教育发展上来思考。广东教育厅当时的许多领导，在重大教育问题决策时，都非常重视国际教育发展研究，这是促使外国教育研究迅速在广东发展起来的重大因素。1982 年，苦于筹款难题的南海市教育局长招梓垣从国外及港澳教育经验中得到启发，启动分级办学，分级管理的新模式，推动了当时的教育改革，对全国教育的发展起了重要的影响。三是创新广东教育发展新理念，广东从国际教育发展经验中得到启示，不仅最早引进“教育发展战略”教育研究，协调和推动了广东教育发展，而且 80 年代引进地方办大学的教育经验，对广东高教发展有直接作用。

（二）借鉴新知：创建教育服务经济发展模式

应用国际现代教育经验探索教育发展规律。改革开放，赋予广东国际教育新视野，也使广东从引进和实践国际教育经验中不断地探索现代教育的真谛，把这些应用于广东教育改革实践，从中概括出现代教育发展的科学规律。1991 年广东教育学家先提出“实用（实践）型教育发展模式”,① 尔后又进一步总结出“互进型现代教育发展模式”,② 其主要内涵是强调教育要与生产劳动相结合，要为当代社会发展服务，从本国及本地发展的实际出发，走出追求功名的封建传统教育模式。在这个观念下，广东教育致力于推动与社会结合，为经济发展服务。从创立深圳职业技术学院从而使后进生

① 冯增俊：《借鉴国外实用型教育经验建立我国经济特区的教育模式》，《教育创新》1989 年第 4 期；《经济特区应发展实用型教育》，载《特区教育》1990 年第 1 期；《实用型教育体系探微》，《教育评论》1990 年第 1 期，转载人民大学报刊复印中心《教育学》1990 年第 4 期。

② 冯增俊：《教育创新与民族创新精神》，福建教育出版社 2002 年版，第 88 ~ 103 页。

为广受欢迎的人才的新型高教体制，到顺德制造业最发达地区创办顺德职业技术学院带来的蓬勃发展，深圳宝安职业技术学校首创校企融合型新职教模式，都闪耀着改革开放给广东带来新教育思想的光芒。

借鉴国际经验冲破中央与省两级办学体制。广东先行试验中央、省、中心城市三级办学体制，是一大创新之举。这个创新也是当时广东在借鉴国际教育发展经验的基础上推进的。一是广东力图改变高等教育落后的局面，当时广东高教发展在全国处于中下水平；二是广东经济发展需要大量高级人才，而经济发展也为广东提供了新的条件；三是国际高等教育发展经验为倡导地市办大学提供生动的例证，为广东争取办学权创造条件。值得肯定的是，80年代中期尽管也有一些省的地市办高校，但是都没能像广东掀起这样的轰轰烈烈的办学浪潮，广东的新地方大学不仅犹如雨后春笋般迅速崛起，如五邑大学、深圳大学、佛山大学、西江大学等都是这一历史时期伟大功勋的见证，更重要的是，广东为此创造了一种从“有名无实”的大学到“名副其实”的新大学的过程，用“名”来达到“实”，极大地发挥了国际教育经验在解放思想方面的重要作用。后来，广东许多院校相继利用这些经验，为广东高校发展设计出各种各样的“新招”，紧密结合本地行业发展，开设社会紧俏专业。新会荷塘职中的专业设计，广州大学在全国第一个创办了酒店管理专业和音响录音专业，广东商学院首设烹饪工程专业为中国高校培养高级烹饪技术人才的先例，还突出粤菜、粤点制作特色，佛山大学根据佛山作为全国重要纺织品出口基地设计相关纺织类专业，等等。这些高校都积极实践国际教育经验，倡导新办学理念，如坚持为地方服务的办学精神。西江大学创办“高培班”，为地区培养了大批专业人才，解决了地方工商企业对人才需求的燃眉之急；深圳大学锐意创新，第一个在全国率先实行一系列国际化创新实验，如毕业生不包分配、自谋职业，改助学金为奖学金，向学生收学费、住宿费、水电费，以更开放的姿态，培养学生的竞争意识以及重效率、讲实际、求创新的时代精神。

学习国际经验建立新的办学形式。在开放初期，广东学习国际教育经验不仅重视新的紧缺的经验，而且积极融合广东教育新发展的要求，创办起许多新的教育形式。如依据经济发展要求创办了学制上非常灵活的高等职业班，以及各种数月到一年不等的短期职业技术培训。在学习德育双元职业教育中，积极创新中专、职中、成人教育等职业教育及普通高中教育的衔接体系，特别在普及教育中以发展高中阶段职业教育为重点，用国际上的多证书方式把发展职业技术教育与发展高中阶段教育结合起来，满足民众对普及高中证书的崇拜心态，又能培养地区经济建设专门技术人才。许多中学实行双证书，通过文化课考核获取高中毕业证书，通过实际操作考核获取技术等级合格证书。

（三）实践求新：学习国际经验，创新广东办学体制

从国际教育融资到广东多渠道筹集教育资金。改革开放以后，广东就注意到教育体制与广东教育发展需要的许多不协调，特别是国家包办教育，使教育财政捉襟见肘，港澳及国外许多经验使广东人深受启发。先是南海市三级办学的实现，各级政府一定程度上分担了教育发展的财政负担。再是吸收民间资金、引进外资办教育，广东发挥优势，广开源路，不仅在80年代就推动社会团体、私人、华侨、港澳同胞和外资企业兴教办学，而且动员各种社会力量捐资办学。80—90年代是广东海外华人华侨、港澳同胞轰轰烈烈捐资助学运动的重要时期。与此同时，广东省政府审时度势，及时制定了鼓励华侨华人、港澳同胞对家乡捐赠的政策，1981年发布《关于华侨、港澳同胞捐资办学若干问题的通知》，1997年颁布《广东省华侨捐赠兴办公益事业管理条例》。这些政策一方面使带有民间性质的捐资助学在管理和统筹方面趋于科学化、制度化，另一方面保护了华侨华人、港澳同胞及其亲友在国内的权益，调动了他们捐资办学的积极性。

除了引进外资以外，各高等院校通过与企事业单位联合办学、接受委托代培、转让科技成果等获得了社会经济部门的鼎力资助。

广东商学院从1985年到1988年，三年间基建设备总投资为3500万元，省财政仅占1/5，其余靠有关业务部门和单位支持。[①] 广东工学院隆辉分院是一所办在工业村里的高校，由广东工学院与香港隆辉集团公司在番禺联合办学。建校及办学的全部费用由隆辉集团提供，学校则为隆辉集团在番禺钟村办的隆辉工业村培养两年制应用型的大专毕业生。通过与国家商业部、省税务局、审计局、省建设银行等单位联合办学，获得经费资助，广州金融专科学校和广州石油化工专科学校也分别获得中国人民银行和石化总公司给予的482万元和526万元的资助。

全民参与教育推进教育管理体制改革。全民参与兴教育，从筹措教育资金、改善办学条件开始，逐步发展到目前社会民众共同参与教育捐款、教学改革、学校管理、教育质量评价监督等，使教育在各个层面上逐步呈现出社会化趋势。例如学校、家庭、社区三维一体的社会"立交"齐抓共管学生的德育工作，建立教育基金会、学校家长委员会、联合办学委员会等，将教育放在社会大系统中来发展。这种开放格局的形成是从规模扩张到质量提升的必然要求。

借鉴国际学校管理经验，实行全员教职员工聘任制。广东80年代后期最重要的教育改革，莫过于学校管理体制从"大锅饭"变为按劳取酬的聘任制。广州荔湾区及东莞恩平、开平等市县率先进行"两聘两制一包一奖"的学校内部管理体制改革试验，实行聘任校长和教师、校长负责制和教师负责制，学校经常费包干，以及浮动工资奖励。"两聘两制一包一奖"基本上是引进国际上流行的按劳取酬的分配方式，推动了学校改革中最难的人事制度和分配制度的改革，学校经常费包干，即按国家规定核定学校编制，按编制确定学校的工资、补贴、奖金总额。学校节编所得款项、办学单位增拨部分等用于增加教职员工补贴、奖金部分，作为浮动工资，按每人工作数量和质量进行分配。广州市教育局于1984年8月开始试行校长负责制，首批选定执信中学和二十六中作为试点，到

① 黄循洛：《广东新建高校的办学特色》，《高教探索》1989年第3期。

1986年已经扩大到51所，占广州市属中学的60%左右。该项改革被迅速推广开来。校长负责制的建立，促使了一批配套机制的诞生，如教职工代表大会、校务委员会等，加强了协助和监督校长实施科学管理、科学决策等功能。改革朝纵深方向发展，激活了学校内部运行体制，调动起校长和教师的工作积极性，优化了师资队伍，为进一步提高教育教学质量打好了制度基础。

80年代后，广东引进国际上的学分制，实行了弹性学制如学分制，开设必修课和选修课，拓宽专业口径，提高学生的适应能力和应变能力，保证学生在学习上拥有更多自主权。例如，1985年中山大学在本科教育中改变按学时组织教学的做法，全面试行学分制，充分发挥综合性大学多学科的优势，提倡多开选修课，开好选修课。全校在试行学分制后增开了综合性学科、边缘学科和专业选修课250多门，全校性公共选修课20多门。鼓励学生跨专业、跨系、跨学科选课，允许品学兼优的学生修满学分提前毕业。计算机科学系1984级有三位学生，成绩优异，修满教学计划规定的总学分和教学内容，提前毕业，这一先例给予广大学生极大鼓舞。学校内部管理体制的搞活，从校长、教师、到学生的精神面貌焕然一新，为各项现代学校制度的萌芽埋下了伏笔。

从改变“文革”教育模式，到创建新的教育体系，广东重视在实施新的教育改革中积极引进国际教育经验，因此使每一项试验、改革、创新都具有良好的“国际性视野”，在引进中创新，也在引进中扬弃和发展，从而为进一步对外开放打好坚实的基础，成为广东教育国际化的基石。从国际视野影响教育思想观念的解放到跨出国门建立合作交流的实际行动，广东教育向世界迈进更大的步伐。

二、借鉴创新：从吸收移植到创立有广东特色的现代教育

广东教育事业在改革中面貌焕然一新，从规模扩张到制度创

新，以崭新的姿态大踏步前行。开放的地区，孕育出开放的思想，改革试验的成功为进一步对外开放打好了坚实的基础。广东人以其特有的务实、谦逊的态度，积极吸取国际教育观，并融会贯通，为我所用。在举国上下追求学历教育蔚然成风之际，广东开始寻求与国外教育机构合作，改革试验发展职业技术教育，为在商海中搏击的中小型工厂和乡镇企业输入源源不断的后备力量。从发挥地缘优势，推动粤港澳区域的教育交流与合作，到走向国际，联通世界，广东教育发展的特色之路逐渐彰显。

（一）走出国门：研究学习国际教育经验

在探索中前行的广东教育，处在改革的风口浪尖。他山之石，可以攻玉。走出国门，了解当前国际教育形势，是推动教育转型的重要渠道。80年代中期，以政府为主导的赴国外考察团开始了向外取经之路。从高等教育到基础教育，各大学、小学、职业技术学校纷纷走出国门，有选择、有针对地学习国外教育经验。

十一届三中全会以后，广东的对外交流迅速发展。1979年4月，中山大学在全国率先派出了第一个学术访问团，校长李嘉人率领访问团首先访问美国，与美国高等学校及学术界人士广泛接触，初步打破了20多年来与外界隔绝的状态。自此以后，广东教育出国访问逐渐增多，联系更加密切，大学方面以校长团为主，除考察各国大学学校管理特色之外，还积极沟通，为校际间的学术交流、科研合作埋下伏笔。1986年6月20日到7月10日，广东省高等教育代表团一行八人赴英考察，访问了牛津大学、剑桥大学、爱丁堡大学等15所英国著名高校，主要考察英国大学办学特色、组织管理经验、与国民经济发展关系重大的专业设置、现代教学与科研设施、高水平师资队伍与教育投资的基本保证等。考察期间，中山大学、华南理工大学、华南农业大学、中山医科大学、华南师范大学分别与格拉斯大学草签了全面合作、交流的协议。进入90年代以来，校长、教师、学生的出国访问学习的波及面愈来愈广，出国进修逐渐作为一种常规性的制度固定下来，大大开阔了教育工作者的

国际视野。

广东最早有关职业技术教育方面的国际往来主要是从英国开始，因此，英国也成了广东在职业技术教育上国际联系最为密切的国家。自上世纪 80 年代至今，各种参观、学习、合作从未间断过。1986 年，广东省职业技术教育考察团赴英国苏格兰考察，重点考察了 TVEI 职教中心和延伸教育学院。TVEI，即“职业技术教育启蒙”，目的是将职业技术教育引入普通中学课程，使在校青年具备多方面的就业技能并传授新知识、新技术。该项计划是 1982 年英国首相推行强化职业技术教育的计划，试点在条件较好的中学或延伸教育学院进行。1983 年英格兰和威尔士开始试行，1984 年苏格兰试行。1986 年广东省职业技术教育考察团赴英考察之际，正当英国 TVEI 计划迅速推广之时，英国在探索 TVEI 路上积累了众多宝贵经验，这对广东建立自己的职业技术教育体系产生了重要的影响。1997 年上半年，广东高等职业教育考察团再次赴英学习。针对 80 年代以来英国经济发展徘徊不前的现状，英国政府采取措施加强职业技术教育，实施“现代授徒计划”，实行统一的“国家专业证书”（NVQ）和“普通国家专业证书”（GNVQ）制度。规定完成十一年义务教育的青年，除少数进入普通学校外，都必须首先接受职业技术教育或参加“现代授徒计划”，获得 NVQ 或 GNVQ 证书之后，再就业或到大学攻读学位。这种“实践—学习—实践”的人才培养模式被形象地称为“三明治”模式。在职业技术教育教学方面，美国的 CBE（Competency-Based Education，以能力为基础的教育）理论曾一度引起人们的重视，1998 年底，广东省职教界学者赴美学习 CBE 理论，培训其中的 DACUM（Developing A Curriculum，开发课程）开发过程，为广东改革职业技术教育的教学体系开阔了思路。

高等教育对外取经步履矫健，基础教育的中外往来也早已拉开了帷幕。80 年代以后，一批先进教育工作者陆续到国外进行考察，鉴于当时出国学习机会弥足珍贵，这些考察者将其在异国他乡的所见所闻整理成文，以连载的形式在省内刊物上公开发表，将国外的

教育理念、教育教学方法、学校管理制度等介绍过来，成为传播中外教育文化的大使。例如，在《广东教育》陆续刊出的日本兵库县教育信息系列、美国麻省教育考察散记系列、澳大利亚新洲教育见闻系列等等。这些赴外考察团，介绍了国外教育各个层面的经验，从教育经费筹措到学校内部管理，从师资队伍建设到教育科学研究，从课程设置到课堂教学等。这些异国教育的不同做法，综合立体地呈现在人们面前，激活了人们办教育兴教育的思路。很多有益经验，在广东深化教育改革中都有所体现。

（二）借鉴创新：在学习中兴办职业技术教育

广东的经济发展迫切需要高科技人才，这使广东人认识到，经济起飞必须有一支高技术产业大军。如上所述，广东很重视职业技术教育交流，重视发展职业技术教育，使广东职业技术教育数量迅速扩充（见表1），引发了多方面的强烈反应。建国后很长一段时间内，我国的中职中专一直采用“知识（学科）本位”培养模式，以传授知识为主，同时注重培养职业技能，人才培养与现实需求有一定的差距。职业技术教育是西方发达国家经济迅速崛起的秘密武器，各个国家的历史现实不同，在发展职业技术教育方面各有千秋。广东在借鉴国外教育经验中能吸纳百家，博采众长，既重视教育理念更新，更强调积极实践，广东职业教育在开展中外合作中，突出与英国职业教育的联系。英国作为一个老牌工业发达国家，职业教育发展历史漫长，形成了比较完善的职业技术教育体系，很多做法值得广东借鉴。从一开始就频频去英国考察学习，到最终达成合作伙伴，足见广东发展职业技术教育的雄心壮志。

1997 年，广东省教育厅与英国驻广州总领事馆文化教育处开始酝酿开展中英职业教育合作项目。合作的第一阶段（1999—2001）选择了 7 所职业技术学院作为试点，有深圳职业技术学院、顺德职业技术学院、广东轻工职业技术学院、番禺职业技术学院、广东水利电力职业技术学院、广东交通职业技术学院、广州大学等职业技术学院参与，主要研究和推广以学生为中心的教学法，通过

邀请英国职业教育专家来广东举办教师培训班，选派专业课教师赴英考察学习等方式，使广东各职业技术院校的教师了解英国职业教育经验，体验英国职业教育以学生为中心的教学理念、教学方法和评估制度。第二阶段（2002—2004）主要结合广东的情况引进英国职业资格证书，促进广东的职业技术教育改革。项目进展到2002年时，参与的职业技术学校已经达到12所，之后又陆续增加。通过中英合作，特别是师资、课程和职业资格证书的引进，在培养技能人才推动广东经济快速协调发展方面起到了重要作用。

表11－1　　广东省1984—2002年独立设置的高等职业技术学院一览表　　（单位：人）

年份	学校（所）	毕业生数	招生数	在校生数	教职工数	专任教师
2002	33	23346	61305	135906	10415	6750
2001	27	4037	27711	61951	6514	3758
2000	16	2929	20376	39430	4726	2550
1999	13	3041	14944	23864	3793	1963
1998	5	2636	4430	10474	1417	684
1997	3	1487	2011	5485	894	401
1996	3	1550	2058	5715	921	430
1995	3	782	2092	4956	811	383
1994	2	804	1342	3358	526	233
1993	1	779	1242	2893	509	232
1992	1	751	990	2491	497	220
1991	1	765	919	2239	478	216
1990	5	2128	2043	6241	1280	585
1989	5	1719	2175	6120	1224	547
1988	5	1325	2507	5684	1115	471
1987	5	744	2014	4796	970	422
1986	5	481	1556	3016	859	404
1985	5	43	1558	1999	536	213
1984	5	446	709	838	112	54

资料来源：广东省统计局编：《广东统计年鉴（1985—2003年）》

进入新世纪以来，广东职业技术教育加速了国际化发展的步伐，陆续跟澳大利亚、德国、意大利、加拿大等国开展更多的职业教育合作交流，旨在博采众长，兼容并蓄。2004年与澳大利亚的职教合作主要以新办职业技术学院领导为对象举行技术教育和培训讲座，并选定部分职院与澳大利亚的TAFE学院进行课程合作。2006年与意大利中职学校的合作项目正式启动，选定5所学校与对方学校配对。同年，教育厅外事处开始了与加拿大学院协会商定中加职教合作计划，积极拓展职教发展的国际合作新路子。2007年与美国驻穗总领事馆商务处达成了与美国社区学院开展交流的共识，重点是加强职业教育及应用学科的交流合作。中国职业技术教育从80年代起一度发展迅速，但1998年高校大规模扩招后则出现了停滞。人们奔学历而去，个人、社会和政府把资源、财富和心思都更多地投向能够提供学历的高校。广东从本省发展的未来着想，一直坚持高举职业技术教育的旗帜，谋求异军突起，抢占经济发展和国力竞争的先机。《羊城晚报》首席评论员冯苏宝认为广东的做法不仅切合区域经济和产业发展的现实要求，其更重要的意义还在于，从地方政策上对中国教育体制进行一种真正的“拨乱反正”。

（三）优势互补：推动粤港澳区域教育合作

广东地处沿海、毗邻港澳，推行粤港澳区域教育合作是广东教育国际化中的一大特色。港澳地区集中西文化于一体，构成了推进广东教育国际化“内引外联”的重要基地。香港与澳门的居民中，原籍广东的港澳同胞占90%左右，广东人中也有不少香港和澳门居民的亲戚朋友，三地居民之间交往十分频繁。例如，1988年成立的暨南大学董事会，60名董事中有37名来自港澳，10多名来自美、加等国。华侨、华人、港澳同胞诸多学者和社会名流积极推动，为广东教育开拓国际交流渠道提供了便利条件。在科学文化教育上，内地与港澳学术活动频繁，尤其是1997年香港回归、1999年澳门回归以后，交流更加密切，与内地其他省市自治区相比，广

东高校与港澳台的学术交流、学者往来一直处于国内前列，详见表11－2。

表11－2　2000年各省市自治区高等学校人文、社科学术交流情况排名表①

名次	港澳台学术会议		港澳台受聘讲学		港澳台社科考查		港澳台进修人次	
	参加人次	提交论文（篇）	派出人次	来校人次	派出人次	来校人次	派出人次	来校人次
1	北京（736）	北京（400）	北京（230）	北京（246）	广东（223）	北京（300）	北京（57）	北京（200）
2	广东（415）	湖北（292）	广东（186）	广东（100）	北京（203）	重庆（196）	上海（56）	上海（85）
3	江苏（279）	广东（174）	上海（63）	湖北（86）	上海（99）	江苏（122）	浙江（34）	江苏（53）
4	湖北（181）	江苏（168）	江苏（36）	江苏（53）	云南（53）	广东（104）	广东（28）	福建（52）
5	上海（133）	上海（88）	湖北（35）	上海（52）	湖北（45）	上海（94）	湖北（16）	广东（33）

1998年5月21—22日，广东省比较教育研究会联合多个相关单位开始举办第一届“粤港澳台教育论坛”，围绕“走向21世纪的粤港澳台教育”的主题，展开了热烈的研讨。尔后论坛已连续举办多届，分别围绕面向21世纪的师范教育、构建新世纪区域现代教育体系、走向新世纪的学校模式、WTO与中国教育、国际教育经验与广东教育创新、构建未知世界的新教育等主题展开探讨。每次都有大批四地学者云集论坛，对南中国这块热土进行深度探讨，以冯增俊教授为代表的一批教育学专家，对粤港澳台教育高屋建瓴的研究，对引领和推动粤港澳教育的区域合作起了重要的作用。台湾政治大学教育学院周祝瑛教授几乎每次都参与这一论坛，

① 王璐、曹云亮：《广东高等教育“十一五”规划发展的特点及问题分析》，《高教探索》2006年第2期。

对中国及广东教育留下深刻的印象，还参与了多项合作课题，对两岸教育交流合作产生了重要影响。可见，从教育理念到教育行动各方面，粤港澳地区的教育合作交流一直保持密切态势。例如，粤港教师语言（英语和普通话）教学培训项目，自1999年开始，连年举办。内地教师赴港进行英语教学培训，香港教师北上学习普通话，这种友好往来由来已久并且会继续持续下去。据香港普通话专业学会学术顾问周小琪介绍，她从2000年开始参与对香港老师的普通话培训工作，七年来，她感到香港老师的普通话水平一届比一届高，尤其是年轻的老师。①

2004年是粤港澳台教育合作迈上新台阶的一年，广东省教育厅与香港教育署、中央人民政府驻港联络办教科部共同合作开展了“内地与香港教师交流及协作计划”，每年选派20名左右中小学特、高级语文教师赴港担任教学顾问，选派40名左右的中学英语教师赴港进行为期三周的英语培训，并接收30～40名港方普通话教师来粤培训三周左右。粤港教师之间教学协作交流，内容包括课程改革、教学改革的理念、做法和经验、教学方法、教学研究、教师专业发展等各个方面。同年7月，首届泛珠三角教育合作与发展联席会议在广州召开，广东等省区与港澳地区教育行政部门鉴定了《关于加强泛珠三角区域教育交流合作的框架协议》，内容涉及校际交流合作、教育信息交流、科研合作、学术研讨、毕业生就业信息互通机制、建立泛珠三角区域行政部门教育交流合作机制等方面，粤港两地的教育交流合作内容更加具体化、明朗化。2005年，泛珠三角区域教育与发展联席会议第二次会议上，广东省教育厅签署了《关于粤港澳三地学校缔结姐妹学校事宜的框架协议》和《共建泛珠三角区域教育信息平台合作协议》，进一步增强了内地与香港、台湾的教育合作往来。自此，粤港澳三地姊妹学校关系迅速建立起来，2005年，就有粤港66所中小学缔结为姊妹学校。

由专家引领、学校跟进、政府推动的粤港澳区域教育交流与合

---

① 《羊城晚报》2007年7月19日。

作，正呈良好发展态势。配合区域经济和社会演进，教育发展将成为区域发展的主旋律。广东教育把这种地缘优势、人缘优势发挥得淋漓尽致，必将带来一方繁荣，开拓更为广阔的发展空间。

（四）信息教育：为广东教育国际化提速

网络信息技术的发展，大大压缩了时间和空间的距离，人类的历史再也不是某个国家或地区单独可以谱写的，国际的交流与合作在网络信息技术的推动下日益便捷，人们的“地球村”意识因时代的渲染而更加浓厚，国际胸怀与国际视野正悄无声息地改变着人们的生活方式和思维方式。加快教育信息网络建设步伐，不但从办学条件上与国际教育接轨，更重要的意义在于高速信息建设是促进国际教育文化交流的加速器。师生拥有入网计算机的数量、数字化校园网建设、外文期刊数据库或电子图书购买情况等都已经成为教育国际化的重要标志。广东在教育信息化的建设中走了一条官民结合共同推动的道路，成绩骄人，央视《新闻联播》节目多次报道了广东推进教育信息化的模范带头作用。

自 1994 年启动、1995 年完成首期工程的中国科研计算机网 CERNET 连通了北京、上海、广州等城市之后，广东全省的教育信息网络建设就紧锣密鼓地展开了。广东省教科网于 1995 年正式运作，建立了省网中心，有 8 所高校建立了自己的校园网并实现互联。2001 年相继启动并完成了高速干线提速一期、二期、三期工程，在全省 21 个地级市的高校建立汇接中心，实现 100M 互联到地级市。

1991 年广东省高等教育学会成立广东高校 MIS（Management Information System，管理信息系统）协作组，1996 年协作组升级为广东省高教学会信息网络专业委员会，并于 1997 年 3 月正式成立。专业委员会每年举行一次学术年会，召集广东各高校校园网专家齐聚一堂，共同探讨校园信息化建设问题。

2003 年广东省教育厅信息中心工作小组成立，开始研讨推动广东教育信息化的意见、方案。2005 年 1 月广东省教育厅公布

《关于进一步加快我省高校教育信息化建设的若干意见》，以附件方式公布《广东高校信息化建设参考标准》。紧接着在同年4月，下发了《关于检查落实〈关于进一步加快我省高校教育信息化建设的若干意见〉的通知》，要求各高校对照标准进行信息化建设状况的自我检查，然后派专家组到各高校进行检查。在推动高校教育信息化建设的过程中，从标准的制定到评估工作的展开，多数依靠学会和专家组主持进行。同时官方发文安排评估检查工作，具有相当大的权威性，省教育厅在教育信息化建设中的积极态度，以及各民间协会、组织的密切配合，使得各项工作进展顺利。

广东中小学教育信息技术发展也迅速，从2002年7月开始，广东运用“卖方信贷”的创新模式建设中小学校电脑室。到2005年全省中小学拥有可供教学使用的计算机79.8万台，全省中小学计算机生机比为19∶1，珠三角地区6市的生机比为9∶1。全省中小学计算机总金额为36.3亿元。在全省范围内基本备齐教育信息装备之后，2004年开始加大基础教育网络建设力度，21个地市教育局完成了信息网络中心的建设，实现与省教科网的光纤连接。2005年，完成了142个县（区）教育局的网络连接和全省730所高中的网络连接，同时，实现了1527所初中和4221所中心小学的网络连接。[①] 广东教育信息网络发展走在全国的前列。

现代教育技术装备与教育信息网络建设是培养学生时代意识、国际视野的一项奠基工程，教育现代化发展到一定程度就具备了国际化的特征，而教育国际化本身也是现代化的一个方面。在这一点上，从深圳特区的现代特征和国际氛围中可以感触到教育要走国际化道路的浓厚气息。自1990年建区以来，深圳市南山区教育的发展已经成为一面鲜明的旗帜飘扬在教育改革的前沿。跨入新世纪之后不久，南山区教育局就根据区委、区政府对教育工作的要求，联系南山实际，提出“抢占课程改革、教育信息化、教育国际化三

---

① 房雨林：《坚持科学发展观大力推进教育信息化建设——广东省基础教育信息化的发展与实践》，《中国电化教育》2006年第9期。

个制高点”的教育跨越式发展目标和行动纲领，形成了一波接一波的发展浪潮，涌动着南中国教育现代化的春潮。

“走出去”与“引进来”作为教育国际化的一种重要形式，使广东教育在变革实践中从吸收移植到借鉴创新，逐步发挥优势探寻出自己的路子，把握改革发展的大方向。从广泛吸收国际教育观到争取国际合作试验改革职业技术教育，从推动粤港澳区域合作到把握时代机遇重点推进教育信息建设，广东教育与国际的交流面越来越广，交流程度越来越深，国际性特征在教育领域的各个方面开始拱起，为广东教育走向国际，全面创建国际化的区域现代教育体系做好了准备。

三、走向国际：建立国际化的区域现代教育体系

新世纪伊始，随着经济全球化的进一步发展，中国正式加入WTO以后，国际的交往空前密切。教育领域的国际交流与合作也有了新的突破。从操作层面上看，大批留学机构和中外合作办学项目迅速发展起来，校际之间的合作往来在规模上持续扩张，程度上纵深发展，频繁的国际学术会议交流、中外学者互访以及高水平研究团队参与国际尖端科研攻关等，使广东教育在国际影响方面从边缘逐渐走向中心；从内容层面上看，增设国际课程、进行国际理解教育，以及学生国际视野的形成、参与国际事务的能力等方面都有了质的飞跃。广东教育在走向国际化的道路上，吸取国外教育文化精粹的同时也弘扬了中华民族的优秀文化，教育工作者们扎扎实实干教育，各大中小学学校办学特色凸现，异曲同工，共同演绎出教育国际化的绚丽篇章。

（一）推动交流：建立多样外事机构，人员流动活跃

1978年邓小平以政治家的战略眼光和远见卓识，做出扩大出国留学规模的决定。1982年，中国教育部同美国普林斯顿教育考试服务处签约，在中国实施TOEFL考试，从此大批中国学生通过

TOEFL 和后来的 GRE 等考试走出国门接受教育，自费留学也就迅速发展起来。1985 年广东省第一家独立成立的合法留学服务机构为“广州海外留学服务中心”（后改名为“广东省教育国际交流中心”）。自此之后，一批自费留学中介机构如雨后春笋般发展起来。2004 年全国共有 270 家自费出国留学中介机构，其中广东省拥有 13 家，但业务量居全国上游。而在 2007 年底教育部教育涉外监管信息网上公布的统计中，广东省留学机构数量跃增至 27 家，与辽宁省并列第三，略少于江苏省 28 家，北京高居榜首共有 76 家。

广东人移居国外的历史悠久，有着很深的海外渊源和海外情结，广东学生对国外文化、习俗等有较强的认同感，对国外教育也有着更深的了解。因此，广东出国留学学生数逐年攀升，并一直处于国内前列。广东省留学数量之大，从近年来广州市的出国留学和来穗留学生中可见一斑，详见表 11－3。

表 11－3　1998—2004 年广州市大专以上留学人员情况

（单位：人）

年份	出国及去港澳台留学	外国及港澳台来穗留学
1997	2122	4525
1998	1327	4279
2000	2921	4825
2001	2985	4557
2002	727	8868
2003	555	8115
2004	604	11184

数据来源：2000—2005 年《广州统计年鉴》。

除大专以上留学人员外，中小学生出国留学成为广东留学潮流中一道风景线，随着珠江三角洲地区经济的日益发达，家长们对子女享受国外优质教育资源的强烈需求有了经济上的支撑，留学低龄化的趋势逐渐蔓延开来。从表 11－4 中可以看出，在广州市普通大中小学及职业中学留学人员中，中小学生占据了相当大的比例。

表 11－4　广州市普通大中小学及职业中学留学人员情况

（单位：人）

项目	1998 年		1999 年	
	出国及赴港澳台留学	外国及港澳台来穗留学	出国及赴港澳台留学	外国及港澳台来穗留学
大专以上	1327	4279	2122	4525
普通中专	53	59	63	—
普通中学	1164	—	1267	—
初中	946	—	951	—
高中	218	—	316	—
职业中学	77	—	65	—
小学	432	—	179	—

数据来源：《广州统计年鉴》（2000 年），第 496 页。

家庭经济情况的升并非是中小学学生出国留学的唯一推动因素，近年来通过政府推动的教育合作项目也极大地促进了国际中小学学生的流动。根据广东省教育厅的有关资料显示，近年来中新两国教育部合作的项目中，获得全额奖学金留学的中学生数量逐年上升，部分是初中毕业后赴新加坡读高中，部分是高中毕业直接升入新加坡大学，在该项目中出国留学的中学生数量统计见下表：

表 11－5　2001—2007 年赴新加坡学习学生奖学金项目留学人员数量统计表

年份（年）	2001	2002	2003	2004	2005	2006	2007
人数（名）	33	30	23	27	33	37	50

国家公派留学受国家政策影响，出国人员数量上有一定的限制，但就 2001—2007 年广东省教育厅的资料显示，通过省级初审和实际录取的人数都有很大提高，同时经过省教育厅审理的来华留学申请数量也呈上升趋势，详见下表。

表11－6　2001—2007年广东省教育厅审理的公派留学和来华留学情况　（单位：人）

年份	国家公派留学受理		来华留学申请受理
	通过初审	实际录取	
2001	62	34	1796
2002	74	37	1996
2003	132	78	800
2004	153	67	1043
2005	219	44	1758
2006	170	28	2031
2007	191	70	2648

数据来源：根据广东省教育厅外事处2001年至2007年工作总结整理而得。

提到广东的来华留学生教育，就不得不提暨南大学。暨南大学是中国第一所由国家创办的华侨子女就读的重要学府，是第一所面向海外招收留学生的大学。2005年，暨南大学校长刘人怀教授在出席《看中国》画册出版首发式上表示，暨南大学已经成为海外华侨华人和港澳台地区学生到大陆求学的首选高校。暨南大学现有全日制学生22000余名，其中，来自世界五大洲65个国家和港澳台三个地区的学生有9534人，数量居全国高校第一。在暨南大学就读的海外及港澳台地区研究生751人，约占全国同类学生总数的1/4。[①] 而在普通高校，如中山大学，留学生的数量也在迅速增多，而且学历教育和非学历教育都有了新的增长，留学层次也趋于提高。详见表11－7。2006年1月20日，教育部宣布53所中国高校从2006年开始，接受和培养由外国政府奖学金资助的留学生。广东省的中山大学和华南理工大学等高校校长与国家留学基金管理委员会签署了《共同接受和培养外国优秀青年来华项目》的协议，为进一步发展留学生教育做好了准备。

① 中国高等教育学生信息网，http：//www.chsi.com.cn/jyzx/200506/20050606/30898.html

表 11－7　1997—2006 年中山大学留学生教育情况统计表

（单位：人）

年份	学期	总人数	国家数	高级进修生	普通进修生	本科生	硕士生	博士生
1997		160	32	5	122	23	8	2
1998		172	35	6	131	26	5	4
1999	春季	180	38	4	144	25	4	3
	秋季	196	37	3	156	32	2	3
2000	春季	197	42	2	154	31	2	3
	秋季	231	45	6	172	32	15	4
2001	春季	218	42	7	161	33	13	4
	秋季	347	60	10	212	88	12	5
2002	春季	380	65	13	246	84	32	5
	秋季	445	86	5	285	89	49	11
2003	春季	424	50	3	342	45	26	8
	秋季	471	56	3	311	95	51	11
2004	秋季	494	56	3	334	103	46	8
	春季	650	6	1	428	134	48	18
2005	秋季	681	64	3	542	95	25	16
	春季	961	76	6	647	217	72	19
2006	秋季	1016	79	7	704	214	72	19
	春季	1284	100	1	799	377	87	20

数据来源：由《中山大学年鉴》1998—2007 年整理所得。

（二）中外合作：联合办学培养国际化人才

暂别祖国越洋留学并非是这个时代人们追求国外优质教育资源的唯一选择，随着大批中外合作办学机构、办学项目的顺利展开，国外优质教育资源不断地被引入国内，众多学生实现了“本土留洋”。国内的优质教育资源也逐渐产生了国际影响，为国外院校培养了大批人才。中外合作办学的探索最早出现在 90 年代初期，经过 10 多年的发展，广东教育中外合作办学出现了机构增多、模式多样、办学层次高等特点。

1. 办学机构（项目）增多。

在邓小平同志教育要“面向现代化、面向世界、面向未来”这一精神指导下，我国的中外合作办学开始了早期探索。1994年5月，广州大学与澳大利亚新南威尔士大学签订了合作开办国际会计硕士研究生教育项目的协议。该项目是我国政府最早批准的中外合作办学项目之一。随着国际合作的日益密切，中外合作办学机构和项目开始迅速增多。根据2003年广东省教育厅对全省中外合作办学机构展开的年度检查显示，已获批准的中外办学机构（项目）达到了96个。近年来，数量又有新的增长，呈现出持续增多的趋势。据教育部教育涉外监管信息网上公布的消息，截至2004年6月30日，可以授予国外学位与香港特别行政区学位的合作办学在办项目共有164个，其中广东省有7个，具体见下表：

表11－8 2004年广东省授予国外与香港特别行政区学位的合作办学在办项目

单位名称	外方合作者	合作办学项目	启动年度	批准期数	每期核准招生人数									
					1	2	3	4	5	6	7	8	9	10
中山大学	法国国家企业管理教育基金会	国际贸易高级专业文凭	1998	6	25	25	30	30	30	30				
中山大学	美国明尼苏达大学	工商管理硕士	1999	3	50	50	50	45	45	45				
广州大学、华南理工大学	澳大利亚新南威尔士大学	国际会计商学硕士	1999	5	50	50	50	50	50					
广州大学、华南理工大学	澳大利亚詹姆斯·库克大学	国际会计硕士	2004	4	50	50	50	50						
华南师范大学	南昆士兰大学	国际会计商学士	2002	4	50	50	50	50						
广东外语外贸大学	英国利兹大学	英语教学硕士	2002	1	30									

续上表

单位名称	外方合作者	合作办学项目	启动年度	批准期数	每期核准招生人数 1	2	3	4	5	6	7	8	9	10
广东技术师范学院	英国哈德斯费尔德大学	教育管理与发展学士（专升本）	2004	2	90	90								

2．办学模式多样化。

随着中外合作办学机构的增多，办学实践的不断探索，广东出现了多种办学模式并存的局面，诸如“3＋1”、“2＋2”、“1＋3”等模式，学生根据合作办学计划在本国院校和国外院校各接受一段时间的教育，成绩达标后取得相应学位。除此以外，中山大学旅游学院的“空额教师制”开拓了中外合作办学的新思路，中大旅游学院本科阶段没有固定的合作伙伴，学院选择一些科目，正式聘请外籍教师讲授，教材由外教带来。每年，旅游学院都保留1/5的教师空额，聘请国外业内知名的教授或专家，请他们教更多的专业课和前沿课程，保证学生不出国门，便掌握国外最新的知识。

3．办学层次逐步提高。

中外合作办学实现强强联合，产生共振效应，在引进国外优质教育资源培养国际化人才的同时，也极大地增强了本土学校在国际上的影响力。以中山大学为例，一批高起点高水平的中外合作办学项目极大地推动了教育国际化的进程，这些项目包括：岭南学院与美国麻省理工大学斯隆管理学院合作举办的国际MBA项目；政务学院与牛津大学合作举办的中山大学/牛津大学高级公务员公共管理知识研究班项目；中山大学与牛津大学联合培养生命科学方向博士生等。

（三）国际开发：新课程立足本土培养国际人才

中外合作办学作为国际化人才培养的一种形式，较之出国留学来讲节约下大量人力财力物力，发展国际教育课程，立足本土培养具有国际视野、国际事务处理能力的人才可以说是教育走向国际化过程中的中坚力量。在高等教育方面，培养国际化人才更直观直接一些，通过开设涉外课程、引进国外原版教材等方式培养具有国际视野、适应国际环境的国际人才；在基础教育阶段则更倾向于在传统课程中增设世界性主题内容，促进世界各国不同文化之间的认同，培养学生的国际思维、世界眼光。就独立设置的课程来讲，信息技术和英语可以说是教育国际化的两把利器。在新一轮基础教育课程改革中，广东一直提倡信息技术和英语要“快一步、高一层”，为此省政府设立了专项资金，从教育实验装备上确保信息技术和英语教育的健康发展。

广东省属涉外型重点大学——广东外语外贸大学，践行“明德尚行，学贯中西”的校训，推进外语与专业的融合，培养具有国际视野和创新意识，能直接参与国际竞争与合作的国际通用型人才。在普通综合类或职业类高校中，诸如国际法、国际经济与贸易、国际关系等涉外专业发展也非常迅速。一些院校还引进国外原版教材实施授课，比如北京师范大学珠海分校国际传媒设计学院在教学内容上引进德国的教学大纲和教材，教师也有近1/3由德国派出，欧洲最新的设计理念、市场营销理论走进了中国高校课堂。再如与美国加州长堤大学合作的吉林大学珠海分校，其工商管理、物流管理专业全套引进长堤大学的师资、教材和管理。

基础教育国际化迈进的排头兵当数深圳市南山区，南山区教育很早就开始了国际化探索与实践，并积累了许多宝贵的经验。2004年11月，南山区教育局成功举办了首届国际儿童文化艺术周，汇聚了全世界五大洲20多个国家近300名外国儿童参与其中。以“文化启迪世界，儿童拥抱未来”为主题的文化活动，为中外儿童提供了一个交流的大平台，让孩子们在文化艺术的交流中增进友谊，通过体验与外国人交流的经历，使儿童拥有国际视野、世界眼光。首届艺术周的成功举行取得了不同凡响的教育效果，自此以后每两年举行一次，极大地提升了南山教育的国际影响。南山教育除了具有丰富多彩的主题活动节外，各中小学的办学特色各有千秋，

但殊途同归，都在为培养具有国际视野、世界眼光的人才而努力。中央教科所南山附属学校李庆明校长认为，国际性的标准需要推行一种普世价值，理念的问题不解决，谈教育国际化是徒劳的，派几个人出国或是引进几个外国专家并不能说明就实现教育国际化了。在创校实践中李校长亲自为学校撰写公德纲要——未来公民学习手册，摒弃说教，立足公德，崇尚美德。每年 10 月份是学校的选举日，校长的学生小助理通过演讲比赛等层层选拔而产生，学校各种社团活动举办的宗旨在于培养学生参与公共事务管理的意识和能力，发展学生的民主意识。通过主题文化活动道德的凝聚，促进公理世界认同，增强学生的和平意识。在培养学生的环保意识方面，被评为国家级绿色学校的南油小学堪称代表，在陈显平校长绿色环保管理理念指导下，热爱自然、保护环境的意识深深地扎根于孩子们幼小的心灵上。大新小学作为一个打工子女学校，没有优越的校园环境，没有优质生源，却以"自强不息，永不言败"的大新精神培养着一批批"面向世界，胸怀祖国，热爱深圳"的莘莘学子。在深圳这座国际化城市中，南山教育的特色旗帜鲜明，以求真、务实的态度真正将国际课程内容纳入到教育生活中，进行着培养学生国际思维、国际视野的伟大实践。

（四）彰显教育：多维度教育交流扩大国际影响

高校之间国际学术会议的频繁往来及中小学友好学校关系缔结，使广东教育建立了范围广、密度大的国际关系网络。学校之间的强强联合、世界各地知名人士的到校访问使广东教育国际化走上了新的台阶。

1. 国际交流范围持续拓展。

打开大门的广东教育，在推动粤港澳台教育区域合作的基础上，对外关系从欧美西方发达国家、东南亚周边国家和地区开始，逐渐向世界五大洲的各个国家拓展。根据广东省教育厅的有关资料显示，近年来，广东省教育部门每年接待的专家都在 3000 名左右，来自世界 80 多个国家，详见表 11－9。2005 年，广东开拓了与南非、南美等国家和地区的交流合作项目，实现了与外国教育交流合作在地域上的又一次突破。

表 11－9　广东省教育厅接待外国政府官员和专家学者统计表

年份	接待批次	接待人员数目	国家和地区
2001	126	2379	80（多个）
2002	168	3683	90（多个）
2003	162	2682	80（多个）
2005	181	2800	76
2006	168	3000（多名）	62
2007	162	3000（多名）	63

数据来源：根据广东省教育厅外事处历年工作总结整理而来，2004 年无记录。

2．教育高层互访日渐升温。

在高校教学与科研推动下，教育界的中外互访逐渐向高层倾斜，诸多国外政府高官、知名高校教授、领导陆续来粤访问、演讲。2000 年，华南理工大学邀请了牛津大学校长卢卡斯教授到校访问，就中国加入 WTO 对中国高等教育的影响、高校如何适应经济全球化趋势等问题与学校领导和教授交换了意见。自 2001 年开始，华南理工大学连年邀请诺贝尔获奖科学家如 Alan J. Heeger（艾伦·黑格尔）、野依良治、弗农·史密斯等人为学生们作精彩的学术报告。2003 年仅一年的时间内，中山大学就吸引了诺贝尔物理学奖获得者丁肇中博士、诺贝尔经济学奖获得者弗农·史密斯博士、德国总理施罗德、泰国公主诗琳通殿下等国际知名人士来校访问。同年，广东外语外贸大学邀请了美国斯坦福大学教授、诺贝尔经济学奖获得者索尔斯先生来校演讲，受到了同学们的热烈欢迎。在之后的几年里，马里共和国总统杜尔、法国前总理卢卡儿、以色列公务员委员会主席霍兰德等人陆续来粤访问。这些国际知名人士的到访加速了广东高等教育的国际化进程，极大地增强了广东高校的国际影响力。

3．国际学术会议纷至沓来。

主办高水平的国际学术会议是加快学校国际化进程、迅速提高学校国际知名度的良好渠道。广东高校参与国际科技交流情况见表11－10。中山大学作为华南地区的知名高校，在国际学术会议、接待高层教授来访讲学方面堪称典范，仅2003年一年，中山大学主办的具有较大影响的国际学术会议就有GIS遥感技术在水文资源及环境中的应用国际会议、国际暨第七届全国头颈肿瘤外科学术会议、中法环境与GIS国际研讨会等38次。

表11－10　1995—2002年广东省高等学校国际科技交流情况表

年份	出席国际学术会议		出席国内召开国际学术会议		进修访问学者		派遣研究生	
	人数（人次）	交流论文（篇）	人数（人次）	交流论文（篇）	派遣（人次）	接受（人次）	攻读博士（人）	攻读硕士（人）
1995	638	488	668	522	240	791	50	4
1996	825	506	672	486	262	896	64	6
1997	887	674	879	793	294	205	48	7
1998	511	470	553	534	425	585	39	14
1999	653	513	692	543	966	334	28	13
2000	891	624	960	762	473	141	42	12
2001	662	517	672	629	692	124	50	32
2002	1219	627	1184	878	418	109	53	53

数据来源：中华人民共和国教育部科技司编的历年高等学校科技统计资料汇编。

4．校际外联网络遍布世界。

进入21世纪以来，广东各级各类学校与国外同类高校纷纷展开合作。从中央部属院校到省市级高校，从公办学校到民办学校，从大学到小学，广东学校与国外教育机构的联合层出不穷。重点院校与国际一流学校实现强强联合，在尖端领域展开国际联合科研攻关。例如，2004年初中山大学正式参加丁肇中教授领导的AMS——国际空间站上唯一大型科学实验，与美国麻省理工学院、瑞士日内瓦大学、荷兰航空航天局的国际同行一起共同研制硅微条轨迹探测器的热控制系统（TTCS）。广东各职业技术学校、民办学校的对外合作交流也正如火如荼地展开。广东白云学院与英国布莱福德学院合作办学的BTEC（Business & Technology Education Council 英国商业与技术教育委员会）项目于2002年通过英国爱德思国家学历及职业资格考试委员会（Edexcel）资格认证，成为其海外教育中心。南海东软信息学院于2004年12月与澳大利亚斯文本科技大学签署学分互认合作协议，2005年5月正式成为英国NCC教育的授权中心，同年9月开始面向国内开设计算机专业国际学位课程（International Degree Pathway in IT）。

高校之间中外教育交流与合作方兴未艾，中小学学校也进行得如火如荼。跨入新世纪以来，广东各中小学学校的国际化进程也在加速，纷纷与港澳地区及国外教育机构缔结联盟，建立合作关系。2005年4月，粤港中小学缔结姐妹学校计划启动，至2007年底，广东香港两地共有236所中小学成为姐妹学校，为两地教育交流与合作搭建了厚实的平台。除了与港澳地区的校际联合以外，与国外教育部门的联系也正逐渐展开。2006年1月，广东省教育厅郑德涛厅长与日本兵库县教育委员会吉本知之教育长在广州签署了《广东省与兵库县高中生交流项目备忘录》。首批安排了兵库县10名学生和2名教师在华南师范大学附中以入住家庭和跟班上课为主要形式的交流，随后派出华南师范大学附中10名学生和2名教师进行同一形式的交流。2006年，新加坡克明小学与佛山石门实验小学签订了缔结姐妹学校的协议，新加坡百德中学与南海石门实验中学签订了缔结姐妹学校的协议，2008年4月加拿大哈密尔顿市两所中小学也与惠州博罗实验学校结成姐妹学校。这些姐妹学校的友好缔结，有些由政府部门牵头通过签署友好协议大面积推动，更多的是各学校抓住各种有利契机跟国外学校自主建立友好联系，在相互学习相互启发中探索规律办出特色教育。

教育国际化为广东教育改革开放注入新的动力，也极大地推动了广东教育现代化进程，积极推进教育国际化，已成为广东促进教育发展的重要决策。

第十二章
重铸利剑：广东教育理论发展

改革开放30年来，广东教育实现了历史性跨越发展，与普及教育和推进教育体制改革实践上取得的重大成果，形成了具有类型多样、结构层次合理、功能显著、特色鲜明的“广派”教育体系相一致，广东在教育理论上也取得重要突破，成为全国著名的改革开放典范。

30年来，广东积极推进教育现代化，这不仅体现在丰富的教育变革实践上，更重要的是在建设有中国特色现代教育体系上进行有力探索，发展与创新了多种教育理论，而这些理论的发展又反过来极大地推动了教育实践的深入。

推动广东教育理论变革的力量是改革开放的教育实践。广东作为全中国改革开放的窗口，拥有作为改革开放先行试验区的“天时”、毗邻港澳和东南亚的“地利”及华侨众多和人民勤朴的“人和”优势，同时还享有中央政府所赋予的“特殊政策，灵活措施”的政策优势，这种得天独厚的开放优势与广东敢为天下先的精神相结合，缔造了广东冲破旧的思想牢笼的时代力量。但是，这种改革的锐气不是与生俱来的，广东人从借鉴模仿国际教育经验中积极解放思想，推开了中国教育思想解放的步伐；在市场经济的推动下，广东人逐渐学会选择需要的国际教育理论，来补充对现代教育认识上的缺陷，从而推动广东教育改革的深入；90年代后，广东在研

究教育改革中积极吸取现代教育理论的精华，在探讨现代教育发展规律的基础上，推进教育现代化运动。广东教育理论发展的历程，实际上就是广东不断摈弃旧教育观，大胆实践新教育理论，推进现代教育改革的结果，从中促使现代教育意识形成与发展的过程。

一、启蒙重炮：改革开放窗口与教育思想大讨论

广东教育理论发展走过了一条从图解政治概念到实事求是、从“我注六经与六经注我”的研究怪圈到勇于实践和突破创新的道路。其间，教育本质的讨论是一记重炮，击中中国传统教育理论的要害。改革开放之初，因省内外环境发生了翻天覆地、日新月异的变化，各种新兴事物一拥而上这片热火朝天的改革土壤，亟待解决的历史沉疴和新的教育问题不断涌现，但教育改革指导理论严重滞后和对教育本质属性错误认识使这一时期的教育改革一度在困惑中徘徊，这些都与经济的迅猛发展迫切需要教育模式的转变之间形成巨大的落差，理论上的思想解放和创新就成了影响教育发展的重大事件。

（一）正本清源：首开教育本质问题之论争

广东改革开放后最重大的理论进步是在开放中认识并推进教育理论的正本清源。如上所述，严峻的形势迫使广东教育寻求突破，也成为广东最早掀起教育思想大解放运动和教育变革的大动力。

第一，纠病祛左，归本扶正，建立正常教育秩序。“文革”后，广东百废待兴，教育系统是重灾区，受到严重破坏，教育中突出政治挂帅，为政治运动所左右，偏离了教育发展规律的正常轨道，近乎止步不前。“文革”期间，广东教育由军事管制委员会领导，在政治需要下，呈现出病态发展态势。例如，1966 年至 1970 年间，小学在校生人数从 755.4 万人下降到 579.8 万人，教工人数从 26.8 万人降为 24.79 万人；然而却片面坚持“（读）初中不出大队，（读）高中不出公社”方针，使中学一度疯涨，至 1976 年

全省中学达到2880所，在校生313.5万人，教职工为17万多人，数倍于“文革”前规模；而高校规模严重萎缩，办学水平偏低，且受极端“左”倾思想影响，坚持政治挂帅，“停课闹革命”和“斗、批、改”及开门办学，教育备受摧残。“文革”后，广东人从数十年教训中，特别是在港澳海外各国发展中得到启示，信奉“经济基础决定上层建筑”理论，以经济建设为重点，打破“左”倾错误思想禁锢，掀起了一场轰轰烈烈的思想解放运动。大力对教育进行拨乱反正，通过调整、改革、整顿、提高工作，使教育发展迅速走上正轨，恢复了正常的教学秩序，提高了教育质量，教育工作的重点从以阶级斗争为中心转移到提高教育教学质量、培养社会主义现代化建设合格人才的轨道上来。

第二，坚持实践出发，还原教育的科学本性。教育是什么，应当按怎样的方式来办教育？这是广东人在“文革”后提出的重要问题。凭借毗邻港澳、面向国外的地缘关系以及大量的海外华人华侨带来的各种信息，广东对国际教育经验有较多的认识，对以往把教育本质属性看成是“阶级斗争的工具”的单一定性颇有看法，于是以探讨教育本质属性为契机，拉开了教育改革与发展的序幕。教育是“上层建筑”还是“经济基础”？这在“文革”时期是一个大是大非的政治问题、立场问题。苏联50年代曾经有过激烈的讨论，在众说纷纭中纠缠着深刻的政治色彩。正是如此，长期以来形成了人们把教育视为一种特殊的上层建筑，得出“教育是阶级斗争工具”的论断，并在“文革”中成为教育被政治化、妖魔化的理论依据。在这一违背教育发展规律的错误理论下，教育遭到毁灭性打击，新中国成立后的教育成果几乎付之一炬。“文革”后，面对层出不穷的教育问题，广东教育理论界深刻地反思，特别是广东作为改革开放先行试验区担负着为中国发展、改革开放趟开一条新路的伟大历史使命，其中如何促进经济增长、建立高效型新经济增长模式，推动社会体制转型，即由落后的农业大省发展为先进的工业大省，创建能培养大批高水平人才的教育体系，就成为最紧迫的大问题。因此，如何正确地解读教育，正本清源，激发教育本性，使教育挣脱“文革”政治枷锁并发展起来，就显得迫在眉睫。正是这样，广东人对于光远提出的问题报以热烈的反应，不仅在三中全会之前就在《学术研究》上用黑体字大标题发表了《重视培养人的研究》，旋即掀起对教育本质问题的激烈讨论，并在全国形成讨论热潮，包括教育界、经济学界、社会学界、哲学界、自然科学界等都卷入这场空前的大讨论，影响深远而广泛。于光远对原先教育本质属性定义发难，认为“在教育这种社会现象中，虽然包含有某些属于上层建筑的东西，但是整个说来，不能说教育就是上层建筑，在教育与上层建筑两者之间不能画等号”①，教育曾一度被当作上层建筑，但上层建筑是建立在经济基础之上的，反映经济基础并为其服务，二者同时存在，而教育并不符合这一条件。文章发表后，当即得到广东同行的热烈回应。同年10月广州师院黄凤漳撰文提出：“一定的文化可以包括物质与精神两部分，教育与文化有别，教育是培养人促进人发展的一种社会实践活动，也与教育作为单纯的观念形态的观点有别。”② 尔后大量文章涌现，如广东的陈一百与孔棣华的《试论教育本质的三种属性》；冯增俊教授的《教育是上层建筑之我见》③ 等约40余篇，据不完全统计全国从1978年到1986年的10个年头中共发表相关论文300余篇，包括潘懋元、顾明远教授等都从不同方面参与讨论。主要代表观点有：教育是或基本是上层建筑；教育是生产力或基本是生产力，教育把科学转变为劳动者的知识技能，同科学一样，也是必不可少的生产力；教育是传递人类社会生活经验的工具，既不属于生产力也不属于上层建筑，是一种独特的社会现象；教育包含着生产力和上层建筑两方面的因素，两者不是均衡的、等量的，所处的支配地位可以交替、互换，“教育本质处在不停顿的矛盾运动之中，有个规律性的

---

① 于光远：《重视培养人的研究》，《学术研究》1978年第3期。

② 王永刚：《建国以来教育本质论的历史探析》，《成都教育学院学报》，2004年第3期。

③ 陈一百、孔棣华：《试论教育本质的三种属性》；冯增俊：《教育是上层建筑之我见》，《学术研究》1981年第1期；《教育学》，1981年第3期。

从量变到质变的演变过程”。[①] 还有学者认为教育是生产实践活动、精神生产力等。这一讨论不仅使教育本质研究走向多样化，更重要的是，教育本质研究引发了人们对教育研究的广泛话题。例如黄凤漳的《教育本质与职能的联系》[②] 开始探讨教育的一般职能，而顾明远更以此为基础进一步探讨现代生产与现代教育等更深层次的教育本质问题，[③] 另一些人开始关注教育的起源问题，[④] 更加深化了教育本质的研究。教育本质讨论空前激烈，反映了广东对中国教育关键问题触及引发了同行的强烈争鸣，这一问题后来在冯增俊关于“教育与人的本质”的研究中得到更概括的解释，[⑤] 这实际上也是广东教育改革开放的重要成果使然。

教育本质属性的研究开启了广东教育研究的春天，也推动了中国教育研究的时代觉醒，促使中国教育理论走向科学的道路，也配合和推动了中国教育的改革开放。

（二）借鉴创新：中国教育理论研究新定位

广东教育理论研究在党的十一届三中全会后，多次推动理论研究风暴，在掀起教育本质问题讨论后，又配合广东教育发展要求，积极探讨普及教育的理论和实践，在教育“姓社”和“姓资”上旗帜鲜明，率先推进教育现代化，开展各种教育实验与研究，使广东教育理论研究呈现出百家争鸣、百花开放的新景象。这些都源于广东教育理论界积极解放思想，结合广东教育发展实践，大胆吸收国内外教育研究的新成果，使教育理论研究始终走在教育发展的时代前沿，起到引导广东教育改革的作用。

1. 研究国际教育理论，开阔研究视野。

广东教育理论的重要发展是在改革开放中较早地开展国际教育

---

① 喻立森：《试论教育本质的演变（上）》，《黄石师院学报》1981 年第 3 期。
② 黄凤漳：《教育本质与职能的联系》，《教育研究》1986 年第 4 期。
③ 顾明远：《现代生产与现代教育》，《百科知识》1981 第 5 期。
④ 孔智华：《人类教育并非起源于劳动》，《华东师范大学学报》1984 年第 4 期。
⑤ 冯增俊：《教育人类学》，江苏教育出版社 1991 年版，第 54 ~ 90 页。

研究，在世界教育理论发展的平台上来审视广东教育理论研究的时代走向。改革开放后，广东就相继成立多种教育研究机构，最突出的是广东省教育科学研究所，附设在华南师范大学，最早的所长是汪德亮教授，这位留学归来的老一辈学者坚持把国际教育研究与中国教育相结合，其中设立比较教育研究室，并加强国际教育研究。1982 年，比较教育研究室单独成立为华南师范大学外国教育研究所，由朱勃教授任首任所长。该所很快受到广东省高等教育局的重视，被列入广东省重点建设的省属研究所，配备 35 名研究人员编制，同时创立《世界教育文摘》杂志，成为当时全国 5 个重点外国教育研究所之一。该所在后来的发展中，不仅介绍了大量国际教育的新经验，在比较教育学科建设上也取得重要成果，而且该所几任领导人都积极参与广东教育改革实践，把推动广东教育发展作为理论研究的主要目标。如朱勃教授的《教育三面向与今日比较教育》，冯增俊、朱仲南等主编的《珠江三角洲教育现代化研究丛书》等。中山大学高等教育研究所等其他各高校教育研究机构也非常重视国际高等教育研究，从不同专业的角度上探讨该领域国际教育发展的经验，对广东教育改革起了很重要的参考作用。如，广东工业大学高等教育研究所对世界主要国家发展工业教育的经验教训进行了全面研究，为广东高等工业教育发展提出了非常重要的建议，成为广东工业教育研究的重要基地。

2. 在积极引进新成果中发展新理论。

由于新中国成立以来，中国受到西方帝国主义国家的封锁，片面移植苏联教育也使中国教育理论单一化，特别是十年“文革”对教育科学的摧残，使中国教育理论严重政治化，很难适应广东改革开放的需要。为此，广东大力开展研究、引进国外的教育理论和教育思想，满足广东教育改革的需要。这一引进主要分三个阶段，一是 80 年代以注重介绍西方各国教育情况为主，满足广东民众了解国外教育的需要。这个阶段因为封闭数十年后，突然开放，民众对国外教育不了解，特别是一行国外的学者到广东来，也备受欢迎，开设的讲座现在看来都是些基本的东西，但是却次次满座，迟

到者难以找到座位。求知的欲望使各种教育理论备受欢迎，这一时期，广东的学者引进了不少教育理论。例如，教育技术学发展很快，受到广泛关注；心理学从停办边缘再度兴起，呈现出无限生机；广东朱勃教授参加主编了全国第一本比较教育学教材《比较教育》，与全国多所师范院校老师合作翻译了《教育的传统与变革》等著作，主编的《世界教育文摘》也受到欢迎。二是90年代重点研究世界教育发展的基本规律，引进国内需要的各种重要学科。随着广东教育的发展，人们逐步要求能获得更加丰富的国际教育经验，以往那种看新鲜、什么都显得没见过的时代已过去，人们试着用国际教育经验来解释广东教育改革开放中面临的问题，例如远大的教育发展目标和政策保守“左”倾的矛盾、民众强大的教育需求和薄弱的基本办学条件的矛盾等等，力图寻找一种能解脱广东教育发展困境的新道路。这时候，广东试图把国际教育经验与广东教育实践相结合，在积极宣传苏联教育家赞科夫、苏霍姆林斯基和美国教育家布鲁纳等人教育思想的同时，广东成功地把西方重要学科如教育人类学、教育产业思想及教育市场理念及西方学校道德教育、现代高等教育发展模式等引进来，有效地配合了广东教育改革。这一时期出版了包括《当代西方学校道德教育》、《现代研究生教育研究》、《现代高等教育发展模式论》、《澳大利亚教育的历史演变与发展》等研究国际教育的论著。三是结合广东及中国教育实践探讨创立有中国特色的现代教育理论体系。自邓小平视察南方以来，广东就在教育理论层面上积极探讨如何推进创建中国特色的现代教育体系，不仅发起有广东教育实践特点的教育现代化运动，还致力于推进对广东教育的宏观整体性发展战略设计，特别强化在理性借鉴的基础上对现代教育规律的把握来达到新的发展，出版了《珠江三角洲教育现代化研究丛书》等系列广东教育发展的研究专著。这一时期，广东教育学科发展成果累累，教育技术学走在全国前列，教育心理学发展迅速，并设立博士学位授权点；以学科研究体系为特征的《比较教育学》专著出版，并编写全国第三本统编教材《当代比较教育学》。[①] 此外，还在引进基础上创立多种重要教育学科，如西方教育人类学（Educational Anthropology），冯增俊通过翻译出版相关论著，率先把这门新兴学科介绍到中国，还在华南师范大学开设全国第一次教育人类学课程，在全面总结国际该学科发展的基础上出版探讨中国教育人类学学科建设的重要著作，先后被列入“十五”、“十一五”国家级重点规划教材，获得教育部人文社科优秀成果奖等多项重要奖励。[②] 该学科对推进中国教育研究起了重要作用。

3. 在借鉴中创建现代教育理论研究范式。

广东教育在引进借鉴中提高自身的理论水平，逐渐摆脱以往中国教育研究中倡导的那种“六经注我、我注六经”的研究怪圈。一是重视引进有益的国际教育经验，强化对广东教育实际问题的研究，特别是面对改革开放后汹涌而至的商品经济大潮，由于缺乏理论上的深入而多少显得手足无措，同样是积极研究和移植国际教育经验，使广东能站在未来教育发展的高度，避开简单地把教育断定为姓“社”还是姓“资”这一幼稚的理论争议，走出理论上的困境。二是在改革实践推动下，广东主动效仿西方发达国家和地区的办学理念，引进流行的教育理论和当代教育家的思想，借鉴学习国外先进的教育经验，为我所用，并逐渐意识到教育发展与改革的最终目的应该是服务于社会经济需求，由此建立起服务教育改革实践的新理论研究模式。三是引进国际教育人种志研究，加强对以往那种注释式教育研究的改造，对各种形式的教育新发展开展实证研究，通过分析实际生动的教育事实概括出现代教育变革的本质特性，以推动广东教育科学研究的发展。

---

① 冯增俊、陈时见、项贤明主编：《当代比较教育学》，人民教育出版社2008年版（“十一五”国家级规划重点教材）。

② 冯增俊、何谨编：《教育人类学》，海南人民出版社1988年版；冯增俊著：《教育人类学》，江苏教育出版社1991年版；冯增俊、万明钢主编：《教育人类学教程》，人民教育出版社2005年、2008年版（“十五”、“十一五”国家级规划重点教材）。

（三）理论新风：初获研究实践新成果

广东得改革开放之先风，在积极借鉴学习国际新教育理论中逐步获得新的营养，开阔眼界，运用新的教育理论，研究广东教育问题和阐述新的发展对策，有效地推动教育转向为经济发展服务，从而在研究广东教育实践上实现了新的拓展。

1．开展系列教育研究新领域。

这一时期，广东在改革开放的推进下，积极参与相关课题研究，特别对全国相关教育科研表现出极大的热情，争取了许多重要的科研项目。例如前期的广东教育科研规划研究、小学语文教学和识字研究、教育制度改革研究等等，这些研究多为当前主要学术负责人牵头负责，以集体的名义进行，其中不乏民间开展的项目，如广东比较教育学者合作翻译国际名著等，“六五”期间被批准的“东南亚教育比较研究”、“发达国家研究生教育趋势研究”、“沿海发达地区中学生理想教育研究”、“中国教育管理学科发展研究”，以及“七五”期间“珠江三角洲教育发展战略研究”、“沿海地区九年义务教育教材编写研究”、“澳大利亚教育发展研究”、“中小学基础教育改革研究”等等。特别是广泛开展教育科学实验和调查研究，如华南师范大学附小、附中开展的学制、课程、教材、教法的实验，以及广州对1000多名大学生进行的个性倾向调查，在国内10个地区对7～12名多儿童进行的数概念和运算能力的研究，广州师范学院在工厂和学校开展的调查研究，王屏山、李锡槐开展的改革开放地区中学德育实验等。

2．开辟教育理论新园地。

随着广东教育改革的深入，教育研究者积极撰写各种研究论文，不仅配合了广东教育发展，而且直接推动创办了一批新的教育研究刊物，包括《世界教育文摘》（1980年）、《教育论丛》（1980年）、《高教探索》（1980年）、《小学德育》（1982年）、《教育导刊》（1983年）、《教育创新》（1985年）、《师道》（1990年）等。这些刊物，对繁荣广东教育研究园地，推动这一时期的广东教育理论研究，起了非常积极的促进作用。

3. 初创广东教育研究新成果。

这一时期，广东教育研究也取得了很重要的研究成果，出版了一批重要的教育研究论著。其中，包括邹有华的《教学认识论》（广东高等教育出版社，1986）、叶佩华的《教育评价学》（人民教育出版社，1983），冯增俊的《教育人类学》（海南人民出版社，1988），江月孙的《学校管理学概论》（海南人民出版社，1989）、《现代教育行政学概论》（广东高等教育出版社，1990），夏书章的《高等教育管理学讲话》（山西人民出版社，1985），李修宏的《对广东高等教育为社会经济服务的认识与实践》（广东高等教育出版社），严永晃等人的《普通学校教师管理》（陕西人民出版社，1987），李方的《现代教育科学研究方法》（广东高等教育出版社，1988），王新如的《教与学心理导论》（中国商业出版社，1990），李国拱的《教育论》（三环出版社，1990），李修宏、周鹤鸣主编的《广东高等教育——1949—1986》（广东高等教育出版社，1988）和《广东高校十年教学改革和研究——1979—1989》（广东高等教育出版社，1990），徐名滴的《教育发展战略导论》（广东高等教育出版社，1990），广东教育出版社的《新时期教师丛书》等著作及一大批论文。

这些教育研究不仅大大提高了广东的教育理论水平，繁荣了教育科研活动，从根本上改变了广东“只会生孩子不会起名字”、“只有思想火花，没有理论学说”的形象，配合了广东普及教育、调整教育结构。为推进教育实践的深入提供了强大的理论后盾。

二、现代浪潮：先行实验区与教育现代化研究

广东教育发展迅速，致使与旧体制之间的冲突日益尖锐化，对此引起广东及国内学者的高度关注，1990 年广东开始探讨教育现代化问题。继 1978 年改革开放至 90 年代初掀起第二次改革浪潮，广东社会经济发生了三方面深刻变革：一是经济体制从计划经济向

市场经济转变；二是经济增长方式从粗放型扩张向集约型转变，从注重数量及规模的外放型增长转向注重效益及质量的内涵型增长；三是从单纯的强调经济增长转向强调社会的全方位多维度发展，知识和科技需求量增加。这些都要求教育必须在教育结构、教育内容、教学模式、教学手段等方面实施根本性变革，以实现自身的全面转型。1992年邓小平同志的南方谈话为广东教育现代化研究注入了新的思路，提出广东20年超过“亚洲四小龙”，建设有中国特色的社会主义现代教育体系。为此，广东在积极引进国际教育经验的基础上，寻求理论的新突破，不仅在理论上解答了姓“资”姓“社”的道路争议，而且在积极引进市场竞争机制的基础上，率先在全国开展教育现代化研究，探讨珠江三角洲教育现代化基本道路，以此作为带动全省教育现代化的推进器，立足全局、以点带面，促使广东教育发展战略研究逐步深化，确立新的教育发展思路。

（一）理论先导：倡导教育市场机制

1992年邓小平南方谈话，引发了广东第二次教育改革浪潮，这次比以往更为迅猛的教育发展浪潮又在教育理论上提出了如何创建有中国特色的现代教育体系的全新问题，这些都与全球经济一体化进程加速，长三角及全国迅速开放并从沿海转向内地形成的强大发展势头下，广东面临原有政策优势丧失殆尽与内地发展勃起一起，构成严峻挑战，广东如何实现教育的全面转型？这些都需要在教育理论上做出回答。广东教育理论界在这一新的发展面前，积极转变研究模式，深入教育改革实际，坚持实事求是，大胆创新，在推进现代教育范型更新的同时，也实现了广东教育实践体系的时代性发展。一方面继续完善已有的并独具实效的教育理论，另一方面深入研究教育的宏观和微观领域，以全球经济一体化的纵深发展为契机，依托信息技术的发达和普遍化为重要手段，以教育质量的提高和教育均衡化的全面实现为主要目标，对教育进行了更深层次的探讨，赋予教育理论以强烈的时代特色，同时促使广东教学实验的

日益繁荣。

1. 姓“资”姓“社”争议下广东教育创新。

自改革开放起，广东改革开放姓“资”姓“社”一时成为热门议题，众说纷纭，莫衷一是。不仅在经济领域，外商投资成为广东利用外资的主要方式，从开始的“三来一补”到后来的大量“三资”企业涌入广东市场，成为带动外贸出口的主要力量。至1997年，广东的“三资”企业达到2.6万家，严重地冲击了原有的纯公有制的经济结构，刺激了省内企业与国际的接轨。而且，文化上各种过去被批判的东西也冠冕堂皇地被引进来，各种国际教育经验也被引进到广东来，例如“文革”中视为“资本主义”的双轨制教育制度迅速兴起。有人把这种引进外资说成是引进资本主义，甚至提出“多一分外资，就多一分资本主义，‘三资’企业多了，就是资本主义的东西多了，就是发展了资本主义”的观点；在文化领域中东西文化的冲突激烈，如西方的个人主义思想、拜金主义、性解放等冲击着传统的东方文化，各种西方教育理念与中国教育传统形成鲜明对比，吸收这些新观念受到强烈抵制，不少人甚至专家、学者把借鉴吸收西方的教育经验说成是崇洋媚外，广东教育姓“社会主义”还是“资本主义”之声一时泛起。广东教育改革应如何对待西方教育经验？就成为广东教育理论首先必须解决的大问题。

广东改革开放是姓“资”还是姓“社”？同样，广东教育改革开放是姓“资”还是姓“社”？这是广东改革开放一开始就必须面临的重大问题，关系到广东改革开放的成败。在这个问题的第一阶段，广东人以特有的开放胸怀和邓小平“实践是检验真理的唯一标准”以及不争论的方法，用实践回答了广东改革开放好不好的问题。早在1979年，邓小平就指出“社会主义也可以搞市场经济”，要大力发展市场经济，“这是社会主义利用这种方法来发展生产力。把这当作方法，不会影响整个社会主义，不会重新回到资本主义”。这是正面地回答了改革开放本质的大问题。第二阶段是1989年政治风波后，中国改革开放往何处去，又再次成为关注的

焦点。1992年邓小平同志南方谈话中提出“发展是硬道理”，提出革命就是解放生产力，改革也是一场革命，也是解放生产力，再次从更高的思想高度回答了中国改革开放的本质问题。在这场论争中，广东教育理论获得三大进步：第一，发展是教育理论的基点。在第一阶段中，广东教育改革开放就是不争论，认准“实践”这个标准，实践中哪种是发展最好的就是标准，就按哪个来做，就是方向，就是目标。广东人从国际教育发展中看到广东教育改革的未来，就认准这个教育发展，就大胆吸收引进这种新的教育模式。正是从发展出发，广东对待外来教育思潮和教育制度，从不简单地纠缠于姓“资”姓“社”问题的讨论，而是用实践来批驳那种认为“多一分外资，就多一分资本主义”的看法，积极改革而不是简单地等待。第二，借鉴学习国际教育经验是发展的基点。广东人以“外国教育成就”特别是港澳教育发展为“镜”，作为发展的基点和发展参照点，既学习其经验，又反思广东历来各种教育发展实践，从港澳台60年代来教育取得巨大成就中看到以往广东教育观的问题，在这个基点上超越旧的观念和简单的“姓‘社’姓‘资’”的教条化争论。这种学习，使广东胆子大起来，看得准起来，因此也就很快产生了各种新的教育成就，率先实现普及小学教育，第一次出现了把市场机制引入教育后形成的全员聘任按业绩竞争上岗的新机制，等等。在“改革开放的胆子要大一些”，要“大胆地试，大胆地闯”，“特区姓‘社’不姓‘资’”等的思想推动下，广东教育改革开放依据“三个有利于”为标准，即只要是有利于发展社会主义生产力的东西都可以为我所用，不能单纯、片面地将一切外来的东西定性为资本主义，由此开辟了广东教育理论发展新思路。第三，教育改革开放实践是创新教育理论的基点。在第二阶段中，广东从“发展是硬道理”出发，懂得理论要与实践相结合，要从变革旧体制中提升理论，这种“旧人”按新理论改造“旧教育”的革命实践是创立中国教育发展新理论的热土。广东人正是在参与这样的实践中阐述出许多重要的新理论，特别是教育必须为经济发展服务的观点，按实际办教育等新教育观，广东人不仅学会从国际教育经验中学习，还懂得从借鉴中找到中国自己的教育发展模式，并大胆推进创建中国教育特色的现代教育体系的新实践，创造了许多新的教育实践模式。例如，江门市的“城市教育综合改革模式”、江门荷塘职业中学的“荷塘模式”、顺德师范学校的培养模式、东莞的现代教育体系新实践等等。广东不仅在经济上发展迅速，全省GDP从1978年的184.7亿元增加到1997年的7308.24亿元，人均GDP从367元增加到2823元，广东财政收入在全国财政收入中的比重从1981年的4.3%增加到1996年的14.21%，[①] 其中深圳在20多年来，创下了200多项“全国第一”；而且广东教育也成就巨大，1996年同江苏一起率先实现普及九年义务教育的重大目标，并创造了许多全国第一的教育发展奇迹。

2. 教育产业论初步确立。

市场经济体制随着广东的改革开放脚步而来，在人们热衷于争论姓“资”姓“社”这一问题之中初步发挥了矫狂反正的作用，也为广东教育界对教育与市场关系的认识提供空前激烈讨论的先机。从争论市场机制应不应该引入教育领域、教育是不是一种商品、学校可不可以搞创收、民办学校的发展等这些问题开始，引发了教育产业问题的话题。中国较早提出“教育产业化”[②] 概念的是河北大学教育系的韩宗礼教授，于1988年发表《教育产业化，产业教育化》一文，但真正阐述其教育产业内涵的是中山大学著名经济学家李江帆教授，而形成对这一问题的讨论则是广东市场经济下具体的教育实践要求。

80年代后期，由于广东市场经济体制的形成对教育造成冲击，使教育发展遭遇了前所未有的被动和困惑，在教育投入机制、教育管理体制等方面亟须大胆突破。80年代末及90年代初，广东的一批优秀的专家、学者参与了全国范围掀起的“教育商品”问题的

① 陈渡凝：《对外开放与广东经济发展》，《岭南学刊》1998年第5期。

② 李江帆著：《第三产业经济学》，广东人民出版社1992年版，曾获得首届经济学孙冶方经济奖。

讨论，并结合广东具体教育实践开展多方面研究、探索。李江帆也在《第三产业经济学》中对“教育与市场”做了重要论述，很快就受到广东教育界的关注。特别是立足于国际教育产业的发展以及广东教育实践中所存在的教育与经济关系问题，广东先后于 80 年代中期和 90 年代初掀起了两次讨论教育产业的高潮，集中研讨如教育产业属性、商品属性、教育投入与开发、教育集团经营等问题。教育产业论主张按照产业发展规律办教育，发挥市场在教育资源配置中的主导作用，政府起宏观调控作用。从很大程度上来看，教育产业论是广东作为改革开放排头兵和试验场的典型产物。张铁明以此为基础提出“教育产业化”理念，并于 1992 年底主持开展“广州教育产业与教育市场研究”的课题，吴超林、李季、邓云洲、刘兰平、刘培英、吴开俊等参与，全面提出教育价值、教育经营、教育选择、教育服务、教育市场、教育消费、教育权益、教育储蓄、教育信托、教育产业集团等一系列全新的概念群，并阐述了“建立教育多元化共同投入体制”和“建立多元化教育体系”的构想，出版了《教育产业论——教育与经济增长关系的新视角》① 一书。1996 年，张铁明等人提交《广州市教育投入条例》课题研究成果，2000 年广州市人大通过《广州市教育经费投入与管理条例》。这一时期，颜泽贤、冯增俊、吴超林、姚益龙等都参与各种“教育产业”问题研讨和课题研究，发表了相关文章。广东省社科联张硕成研究员、华南师大副校长兼附属中学校长吴颖民及英豪学校陈忠联董事长、中山大学黄建武教授等对“教育储备金制度”做了专门调研，深化了教育产业论研究。

广东对教育产业论的研究取得了三个方面的成果：一是更新了教育观，既强化了教育与经济发展的内在联系，指出教育与经济存在天然的内在关系，以及教育发展的根本方向，同时把办教育的社会实效和经济实效作为最重要的方针，教育不仅仅是“教人做善”

① 张铁明著：《教育产业论——教育与经济增长关系的新视角》，广东高等教育出版社 2002 年版。

的事情，更重要的是为经济发展服务，推进社会主义现代化。二是教育是一个产业，应当关注教育作为产业的属性，还教育的真实内涵和基本功能，因此，应当重视教育作用经济和社会发展的作用，重视教育服务经济的产业发展，重视社会服务教育的产业发展。①三是教育是一个多种经济成分构成的重要领域，也需要在市场运作下方可得到健康发展。一方面要批判单纯的教育赚钱的偏见，另一方面要积极拓宽教育资源，既允许各种社会力量办学，发展教育，又要规范办学的基本行为，不能使教育沦为简单的收费工具。教育产业论研究纠正了人们对发展民办教育的不合实际的看法，使教育产业论的观点从1993年前后“一边倒”的批判和指责中解脱出来，得到政府、学术界及广大人民群众的肯定。广东更是把教育产业论研究应用于实践，推动了广东社会力量办教育，避免了“教育储备金”体制存在的风险，使民办教育在广东健康地发展起来。目前，广东教育不仅公办教育发展活跃，其他办学体制也日益完善，形成了从普通教育到职业技术教育、从基础教育到高等教育的各层次各类型不同教育体制相互促进、相得益彰的发展局面，公办与民办相互协调、竞争的良性互动机制，扩大优质教育资源，满足不同群体人们的教育需求。如1992年著名教育家王屏山牵头、广东省教育促进会和广州市教育界联合创办的公民合办、民办公助体制的“蓝天中学”，至1996年4年间为国家节省了约332万元的经费；1994年，广东省民办学校有40余所，在校生规模超过一万人，所在地区政府为中小学生投入的生均教育经费为1000元，但民办学校国家没有投入任何钱，而广州市当年公办学校生均经费为1807元，一年可以为国家节省1000万元以上的教育经费；华南师范大学附属中学旗下三所民营学校在国家不投入的情况下纳资4亿多元，提供近万个优质初高中学位，其经济效益和社会效益更加显著。广州白云职业技术学院是一所民办教育实体，开设了上百种专业，每年向社会输送上万名经过培训的各种技能人才。中山大学南

---

① 冯增俊：《国外教育产业的发展及启示》，《比较教育研究》2000年第5期。

方学院、广东外语外贸大学南国商学院都是与高校合作办学的民办学校，这种合作既保证了这些民办高校的教育质量，又扩大了广东教育规模。创办近10年的广州永博明教育研究院不花国家一分钱积极参与广东教育改革，开展教育规划等研究，取得了突出的经济效益和社会效益，开启了中国民办教育研究机构的先例。这些实践证明，教育具有内在的产业性，正确推进教育发展，就要遵循教育特有的发展规律，才能把教育办好，在促进经济发展、创造出巨大的生产力中又能使经济为教育提供更多的资源和发展机会，实现教育资源的合理配置，使教育产生出更显著的社会效益和经济效益。

3. 探索教育发展规律中形成“广派教育学”。

改革开放30年来，广东在积极推进教育改革发展中，积极探索现代教育规律，逐步形成有广东教育特色的“广派教育学”。这种“广派教育学”具有浓厚的广东改革开放特色，并积淀了丰富的广东教育理论研究的重要成果。这种教育流派区别于重视国家教育发展政策和战略研究的“京派教育学”，以及重视教育科学性研究的“海派教育学”，以注重教育“务实风格”而著称。“广派教育学”得益于广东人一直以来重视教育实际，讲求实务不尚清谈的精神，强调教育的时代性和参与社会实践。“广派教育学”的基本特征主要表现在：第一，教育必须服务于本国本地社会及经济的发展。“广派教育学”坚持认为教育，特别是现代教育具有生产性特征，教育与人类生产发展相结合，是推进人类社会健康快速发展的关键要素之一。因此，办教育就必须以服务社会和生产为宗旨，以培养本国本地社会需要的生产技术人才为要务。其实质就是服从、服务于人类生产这一最根本的人类发展需要，强调只有服从这一出发点，才有可能谈得上满足社会的各种需要，发展各种教育功能。把教育与人类社会实践结合起来，必然走向“教育、科研、生产”三结合，把育人、出成果和为具体经济服务相结合，必然突破传统教育而走向多元化、开放化，倡导自主办学自由研究之风。第二，注重教育的实践性。“广派教育学”强调教育发展必须以本地本国实际出发，服从教育的实践要求，办教育既有一定的超

前性，但又不能离开本国的基本实际需要。它不片面追求数量增长，而与适应经济发展为原则；它没有固定的永恒体系，而总是随着社会经济的发展变化而发展变化。坚持这一模式，就必然形成符合本国经济发展的多样化、多层级、多类型、门类齐全、层次合理的教育体系。第三，注重教育的效用性。即“广派教育学”强调教育的全部行为要以社会与经济发展需求为其出发点和必然目的，注重效用。杜绝一切以权力、传统来支配教育的官僚习气，清除图虚名、形式主义、教条主义的东西。广东实践表明，盲目追求高指标是不合理的，效用应是办教育的第一要则。

“广派教育学”不仅在于理论上创新，在研究机构上也形成多种不同的机构体系，既有政府成立的教育研究机构，如各地的教育科学研究所，南山区教育局成立全国最早的区级教育科学研究所，广州天河区从早期注重电化教学到现在重视教育的整体水平提升，在广东最早倡导区级校本教研，很有成效；更多的是大学的教育研究机构，如中山大学教育科学研究所、中山大学教育现代化研究中心等等；还有民办教育研究机构，如广州永博明教育研究院，作为一所有特色的民办教育研究院，创办10年来已小有名气，并出版《学校品牌管理》杂志，在推进广东教育发展和改革方面起了积极的作用。

（二）教育转型：首开广东教育现代化研究

1. 率先开展广东教育现代化研究。

教育现代化起于西方国家，但在欧美学术界并没有形成一套系统的教育现代化理论，在中国，有顾明远教授主持的“文化传统与教育现代化”等重大课题研究，出版了《教育文化传统与变革》等论著，但真正研究中国教育现代化实践问题，当首推广东学者研究珠江三角洲改革开放先行试验区教育现代化问题。改革开放后，广东积极推进解放思想，经济发展迅速，特别是珠江三角洲经济特区凭借独特的地缘、人缘优势，充分利用中央赋予的“特殊政策、灵活措施”，从落后、贫穷、封闭的农村一跃成为繁荣、富强、开

放、教育发达的现代化大都市，创造了经济发展的奇迹，GDP 占全省总值的三分之二强，顺德市、中山市、珠海市、东莞市 1990 年产值超过百亿元，年平均递增率达 20% 以上，而深圳市和珠海市的年平均增长率则分别达到了 47.9% 和 24.7%。[①]

经济的繁荣促进了教育的发展和改革，也暴露出新的发展问题，迫切需要在理论上做出回答和新理论的指导，以便制定新的发展战略，推进教育的可持续发展。1992 年在邓小平南方谈话后，广东省政府提出研究珠江三角洲发展问题，同年第一届“珠江三角洲教育现代化及发展战略与走建设有中国特色社会主义道路学术研讨会”在东莞市举行。这是国内最早提出研究教育现代化问题的学术研讨会，把研究教育现代化实践与区域教育发展战略结合起来，并出版研究专集《改革大潮中的珠江三角洲教育》，引起广泛影响。1994 年初在广东省有关领导支持下，推出“珠江三角洲教育实践及基本经验”专题研究，开始编写《珠江三角洲教育现代化研究丛书》，[②] 极大地推动了这一研究。1994 年下半年，广东省政府提出建设珠江三角洲经济区的设想，在经济区规划中专项列出《珠江三角洲教育发展规划》，全面启动该区域新一阶段的教育现代化建设。为此，广东省政府成立了“发展规划专家组”，组织 57 名各学科资深专家开展相关研究。1994 年年底，“第二届珠江三角

---

① 黄家驹、颜泽贤、冯增俊主编：《改革大潮中的珠江三角洲教育》，广东高等教育出版社 1993 年版。

② 见陈坚、颜泽贤特约主编，冯增俊、朱仲南主编：《珠江三角洲教育现代化研究丛书》，广东教育出版社出版。丛书包括有：江海燕、赵广元主编：《迈向教育现代化——江门市教育综合改革实践探索》，梅彼得、黄汉和主编：《跨世纪的基础工程——佛山市教育改革与发展实践探索》，罗钦贤、蔡如流主编：《从师专到大学——西江大学办学模式研究》，姚锦柏主编，叶沛涛、张学玲副主编：《创建有特色的现代教育——东莞市教育改革与发展综合研究》，陈金陵主编：《创办现代化农村职中——新会市荷塘职中办学模式研究》，刘迅、刘根平、张效民、刘晓明主编：《南山教育与南山人——区域教育现代化的构思与实践》，叶家康、刘方抗主编：《崛起的新型地方大学——创办五邑大学的实践探索》，龚国勤主编：《师范教育的世纪探索——广东顺德师范学校百年办学实践研究》，冯增俊主编：《中国教育现代化之路——“亚洲四小龙”、珠江三角洲教育经验的时代启示》等。

洲教育现代化实践国际学术研讨会”在佛山市举行，会议以佛山市教育发展战略为基点，全面探讨珠江三角洲教育发展战略问题，对该区域教育发展起了重大作用。1996年底，第三届珠江三角洲教育现代化与发展战略研讨会在东莞举行，全面总结“八五”期间珠三角的教育现代化建设和发展战略研究，从实践和理论的角度深入探讨了珠三角的教育现代化及远景规划，首次提出区域文化与教育现代化对发展战略、教育政策与教育发展战略互动，以及高科技、知识经济时代教育发展战略的基本观念等论题，在理论上具有相应的超前性。1997年广东省教育厅牵头实施“珠江三角洲教育现代化研究”这一全国教育科学“九五”重点规划课题，宏观地对珠江三角洲教育发展做出统筹，将理论与实践、政策与发展战略结合起来，提出省、市（区）、镇三级教育现代化指标，分阶段在2005—2010年全区域建设教育强市（区、镇），全面实现教育现代化，与20世纪90年代初开始全省中小学等级评估活动相协调，对该区域教育发展起了重大的作用。

2. 理论研究服务教育实践，推进教育模式转型。

教育现代化研究极大地提升了广东教育理论研究水平，这些理论研究又强力反作用于广东教育实践，推动了广东教育发展模式的现代转型。一是理论研究配合广东教育改革。1992年邓小平南方谈话要求广东20年赶上亚洲“四小龙”，广东积极开展有关亚洲“四小龙”教育研究，出版《亚洲“四小龙”教育研究丛书》，包括《亚洲“四小龙”德育教育研究》、《亚洲“四小龙”职业技术教育研究》、《亚洲“四小龙”课程实践研究》、《亚洲“四小龙”教育制度与管理体制研究》等，并发表大量文章，为广东教育改革实践提供重要发展依据。[①] 还有对珠江三角洲教育现代化理论研究，非常好地策应了1994年广东省政府提出建设“珠江三角洲经济区”及“教育强省”的目标，有效地推动了珠江三角洲作为先

① 顾明远主编，冯增俊、黄旭副主编：《亚洲“四小龙”教育研究丛书》，福建教育出版社1998年版。

行试验区的教育改革，在探索其独特的实践中阐发其内在的创新思想，在国内外都产生了积极的影响。与此同时，珠江三角洲还探索出了适合该地区教育发展的有效机制和最佳模式，为全省其他地区的教育现代化起到了良好的示范作用。二是教育现代化研究配合和推动了广东教育转型。广东教育研究中非常重视广东教育现代化的后发外生型特征，积极探讨广东在巨大压力下强行启动教育改革中政府行为的现代教育决策作用，利用这种自上而下改革来促使广东教育与经济发展相结合，走了一条从借鉴模仿到创新的道路，一切从广东实际出发，实事求是、勇于创新，努力创建有广东特色的现代教育体系。教育理论研究使广东教育改革得到深化，产生了荷塘职教“教富互动、产教结合”的农村型职中办学模式、顺德工业型模式、深圳以南山区为主的科技型职教模式，建立了西江大学、五邑大学等不同模式的地方高校等，江门、佛山、东莞等市也形成了不同的教改特色，如东莞市积极实施农村教育现代化，将市场机制引进农村、农民和农业三位一体的教育中，加速传统教育的现代转型。

3. 理论创新引领实践走向，广东教育迈上新台阶。

广东教育现代化研究使广东教育理论从原来的仅仅注重于个别的微观研究，转向注重从时代发展整体上的宏观研究，以高屋建瓴的理论态势，全面统筹全省区域教育协调发展的战略设计，使教育“现代化的进程呈梯级升进秩序”。[①] 理论对教育改革创新的把握，反过来赋予教育改革实践以巨大动力，使广东教育改革不断迈上新台阶。一是珠江三角洲教育现代化研究，提出后发型教育改革新特点，配合了这个区域教育发展。二是广东教育发展战略研究，建立起全省统筹、梯级升进的战略思路，根据实际情况，实施从珠江三角洲到东西两翼及粤北山区的由点到面，“分类指导、层次推进、梯度发展、共同富裕”的发展策略。三是遵循现代教育发展规律，

① 罗荣渠著：《现代化新论——世界与中国的现代化进程》，北京大学出版社 1993 年版，第 142～143 页。

坚持教育可持续性发展的原则，推进教育与现代生产和当地经济的紧密结合，优先发展急需专业，以有效的投入赢得最大的经济效益和社会效益，使珠江三角洲、两翼、山区充分利用各自的自然、地理和人文优势，建立起切合实际、独具特色的现代教育体系。四是引进市场机制，创新教育体制。首先是创新多级办学的教育管理体制，创立基础教育县（市）、乡镇、村三级办学，高等教育以中央与省办学和中心城市办学相结合，培养了大批迅速发展的社会经济急需的专门人才；其次是创立以政府投入为主，财、税、费、社、产、基为来源的多元化教育投入体制，使这时期港澳同胞、海外华侨捐资的各种教育基金筹资超过50亿元，居全国首位，“教育百万行”、“教育基金万人行”等活动募集的基金从数千万到上亿元不等，仅汕头大学，李嘉诚先生就捐资超过10亿元;[①] 再次是推动了教育与市场的紧密结合，构建了以政府办学为主体、社会各界共同办学的体制，办学形式多样化，民办教育得到充分发展，形成如捐资办学、公办民助、民办自助、民办公助、股份合作制、国有民营型、外资型、教育储备金型等多种运行模式，使“教育投资消费观念”深入人心，教育成为一种长期的投资行为，如以英豪学校为代表的“资本实力型”运行模式、以私立华联学院为代表的“知识型股份合作制”运行模式、以深圳碧波中学为代表的“委托代理型”运行模式、以华南师大附中为代表的多样化互动型办学模式等。

三、理论先锋：社会主义道路与中国特色教育体系

30年广东教育改革开放带来广东教育巨大变化，在新教育实践和教育实验中提升的鲜活理论为教育改革实践发展提供了强大的理论武器，回答广东教育的历史难题，并影响着广东教育未来发

① 梁琼芳：《邓小平教育思想与广东教育改革》，广东人民出版社1998年版，第171页。

展，推动广东教育走进新时代。正是从真实的教育改革实践中，触动了现代教育发展规律这一神秘按钮，催生出纷繁多样的各种教育实验和新理论，教育民主化、个性化、终身化、科学化思潮不断涌现，从国际人本主义思潮到注重学生、教师、社会、国家、学校为本的新"人本特色教育模式"，从发展性教育思潮到包含多元智慧理论等在内的"新发展性教育模式"，从社会本位至上的教育方针到个人本位再到社会与个人本位融合的"主体生成教育模式"等，广东开始形成"理论是实践的先导"的新趋势，开始逐步从注重规模和数量的外延式发展向注重教育质量、社会功效的模式转型。

（一）求是变革：广东现代区域教育发展理论形成

正是理论研究，为广东教育发展注入强大的推动力。1988 年邓小平提出"两个大局"新概念，即"沿海地区要加快对外开放，使这个拥有两亿人口的广大地带较快地先发展起来，从而带动内地更好地发展，这是一个事关大局的问题。内地要顾全这个大局。反过来，发展到一定的时候，又要求沿海拿出更多力量来帮助内地发展，这也是个大局。那时沿海也要服从这个大局"①。这就是内地和沿海互动发展的"全国一盘棋"，体现了科学发展观以及全面、协调、可持续发展与构建和谐社会的要求。广东所主张的现代区域教育理论，正是在教育的经济发展要素下考虑全局中促使区域内教育与经济协调发展，实现社会进步的教育发展战略思路。基本内涵表现在：在与中央和省教育政策保持一致的前提下，各地区从各自的经济发展实际和教育需求出发，合理确定本地区教育发展的目标、规模、速度、重点，以及教育结构、专业设置、学校类型、办学模式等，使教育发展能与区域社会经济的发展相互促进；同时，教育应适度超前发展，更好地发挥其基础性、先导性和全局性的作用。现代区域教育理论的主要目的在于促使区域创立教育与经济良好的互动机制，以缩小区域间的差异，改变发展不均衡的状况，以

① 《邓小平文选》第三卷，人民出版社 1993 年版，第 277 ~278 页。

带动该区域的全面进步。

发展不均衡的问题是当今国际教育发展中的突出问题。广东是全国经济最发达的省份之一，但同样存在着区域间发展不平衡的问题，例如广东2/3强的国民生产总值是由珠三角地区创造的，而东西两翼和北部山区发展严重滞后，教育上长期欠债很多，教育水平低，成为制约这些区域发展的瓶颈。除了珠江三角洲教育研究成果外，黄家泉、邵国良等人开展的“广东教育区域化发展研究”为广东省教育厅教育科学“十五”规划项目，其研究成果有《广东“教育区域化发展”的理论思考》、《教育区域化发展研究：地区经济发展不平衡对教育的影响》等，李修宏、周鹤鸣、高桂彪等主编的《广东教育环境与发展战略研究》（广东高等教育出版社，1992年），吴紫彦主编的《教育蓝图——区域教育现代化的理论和实践》（2000）等。此外，广东教育理论界对港澳台、东南亚教育发展的研究也极大地深化了现代区域教育理论，为广东教育的可持续发展和整体的协调发展提供了重要借鉴指导作用。①

在广东教育发展战略中，非常重视发达、次发达和欠发达三大经济区域即珠江三角洲、东西两翼和粤北山区的发展问题，考虑这些区域经济特点，扬长避短，实行不同的人才培养战略和教育扶持政策，推动区域经济的进步。特别是“十五”以来，广东省政府把教育放在优先发展的战略地位，在推进高等教育跨越式发展、巩固提高义务教育水平、加快职业技术教育发展方面取得了显著成就的基础上，突出普及高中阶段教育，作为一个新的里程碑式发展工程。2007年省委政策研究室和教育厅牵头，会同省发改委、财政厅等有关部门，对广东高中阶段教育问题进行了专题调研，对目前珠江三角洲地区早已普及高中阶段教育，但东西两翼和北部山区严重滞后进行全盘统筹安排，制定了全省普及高中教育的战略计划。以2006年初中毕业生升学率为例，珠三角为98.1%，东西两翼和

① 冯增俊著：《教育创新与民族创新精神》，福建教育出版社2002年版，第89页。

北部山区仅为59.3%，全省每年未升上高中阶段学校就读的初中毕业生有40万人左右，其中大部分都在东西两翼和北部山区。因此，为了推进全省普及高中阶段教育，广东将会采取许多有利于这些欠发达地区教育发展的措施，如在教育经费投入、教育发展重点、办学形式、师资培训、助学体系等方面都会有所倾斜。现代区域教育发展理论无疑将大大促进广东教育的均衡发展。

（二）求实重效：互进型教育发展论奠定社会主义教育新体系

广东教育理论发展最重要的成果之一，就是在推进教育现代化中探讨教育本性及教育的现代转型，阐述了从教育异化再到本性回归等重要观点，并概括为互进型教育发展论，又称为实践或实用型（Practice or Pragmatic）教育发展模式。该理论为冯增俊等人于80年代后期提出，经过十几年的发展成为一种理论，该理论继承和融合了现代教育研究、教育产业论等各种相关理论的合理思想，核心在于强调教育与社会经济发展之间的互动演进关系，这种互动关系是广东学者对现代教育发展规律的创新性发展和运用。互进型教育发展论强调教育具有生产性，现代教育作为社会发展的基础，是以经济发展为主要使命的；广东教育是属于后发展型社会主义国家的教育，广东教育改革的主要使命是推进以经济发展为主导要素的，教育与社会互动发展的作用关系就是以积极推进通过改革教育推动经济发展从而反过来促进教育繁荣，这是社会主义现代教育体系的根本目的，离开这个总目的，广东发展就会有问题，中国社会主义发展就会失败；教育与社会的作用形式是多样的、与时俱进的，也是一个国家或一个民族对现代教育发展规律的把握，因而也是一个民族一个地区现代教育意识提高的过程。互进型教育发展论强调教育创新对社会发展的重要性，是教育与社会发展的互动中由于社会发展需求→模式变革→走向互动→形成新发展模式→出现发展

危机→产生新的互动需求→出现新的模式变革……[①]这是一个在追求最大社会功效中不断循环递进的发展过程，一个致力于寻求教育与经济发展相适应协同互动发展的理论。

互进型教育发展论有三个基本特征：第一，办教育的最高原则和最终目的是最大限度地促进经济的发展。教育现代化的研究与经济的增长密切相关，内涵十分丰富，涵盖社会的方方面面，其中经济指标是核心和基础，经济的最重要特征是产业结构的改变和国民经济长期持续的增长，即“现代经济增长”，广东经济的繁荣发展严格恪守这一原则，使教育的发展服务于经济的增长需求，凡是有利于发展经济的教育措施、经验都积极采纳使用。第二，教育的发展必须与该区域经济发展的水平相一致，根据实际发展情况，做出切己的教育选择，既要突破传统、封闭、单一的教育模式，又要保留传统文化中的精华，既要积极向西方发达国家学习其先进的教育理念、办学模式、教育政策、教学手段等，又要保持清醒的头脑，不盲目照搬外来的一切东西。广东属于后发外生型的现代化，在外来压力下强行启动，走了一条从借鉴、模仿到自我创新的道路，从而形成务实的教育精神，珠江三角洲教育的成功即是最好的证明。第三，教育与经济紧密结合，在遵循现代教育发展规律的基础上，将市场的竞争机制、价值机制等引入教育领域，改变传统教育的发展模式和经营模式，提高办教育的效率和社会效益，达到教育资源的合理配置，形成多类型、多层次、结构合理的教育体系。广东在互进型教育发展模式下，推行政府主导统筹与市场竞争运作机制相结合的教育体制，形成以政府投入为主、多渠道筹措资金的教育投入体制和以政府办学为主、社会各界广泛参与的多元化办学体系。这一教育理论融合了广东教育改革开放以来的理论研究成果，体现了“广派教育学”注重实际的务实特征以及广东教育未来发展的基本走向。

① 冯增俊著：《教育创新与民族创新精神》，福建教育出版社2002年版，第94页。

（三）求精创新：实验研究转变教育理论发展范式

教育现代化实践研究促使理论关注重大教育实际问题。改革开放 30 年来，广东人在开眼看世界中产生出一股敢为天下先的进取精神，大胆进行教育改革和实践，先后启动了广东教育现代化运动，勇当排头兵和试验场，在探讨现代教育发展规律，实施教育现代化研究上有了重大突破，在广东实施三个阶段教育现代化理论研究中都取得新的成果：一是 80 年代后期为了满足群众对教育的大量需求，开展了以注重各种教育数量增长的发展战略研究，解决了要不要改革教育的问题；二是 90 年代转变教育体制，以实现教育规模发展的教育现代化研究，解决了如何改革教育的问题；三是 1998 年至今推进的配合广东发展自主创新型社会研究中，致力于解决如何创建广东现代教育体系的问题。正是在探讨这些重大的实践问题中，广东教育理论研究的范式转向探讨广东教育实际问题，促使教育专家走出书斋，在参与教育现代化研究中，提出了许多新的观点，产生了一批重要研究成果，如冯增俊、朱仲南、陈坚、颜泽贤等人的《珠江三角洲教育现代化研究丛书》、《中国教育现代化之路》、《论教育现代化的基本概念》、《试论我国教育现代化的基本任务和主要特征》；江海燕主编的《广东普通教育现代化（1990—2000）》及刘达中的《珠江三角洲教育现代化概论》；吴紫彦的《教育蓝图——区域教育现代化的理论和实践》、冯国文的《现代化学校研究》、陈昌贵的《走向大众化》等。

研究广东教育实际使广东教育理论得到空前发展。由于教育理论范式的转变，广东丰富的教育实践为广东教育研究展示了无尽的视野。一是理论家们积极申报各种实践性课题，如“珠江三角洲教育发展战略研究”（1996 年），“韩、台、港、新、澳、珠江三角洲教育发展经验与建立中国社会主义教育体系”（1993 年），“珠江三角洲、香港、澳门、台湾教育发展综合比较研究”（1996 年），“广东教育发展宏观背景研究”（1992 年），“亚太地区教育现代化研究”（1992 年）等等，粗略统计 90 年代后大约达 300 项。

二是中小学也积极开展各种课题研究，不仅包括学校办学特色，也包括有关课程和教学上的课题，这类课题包罗万象，涉及各种题材，体现出教育科研无限的活力。三是除了申报国家和省的课题外，各地也积极开展课题申报工作，广州市、深圳市等都依据不同的要求开展课题申报。面向教育实践使课题研究日益多样化，使广东教育理论研究繁荣发展起来。

在这些课题研究中，围绕着学校教育现代化研究的课题最受关注，广州、深圳、惠州、珠海等市积极推进，广州市冯国文等人把初期开展的“建设不同类型的现代化学校研究”，发展为“珠江三角洲学校教育现代化模式研究”和“学校教育现代化及个案研究”等课题，扩展到珠江三角洲9所城市的数十所学校，很好地推动了学校特色教育的发展，形成如“可持续发展教育模式”、“和谐教育模式”、“协同教育模式”、“自主—创新教育模式”、“以美育人教育模式”、“同心教育模式”等特色学校，涌现出许多具有创新意义的教育思想，如“自主学习，自我教育，自求发展”的“三自教育模式”等，[①] 提高了学校的办学水平，改进了学校的办学模式，形成了自己的教育特色，为教育现代化做了有益探索。深圳南山区编写的《南山教育现代化丛书》，全面地记录和思考了南山教育现代化实践的全过程，并在理论上进行了新的概括。为了全面推进广东乃至中国教育现代化研究范式的转变，实现从研究教育规模增长和分散指标转向研究教育现代化的整体模式，冯增俊牵头主持的“中外教育现代化不同模式的比较研究”、“珠江三角洲教育现代化研究”及“中国教育现代化的理论与实践研究”等课题先后被全国及省教育科学规划以及中山大学列为重点课题，在广东新的教育实践基础上探讨中外教育现代化进程的不同模式，在阐述教育现代化发展规律基础上，探讨中国教育现代化的具

① 冯增俊、唐海海主编，邓耀昌、周善恒副主编：《新世纪学校模式——第四届粤港澳台教育论坛》，中山大学出版社2001年版，第377页。

体实践策略。目前正在理论研究的基础上对广东改革开放特别是深圳南山教育现代化实践进行深度研究，并进行相应的专题研讨及实验等7个子课题，目前已取得部分成果，其中国际合作综合英语教学实验已有八年的辉煌历史，享有较好的社会声誉，为该课题的研究提供了坚实的研究根基。

多种教育教学实验呈现广东教育理论发展新前景。在各种独具时代性、创新性、操作性教育理论的指导下，广东教育界、学术界甚至众多学校开展了多种教育教学实验，诸如国际合作综合英语教学实验（冯增俊）、自我发展教育操作模式研究（冯国文）、生本教育实验（郭思乐）、理工科大学德育课程与人文课程体系构建的整合研究（莫岳云）、校本课程开发与中小学德育实效性之研究（郑航）、东南沿海地区儿童少年品德问题与家庭教育问题及其对策的研究（骆风）、学前全语言创造教育软件研发（袁爱玲）、现代远程教育基础理论和实践模式的研究（丁新）、21世纪中外基础教育改革与发展趋势综合比较研究（冯增俊）、中华魂教育的资源开发——特区中学生民族精神的塑造研究（刘新生）、教育产业经营研究（张铁明）、现代教育思想培育完整新人研究（吴颖民）、小学品德教学拓新实验研究（李雪红）等，许多课题研究隶属教育部重点课题。这里略举一二种做简要分析。

第一，国际合作综合英语教学实验（International Collaboration for Integrated English Program）。英语是当今世界上使用最广泛的语言，随着经济全球化进程的加速，广东与世界各国之间的交流越来越频繁，英语的重要性日益突出。但传统英语教学教不会学生英语，英语成为老大难科目，学生视英语为畏途。国际合作综合英语教学实验积极吸收融合国内外先进外语教育理念，转变英语教学功能为开发儿童智力的重要工具，多国专家实验七年取得重要的研究成果。该项目已发展成为一项与英国、美国、芬兰及香港等专家学者合作的国际性研究课题，也是广东省和全国教育科学“十五”规划重点项目，由冯增俊、肖建芳等人牵头，先后在广东、安徽、贵州、湖南开展实验，已成为中国特别是华南地区具有典型性的新外语教学模式，先后有深圳市福强小学、东莞市莞城英文学校、惠州市博罗实验学校、华南师范大学附属美的小学、中山大学附属小学、江门教育二幼等近50所（园）校参加实验，基本上都发展成为当地的特色名校，有很好的社会声誉。该实验提倡要遵循儿童身心发展规律、语言发展规律和外语教学规律，在儿童语言发展的关键期发展语言，实施积极的双语英语教学，有效地加速了儿童的智能、语言和高级思维的发展，达到学生、学校和教师的更快发展的目的。该实验利用多种方法，实施全息性语言教学使学生获得最佳的语言习得效果。实验对所有学生都产生不同程度的重要作用，产生了一批品学兼优的学生和优秀外语教师，许多学校经数年实验已成为双语特色学校，当地教育部门在不同实验学校组织了20多次现场会推广成果，受到学生、家长和学校的欢迎。

第二，自我发展教育操作模式研究。“在自我发展教育操作模式框架下综合应用多种学与教方式的研究”是由广州市教育科学研究所冯国文老师组织成立并主持的，为教育部规划课题。该课题积改革开放30年来国内研究学生自我教育的成果，如上海实验学校进行了开发潜能、训练元认知策略的研究，湖南师范大学郑和钧教授进行了自我教育的研究与实践，合肥实验学校进行了自育自学的研究，以及国外如美国教育心理学家齐墨尔曼等人提出了“自我调节学习”研究，加拿大教育学教授莫里斯·吉本斯等人提出了“自我指导学习”等，并吸收广州沙面小学研究成果而设计的。该实验的自我发展的“四导四自”操作模式，主要指教师引导定向、运作、调节、激励和学生自定向、自运作、自调节、自激励，其中学生“四自”以教师“四导”为前提条件，教师“四导”围绕学生“四自”进行。

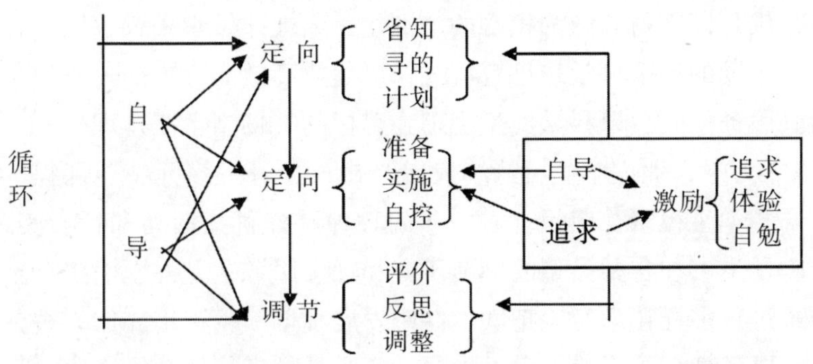

自我发展教育模式研究立足于哲学、心理学、教育学等学科知识，积极响应联合国教科文组织在《学会生存》报告中提出的自学原则，贯彻中央政府的教育方针政策，致力于建立一种新的教学关系，以宏观的思维方式综合应用的多种学习方式，如接受性学习、探究性学习和反思性学习，综合应用多种教学方式，如主导主学类、自学辅导类和自导自学类等，从教师主导下的学生“主动四自”、经辅导中的学生“自动四自”，到学生的自导自学（“自觉四自”），从而实现“教—不教”，引导学生在学习中成长为主动自觉、基础扎实、实践能力强、创造性强的一代新人，在理论和实践上形成新的教学系统，即自我发展教学系统。

自我发展教育模式研究分中学组、小学组和幼教组，分别研究“四导四自”在不同阶段的具体形态及操作，研究多种教与学方式的综合应用，参加实验的学校涉及广州、深圳、东莞、佛山、珠海等数十所学校及幼儿园，届时将会产生相关的调研报告、研究专著，有着深刻的理论研究意义和实践意义。

第三，现代教育塑造高素质现代人研究。这是华南师范大学附属中学吴颖民校长倡导的“以完整的现代教育塑造高素质的现代人”的教育理念和教育模式研究。该校为当代中国名校，积淀了丰富的办学实践和教育文化，其教育模式的核心内涵是坚持以人的发展规律和现代教育规律办学，积极吸纳中外先进的教育思想，培养知识全面、勇于进取、思想健康、有创新精神和国际视野的公

民。该校积极倡导“优质化、个性化、规模化、国际化”四大战略，推行以因材施教为核心的个别化、人性化教学模式；以立志成才为主题的激励型学校德育模式；以优质高效为标志的效益型学校后勤服务模式；以科学民主管理为目标的舒畅型学校管理模式。从“以人为本，促进学生可持续发展”出发，开发多元特色课程，注重开阔学生视野，组织丰富多彩的各种课外科技活动和社会实践，鼓励学生参加各种类型的创新研究和社会服务；允许学生按自己的方式进行多样化学习，把学生健康发展和创新精神培养作为教育的第一要务。该校无论是学科发展，还是学校道德教育等方面，都积极倡导现代教育观，重视创新精神培养，涌现出一批优秀人才。30年来涌现出30多个总分和各科全省高考状元和一批省市优秀毕业生，多次代表国家和省参加国际国内重大的学科竞赛和中学生交流活动；仅近五年来就有20多名学生代表国家参加国际青少年科技创新竞赛交流，还先后夺得全国青少年科技创新大赛一等奖8项，二等奖15项；获全省青少年科技创新大赛一等奖近40项。学生还分别获得茅以升科学奖、国家发明博览会金奖、福特汽车科学奖、英特尔英才奖、英特尔新苗奖、柯达科学奖、明天小小科学家、万户创新奖等，被中国科协、教育部等单位授予全国青少年科技教育先进集体和优秀组织奖等荣誉称号。优秀名师荟萃，是一所国内外的名校。

第四，新人本教育模式及实验。人本教育思潮是当代最重要的教育理念之一，也是推进办学模式转变的教育思想，有着悠久的历史渊源，其突出的论点是教育要彰显人性的发展，突出人的主体性。在新科技革命的推动下，人力资本理论和人本主义心理学在教育中广为传播，人本教育在科技与人文的整合中获得了新的时代内涵，在人才培养上更注重人文精神与科学理念的综合，新人本教育模式由此形成。新人本教育模式是在高科技发展推动下产生的，整合了历史上人本教育发展成果的合理内核，加以推陈出新发展而来，它更重视人的尊严，遵循人性形成和发展的规律，摈弃了对神的依附和感官心理学的表层解说，更加突出了教师的主体与学生中

心的观念，使主体性的发展变成师生双方相互动共生长的主体，摈弃了赫尔巴特以师抑生和杜威以生贬师的缺陷，把教师主体性与学生主体性发展有机地在教育过程中统一起来，并注入了新科技时代的特定内涵，为建构更加科学的人本特色学校模式开拓了广阔的前景。遵循这一新的教育模式，广东惠州市博罗县实验学校等进行了教改实践，探索创建以人为本的学校模式。通过多年的实践，他们认为构建人本特色的学校模式，首先要树立以人为本的办学理念，倡导主体性教育，一切以人的需要出发，尊重人、信任人，最大限度地发掘人的潜能。同时应该按照学生的认知特点设计课程，突出多学科综合优势，以学生的发展实际来调整课程结构，突出激发学生的求知欲和内在学习动机。教师要发挥自觉能动性，建立研究性、互动性、活动性教学系统，使师生在教学中成为共生的双主体。而在评价体系上，应改变传统的结果性评价，注重人的主体性的生成，坚持以人的发展为本、多元智力与多层次多维度发展的评价观，坚持形成性评价与结果性评价的结合，以形成性评价为主；教师评价与学生评价相结合，以学生评价为主；个体评价与群体评价相结合，以个体评价为主等。

第五，新发展性教育实验及教育模式。江门市江华小学创办于1993 年，为江门市区规模最大的小学。学校创办以来，开展了如"国际合作综合英语教学实验"等近 10 项教育实验，初步形成音、体、美及数学和英语等特色。该校推行的"新发展小学教育模式实验"，促进了学校办学模式转型升级。新发展性教育模式实验吸收了当代世界教育改革的经验，其核心内涵就是倡导全人教育观，遵循现代教育发展规律，强调以学生发展为本，采用现代教育形式和方法，促进学生的发展与自主性、创新精神的生成，培养现代社会需要的新人。该模式实现了两个突破，既突破了传统的以学科知识、教师、课堂为中心的教学模式，强调教材、教学必须以学生的发展为基础，全面开发学生的潜能，又突破了传统的课堂教学论，强调发展是全面的、综合的、持续性的，全力推进知识教育与创新教育的结合、学校教育与社会教育结合、智力教育与人格教育结

合；倡导三个亮点，即倡导多元智力的全面发展、倡导形成人发展的综合教育体系和倡导培养创新精神的人的发展教育体系。“新发展小学教育模式实验”强调一切都是为了学生的发展，并使其进一步升华为自主性，具有自理、自治、自主和主动、主体的能力和意识的发展；并由此再升华为对创新的追求，即具有创新精神的人。这就大大超越了传统的发展概念，达到一种全人教育意义上的发展观。江华小学在探索建构新发展小学教育模式的过程中，设定了各方面的发展目标，涵盖了学校层面的目标、教师层面的目标和学生层面的目标，实现了学校的整体转型，成为一所有强烈的现代教育意识，以教育科研为兴校基础，师生都得到全面发展，办学效果显著的实验性名校。

第六，主体生成性教育模式及实验。[①] 主体生成教育是一种旨在引导学生参与实践的过程中培育和发展受教育者的主体性（包括自主性、能动性和创造性）的教育模式，要求教育者通过创设和谐、宽松、民主的教育环境，把教育目的融合于自然、计划生发于秉性，启发、引导受教育者内在的教育需要，使之自觉而主动地在多样化的教育活动中实现积极的教育目的，在学校中实现教师与学生相互作用、共同进步的目标。惠州市惠阳实验小学自创办来，积极推进主体生成教育模式，一是强化学生自主建构主体、发展主体型人格的过程，把自主性、独立性、责任心和创造精神作为主体型人格发展过程。二是强化理性建构与内在需要互动统一的主体性生成过程，鼓励按学生不同的人生秉性和内在发展需要实施有目的的教育。三是强化教师主导与学生自主互动发展的作用，特别是活动对学生主体发展的至关重要的作用。这种主导既要遵循学生发展的内在要求，又要发挥教师主体的最大创造，能从学生需要出发量身订制各种最佳的教育方法，整合最佳的课程坐标，开展有利于学

① 参见张银球主编：《建构小学主体生成教育模式——惠州市惠阳实验小学办学实践探索》（冯增俊主编：《新世纪基础教育改革丛书》之一），中国教育出版社2003年版。

生主体性发展的各种教育活动，为学生主体性的发展提供机会创造条件。该实验使惠阳实验小学办学充满活力，在培养学生的主体意识、发展学生的主体能力、塑造学生的主体人格方面取得重要成果，使该校成为一所办学效益显著的新名校。

第七，职业人格教育模式及实验。这是惠州市商业学校邓庆宁等人倡导的“职业人格教育模式”，实施实验10年来，取得重要的成果。该模式强调“适度理论、强化操作技能为本”的职业技术教育理念，打破闭卷书本考试的教育传统，重视“人文教育与技能教育相结合；知行合一、以行为主；以素质教育为基础，以能力为本位”的三位一体“三平台教学模式”。在大力倡导工学结合、半工半读的框架下，实施即把学生学习分为专业认知、职业体验、生产训练、毕业实习的工学结合“四环一体教学模式”，不仅在教学中与产业相联系，培养职业情操，而且重视与企业生产结合，培养实际职业体验，在获得具体生产技能下形成真实的职业人格，成为在具体职业能力支持下的自信心和人格特征。这是一种真正的在技术能力下的人生理想形成，是一种向往生活、向往人生的教育模式。该校以此为契机，重视学生发展，发起“阳光1000成长计划”，用“十德养成教育”培育学生。这一模式受到省教育厅的表彰。

第八，宝职校企教育模式及实验。该教育模式为深圳宝安职业技术学校吕静锋校长等人倡导的职业技术教育新模式。该模式强调校企合一、工学互动一体，在独立承担“工学结合、半工半读”国家课题中，该校结合十多年来探讨职业技术学校办学模式中的经验和问题，走出了一条校企融合互动发展的新职业教育模式，受到企业的欢迎，目前正朝做大做强的目标进发。该模式强调办学与企业运作对接，不仅重视“校与部”互动的立体交叉式的校企管理体系，按产业方式分部分专业设班设分校，专业与企业结合设校企教区，按专业设校企教区来设计“校企课程”，并以此对这些“校企班级”实施企业式管理，倡导校企文化。该模式集国际职业技术教育经验于一体，不仅解决读书和技术能力培养的矛盾，读书和

就业的矛盾，还解决该校长期校园面积过小无法满足社会需求的大问题，同时很好地解决了学生生活和读书费用、就业以及企业办学中的各种问题。该模式立足于培养高级技工，目标明确，学生积极乐观，受到企业的热烈欢迎。广东在推进普及高中教育中以惠州商业学校的“职业人格教育模式”作为典型向全省职业技术教育界推荐，而“宝职校企教育模式”堪称广东教育改革创新之一绝，是广东30年教育改革开放上诞生的教育奇葩。

第十三章
开创新时代：走向新纪元的广东教育

30 年的改革开放赋予广东教育历史性大发展，使广东实现了百年普及教育之梦，先后发动三次教育改革运动，掀起三次教育发展高潮，无论是实施中心城市办大学运动、普及九年义务教育、大学城建设，还是最早开展教育发展战略研究、最早掀起教育现代化运动，以及气势非凡的民办教育运动等，广东在这一系列教育发展的时代壮举中，不断推演出新的教育发展画卷，探索新时代的广东教育变革意义。在纪念改革开放 30 周年之际，思考广东在展舒这一历史巨篇所带来的得失成败是很有必要的。本书以“当代中国教育现代化的伟大实践：广东教育改革开放三十年”为主题，从教育现代化的角度，把关注的视点投向从广东教育改革开放到新世纪初走向辉煌的各种事件，投向从 30 年的改革开放追溯到广东自鸦片战争以来的教育变革以及内在的各种事件，投向从广东教育改革到国际教育发展的大视野上，通过广东教育变革及经验直面中国教育的时代转型和未来走向，以求透视广东教育对现代、对未来的把握与重视。

一、迎接新挑战：广东教育走向新纪元的时代挑战

中国自鸦片战争以来，广东就备受注目，她集中了中国历次重

大历史变更，在风口浪尖上演绎着中国历史演变的特定走向。特别是改革开放以来，广东更是成了中国现代化的化身或缩影。与广东相邻素有亚洲“四小龙”之称的台湾、香港自20世纪60年代来经济发展飞速，但到90年代后却日趋下滑，为广东发展提供了难得的反思之镜，广东到底还能走多远？台湾1987年解戒以来动荡的政坛和台独活动，开始动摇了台湾未来发展之基，从1961年经济年平均增长为9.3%，1971年到1980年为9.7%，1981年到1990年为8.5%，但90年代仅在5%之间，2000年后甚至还出现负增长。香港回归过渡时期英国煽动的各种争拗，使港人失去了往日的反思力和镇定的思考，从而使这个世界贸易中心丧失了20年最好的发展机会。香港50年代经济增长为6.5%，60年代为11.7%，70年代为15.5%，80年代后期为年增长6.7%，90年代平均也在5%以下。[①] 与此形成鲜明对照，广东经济却扶摇直上，GDP从1970年突破100亿人民币，到1988年突破1000亿人民币，2001年突破10600亿人民币，2007年已逾30060亿人民币。以90年代的广东与国际上公认的日本经济倍增计划、60年代后的以色列模式和亚洲“四小龙”模式相比较，这三个模式在高速发展时期的年均增长率分别为8.9%，9%和6%~8%，而广东达到9.5%。[②] 广东经历了90年代初政策优势丧失、90年代末亚洲金融风暴的冲击，以及新世纪以来广东产业结构全面调整的重大冲击，可喜的是，每次冲击都带来广东教育的新变革和经济持续发展。但是，未来广东发展模式是否还会依然？如何才能使广东保持旺盛的发展潜力？如何实现时代转型以及未来走向，已成为广东关注的重点问题。人们在热切地关注着，是什么使港澳台三地90年代经济发展放缓，怎样才能推进模式的转变？这种发展对广东意味着什么？80年代后期，许多经济学家热议的“亚太的21世纪”、“南中国发展极”中的核心要素“粤港澳台”，将面临怎样的挑战与未来？尤其

① 参阅刘志庚主编：《亚洲“四小龙”经济的腾飞》，中山大学出版社1992年版。
② 罗开富、张小国：《探寻广东的发展轨迹》，《经济日报》2002年7月31日。

对广东改革开放30周年后的走向更加关注。

1. 挑战一：广东发展道路的选择。

走向21世纪，广东将面临重大转型的历史关头。在经历了90年代从港澳回归到科索沃大轰炸的政治事件、从创建信息高速公路开启知识经济新时代到标志着亚太传统经济模式终结的亚洲金融风暴的经济事件，以及21世纪初中国加入WTO影响全世界的重大发展事件后，广东一方面将面对更加多样易变的发展环境，另一方面又从世界各国积极推动教育改革中得到其启示。走向新世纪，广东作为中国最开放的地区将迎来更加宽松的发展环境，在中国加速发展、参与世界市场大竞争中争取更大的发展机遇。但是，广东还没有为这种发展做好准备，还缺乏明晰的道路选择。现在，广东乃至全中国都未能真正开展过深入的思想解放运动，国人至今依然未能真正地系统研究中国封建主义制度与现代社会的本质问题，更没有对现代中国发展与现代教育的作用有深刻的思考。面对自鸦片战争以来第二次重大的历史性大开放，中国人既要重新认识世界，认识资本主义，认识世界经济体系和教育制度、经济全球化时代的政治、教育和文化等等，更重要的还是要认识自己，认识中国式封建主义制度的生成和延续的文化基础及教育机理性作用。但是，自鸦片战争以来的一百多年现代化实践中，我们看到，国人忙着通过无尽的战争来解决政权问题，这种反思和研究只是在硝烟弥漫的战争间隙隐约缭绕，其认识相当肤浅。第一阶段，也是第一个半世纪间，中国人在救国保种的抗争中，苦苦寻求强国之路，在要不要变革政体上历经从太平天国、洋务救国、八国联军入侵、甲午战争以及各种反清救国运动，最后以颁布学制、五四运动和推翻帝制成立共和国结束。第二阶段，也是第二个半世纪，中国在怎样变革图强、如何学习西方上苦苦探求，经历了列强分割中国、抗日战争、第一到第三次国内战争直至成立新中国。战争组成的两大阶段进行曲，使全民族都没机会也没时间来反思民族发展的实践问题。由此，尔后开展的第三阶段，即50年代以后的各种变革，也同样经历了无数政治运动的洗礼，“从三反五反”、社会主义改造、“三面

红旗运动"、"文化大革命"等等。由此可以发现，在如何推行中国特色现代化上，中国进行了多种不同的实践，但是都难以摆脱旧封建体制的残余和思维束缚，究其根源，在于中国对封建主义缺乏真正的剖析和理解。1806年普法战争普鲁士惨败后实施政体、军事和教育三大改革，使德国在亡国边缘得到振兴。中国在100多年来抗击外国侵略中获得了独立，但这与和平建设的新时代是截然不同的。除了从战场转向经济建设外，更要看到，由于反抗帝国主义列强侵略和推翻反动势力，中国把建立民主政权放在第一位，动员人民战胜了封建皇权。但是，却未能有时间来进行清理封建思想、创建新教育的工作。与那种公开的展开腥风血雨的斗争相比，这种变革旧观念、清理旧体制的工作更艰难，遇到的阻力也更大。中国要从旧封建礼教中走出来，学会实行民主，懂得现代化、实行中国式的现代化建设，推进全球化进程，是中国面临的重大历史新课题。在这里，广东凭借这块开放的土地，演绎了中国历史上这段最重要的篇章：先是从鸦片战争中广东虎门的炮声，再到黄埔军校掀起北伐的号角，尔后是迈开中国改革开放先行一步的坚实脚步。在此，人们尽可借此展开思考的极限：广东改革开放30年的启示是什么？是什么使中国从唐宋时代的繁荣之顶峰衰落为东亚病夫？中国应当怎样推进新的时代开放，谋求走向中华民族复兴繁荣发展的新道路？

广东改革开放以来，由于最先享受先行一步之优惠政策，取得发展的主动权，在开放、引进之下，创造了后发展区域最著名的跨越性发展。走向新世纪，广东人从经济的转型中和世界发展格局的变化中，深刻地感受到选择未来发展新道路所面临的巨大挑战。一是80年代广东靠先行开放引进生产各种紧缺产品，取得发展优先权；90年代初在全国开放而使广东优惠政策丧失殆尽下，通过推行市场经济实现了战略性转变；90年代末亚洲金融风暴使广东面临危机，广东依靠全面的市场经济迅速调整产业结构，推进创新型节能减排新产业体系，使广东产值一路领先。然而，随着广东创新型产业的继续深入，要求越来越多和水平越来越高的科技人才，这

就进一步要求广东实现体系的深层次改革，特别是培养人才体系的革命性转型，使广东发展从原先靠全面推进市场机制，每次都最先抢占市场的先发机制之优势，变为依靠创新型人才开辟新产业来实现绿色高增长。广东人深刻地认识到，引进技术、招商引资，这个对广东发展最重要的概念，将很快走下主导地位，而创新，特别是原创性创新，这个广东人还不熟悉的概念却将是广东走向新繁荣的关键法宝。例如，广州市2008年1号文件直指广州自主创新问题，决心每年投入10个亿用于科技研发。市委书记朱小丹对此很有紧迫感，他说："要是过了八年十年，自主创新还赶不上去，广州就会遇上大麻烦！"他指出，目前发达国家科技研发投入很大，美国达到总产值比重的8%，国内北京是5.5%，上海是2.5%，深圳是3.4%，而广州为1.7%，；在科技人才方面，广州1万人中只有501名科技人员，而北京是900多名，深圳是900多名，南京是800多名。[①] 为此，广东在走向新世纪中，必须走一条发展教育培养人才、提高民众素质，进而推进科技创新和满足各类高级技术人员的发展道路，教育将起主导作用。30年改革开放使广东人开眼看世界，从感受国际发展大潮重视教育作用中朦胧体会到教育的重要性，积极推进教育发展，倡导教育改革，广东教育出版社出版新著《走向世界的坎坷之路》[②] 记载了广东对推进教育模式创新的一系列思考和变革行动，《珠江三角洲教育现代化研究丛书》等著作也进行了有益的探索。今天，广东正在强化对这一发展道路的选择，这是现代经济发展所决定，也是科学发展的必然选择。

2. 挑战二：广东教育发展的模式选择。

以上表明，广东要走新的发展道路，就要实现教育模式革命性转型，教育是一个民族的自我定义，是一个民族对自己未来的自我设计。从世界工业革命以来形成的英国、美国、德国、日韩以及印

---

① 王普、郭尧、陈学敏：《朱小丹：自主创新十年赶不上　广州将遇大麻烦》，载《南方都市报》2008年3月17日。

② 彭祖康、罗康宁主编：《走向世界的坎坷之路》，广东教育出版社1995年版。

度这五大发展模式中可以得出三大结论：一是这些国家都是由于发展教育才走上工业化的道路的，因此现代国家发展需要现代人才所以必须大力发展教育；二是现代国家发展需要的不是传统人才，因此不仅仅是大力发展教育，更重要的是改革教育，发展现代教育；三是教育不仅仅要配合社会发展，更重要的是具有引导经济和社会发展的功能，教育作为一个民族的时代定义，当这个民族把教育发展指向这个民族发展的未来时，就将产生巨大的发展力，印度就是一个非常典型的例子。广东人在走向世界中，深刻地感受到这一重要思想，因此把这种思想演变为广东的教育变革实践，是广东人一直努力实践并作为转变发展模式的大事。为此，广东积极推进教育发展战略研究，建设教育强省，发起教育现代化运动，大力推进等级学校评估和教学水平评估及示范性高中建设等。可见，如何全面实现广东教育转型，为广东未来发展铺就辉煌之路，是广东教育的历史性使命。

广东在教育发展模式的选择也正处于新的十字路口上。中国数千年来主要发展以古典人文为内容、学术性为特征、培养统治官僚为目的的传统教育体系，走向现代以来这种教育至今依然未能得到很好的清算。特别是中国高校很多，一些传统高校在现在加强学术性的旗号下，依然坚守这种以古典人文学科为主，注重人文知识的传授和研究，把训诂考据作为学术的基本形态，重视反省思辨的研究方式的教育模式。他们把职业技术教育视为另类，仅仅作为一种低层次的教育的补充，从而引发了教育发展上的四大对抗或紧张：一是人文与科学的对抗或紧张，二是教学与研究的对抗或紧张；三是学术与应用的对抗或紧张；四是精英与大众的对抗或紧张。因此，是坚持传统的培养学究的所谓学术型教育模式，还是遵循现代教育发展规律，创建符合广东发展实际的教育发展模式，广东先后提出实用型（实践型）教育模式、互进型教育发展模式，就是对这种发展模式的探索。同时，在这种研究下，广东积极实践新的教育发展模式。早期有荷塘职业技术中学带动本镇经济发展的“荷塘模式”，深圳职业技术学院把深圳高考落选生培养成为深圳高新

企业争抢的热门高级技术人才，惠州商业学校依据本地需要创立的蓝海型多适应性的“职业人格教育模式”，深圳宝安职业技术学校创办在市场机制下校企一体从而实现生产与学校互动发展的“宝职模式”，即使广东基础教育龙头华南师范大学附属中学也从高尖塔中走出来创办多元互动发展的新发展模式，中山大学作为国内外著名高校也辟多元校区注重为社会服务，等等。

3．挑战三：广东现代教育功能的时代选择。

广东推进社会发展模式的转型，这不可能像翻书那样一翻了事，因此，广东要积极推进教育功能的转变，从选择教育基本职能和作用方式上，推进教育与生产相结合，为社会发展服务。其中，三大教育观念的转变尤其重要。

第一，教育作为社会发展基础的功能的确定。

广东人在实践中获得一个重要的启示就是，中国从唐宋鼎盛时期不断衰落下来，绝非为纯粹的经济问题。教育作为民族文化的生命机制，具有保存、选择、传递和创新文化的作用，能否全面发挥教育的文化功能，对民族文化创新和国家发展具有极为重要的作用。中国的衰落与教育文化功能保守僵化，只按照封建地主阶级要求保存、传递和选择文化而不创新文化有密切的关系。因此，在走向新纪元的进程中，教育变革将成为制约21世纪广东发展的一个重大动因。过去20年来，广东教育取得了重大的发展，但也未曾对传统教育进行全面系统的批判清理和理性的再生工作，结果直到现在，在教育中，既保存着传统教育那种为有闲阶层服务的遗风，“考风”劲吹，一切以追求升学率为中心，同时又涌动着一股注重社会功效的教育追求。这两者在教育体系中的对立，造成了这一区域教育上“封建”与“现代”之间的“明争暗斗”。因此，反思教育，整饬教育的理论体系和实践导向，建立一种既遵循现代教育发展规律又符合本地发展实际的新教育，是广东走向新世纪的重大时代任务。

第二，强化教育主导发展功能，推进发展模式转型。

随着信息化社会的到来，教育对社会发展的主导作用日益明

显，国家发展模式已发生了根本的转变。在工业革命初期，社会发展的逻辑线索是从机械现代化到经济现代化、国家现代化，再到教育和科技现代化，然而20世纪后社会发展的逻辑线索已转为人的现代化到科技现代化、经济现代化，再到国家现代化。因此，走向新纪元，教育已从以往经济发展的附属品，转变为适应经济发展的工具，再转变为促进社会和经济发展的主导力量，教育的现代化已关系到区域乃至国家发展的关键条件。在工业革命初期，技术水平低，机械化程度决定一个国家的强弱，教育功用依然被用于为有闲阶层服务，追求那种断文解字的学究式人才，只是开设一些低水平的职业技术学校就可以应对。今天，高科技已全面进入生产领域，人类必须掌握高深的系统知识和技术才能驾驭，教育能否培养大批科学家和高科技素质的国民，能否建立起引导经济发展的新力量，就成了决定这个国家和区域发展水平的关键要素。工业革命以来形成的五大国家发展模式，其中英国的早期学徒制适应了英国早期的技术要求，促使工业革命的形成。而德国、美国的教育模式创新带来数百年大发展。日韩两国实施教育优先发展策略，实现了赶超发达国家的目标。而印度这个昔日落后国家，则倡导教育主导发展战略，重视按国家发展需要来设计国家教育，培育了一批相关的高级人才，成功地发动和实施了四大革命：绿色革命实现了农业发展，蓝色革命实现了渔业飞跃进步，白色革命使印度变成世界十大牛奶生产出口国之一，信息革命使印度软件信息业跃居世界第二位。广东近年来，积极推进教育发展，在1996年率先实现普及九年义务教育后，全面发展高等教育，创建人才高地，兴建深圳大学城、珠海大学园区、东莞高科技大学城、广州大学城及教育现代化运动等。在发展教育中实现广东发展模式的根本转变。

第三，强化基础教育的长效性关键功能。

广东作为发展较快的区域，又是一个从原来基础较差的农业省份迅速发展起来的，教育上的积淀较少，特别是由于跨越式发展，对教育的传统缺乏真正的改造和清理。在全国统一高考制度作用下，较多地从读书、分数的角度来认定基础教育的功用，强调高考

升学率。走向新世纪，随着社会发展的转型，过去由某种教育阶段或水平对应地决定某种水平生产发展的模式，转变为由人才的整体培养来决定，这就更加突显了教育的重要性。这样，教育又一次从附属地位转变为关系国家发展的关键要素。在19世纪的工业革命阶段，因为生产技术只要小学水平的工人就能掌握，普及小学义务教育的程度就决定了国家发展水平；20世纪由于产业技术需要，发展高等教育就成为决定一个人适应社会的关键，高等教育发展就决定了国家的发展；走向新世纪，一个人要适应这个变化迅速的信息化时代，必须有良好的素质和发展基础，因此教育的整体性培养和人才的长期性就使终身教育成为国家发展的关键要素，其中，基础教育的好坏优劣，是否有助于人格和智能的健康发展尤其重要，对社会的总体作用上，甚至比高等教育还要重要。教育的改革与发展，尤其是教育的本性、人本性，即促进人性之善得到最丰富的提升，是关乎高等教育成效、关乎人未来发展的关键。广东正在积极谋划实施教育现代化评估中的各种改革与发展，这很有必要进一步强调教育的基础性：一是重视基础教育，特别是早期幼儿教育，积极变革统一高考制度，统考造成应试教育从而还毒害幼儿教育，把儿童变成背书虫；二是重视普及教育，积极推进从普及幼儿教育，再到普及九年义务教育、高中阶段教育以及高等教育；三是重视普及职业技术教育，特别是普及退伍军人的职业技术教育，中国对教育的欠债很多，尤其是对职业技术教育重视不够。应当看到，这也是一种很重要的教育基础。广东应当重新设计未来发展的教育模式，转变教育功能，遵循现代教育发展规律，真正融入世界大教育体系之中，使教育成为广东发展的基础，成为人类发展的基础、社会进步的基础。

二、谋划新宏图：走向新纪元的广东教育新思维

1. 培育现代教育新思维。

走向新世纪，广东教育面临新的历史挑战，培育现代教育观，

推进教育模式转型，是广东教育实现从传统选拔型办学向普及教育再到全民精英教育的时代性发展，也是使应试教育转变为发展全人的教育，从培养考生转向培养学生的关键性新思维。这是一次对中国上千年教育传统思维的理性批判，一次具有吸收继承和去其糟粕的扬弃过程，也是中国教育的一次脱胎换骨式的再生。对这一现象，英国著名历史学家汤恩比指出，就人类历史看“人类大多数文化都是在无意识的、未经组织的行为活动中获得的，正规教育这种专门的文化发展是人类文明成果之一，极大地促进了文明的发展，但是人类也因过度正规的教育所累，产生了可怕的后果，如教育成为人类心灵的一种负担”，“文化活的精髓可能就脱离了教育的脉络，人生的教养可能被字母的教学所取代，进入生命各阶段的神圣考验，也可能变成各种呆板知识中由主观决定的考试”。[①] 就是说，人不能不受教育，但是传统教育是为有闲阶层服务的，背离了生活与生产的本性，这种教育是现代生活的大敌。他进一步指出，现代人都必须接受正规教育，但正规教育的可怕要害却是使人背离现代社会发展的轨道，中国秦汉时代及罗马帝国都瓦解衰败了，其衰败原因都可以也必然在教育的范畴中找到，原因之一就是教育是属于少数特权阶级的传统教育体系，抛弃了对人生对生活的学习，退化到以钻研书本为主的正式教育，用“文字上的雕虫小技取代了真正的人类生活”。原因之二是这种正规的教育被少数人的统治剥削阶层所利用，培育了一个寄生于劳动阶层之上的庞大的知识阶层，形成一个与农民有着不可通融的隔阂的养尊处优的文化，因此越是正规的教育，其教育的品质就必然越低劣。[②] 如前所述，广东近年来经济突飞猛进的跨越性发展，提出了全面整合教育功能、实现教育模式根本转变的要求。因此，广东教育的转型是一次世纪性转型，它是全面的和必然的，也是艰难的和曲折的，是一

---

① ［英］汤恩比著，张俭峰、江华译：《以历史的眼光审视教育》，《上海教育报》1992 年 1 月 21 日。

② ［英］汤恩比著，张俭峰、江华译：《以历史的眼光审视教育》，《上海教育报》1992 年 1 月 21 日。

次革命性的历史进化，也是一次民族现代教育意识成长的历史过程。广东只有勇于经历这一过程，才可能在历史大发展中经风沐雨，创造新的辉煌，走向先进之行列，而无愧于伟大的时代。

目前在教育界的学术型教育与技术型教育之争，反映了中国教育发展的历史症结和发展问题。考察教育的现代转型可以看到，在工业化推动下，特别是随着高科技发展对社会和对人发展提出新要求以及市场的关键性推动，迫使这两种教育观开始正视社会需要，人文教育与科技教育在对抗中逐步走向融合，这种融合展示了两条发展基本路向。第一条为古典人文教育演进路向：从原始形态的人文与技术结合 → 阶级社会后分离为人文独统和人文主义，为统治阶级服务 → 工业革命后迫使人文教育或教育中融入科学、技术 → 高科技发展下教育在人文基础上融合科技建立起服务社会和生产的学术体系。第二条为科技教育演进路向：文艺复兴运动后科技发展由小至强 → 科技与人文对抗，人文主义压制科学 → 科学在社会需要下迅速发展反击人文，并膨胀为科学主义 → 二战后在高科技发展对人提出的新要求下，迫使科学中不断融入人文 → 在信息化及高新技术推动下，形成应用型的学术性教育，在科技发展基础上建立起新的人文教育体系。尽管历史演进和不同国家教育发展模式可能千变万化，但是教育发展的这两条路向演进的最终目的必然一致。人文学术教育要吸收科学，走向应用，服务社会，这是一种对古典人文学术改造的过程。在这个过程中，学术本身不会消失反而将会获得高水平的新生。科技教育在科技水平日益提高下要吸收人文，走向高层次的有学术性的应用，以更强有力的方式服务生产，推进社会进步。

这种新教育观表现在教育的不同方面，实现这种观念转变要做大量工作，这里仅强调三点。

第一，重视教育和实行现代教育改革，走出培养学究和注重功名的传统教育模式，推动教育与生产相结合，培养面向社会发展实践型人才，是启动和快速推进社会发展的动力。英国工业革命得益于延续了近200 年的民众识字运动，以及创办开设技术课程的私

校、推行类似职教的学徒制和各种学会科普工作，培养了大批技术精湛的工匠和技术人才，使当时英国出现了科技发明创造热潮。法国拿破仑称帝后关闭了传统的巴黎大学，创办各种专科学校，培养了大批科技应用型人才，从而也相应地改造了传统教育，为法国横扫欧洲各封建帝国立下汗马功劳。

第二，创办面向本国社会发展的教育体系，特别是发展职业技术教育，因为高职教育水平之高低已成为决定当代国家实现工业化的水平；而技术应用型人才的多少及水平高低，也决定了这些国家工业化能走多远。英国仅靠工人讲习所使19世纪后期工业化受挫，德国在创办柏林大学的同时每区也创办一所工业学校，由此创办职教网，并使这些办得好的工业学校随地区工业化发展升格为工业学院、工科大学，赋予博士学位授予权，使德国自19世纪中期起在主要科技领域中的发明比全世界各国的总和还多，推动了经济起飞，30年间赶超英法而成为欧洲强国。[①] 美国1864年南北战争后，首创工学院、农学院和社区学院，大力发展高职教育，培养大批高水平的应用性人才，使美国以更快的速度实现跨越式发展，30年工业产值连增四倍，成为世界首富。

第三，确立发展教育与生产相结合的发展战略体系，特别是高职教育引导经济发展的战略方针。哪些国家教育服务经济的水平高，发展就快。如德国在耶拿普法战争惨败后推进政体、军事和教育三大改革，教育以更高的水平服务经济发展而获得巨大成功。美国19世纪后期推行四大教育创新，确立了以更高水平的教育服务经济战略，推动了经济的崛起。印度则以高等职业技术教育为先导，高科技与高职教育结合带动新产业新经济的崛起，成为落后国家实现跨越式发展的典型。

2. 形成创新教育新思维。

新世纪广东教育必将面临的是一次需要教育创新而且必须推进教育创新的历史进程。这是广东经济发展要实现从以引进为主转向

---

① 冯增俊著：《教育创新与民族创新精神》，福建教育出版社2002年版。

以创新为主、创新带动引进的发展模式的转变的要求。20世纪广东教育经历过全面引进外国教育模式的过程，对变革封建教育体制，推进新教育有重要意义，具有除旧布新的作用。但是，这也仅仅是一种采借性的传播型教育创新，而且这种模仿性学习还由于广东的跨越性造成许多新的问题，经过20年来对国外教育经验的改进的革新性创新工作，广东教育已开始积蓄了许多非常有价值的教育发展经验，也暴露出现行教育制度中的严重问题，迫切期待着教育制度上的创新。从国际发展经验可见，促进和实现这种教育制度创新，是引发社会整体进步和促进社会发展的直接动力，也是衡量社会水平的重要指标。推进基础教育体制创新，就成为广东发展的关键举措。

第一，广东应大力推进教育模式根本转型，即是从为有闲阶层服务转向为生产发展服务。一是强调教育与生产劳动相结合，根据社会发展需要办教育，为社会为经济发展服务，按社会发展要求和人的发展要求推进基础教育改革。著名比较教育学家康奈尔指出，现代教育的觉醒在于注重社会功效。① 任何成功的现代教育改革，本质上都是促使教育与经济结合得紧一些，水平高一些，服务得好一些。二是注重按社会发展水平和需要办学，在同一性之下强调教育的多样性、丰富性和学生人格的自由自主发展，把创造力培养和注重社会功效放在教育首位。三是突出对创新精神的培养，强化从人发展的需要建立新的学生分流机制，实现从培养学究转向注重社会功效，从培养应声虫转向培养创新精神的转变。转变办学模式注重全体学生发展，是清除普及义务教育后教育质量严重下降，从整体上提高办学水平的根本措施，也将有利于选拔真正的优秀人才。

第二，必须使传统应试型教育转变为素质教育模式，从应试功能转变为发展功能，从培养考生转变为培养学生，从根本上改革以往以选拔为目的的教育模式从而转向素质教育模式。选拔型教育实

---

① ［澳］W. F. 康奈尔著，张法琨等译：《二十世纪世界教育史》，人民教育出版社1990年版，第一章。

行严格频繁的考试，以便选拔少数考试精英，而置大多数学生的发展不顾。传统应试型教育是一种学究型教育，强调对现行已知知识的单纯背记，强调统一的教育方法和标准结论，强调对教材的统一理解和课程的稳定性，即“三统”主义：统一教学大纲、统一高考、统一标准答案。[①] 这种“三统”主义不仅造成教育封闭性，难以适应变化多样的社会，甚至脱离实际，而且造成简单呆板的思维模式，对人才发展极为不利。传统应试教育源自于封建教育注重为有闲阶层服务的教育目的，现代教育发展规律就是使教育实现从圣坛转向教坛、从学究转向功效、从精英转向普及、从求功名转向求创新。

3．强化人本教育新思维。

广东教育必须正视新世纪对人才提出的新要求，强化教育本性，注重教育人本，突出把人的发展放在教育中心位置上来。一是营造一个人本特色的学校氛围，使教育在本质上成为善的。人本的学校教育是富有活力和创造精神的教育，创新是教育的人本性的本质体现，是教育善的最高准则。为此，就要把社会需要与人的发展结合起来，使学生获得最需要的也是最能代表社会发展的知识和能力，才能真正得到最大的发展满足和教育关怀。二是创建一个有人性的新培养机制，强调学生主体性，相信学生都具有后天发展的巨大潜能，倡导多元智能发展，从不同方面使学生潜能得到最大的发展，把培养健康全面发展的人作为教育最终目的。三是创建一个师生共同得到发展的教育体，营造师生互动、相辅相长的发展机制和发展师生双主体。教师是人，首先要发挥教师作为人的积极性和能动性；教师教的是人，而不是奴隶，只有积极的师本才可能使学生的学也成为一个积极的探索自我、发展主体的过程。以学生为主体，才能使教育者根据学生千变万化的发展实际，进行卓有成效的教育创造，并可藉以表现教师特有的创新能力和主体精神；以教育

① 冯增俊著：《教育创新与民族创新精神》，福建教育出版社2002年版，第十一章。

者为主体，才可能按教师每个人独特的认知方式和教育艺术，塑造出无数富有个性的有创造精神的新人才。教育者的主体性与学生的主体性不是对立的，恰恰相反，只有使两者在教育过程中统一起来，才能真正绽放出教育的人性光芒，产生最善、最真、最美的教育成果和学校模式。这恰恰是广东教育最具发展力的地方。

同时，教育的人本性思维或教育人本也体现在为普天下大众服务，致力于提升民众素质。走向新世纪，广东在积极推进教育现代化实验区中，应积极推进教育走出应试教育模式，把全面提升民众素质作为关键性工作。教育最具魅力之处是教育的人性之光，在于全面提升民众的文化素质。教育始终强调其基础性，始终把人的基础发展和发展人的基础放在第一位，始终强调要使人成为真正的人。广东应制定一系列新的小学教育新要求，把因应试而颠倒的教育再颠倒过来，还儿童一个自由、自主、开放的教育空间。当我们读到美国人因为过早被老师教他的孩子认字影响想象力的发展而大兴诉讼时，我们的家长、老师、校长乃至教育家应当为我们学校中充满死记硬背的教学而汗颜，而自责，为孩子们的不幸而落泪！

现代教育是一种民众的教育，它不属于哪一个专业，也不属于哪一个具体的群体，教育在当今的社会中是一个属于人民大众的事业。无论是哪个社会，不能提供起码的基础教育条件，都是不可能生存下来的。走向新世纪，人类社会将实现一种新的质变，随着人类生活质量的提高，将对人性提出更高的要求，人的素质及文化要素更显得重要。教育不仅作为人生的最重要出发点，也将更具民众化和人民性。

广东教育的时代转变，也在于教育的功能更新，在于教育人本思维的再现。教育要走出“识字时代”的“低层次的小儿科”模式，教育是要教儿童识字，但是这种识字绝不可能是一件孤立的事情。在新的教学认知方式下，教育应当与人生、与科学、与人类的生存紧密相关。例如，全世界都在关注各国国民科学素养的发展，但并不知道如何提高，以为是大学的事，而大学又把其归为理工科的事。其实，提高全民的科学素养的根本在于基础教育，这是教育的基本功能之一。目前广东与全国全民科学素养从1994年的0.2%的指标初估提升到2003年的1.98%，低于美国90年代初6.9%的水平近4倍;[①] 民众的科学素养反映了一个社会的教育导向，应当作为教育改革的重要依据和长期的教育任务，同时也是区域教育模式转变和教育现代化的重要内容。

广东提出建设文化大省，于是乎，人们纷纷去修复名胜古迹和庙庵寺院，建博物馆和剧院等。其实，文化发展之母是教育，尤其是基础教育。试想，一个地方教育不发展，岂有文化大省可言？教育是建设文化大省的重中之重，要有文化大省必先有教育大省，方可成之！

三、再创新辉煌：广东教育未来发展的战略选择

1. 创新教育模式，强化教育效益服务功能。

走向新世纪，广东教育要适应和发挥推进广东发展的重任，必须全面推进教育模式转型，全面推进教育与广东社会发展的结合，促使广东教育为社会经济发展服务，实现教育从求功名转向求创新，从注重数量发展向注重办教效益的发展模式转变。这里，关键是要树立现代教育观，建立教育从社会发展需要出发服务社会发展的新理念，形成新教育发展观、效益观。第一，要把社会发展特别是经济发展和社会和谐作为教育发展的重要目标，更全面地促进教育与经济形成互动共进的联系，实现向注重社会功效、向注重社会创新与人本发展一体的转变。从广东未来发展出发，促使教育在体制、结构及内容上的转型创新。广东应建立面对未来社会发展的新教育体制，不唯名、不唯上，更不唯古崇洋，注重从实际出发，以发展广东为主要目的。广东应依据创新教育的要求，创立以发展能力为主的教学模式，深化课程改革，走出目前过度分科教学、简单

① 范东萍：《提高公众科学素养与科学教育新理念》，《华南师范大学学报》2006年第6期。

应试的教育模式。第二，确定发展科技教育为重点的战略方针。科技是现代化的带头因素，建立系统的科技教育体系，如建立从小学科技启蒙以及科技中学、中专、专科到研究生的科技教育网，培养有科技意识和科技专长的大批高层次人才。第三，把实现全民教育目标作为第一效益观。自20世纪50年代以来，广东都在致力于建立一个全民教育的普及体制，使教育规模迅速发展，满足普及义务教育的基本需要，实现用最少的钱办最多的事。第四，要把培养健康人性作为基础教育的最大效益观。一个国家最重要的是民众具有最完善健康的道德伦理，具有基本的文化素质和健全人格，具有最具活力的创新精神和人生理念。广东教育要在推行外在扩张模式的同时注重建立一种内在强化模式，既满足民众受教育要求，又突出提高教育质量，变革教学理论和评估体系，把培养创新能力放在首位。前者需要国家建立教育发展战略体系，建立政府、社会、个人之间的教育投入产出机制；后者则需要改造教育本身尤其是学校本身以建立新的教育教学模式，这就需要校长、教师树立新的教育观，创造新的教育教学模式和技术。因为培养健康国民与充足的教育供给规模有莫大的关系，更是与政府和学校的办学观相一致。第五，大力发展教育产业，把教育放在大教育市场中运作。教育是一种产业，是一种需要投入方可获得产出的大产业。教育与国家发展紧密相关，国家要实现大的产出，就要对教育进行大的投资。产业观是一种效益观，是纠正把教育与经济发展相分离的利器。把基础教育作为产业，才能使教育获得特有的本质，也才可能从民族发展的角度来发展、来改造教育早期“读经识字模式”的弊端，用投入产出的方式加以重组整合。也就是说，把教育作为教育产业，才可能真正定位教育目标，改革课程与教学，编写最佳教材等，使教育改革落到实处。

2. 创新教育制度，提升区域教育水平。

走向新世纪，广东要积极推进教育制度创新，首先要致力于在建构新教育制度中体现教育发展与新教育效益观，以及教育功能的时代整合。第一，推进中小学学制变革创新。中小学是教育的基础，是人发展中最重要的时期，建立良好的学制有助于学生成才。目前实行的“六·三·三”制，是美国19世纪末建立起来的学制。经过一个多世纪，这一学制存在的问题日益明显，目前即使6岁入学，由于营养丰富，儿童接受能力明显加强，12岁的儿童已属高头大马的小伙子，有了自己的见解，把他们当作小学生，显然对身心发展有严重影响。建立“五·四·三”制、九年一贯制或更适合的中小学学制已迫在眉睫。第二，推进高中阶段教育制度创新。随着社会发展，高中阶段教育功能日益复杂，体制更多样，目前职高与普高已严重对立，为此，改革现行模式，创办新型综合高中，必将成为一个重要趋势。综合高中可以使校外分流变为校内分流或使校内与校外两种分流统一起来，对引导学生协调学业，发展学生发展潜力，推行教育民主，有重要作用。第三，推进各阶段教育体制创新，建立一个使中等与高等教育贯通、文理科互动的教育制度体系。这将把整体阶段性一次淘汰分流变为单科常性探讨分流，学生在某些科目上的发展将得到支持，同样，在其他科不利时又能相应调整，从而在不断适应中建构自己发展的学习模式，为升读不同类型学校或就业寻找最佳途径，从而避免现行学制简单划一和一考定终身的痼疾。

广东未来教育制度创新中另一重要推动是，全面提升区域教育水平，增进区域经济竞争力。广东教育水平都已达到相应水准，但是与新发展要求相比，整体素质仍有待提高，对此，仍需在制度创新中重点协调发展教育三大模式，即结构模式、质量模式以及层次模式。在结构模式中如何设计幼教、中小学、高教的结构重点，公、私立学校的关系，以及职教与普教发展的比例等，这些不同的比重就构成了不同的战略选择。而质量模式则要求做出以规模发展还是注重内涵质量提高的均衡设计，同时还必须设计出相应的质量评定指标。层次模式指教育发展战略应按不同阶段设计出相应的梯级层次，逐步推进，使之与经济发展形成互动的攀升态势。因此，要大力推进中小学普及义务教育水平，全面普及高中教育及中等技术教育；要提供更多的优质教育，全面提高中小学办学质量；要扩

张高等教育，实施普及高等教育战略；要全面提升职业技术教育水平，实现劳力的全员培训和技术定级上岗制度；等等。

3. 创新教育体制，多元化创建开放型终身教育体系。

走向新世纪，广东教育的另一重大发展策略是大力促进教育的多元发展，建构一个符合广东发展需要的开放型终身教育体系。在开放体系下，终身教育将使正式与非正式教育、正规与非正规教育、公办与民办教育、全日制与非全日制教育等各种教育形式相衔接，从而使广东教育获得新的内涵和发展。第一，在终身学习的框架下，教育不仅是人生成长的基础，而且也将成为未来发展的基础，不仅使教育内容得到新的整合，而且教育的功能也有了更富有针对性的未来指向，实现教育作为基础的关键性任务。第二，赋予教育更丰富的内涵和社会责任，基础教育不再仅仅是一个阶段的教育，而是连续教育中的基础，具有阶梯性功能；基础教育不再是升学的一个台阶，而将成为全人教育中的基础和基石，是建造健全人格的关键；在这里，教育将成为成人的基础，除了传授知识，还必须为未来设计光辉的人生，这将使教育与辅导相随其间，读书与成长相互作用，教育将更倾向于发掘人内在的特定潜力，扶持其得到充分的成长。第三，多元教育体系可以为推进全民教育目标创造更有利的条件，不仅可以使不同领域的民众利用特定的方式进入教育体系，动员更多的社会资源来发展教育，建构全方位的教育投资体系，而且建构不同作用体系，如公立与私立、民办与官办、正规与非正规、长期与短期、精英与普及等等，有助于促使教育资源在市场体制下得到真正的优化。只有这样，终身教育体系才可能真正实现。第四，多元教育有助于塑造新的社会道德价值体系，以适应多元社会和经济的转型。现代社会是多元化社会，经济也呈现巨大的多元趋向，教育多元化必然带来价值观念上的多元发展，有助于促使人们用多元方法和多元视角认识、理解社会发展，这也有助于倡导人本德育理念，推动全人教育发展。

4. 创新科研体系，发展特色卓越教育。

广东教育创新科研体系，包含教育科研和科技发展两个方面。

广东要走出模仿采借型的传播式教育，转变因过度借鉴带来的负面影响，实现教育模式的原创性创新，就必须全面提升广东教育的理论研究水平。一是要大力倡导科研兴校，把科研作为全省教育中办学及施教的基础，建立学校科研发展体系，用科研观来指导教育工作，进入决策体系；提高教育者与教育决策者开展教育科研的自觉性，主动应用教育科学理论指导实践，从学习理论、欣赏理论、应用理论的过程进而达到创造新的理论的过程。科研兴校的最重要体现是创建特色学校或特色教育。这种特色学校不同于特色学科，而是在长久的科研过程中已使特色学科的发展与学校的整体发展融为一体，实现了从学科特色，到教育特色，再到特色学校的模式转变。实践证明，特色学校建设是广东各类各级学校走出原来单一办学模式，实现多元化、多样化发展和人本教育的关键。二是要致力于在基础教育体系中建立一种崇尚理性、崇尚科研的教育指导体系，以取得对发展现代教育的一种洞察力和对教育理性的自律和追求，强化教育的科研意识，在宏观上实现对教育内在的深入研究，把握教育发展经络走向，形成把握教育发展未来的思维方式；微观上把科研列入每所学校教育工作、每一课堂教学活动以及每位教师的教育行为之中，自觉地运用科研手段来提高教育质量，并努力建立起研究园地或实验区，致力于创建新的教育教学理论。三是积极推进卓越学科的发展，推进科技创新战略，创建高水平学科，培养高水平人才。在新世纪高新科技发展之下，科技创新与高级人才成为这些地区保持未来发展，进行国际竞争的关键一环。广东在经历着第三次产业转型，应积极创建“重点学科”，孵化高新技术，培育顶尖级人才。推进卓越学科发展，对整个教育发展都有重大影响。

5. 深化改革开放，推进教育国际化。

走向新世纪，广东基础教育的另一重大发展策略应当是继续深化改革开放，进一步促进教育的国际化进程。如果早期的开放更多的是形式上开放的话，那么走向新世纪的广东教育则非常迫切需要全方位的整体上开放。这种整体性开放强调在教育上进行全面的交

流与合作，有条件的还应进入实质性的共同参与下的项目推进。不仅在一般交流上要全面开放，而且在合作上要进入教育过程，并开展长期有效的合作。20 多年来，广东与港澳台许多学校都开展了密切的交流，部分还定期举办相关研讨会，但是经常性的合作并不很多。一些著名人士也参与了内地的教育发展活动，如捐资办学、捐助教育基金等等。但这些都未能实现更实质性的开放。

新世纪广东教育更应强调在开放中深化改革现行的教育体制和转变教育观念。一是在教育发展模式以及教学模式等方面全面学习国际经验，从实质上研究外域的办学经验和办学模式，从照搬转变为理性地借鉴，组织更大规模的国际学习，使交流进入实质性教育活动。2003 年深圳等地组织了 30 多名校长赴美学习三个月，就收到良好的效果。省市均从培养人才出发，选派干部出国挂职学习，都是推进教育国际化的重要步骤。二是共同对某种教育问题进行合作研究，通过对一些共同关心的教育现象和教育问题的实验和研究，彼此都能获得新的实践经验，对这些教育问题有了更广泛的理解。此外还可共同推进一些教育项目，或引进部分课程和教材合作办实验学校，或推广一些新的教育成果，举办教师培训和学生定期交流等。三是在发展教育上进行全面的比较研究，广泛采纳国际教育中行之有效的办学经验和基本做法。一些学校还可聘请海外专家到学校开展教学和进行研究工作，较好的中小学还可招收海外小留学生。

广东的教育成果是在改革开放中获得的，只有坚持基础教育国际化发展，才能更好地发挥基础教育办学效益，推进广东基础教育的健康成长。

进入新世纪以来，广东经济发展逐渐提速，经济总量在全国的比重也逐渐增加。2002 年，广东经济总量占全国的比重为11.3%，即 1/9 强，2003 年提升到 11.7%，2006 年则再次提升到 12.3%。2007 年 GDP 达 30606 亿元，占全国 1/8 强。其中人均 GDP 更是呈加速增长之势，1978 年广东人均 GDP 才 235 美元，1988 年为 517 美元，1996 年为 1100 美元，2003 年为 2150 美元，2006 年为 3509

美元，2007年人均GDP近4000美元。从235美元到500美元，用了近10年；从500美元到1000美元，用了8年；从1000到2000美元，用了7年；从2000到3000美元，用了3年；从3000到4000美元，只用2年。专家指出，人均GDP破3000美元大关，意味着一个地区经济发展水平达到了目前世界中等收入国家或地区的水平，也提前14年达到了国家提出的2020年全国人均GDP 3000美元的奋斗目标。[①] 同时，国际各国发展实践也证明，人均GDP破3000美元大关，也是一个地区进入了社会发展的整体转型关键时段，就是说，进入了多秋的季节。因为前者属于发展的低阶段，更多的是可以用原来的经验、在低的生产力下完成，对教育及科技发展要求不高；但3000美元以后整个社会的意识形态、运作方式、生产关系及成本等都发生了重大的变化，对教育发展和科技水平都提出了更新更高的要求。广东如何集30年改革开放之力推动发展模式的转型升级，实现教育体系的现代演进，使教育成为主导广东未来发展的重要力量。这需要广东人的现代教育意识的提升，更需要广东领导者要有勇于推动教育发展的社会责任和现代教育智慧。改革开放30年来，广东教育改革与发展高潮迭起，从普及小学到中心城市办大学高潮，到珠江三角洲教育现代化运动，到创办多座宏大的大学城，到职业技术教育运动，到现在投入500亿元推动600万产业劳动力双转移等等，都体现了对未来广东实施科学发展、科教兴粤的伟大战略构想。为此，我们相信，广东明天将会更好，广东明天将会更加辉煌!!!

① 邓红辉：《粤去年人均GDP：3509美元　约占全国八分之一》，《南方都市报》2007年1月24日。

主要参考文献

1. 张耀荣主编，黄循洛、张慧湘副主编：《广东高等教育发展史》，广东高等教育出版社2000年版。

2. 何辛编著：《广东教育50年：1949—1999年》，广东高等教育出版社1999年版。

3. 江海燕主编：《广东普通教育现代化（1990—2000）》，广东人民出版社2001年版。

4. 李修宏、周鹤鸣主编：《广东高等教育》，广东高等教育出版社1988年版。

5. 深圳市教育科学研究所编：《深圳市教育发展战略研究》，广东教育出版社1991年版。

6. 陈坚、颜泽贤特约主编，冯增俊、朱仲南主编：《珠江三角洲教育现代化研究丛书》。包括有：

① 黄家驹、颜泽贤、冯增俊主编：《改革大潮中的珠江三角洲教育》，广东高等教育出版社1993年版。

② 江海燕、赵广元主编：《迈向教育现代化——江门市教育综合改革实践探索》，广东教育出版社1993年版。

③ 梅彼得、黄汉和主编：《跨世纪的基础工程——佛山市教育改革与发展实践探索》，广东教育出版社1994年版。

④ 罗钦贤、蔡如流主编：《从师专到大学——西江大学办学模式研究》，广东教育出版社1995年版。

⑤ 姚锦柏主编，叶沛涛、张学玲副主编：《创建有特色的现代教育

——东莞市教育改革与发展综合研究》，广东教育出版社1996年版。

⑥ 陈金陵主编：《创办现代化农村职中——新会市荷塘职中办学模式研究》，广东教育出版社1996年版。

⑦ 刘迅、刘根平、张效民、刘晓明主编：《南山教育与南山人——区域教育现代化的构思与实践》，南海出版公司1996年版。

⑧ 叶家康、刘方抗主编：《崛起的新型地方大学——创办五邑大学的实践探索》，广东教育出版社2000年版。

⑨ 龚国勤主编：《师范教育的世纪探索——广东顺德师范学校百年办学实践研究》，广东教育出版社2000年版。

⑩ 冯增俊主编：《中国教育现代化之路——亚洲“四小龙”及珠江三角洲教育经验的时代启示》，广东教育出版社1997年版。

7. 广东省计划委员会：《广东社会发展回顾与展望》，广东人民出版社90年代各期。

8. 曾光主编，庞健行、陈瑞虹副主编：《佛山市经济发展与教育改革》，广东教育出版社1991年版。

9. 杨春南：《南中国的昭示》，广东教育出版社1997年版。

10. 杨春南、喻季欣等著：《文明大跨越——广东告诉世界·东莞篇》，中共中央党校出版社1994年版。

11. 广东东莞市教育局：《燎原之花——东莞农村教育综合改革实验报告与成果》，广东教育出版社1995年版。

12. 中共东莞市委办公室编：《从农村走向城市——东莞现代化之路》，人民出版社1994年版。

13. 叶曙明：《百年激荡——20世纪广东实录》，广东教育出版社2000年版。

14. 阎旺贤：《珠江三角洲经济发展模式与策略分析》，广东旅游出版社1993年版。

15. 江海燕：《广东经济发展进程中的教育现代化问题研究》，载《学术研究》1998年第4期。

16. 许学强主编：《广东省高等教育与社会主义市场经济》，广东

高等教育出版社 1995 年版。

17. 王屏山：《开放改革与广东开放教育变革及其战略构想》，载《现代教育论丛》1987 年第 1 期。

18. 周鹤鸣主编：《广东高教改革的理论与实践》，广东高等教育出版社 1993 年版。

19. 宋其蕤：《教坛新挑战》（珠江三角洲启示录丛书），广州出版社 1993 年版。

20. 顾明远主编：《民族文化精神与教育现代化》，北京师范大学出版社 1998 年版。

21. 李萍：《现代道德教育论》，广东人民出版社 1999 年版。

22. 姚益龙：《教育对经济增长贡献的国际比较》，中山大学出版社 2003 年版。

23. 江海燕主编，龚国勤、冯增俊副主编：《世纪之交师范教育面临的挑战——第二届粤港澳台教育论坛》，广东经济出版社 1999 年版。

24. 冯增俊、李忠俊主编：《教育创新与建构中国现代教育体系——第三届粤港澳台教育论坛》，四川文艺出版社 2001 年版。

25. 冯增俊、唐海海主编：《新世纪学校模式——第四届粤港澳台教育论坛》，中山大学出版社 2001 年版。

26. 冯增俊、唐兆良主编：《WTO 与中国教育——第五届粤港澳台教育论坛》，中山大学出版社 2002 年版。

27. 许金丹主编：《广东建设教育强省》，广东教育出版社 1996 年版。

28. 袁振国主编：《当代教育学》，教育科学出版社 2002 年版。

29. 冯增俊主编：《教育人类学教程》，人民教育出版社 2005 年版。

30. 冯增俊：《珠江三角洲教育发展的战略选择》，载《教育研究》1995 年第 7 期。

31. 杨贤君、周东苏：《开放时代的学校德育》，广东教育出版社 1993 年版。

32. 杨克祺编著：《特区青少年学生德育对策研究》，海天出版社

1997年版。
33. 冯增俊著：《当代西方学校道德教育》，广东教育出版社1993年版。
34. 郑永廷：《德育发展研究——面向21世纪中国高校德育探索》，人民出版社2006年版。
35. 叶小明等著：《广东高职院校师资队伍建设研究》，广东高等教育出版社2007年版。
36. 广东省地方史志编纂委员会：《广东省志·教育志》，广东人民出版社1995年版。
37. 周祝瑛：《海峡两岸教育比较研究》，师大书苑有限公司1998年版。
38. 韦禾：《珠江三角洲的教育改革与实践》，载《教育研究》1996年第7期。
39. 冯增俊著：《教育创新与民族创新精神》，福建教育出版社2002年版。
40. 冯增俊著：《走向新纪元的粤港澳台教育》，人民教育出版社2003年版。
41. 冯增俊著：《广东教育现代化策略探析》，载《教育导刊》2007年第7期。
42. 徐平利：《素质教育实验纪实》，广东教育出版社2004年版。
43. 秦国柱：《私立大学之梦：中国民办高教的过去、现状、未来》，鹭江出版社1996年版。
44. 秦国柱：《中国新大学运动：广东中心城市新办院校研究》，汕头大学出版社1996年版。
45. 唐海海：《普通中学教育改革纵论》，光明日报出版社1999年版。
46. 联合国教科文组织、国际教育发展委员会编著：《学会生存——教育世界的今天和明天》，教育科学出版社1996年版。
47. 姜大源：《职业教育学研究新论》，教育科学出版社2007年版。
48. 欧阳河等：《职业基本问题研究》，教育科学出版社2006年版。

49. 冯增俊：《论广东东西两翼教育发展战略的基本原则》，载《华南师范大学学报》1997 年第 5 期。

50. 广东省计划委员会：《广东省东西两翼区域规划研究》，广东经济出版社 1997 年版。

51. 梁琼芳：《邓小平教育思想与广东教育改革》，广东人民出版社 1998 年版。

52. 罗海鸥主编：《艺术教育新探》，华南理工大学出版社 1999 年版。

53. 广东省教育厅发展规划处：《广东省 2007/2008 学年教育事业统计简报》等各期。

后　记

本书是为广东改革开放30周年而作，是在广东省委宣传部、中山大学校党委领导下由校社科处具体实施的“广东省哲学社会科学‘十一五’规划2007年度规划特别委托项目”，也是全国教育科学“十一五”规划2006年度教育部重点课题《中外教育现代化的不同模式比较研究》（课题批准号：DDA060103）、广东省教育科研“十一五”规划重点课题《珠江三角洲教育现代化研究》（课题批准号06TJZ011），以及中山大学“211工程”重点项目《中国教育现代化的理论与实践研究》等相关课题的重要研究成果。本书是由中山大学教育学院钟明华、冯增俊具体主持、集体合作完成的专著，具体分工有：钟明华（中山大学教育学院）写第一章；冯增俊（中山大学教科所）写第二、第三、第八（与华南师大政行学院王学风合作）及第十三章；周红莉（华南师大教科院）写第四、第十二章；张建奇（中山大学教科所）写第五章；王季云（广州大学教育学院）写第六章；张璇（惠州学院高教所）写第七章；朱雪梅（中山大学教科所）写第九章；谢蓉（中山大学政务学院）写第十章；白雪（中山大学教科所）写第十一章。本书旨在探讨广东教育改革开放的成果的深刻内在意义，以此揭示中国教育现代化的基本规律和未来走向，而不刻意追求具体数据的详尽。本书最初由钟明华与冯增俊共同策划，完成初稿经征求各方意见后，在钟明华院长统筹安排下主要由冯增俊按讨论要点负责文

字统稿，出于全书写作安排等原因考虑，一些章节进行了较大变动。

值得指出的是，本书作为广东省社科规划项目丛书之一，而这套丛书能得以实施出版，从策划到完成，都得到了中共广东省委常委、宣传部长林雄同志的大力支持。林雄部长对丛书提出了指导性意见，并多次过问丛书的进展情况。省委宣传部蒋斌副部长、省委宣传部理论处杜新山处长等同志对丛书的写作给予了具体指导。丛书立项作为广东社科基金规划项目，得到了广东省社科规划办的支持。在此表示衷心谢忱！

中山大学对这套丛书高度重视，成立了丛书课题组，由党委书记郑德涛同志牵头，党委副书记梁庆寅同志具体负责，蔡禾教授、社科处李仲飞处长、刘运国副处长具体组织实施。从 2007 年 4 月到 2008 年 8 月，课题组先后召开了开题报告会和四次讨论会，丛书完成初稿之后，组织了校内外专家匿名审稿和会议审稿。这套丛书的顺利完成，是与上述同志和专家的关心、支持和辛勤劳动分不开的。

除了以上外，这本书在写作过程中得到了中山大学副书记李萍教授的支持和全面指导，中山大学社科处徐理军科长也给予大力支持。同时，本书写作也得到省教育督导室陈健主任、教育厅科研处王斌伟处长、政策法规处曾婉文处长、基教处黄向群处长、师资处朱超华处长及钟院生、姚侃科长等在相关问题上的协助以及中山大学教育学院及教科所的支持，特别是本书的多位作者在中山大学教育现代化研究中心南山基地的研究工作也为本书写作提供了许多宝贵资料，对丰富本书内容起了重要作用。所有这些，在此都一并表示衷心的谢忱。广东作为改革开放的先行实验区，在教育上有许多重大的创新和理论贡献，我们对有机会参与这一重要的研究活动而倍感荣幸，但这也是一个极富挑战的使命。本书各位作者都积极参与，努力工作。一些作者还是 20 年多年来坚持研究广东教育的学者，但也深觉题材广大，时间较短及能力所限而显得写作仍需提

高，不仅在对这些教育实践的探讨上还要进一步深入，而且由于参与人数较多，后期统稿虽历经数月颇费心力，但问题依然不少，敬请各位专家读者多予指正，不胜感激。

钟明华　冯增俊

2008年9月3日于中山大学教育学院